漢詩의 製作에 譯註를 겸한 南畊集

尋幽三十年

심유삼십년

漢詩의 製作에 譯註를 겸한 南畊集

尋幽三十年
심유삼십년

朴焌圭 作詩

전남대학교출판부

■ 머리말

尋幽라 하면 흥취를 느껴 이름난 곳을 물어서 찾는 것을 뜻한다. 이는 깊은 道理를 추구하여 궁구하는 일이나 다름이 없다. 대학교에 재직하면서 특히 古詩歌에 흥미를 가지고 이에 관한 적지 않은 연구 논문이나 저술을 남긴 것도 나름대로 이같은 심유 의욕에서 나온 결과로 판단된다. 나의 심유에는 또 빼놓을 수 없는 일이 있다. 그것은 한시의 제작이다.

돌이켜 보건대 한자한문에 관심을 두기 시작한 것은 취학하기 전 7,8세 때부터이다. 漢學을 전공하시던 先親(雅號는 南溪)으로부터 받은 감화가 컸기 때문이다. 孟子에 나오는 말 그대로 易子而敎之라 하여 직접 가르쳐 주시지는 않았지만, 우리 집의 南溪書院에서 수학하시던 한 선비의 따뜻한 가르침을 잊을 수가 없다. 그 후 성장하여 내가 대학의 국어국문학과에 진학하고 고시가의 연구에 몰두하게 된 것도 바로 이의 영향으로 생각된다. 아울러 시적 흥취를 느끼면 이를 한시 형식에 담아보기도 했다. 주로 5言 내지는 7言의 구성으로서 한문학상 이른바 近體詩 또는 新體詩라고 이르는 絶句·律詩·排律 등의 제작이다.

그런데 여기에는 엄격한 作法이 있어 시적 감흥의 자유로운 유로를 기대하기 어려운 점이 많다. 시 구성에 韻字를 달고, 그 고저를 가려 平仄法을 좇는 등 갖가지의 제약이 있어 作詩에 중요시해야할 詩的 審美性의 추구는 자연히 억제되기 마련이다. 게다가 종전의 한시에서는 用事에 있어서까지 중국의 典故에 근거해야 한다고 일러왔다. 때문에 茶山 丁若鏞은 일찍이 한시 작성의 문제점을 파악하고 자유로운 朝鮮詩 제작을 선언한 바가 있다. 그의 글에서 "我是朝鮮人 甘作朝鮮詩"(나는 조선 사람이니 기꺼이 조선시를 쓴다.)라 하고, 이어서 또 "區區格與律 遠人何得知"(중국시의 구구한 격식과 운율을 멀리서 사는 우리가 어찌 알 수 있으리오.) 라 한 점 등은 우리에게 깊은 감명을 주는 중요한 지적이었다.

한편, 우리 전통문화에 끼친 한문화의 영향이나 선인들이 한시체로 남긴 문화유산의 소중함을 두고 볼 때 한시의 수용론도 굳이 배제할 필요는 없다. 특히 지금 우리가 사용하는 일상어에는 한자어의 사용이 많음을 고려할 때 이러한 현실을 한시 제작으로 반영하는 것도 흥미 있는 일이 아닐 수 없기 때문이다. 그러나 종전의 작시 원칙에만 얽매어 비현실적인 시가 되게 할 수도 없다.

물론 한시라 하면 慣習詩의 수용으로서 5언 또는 7언 시의 제작이요, 절구 또는 율시라 하면 起承轉結의 4행, 또는 8행 구성임은 물론이다. 그러나 시상의 전개에 따라 10행시, 또는 배율(12행) 구성보다 더 긴 장편의 古體詩도 이룰 수 있음을 염두해야 한다. 시는 또 운문이므로 詩韻을 중요시해야 함이 원칙이다. 때문에 시에서 押韻을 취함은 필수적인 일이되, 그렇다고 작시에 平起니 仄起니 하여 번거로운 平仄式까지 고수하다가는 시상의 전개에 장애가 많음은 이미 지적한 바와 같다.

비록 한자가 외국의 문자라고 하지만 우리의 언어생활에 수용되면서 그 讀音은 이미 우리의 언어의식에 의해 고유화된 우리의 문화유산임을 또한 중요시해야 한다. 한자의 독음 중 語頭子音은 音이요, 나머지 부분은 韻이다. 때문에 시에서 중요시할 압운의 추구 역시 集韻 등 중국 音韻書의 추적에 얽매이기 전에 자유로운 우리식 독음 판단에 의해 동일韻字를 취하는 것이 편리함은 물론 한국인의 작시로서 현실적임은 더 말할 나위 없다. 또한 이같은 운의 추구는 결과적으로 위에 든 중국 집운의 경우와 크게 벗어나지 않음을 유념할 필요가 있다. 거기다가 한자의 音訓借에 의해 우리의 토속어나 고유지명 등을 구사하면서 문학적 형상화를 기하는 한시를 짓는다면 더욱 흥미 있는 작시가 될 것이다.

이상에서 열거한 여러 가지 취지를 바탕으로 나는 때에 다라 심유의 餘情을 한시에 담기도 했다. 그중에도 1980년도부터의 작시가 감명이 깊어서 2010년도까지 30년간의 작시 약 650수를 골라 정리해 보았다. 한시집이라 하면 한시를 모아 엮은 책이지만, 사용문자의 특수성으로 미루어 한자 및 한자어 학습을 통한 내용 파악을 고려하여 原詩의 번역과 註釋을 겸하고, 작시의 동기와 서정의 내용을 脚註를 통해 덧붙이기도 하였다. 그러나 작시에서 감안한 한자의 表意를 중시하여 번역에 반영하느라고 직역에 가까운 한역이 적지 아니하여 작품 내용의 형상성 구현에 아쉬움이 따른다. 이 점의 보충은 후 기회에 미룬다.

또한 여기서 발표하는 한시는 여행이나 탐방, 또는 산행이나 산책을 통해 지은 작품이 많은 편이다. 하지만 旅行詩 중에도 우리 강토의 탐방에 의한 것만을 위주로 하였다. 이로 인해 이번 선을 보이는 여행시 중에는 〈金剛山紀行〉과 〈白頭山紀行〉의 시가 장편으로 으뜸이 되는 셈이다. 전자는 여정에 의해 탐방하는 금강산 명소를 각각 시제로 내세워 총 18편 35수 164행으로 제작한 探勝詩이다. 이에 대해 후자는 탐승의 전 과정을 한 편의 기행시로 엮었다. 여정에 따라 편의상 3단락으로 나누었으되 총 35수 238행 구성의 장형시이다.

지금 이 두 기행시를 읽고 보니 금강산의 靈峰과 백두산 천지의 玉龍들이 다시 나를 환호하는 듯하여 탐승하던 당시 외치던 환희를 숨길 수 없다. 마찬가지로 여타의 시에서도 회고의 정이 뭉클하여 10년 20년 전은 물론, 30년 전의 일들이 생생하게 회상되어 감회가 깊다. 이를 계기로 작시 日誌까지 더듬고 보니 수壽에 이른 南畊의 삶은 장년시절로 회귀한 듯하다. 이같은 작시의 吟詠은 인생의 환희를 재삼 실감케 하는 소중한 계기가 됨을 새삼스럽게 느낀다. 아울러 작품집의 譯註는 이해의 편의를 위해 이의 출판을 계획한 근년에 추진한 것임을 덧붙인다. 어휘 풀이의 표준을 염두하여 국어사전의 해석에 의거하였으되, 주로 『금성판 국어대사전』(1991년 금성출판사 발행)의 내용에 준하였다. 또한 각 작품의 脚註는 한시 제작 당시의 日誌에 의한 것임을 밝혀둔다.

2011년 11월

박 준 규

■ 총목차

尋幽三十年

제1부

(1980～1992) 상편

한국가사문학관의 세심정과 연못

★ 山水禮讚[1) 자연 산수를 기리며

碧山萬古青 청산은 예나 지금이나 변함없이 푸르고,
綠水日夜漲 녹수는 밤낮으로 가득해 넘치는구나.
飄風不終朝 회오리바람은 불다가 곧 쇠해지기 마련이니,
吾應每求常 우리는 매양 떳떳함만을 추구해야 한다오.

• 예찬禮讚 : 좋은 것, 훌륭한 것, 아름다운 것을 높이고 기리는 일.
• 벽산碧山 : 청산靑山. 풀이나 나무가 무성한 푸른 산.
• 만고萬古 : 오랜 세월을 통해 불변하거나 유례가 없음을 이르는 말.
• 녹수綠水 : 푸른빛이 나는 깊은 물.
• 표풍부종조飄風不終朝 : 회오리바람은 아침이 다하기도 전에 그쳐버린다는 뜻으로, 부자연한 것, 또는 강한 세력은 빨리 쇠함을 비유한 말.

★ 登松風亭[2) 송풍정에 올라서

僧頭峰路曲曲昇 중머리재 가는 길로 굽이굽이 오르자면
喬丘松風山客頌 높은 언덕의 솔바람은 산객들의 칭송이로다.
槻木老巨幾百年 이곳 느티나무 오래자라 몇 백 년이 되었는고.
臺下證心朝夕鍾 언덕 아래 증심사에선 조석으로 범종 소리라네.

---

1) 1980年5月5日 自然順理之訓也 今始立夏節 山川草木生生如前 然當面戒嚴政局而民主政治已潛跡 慨歎不已矣 焉忘老子所謂飄風不終朝乎 輒想起李滉陶山十二曲中第十一曲之意 陶山曲本是載道之時調也 乃讀則感發人間本然之性 故取意以述懷如此 又作自守之句如下 人非生而知之者 亦非壯而達之者 每求知而達之境 當追自然之理也

2) 1980年5月6日 無等山松風亭臺上所懷也 午前與自然大任中圭教授等山行 向無等山僧頭峯(중머리재)上行路 經由雲林洞證心寺 攀登堂山臺而暫時休憩於松風亭矣 臺上有老巨樹 是大形槻木 則山客號爲堂山樹 或謂亭子樹 而休息於其下者多數也 臺下之藥師庵溪谷與證心寺溪谷水日夜不舍 乃合流榮山江 故注目無等山情無不至遠近矣 山勢如龍飛鳳舞 則無不稱頌其氣勢之秀麗神靈也

무등산 송풍정 언덕의 당산나무

- 송풍정松風亭 : 무등산 중머리재에 오르는 길의 하나로서, 광주시 동구 운림동雲林洞 소재 증심사證心寺 아래에서 옆으로 경사진 골짜기를 따라 오르면 가파른 언덕길 위에 당산나무 언덕이 있는데, 그 곳 길가에 있는 집 이름. 산객들의 휴게소임. 이곳에서 오른편 아래로는 증심사요, 앞으로 내려보면 약사암藥師庵으로 가는 당산나무 삼거리요, 왼편은 중머리재 오르는 길이며, 뒤편은 천제단天祭壇 오르는 길이다.
- 승두봉僧頭峰 : 중머리재. 무등산 등산객들이 많이 찾는 등산로의 요지. 산 정상에 오를 때 흔히 택하는 길로서 무등산 주요 통로의 중심지 역할을 하는 곳. 해발 586m
- 곡곡曲曲 : 굴곡이 많은 산・내・길 따위의 굽이굽이.
- 교구喬丘 : 높은 언덕.
- 송풍松風 : 솔숲 사이를 스쳐 부는 바람.
- 산객山客 : 등산객. 등산하는 사람.
- 규목槻木 : 느티나무. 무등산 송풍정 언덕에 있는 이 나무는 수령이 약 450년, 그 둘레는 근 5m가 되는 노거수로, 주민들이 당산나무로 보호해 오던 거목巨木임.
- 노거老巨 : 크고 오래된 나무(노거수)를 이를 때에 관용하는 말.
- 증심證心 : 증심사의 약칭. 광주시 동구 운림동雲林洞에 위치한 무등산의 대표적인 사찰. 신라 헌안왕 4년(860) 철감선사澈鑑禪師가 창건한 절로 전함. 비로전에 봉안되어 있는 철조비로자나불좌상鐵造毘盧舍那佛坐像은 보물 제131호로 지정되어 있고, 유형문화재로 지정된 삼층석탑三層石搭을 비롯하여 오백전五百殿・석조보살입상石造菩薩立像 등 소중한 문화유산을 보존하고 있는 절임.

藥師谷流證心川　약사암 골짜기의 물 증심계곡으로 흘러들어
晝夜不息到榮山　밤낮으로 쉬지 않고 영산강까지 이른다네.
龍飛鳳舞四時觀　용이 날고 봉이 춤추는 사시사철의 경치,
臺上神木每自讚　언덕 위 당산나무도 매양 이의 자랑이라오.

• 약사藥師 : 약사암의 약칭. 광주시 동구 운림동雲林洞에 위치한 무등산의 절. 원래는 인왕사人王寺라 하여 통일신라시대에 철감선사澈鑑禪師가 가까이에 있는 증심사 이전에 창건한 절이라고 전함. 대웅전에 봉안한 석조여래상石造如來像은 보물 제600호로 지정되어 있다.
• 증심천證心川 : 증심계곡을 두고 이름. 증심사 앞의 계곡에서 흐르는 물은 광주천光州川으로 흘러들어 연산강으로까지 이어지므로 흔히 영산강의 상류로 손꼽는다.
• 주야불식晝夜不息 : 밤낮으로 쉬지 않음.
• 영산榮山 : 영산강의 약칭. 호남의 젖줄로 일컫는 한국 사대강四大江의 하나. 전라남도 담양군 용면龍面의 가막골에서 발원하여 목포시 옥암동玉岩洞 하구 둑까지 흐르는 136km의 강.
• 용비봉무龍飛鳳舞 : 용이 날고 봉이 춤춘다는 뜻으로 산천이 수려하고 신령한 기세를 형용한 말.
• 대상臺上 : 높은 대의 위. 광주의 운림동雲林洞에 있는 무등산 송풍정 언덕을 두고 이름. 이곳에는 당산나무 노거수가 자라고, 그 좌우는 각각 증심사와 중머리재로 가는 길이며, 전후에는 천제단과 약사사가 위치한 승지이다.
• 신목神木 : 당산나무. 마을의 수호신으로 여겨 제사를 지내 주는 나무.
• 자찬自讚 : 자기 자신이나 또는 자기가 한 일을 스스로 칭찬하는 것.

★ 折木遺憾[3] 꺾인 나무를 보고 이는 아쉬움

林間青松大將勢 숲 사이의 푸른 소나무 대장의 기세로세.
落落能爲棟梁材 축축 늘어져 나라의 동량재 되리로다.
霸者權道安看過 패자의 권도가 이를 어찌 간과했으랴 생각하니,

3) 1980年8月15日 無等山下折木遺憾也 今日是祖國光復節也 揭揚太極旗而望無等山 回想過去史矣 午後向無等山 經由楓巖堤・元曉寺・晩峙(늦재)・風峙(바람재) 而下向藥水橋也 山行中目見一長松當折 不能禁傷心 想起日帝時愛國志士與去五月學生像 痛嘆亂世 則不可當戒世之心矣 又不可拒警戒之情 以詩述懷矣 參考當日所懷詩 〈問也無等山水〉

常恐斷絶濟世才　항시 두렵기는 나라의 제세재 끊겨질까 싶구나.

- 절목折木 : 나무를 부러뜨리는 것.
- 유감遺憾 : 생각한 대로 되지 않아 아쉽거나 한스러운 것.
- 청송靑松 : 청솔. 푸른 소나무.
- 낙락落落 : 주로 노송의 가지가 축축 늘어짐.
- 동량재棟梁材 : 한 집이나 나라를 맡아 다스릴 만한 인재.
- 패자霸者 : 무력・권력으로 천하를 다스리는 사람.
- 권도權道 : 목적 달성을 위해 때에 따라 임기응변으로 일을 처리하는 방도.
- 간과看過 : 예사로이 보아 넘기는 것. 대충 보아 빠뜨리고 넘어가는 것.
- 제세재濟世才 : 제세지재濟世之才의 준말. 세상을 구제할 만한 뛰어난 재주와 역량. 또는 그러한 사람.

★ 下山中即吟[4]　하산하는 길에 읊다

盡日山行息巖上　진종일 산길을 걷다가 바위에서 쉬고 있노라니,
落影延緣染天紅　지는 해 서성거리며 하늘을 붉게 물들이네.
五氣交叉催歸家　갖가지 느낌이 교차되어 귀가를 서둘렀지만,
靈峯幽趣亦難當　영산의 그윽한 정취만은 당해내기 어렵구나.

- 즉음即吟 : 즉영即詠. 즉석에서 시가를 짓거나 음영하는 것.
- 진일盡日 : 진종일盡終日의 준말. 온종일. 하루가 다 가도록 계속.
- 낙영落影 : 지는 해. 낙일落日. 납일納日.
- 연연延緣 : 머뭇거려 나아가지 않음. 나아가지 않고 오래 머물음.
- 오기五氣 : 희喜・노怒・욕慾・구懼・우憂. 또는, 금・목・수・화・토 등 오행五行의 기.

---

4) 1980年10月19日　無等山下行中落照有感也　今日向無等山僧頭峯(중머리재)而登山　下山時經由鳳凰臺　午後夕陽到着兎脊(토끼등)矣　無等山路中風峙(바람재)與兎脊間道上有廣域礫　所謂德山礫(덕산너덜겅)矣　又礫上有石徑　一時休憩於盤岩上　眺望遠近則景觀實可觀　乃落陽之際遠望落日　而滿喫秋情後下山也

• 영봉靈峰 : 영산靈山. 신령한 산. 여기서는 산행 중이던 무등산을 이르는 말임.

• 유취幽趣 : 그윽한 정취情趣.

★ 孤松恨[5] 외로운 고송의 한

中軍峯下又疊山 중군봉 아래는 첩첩이 산이요,
高處臺上孤松潺 높은 대 위엔 한 그루 소나무 눈물이 줄줄.
前日常青尙嘉賞 늘 푸르던 지난날은 기릴만하더니,
急變黃葉令人憐 급작이 누렇게 변한 나뭇잎 가엽기만해라.
刻皮裸身僅僅存 껍질 긁히어 발가벗은 알몸 근근이 살았다지만,
殘生弱體唯有恨 쇠잔하여 허약해진 몸 오직 원한뿐이로세.
十斫被害焉無頃 열 번 찍혀 입은 피해 어찌 탈이 없으리오.
脫盡地境實可歎 탈진한 지경이 실로 한탄스러워라

• 고송孤松 : 외따로 서 있는 소나무.

• 중군봉中軍峯 : 광주시 동구 산수동山水洞 5거리에서 원효사元曉寺 가는 길로 가다가 무등산 전망대와 잣고개 사이에서 서쪽으로 바라보이는 산.

• 潺 : 물 줄줄 흐를, 눈물 줄줄 흐를 잔.

• 가상嘉賞 : 칭찬하여 기리는 것.

• 나신裸身 : 알몸.

• 잔생殘生 : 잔명殘命. 얼마 남지 않은 쇠잔한 생애.

• 십작十斫 : 열 번 찍는다는 뜻으로, 여러 번 가해함을 말함. 조선조 효종 때의 홍만종洪萬宗이 그의 『순오지旬五志』에서 "열 번 찍어 넘어지지 않

---

5) 1981年2月19日 無等山中軍峯下孤松所懷也 往日與自然大任中圭・趙玟壽教授等山行 自光州市東區山水洞五距離向武珍古城 至鵲峙(잣고개)而登中軍峰 於此南下有一高臺 又有墓 而孤松四時綠 使人忻賞矣 然今觀其松身 刻皮所傷極甚 變爲黃葉僅生 始見裸木狀 失色不能勘當也 人世豈有如是慘狀乎 輒想起昨年五月方長學生青年無數犧牲 滿身瘡痍如此孤木 國家將來深慮矣 軍政下民意失踪極甚 以切感民主化 何時古代周勃殷湯之出現乎 現實唯可歎耳

는 나무 없다"는 속담의 소개로 십작목무불전十斫木無不顚이라 한 데서 근거한 말임.

• 무탈無頉 : 아무 탈이 없는 것.
• 탈진脫盡 : 기운이 다 빠져 없어지는 것.
• 지경地境 : 어떠한 처지나 형편.

枯木死灰何時健	생기 잃은 나무 언제 다시 튼튼히 자랄 것인고.
雨水風鳴似聞怨	우수절 부는 바람에 울려 그 원성 듣는 듯해라.
愚者所以作慘狀	어리석은 자들이어, 모진 일 저지르는 까닭은
無謀恣行反自然	무모하게 자연에 배반함을 자행하기 때문이라오.
倡義行道難且難	정의를 부르짖으며 도를 행함은 어렵고 어렵나보네.
今世混亂亦逆天	금세의 혼란 역시 천리를 거역하기 때문이로세.
何負青松落落盛	어찌 낙락장송으로 무성할 청솔 이처럼 저버리는고.
方長不折當爲訓	자라는 나무 꺾지 아니함을 교훈으로 삼아야 하리.

• 고목사회枯木死灰 : 외형은 고목과 같고, 마음은 죽은 재와 같다는 뜻. 사람이 생기와 의욕이 없음을 비유하기도 함.
• 우수雨水 : 1년 중 24절기의 하나. 입춘과 경칩 사이에 드는 절기로서, 2월 19일 경인데, 금년은 오늘이 바로 우수이다.
• 우자愚者 : 어리석은 가람.
• 소이所以 : 까닭.
• 무모無謀 : 앞뒤를 헤아려 생각하는 신중성이나 분별력이 없음.
• 자행恣行 : 방자하게 행동하는 것.
• 역천逆天 : 역천명逆天命. 천명 또는 천리天理를 어기는 것.
• 창의唱義 : 앞장서서 정의를 부르짖는 것.
• 행도行道 : 도를 행하는 것.
• 낙락落落 : 노송의 가지가 축축 늘어짐.
• 방장부절方長不折 : 한창 자라는 초목을 꺾지 아니함. 곧 장래성이 있는 사람을 헤살 놓지 않는다는 말.

★ 望月村梧樹下[6] 망월마을의 오동나무 아래에서

臺上巨木落落盛 언덕 위의 노거수 가지를 축축 뻗어 무성하구나.
天下良材桐君用 천하의 양재 성군이 즐기던 거문고감이로다.
圓錐花序使眼穿 원추꽃차례는 볼수록 눈에 뜨이고,
樹皮古畵令心動 나무껍질의 오랜 문양은 마음을 감동케 하네.
塵世難避貪墨手 속세에선 탐묵하는 사람 피하기 어렵다지만,
若逢梓人必有請 훌륭한 재인을 만난다면 필히 부름이 있으리라.
莫忘舜之五絃琴 순임금의 오현금 소리를 잊지 마소서.
南風詩爲治者鏡 그의 남풍시는 지도자의 거울이라오.

- 망월촌望月村 : 광산군 서창면 금호리에 있는 마을 이름.
- 오수梧樹 : 오동나무.
- 거목巨木 : 굵고 큰나무. 노거수老巨樹라 이를 오래된 오동나무를 두고 이름.
- 낙락落落 : 노송 등 큰 나무의 가지가 축축 늘어짐.

망월마을의 오동나무

- 양재良材 : 좋은 재목이나 재료. 뛰어난 인재의 비유.
- 동군桐君 : 거문고의 이칭. 오동나무는 옛날 순舜임금과 같은 성군이 즐겨 타던 거문고를 만드는 양재가 되었기 때문에 이른 말.
- 원추화서圓錐花序 : 원추 꽃차례. 무한 꽃차례 가운데 총상 꽃차례의 하나.
- 안천眼穿 : 서로 간절히 보고 싶어 함. 뚫어지게 봄.
- 고화古畵 : 옛날의 그림. 여기서는 오동나무 껍질에 보인 오래된 문양을 두고 이름.
- 탐묵貪墨 : 탐오貪汚. 욕심 많고, 하는 것이 옳지 못한 것.
- 재인梓人 : 목수의 우두머리. 훌륭한 지도자의 비유.

6) 1981年5月13日 望月村中老巨桐所懷也 午後訪望月村(光山郡西倉面金湖里所在) 臺上桐四株毅然立矣 乃接梧樹皮面古紋樣 輒誦古詩句桐千年老恒藏曲也 連述懷 世有良材 若逢梓人 可以作桐君 然昨年五月以後不可期此業 何時望鳳鳴朝陽乎 近來權者濫用其勢 懇願天下濟世者出現 令治者追求舜之南風詩趣也

• 순舜 : 중국의 고대 순舜임금을 뜻함.
• 오현금五絃琴 : 중국 순舜 임금이 만들었다는 다섯줄로 된 옛날 거문고의 하나.
• 남풍시南風詩 : 순임금은 백성들에게 덕을 베풀고자하는 뜻을 담아 남풍시를 짓고 오현금의 가락에 올려 불렀다고 하는데, 지금 전하는 그의 시는 다음의 두 가지이다.

南風之薰兮可以解吾民之慍兮(남풍의 따뜻함이여, 우리 백성의 노여움을 풀어주리라.)

南風之時兮可以阜吾民之財兮(남풍이 기약함은 우리 백성의 재산을 크게 살찌우리라)

• 치자治者 : 한 나라를 다스리는 사람. 또는, 권력을 가진 사람이나 지도자.

★ 楓巖堤上[7] 무등산 풍암제 위에서

元曉玉溪日夜鳴　옥을 쏟아 붓는 원효계곡 밤낮으로 울어 예는데,
洞天幽谷開明鏡　산으로 둘러싼 깊은 골짝엔 곱게 펼친 거울이라.
何以山潭清如許　산속의 연못, 어찌해 그토록 맑기만 하는고.
雲影景色共玲瓏　구름 그림자와 주위 경치 다함께 영롱하여라.

• 풍암제楓巖堤 : 무등산 아래 원효계곡元曉溪谷이 흘러내리는 곳의 방죽. 광주시 북구 금곡동에 위치한 풍암정楓巖亭은 호수 바로 위에 있어, 이곳 경치를 탐승하며 왕래하던 임억령 · 고경명 등 문인들이 발자취를 남겼던 승지로 알려져 있다.
• 원효元曉 : 광주의 무등산 원효계곡元曉溪谷의 약칭. 원효사가 있다고 해서 붙여진 이름으로서 무등산 공원 중 명소의 하나.
• 옥계玉溪 : 옥같이 맑은 물이 흐르는 계곡.

---

7) 1981年9月18日 無等山楓巖堤上所懷也 金谷洞有粉青沙器陶窯地(史蹟第141號) 自此向元曉溪谷 而入山谷行 則至楓岩亭(金德普造營, 文化財資料第15號)矣 其下流有楓岩堤 卽亭前谿流貯水之池也 周圍景觀秀麗 而自古石川霽峯牛山等名人之杖屨不絶也 今仲秋節我亦散策於楓巖堤 而臨清湖水 則勝地山水實可觀使心述懷矣

풍암정 앞에 흘러내리는 무등산 원효계곡

- 일야日夜 : 밤낮. 항상.
- 동천洞天 : 산천으로 둘러싸인 경치가 좋은 곳.
- 유곡幽谷 : 궁곡窮谷. 그윽하고 깊은 산골.
- 명경明鏡 : 맑은 거울.
- 산담山潭 : 산중에 있는 깊은 연못.
- 여허如許 : 저와 같음.
- 경색景色 : 경치景致.
- 영롱玲瓏 : 광채가 찬란함. 금옥이 울리는 소리가 맑고 산뜻함.

峯下貯流淨水晶 봉우리 아래 고인 물줄기 투명한 수정보다도 고와라.
枝上野禽惑投影 나뭇가지 위 들새들 물에 비친 그림자에 반했나보다.
誰云楓巖四時秀 그 누가 일렀던고, 풍암의 경치 철마다 빼어나다고.
足知遊客不絶踪 유람하는 나그네 발자취 끊이지 않음을 알만하여라.

- 수정水晶 : 파리玻璃. 무색투명한 석영.
- 야금野禽 : 야조野鳥. 들새. 산이나 들에 사는 새.
- 투영投影 : 물체의 그림자를 어떤 물체 위에 비추는 것. 또는, 비친 그 그림자.
- 풍암楓巖 : 풍암정楓巖亭과 풍암제楓巖堤가 있는 곳(광주광역시 북구 금곡동金谷洞)의 산골짜기. 바위와 단풍과 계곡의 경치로 알려진 승지이다.

★ 春日訪花巖洞[8] 봄날 화암동을 찾아서

活水涓涓流 골짜기의 물 졸졸 흘러내리고,

---

8) 1982年4月20日 無等山下花巖洞探訪所懷也 高麗大學校交換教授勤務時節 一時餘暇歸光 探索石谷水源池上流遺蹟 散策花巖洞(光州市北區所在)中 參拜海狂宋濟民墓碑 而再確認宋柁古事與成村由來譚矣 侶川流以友芳樹之際 不知中沒入春情 尋幽以述懷矣

芳草茁茁蘇　향긋한 꽃다운 풀 한창 솟아 푸르러라.
洞天逐時新　경치 좋은 동천 때를 따라 새로워서,
山村春氣濤　산골 마을엔 봄기운이 물결치는구나.

- 화암동花巖洞 : 광주시 북구 무등산 아래의 마을 이름. 해광 송제민(1549~1602)의 아들 송타宋柁(1567~1597)가 이 마을에 거주할 때에 집 앞에 있는 큰 바위 주변에 백일홍을 심어 놓고 화암당이라 이르고, 자신의 호도 화암이라 하였다는 데서 연유한 마을 유래담이 전한다.
- 활수活水 : 흐르거나 움직이는 물.
- 연연涓涓 : 물이 조금씩 흐르는 모양. (涓 : 졸졸 흐를 연)
- 방초芳草 : 향기로운 꽃다운 풀.
- 줄줄茁茁 : 풀의 싹이 나는 모양. (茁 : 풀싹 줄)
- 동천洞天 : 산천으로 둘러싸인 경치가 좋은 곳. 또는, 신선이 사는 세계.

探査花巖堂　옛날 화암당의 자취 찾아 갔더니,
群英色色歡　여러 가지 꽃들 색색으로 반겨주네.
孤村雖幽靜　산 아래 외딴 마을이라 조용하기는 하나,
流芳且喧傳　화암이 남긴 명예 또한 왁자하게 전하구나.

- 탐사探査 : 더듬어 살펴서 조사하는 것.
- 화암당花巖堂 : 앞에 든 송타의 당호. 화암동花巖洞 참조.
- 군영群英 : 여러 가지 꽃.
- 고촌孤村 : 외딴 마을.
- 색색色色 : 여러 가지 빛깔. 또는 가지각색. 여러 가지.
- 유정幽靜 : 그윽하고 조용함.
- 유방流芳 : 유방遺芳. 꽃다운 명예를 후세에 남김.
- 훤전喧傳 : 훤자喧藉. 여러 사람의 입으로 퍼져서 왁자하게 되는 것.

★ 光州湖上即吟[9] 광주호 위에서 읊다

瑞石水面浮 서석산의 상서로운 그림자 물위에 비춰 떠도는데,
白鳥相從遊 호숫가 하얀 고니는 서로 짝지어 따르며 노네.
湖中天然畫 호수에 보인 아름다운 천연의 그림,
歸路何處求 이곳을 떠나 돌아가는 길엔 어디서 찾아볼꼬.

동강조대 앞에서 보는 광주호

• 광주호光州湖 : 광주시의 북구 충효동과 담양군의 고서면 및 남면 사이에 위치한 길이 505m의 호수.(1974년에 착공, 1976년에 완공) 주로 무등산의 서북부에 흐르는 물이 모아 형성된 호수. 무등산의 원효계곡元曉溪谷과 연천계곡燕川溪谷, 그리고 그 아래 흐르는 소쇄계瀟灑溪·창계滄溪 등의 물이 합류하여 이루어진 물.
• 즉음卽吟 : 즉영卽詠. 즉석에서 시가를 짓거나 음영하는 것. 또는, 그 시가詩歌.
• 서석瑞石 : 서석산瑞石山의 약칭. 무등산無等山의 별칭 또는 그 애칭. 다음에 드는 시 〈무등산세無等山勢〉의 주 참조.
• 백조白鳥 : 천아天鵝. 고니. 오릿과의 물새. 온몸이 순백색으로서 아름다움.
• 상종相從 : 서로 따르며 친하게 교제하는 것.
• 천연화天然畫 : 그림처럼 아름다운 자연을 두고 이름.

湖裏連峰皆壯觀 호수에 비치는 연이은 봉우리들 모두가 장관이라,
水鳥呼朋隨意驩 물새들도 벗을 불러대며 마음껏 즐거워하네.

---

9) 1982年10月17日 無等山下光州湖畔探勝所懷也 天高馬肥玄月之時 與任中圭·柳龍澤·趙玫壽教授等同伴山行也 由潭陽郡南面所在息影亭 而登其後側壯元峯 向光州湖上鳳鳴山而下降矣 此是南面與古西面之境界 湖岸處處有釣臺 水中倒影若似鏡中山水畫也 乃目擊釣師 而心中付託愼釣山影矣

鏡中名畵使心醉　물속 거울에 비친 빼어난 그림들 마음을 취케 하나,
天籟無影但有恨　천연 자연의 소리만은 그림자가 없어 한스럽구나.

- 연봉連峰 : 죽 이어져 있는 산봉우리.
- 장관壯觀 : 훌륭한 광경. 또는, 훌륭하고 장대壯大한 경관.
- 수의隨意 : 자기 뜻대로 하는 것.
- 경중鏡中 : 거울 속. 거울처럼 맑은 호수의 물속을 비유적으로 이르는 말.
- 천뢰天籟 : 천연·자연의 소리. 바람 소리·비 소리 따위.

季秋候鳥樂涵泳　늦가을에 찾아온 철새들 무자맥질을 즐기고,
湖岸漁翁作笑聲　호수 기슭의 낚시꾼도 즐거워 웃음소리로다.
手執長竿誘魚來　손엔 긴 낚싯대 들고 고기를 유혹하며 기다리는가.
唯願莫貪釣山影　오직 바라건대 산 그림자 낚는 데엔 탐하지 마오.

- 계추季秋 : 음력 9월 늦가을.
- 후조候鳥 : 철새.
- 함영涵泳 : 무자맥질. 물속에 들어가서 팔다리를 놀리며 떴다 잠겼다 하는 짓.
- 장간長竿 : 장대. 또는 낚싯대.

★ 於夢仙山幽谷[10]　몽선산의 그윽한 산골에서

霧中山色玄　안개 자욱한 산의 경치 어슴푸레 현묘하고,
鳥聲聽益新　산새 우는 소리 들을수록 새롭구나.
三仙何處游　몽선산의 세 신선은 어디서 노니는고.
或是松下隱　혹시 소나무 아래 숨어있지나 않을까.

---

10) 1984年7月20日　潭陽郡夢仙山中之懷也　大學同期生李秉武校監招請以登行夢仙山(海拔564m)　李校監本來生長於大田面大峙里(한재)　而熟知此山中地理　又所說三人山由來談尤興味津津矣　吾等先參拜大成祠(杏成里所在)後入山　則幽谷流水之勝致不可勝言　今日攀登快事是平生不可忘矣

- 몽선산夢仙山 : 담양군의 수북면 오정리梧亭里와 대전면 행성리杏城里에 접해 있는 삼인산三人山의 이칭. 일명 몽불산夢佛山. 조선조 태조의 삼인산 전설(꿈 이야기)로 연유하여 전하는 산의 별칭임.
- 유곡幽谷 : 그윽하고 깊은 산골.
- 산색山色 : 산의 빛. 산의 경치.
- 삼선三仙 : 이곳 몽선산을 삼인산三人山이라 한데서 세 신선을 연상하여 비유적으로 취한 시구임.

飛泉舞深谷 날려 흐르는 폭포 깊은 골짜기에서 춤을 추는 듯.
松林浴淸風 소나무 숲은 맑은 바람에 씻기어 깨끗하여라.
黃雀醉仙譚 꾀꼬리 새여 몽선산의 신선 이야기에 취해버렸는가.
山情如爾同 산에서의 느꺼운 정취 그대와 매한가지라오.

- 즉흥卽興 : 좌흥座興. 바로 그 자리에서 일어나는 흥취.
- 비천飛泉 : 폭포를 형용하여 이르는 말.
- 황작黃雀 : 황조黃鳥. 황앵黃鶯. 꾀꼬리.
- 선담仙譚 : 신선의 이야기. 여기서는 삼인산 전설로 전하는 조선조 태조의 꿈 이야기를 염두하고 이에 전하는 선담, 즉 몽선산의 유래담을 두고 이름.

★ 鳴玉軒隨想[11] 명옥헌에서의 수상

紅花連百日 진분홍의 고운 꽃 백일이나 이어 피는데,
明珠滿塘中 구슬처럼 흘러내린 물 연못에 가득하여라.
尙存尤岩跡 우암의 발자취 아직도 남아있어,
古今乃軒頌 예나 지금이나 곧 명옥헌의 칭송이라네.

- 명옥헌鳴玉軒 : 담양군 고서면 산덕리山德里 후산後山마을 도장곡道藏谷에

11) 1984年8月15日 無等山下鳴玉軒探訪之懷也 潭陽郡瓠峯山下有鳴玉軒園林(古西面山德里後山村所在) 池邊四隅百日紅滿發 可謂仙境 又傳宋時烈名人之足痕 紫微花樹假我以詩文抒懷 故述懷如此矣

있는 정자. 조선조 인조 때의 장계藏溪 오이정吳以井(1619~1655)이 호봉산瓠峯山 아래 이곳에 사는 부친 오희도吳希道(1583~1623)의 뒤를 이어 은둔하였던 정자이다. 때문에 이를 장계정, 또는 도장정이라고도 이르고, 지금은 전라남도 기념물 제44호로 지정되어 있다. 정자 앞에는 장방형의 연못이 형성되어 있는데, 못으로 흘러드는 물소리가 구슬을 울리는 것 같다고 하여 명옥헌이라 명명했다는 정자 이름의 유래가 전한다. 그 주변에는 배롱나무가 무성하여 진분홍의 꽃이 만발할 때의 가경은 널리 이름나 있다.

호봉산 아래 명옥헌 원림의 배롱나무

- 수상隨想 : 그때그때 일어나는 느낌이나 생각. 또는, 그것을 적은 글.
- 홍화紅花 : 붉은 꽃. 명옥헌 아래 연못가에 진분홍으로 핀 백일홍을 두고 이름.
- 명주明珠 : 아름다운 구슬. 산골짜기에서 흘러내려 연못으로 드는 물이 구슬처럼 맑고 아름다움을 두고 이름.
- 우암적尤岩跡 : 우암 송시열宋時烈(1607~1689)의 필적을 두고 이름. 정자의 우측 흐르는 골자기의 암벽에는 우암의 글씨로 '鳴玉軒癸丑'이라 한 필적이 남아 전한다.

★ 秋蟬吟[12] 가을 매미 우는 소리

衆蟬樹上嘒 나무 위 뭇 매미들 소리 내어 울어대네.
嘒如銅鼓噪 그 시끄러움 꽹과리의 요란한 소리로다.
已覺金氣動 이미 깨달았는가, 가을 기운이 몰아오는 것을.
指彈世邪謀 이 세상 바르지 못한 책략을 지탄하는 듯.

---

12) 1984年8月16日 農大東山秋蟬吟所懷也 午後6時頃 散策於全南大學校農大內樹林丘(光州市北區龍鳳洞所在)矣 三伏之際 暑氣極盛 戀戀自然風以取林中遊步也 一週日前已過季節上立秋 樹上衆蟬爭鳴以嘶噪似是退出酷暑 又叱咤政局非正常矣 蟬蛻有意則不可輕秋蟬鳴也 雖無中國晋樂師師曠之聽 歸路有感不已矣

• 추선秋蟬 : 가을 매미.
• 선음蟬吟 : 매미의 울음소리.
• 嘒 : 매미소리 혜
• 螻 : 번거로울, 시끄러울 루.
• 동고銅鼓 : 꽹과리.
• 噪 : 떠들썩할, 새가 때지어 지저귈 조.
• 금기金氣 : 가을철의 기운. 오행五行으로 사시 절계四時節季를 가리킬 때에 금金은 가을에 해당하므로 가을의 기운이 됨.
• 사모邪謀 : 부정한 책모策謀. 어떠한 일을 처리하는 데에 바르지 못한 꽤와 방법.

★ 到環碧溪[13] 환벽계에 이르러

釣臺已陳迹 낚시터는 이미 옛 자취가 되어버렸나,
松潭無泛舟 송담에는 띄워놓은 배도 없구나.
傳聞有虹橋 전해오기를 무지개다리가 있었다하나,
蒼溪唯悠悠 지금은 푸른 시내만이 유유히 흐르는구나.

• 환벽계環碧溪 : 환벽당環碧堂(광주시 북구 충효동忠孝洞 환벽마을에 있는 정자) 아래에 흐르는 시내. 일명 창계蒼溪라고도 이름. 광주호光州湖 바로 위에서 흐르는 물이다.
• 조대釣臺 : 낚시터. 시에서는 환벽계에 있는 낚시터 바위를 말함. 김덕령金德齡(1567~1596) 장군이 낚시하던 곳으로 전한다.
• 진적陳跡 : 지난날의 묵은 자취.
• 송담松潭 : 소나무 드리운 환벽계의 연못을 가리킴. 옛날에는 여기에서

13) 1986年6月11日 無等山下環碧溪尋訪所懷也 松江鄭澈遺蹟踏査次訪問沙村金允悌之環碧堂(光州市北區忠孝洞所在) 傳言松江修學於此 其下流滄溪 此是環碧溪又有松潭泛舟與木材虹橋及金德齡之釣臺等 而今已爲陳迹 讀松江作星山別曲確認如此環碧溪勝致 然今想像遺事耳

뱃놀이 하던 배가 띄워 있었다고 전한다. 임억령林億齡(1496~1568) 등이 읊은 〈식영정이십영息影亭二十詠〉에서 〈송담범주松潭泛舟〉는 이를 두고 이른 말이다.

- 범주泛舟 : 부주浮舟. 배를 물 위에 띄우는 것.
- 전문傳聞 : 전하여 듣는 것.
- 홍교虹橋 : 홍예虹霓다리. 무지개다리.
- 창계蒼溪 : 푸른 시내. 환벽계의 별칭이기도 함.

★ 人笑亭臺即詠[14] 인소정 언덕에서의 즉영

踽步臨水晶 허리 구부려 걸어올라 수정골에 임했더니,
澗壑幽深秘 물 흐르는 산골짜기 깊숙이 숨겨 있네.
屛巖列臺傍 병풍바위는 정대의 곁 가까이에 벌였는데,
隨處山客止 가는 곳마다 산객이 머물렀다는구나.
人笑焉掛心 남들이 비웃는다고 어찌 괘념하였으랴.
蛇行連蓮池 곡류의 물도 연못으로 이어져 흐르도다.
玉龍不絶鳴 폭포는 또 끊임없이 소리 내어 울어대니,
若聞五友詩 고산의 오우가 소리를 듣는 듯하여라.

- 인소정人笑亭 : 전남 해남군 현산면 만안리萬安里 위의 수정골(水晶洞) 산골짜기 깊은 곳에 있었던 정자 이름. 조선시대 고산孤山 윤선도尹善道

---

14) 1987年7月4日 登人笑亭臺之懷也 午前向海南郡縣山面孤山遺跡地 與全南大國文學科大學院生金信中君 踏査水晶洞現場矣 想起孤山之宗孫尹泳善翁所說 發見孤山幽居地中人笑亭址及水晶巖與水晶瀑布 此是孤山尹善道(1587~1671)五十三歲時山居生活始發地也 推定所謂名作〈山中新曲〉始作於此 則其中第一首內容附合人笑亭名矣 依〈孤山先生年譜〉 云己卯公五十三歲二月 蒙赦還海南卜築于水晶洞 --(中略)-- 築小亭 命以人笑亭等記錄 可以實證如此 紹介作品中第一首如下 山산水슈間간 바회아래 뛰집을 짓노라ᄒᆞ니／그모론 놈들은 웃는다 ᄒᆞᆫ다마는／어리고 햐암의뜻의는 내分분인가 ᄒᆞ노라.(『孤山遺稿』 卷六 下, 山中新曲)

(1587~1671)가 53세 때에 조영하였던 정자로서 지금은 그 터만 남아 있다. 정자 이름을 굳이 인소정이라 함은 남의 비웃음을 상관치 않고 정자를 짓고 지내던 자신의 삶을 반영한 것이다. 고산은 이곳에서 이웃 구시리九市里에 있는 금쇄동金鎖洞(금쇗골)을 왕래하며 산인생활山人生活을 통해 국문학상 대표작으로 알려진 〈산중신곡山中新曲〉 등 다수의 시조를 남겼다. 그의 명작으로 일컫는 〈오우가五友歌〉 역시 이때의 작품이다.

- 대臺 : 정대亭臺를 두고 이름. 여기서는 인소정이 서있었던 정대를 말함.
- 즉영卽詠 : 즉음卽吟. 즉석에서 시가를 짓거나 음영하는 것. 또는, 그 시가.
- 국보跼步 : 허리를 구부리고 걷는 것.
- 수정水晶 : 수정동의 약칭. 전남 해남군 현산면 만안리 위의 산골짜기인 수정골.
- 간학澗壑 : 물이 흐르는 산골짜기.
- 유심幽深 : 깊숙하고 그윽함.
- 심비深秘 : 깊은 비밀.
- 병암屛巖 : 병풍바위. 병풍처럼 두르고 있는 바위.
- 수처隨處 : 어디든지. 닿는 곳마다.
- 산객山客 : 산인山人. 속세를 버리고 산 속에서 은거하는 사람. 또는, 산 속에 사는 사람이라는 뜻으로, 중이나 도사를 일컫는 말. 여기서는 고산 윤선도를 두고 이름.
- 인소人笑 : 남이 비웃는 것. 사람들의 웃음거리가 됨.
- 괘심掛心 : 괘념掛念. 마음에 두고 걱정하거나 잊지 않는 것.
- 사행蛇行 : 뱀처럼 구불구불 휘어서 간다는 뜻으로, 곡류로 흐르는 물을 가리킴.
- 연지蓮池 : 연당蓮塘. 연못. 연꽃을 심은 못.
- 옥룡玉龍 : 폭포를 형용하여 이르는 말.
- 오우시五友詩 : 수·석·송·죽·월 등 다섯 가지를 벗으로 삼고 노래한 고산의 시조 〈오우가〉를 두고 이름.

★ 水晶瀑布[15] 수정골의 폭포

玉龍飛颮作珍景 폭포수 바람에 날려 떨어지니 진기한 풍경이라.
山情浮濫水晶洞 산의 정취는 수정골에 가득해 흘러넘치네.
孤山遺跡處處奇 고산이 끼친 발자취 곳곳마다 기이해,
激湍不拒汲古興 여울물도 옛것을 찾는 흥취 거역치 않는구나.

수정골 수정폭포

- 수정폭포水晶瀑布 : 해남군 현산면縣山面 만안리 위의 수정골에 있는 폭포.
- 옥룡玉龍 : 폭포를 형용하여 이르는 말. 여기서는 수정폭포를 두고 이름.
- 颮 : 뚝뚝 떨어질 박.
- 수정동水晶洞 : 해남군 현산면縣山面 만안리萬安里의 수정골을 두고 이름. 조선시대 고산孤山 윤선도尹善道(1587~1671)가 53세 때에 입산하여 인소정人笑亭을 조영하고, 산중생활하며 국문학상 명작으로 알려진 〈산중신곡山中新曲〉을 짓기 시작한 곳으로 유명하다. 〈고산선생연보〉 권일 '기묘 공 오십삼세' 참조. 지금은 정자 터만 남아있으나 그 곁에 수정폭포가 흘러 풍광이 유별난 곳으로 알려져 있다.
- 고산孤山 : 윤선도의 호.
- 격단激湍 : 매우 급히 흐르는 여울.
- 급고汲古 : 깊은 우물의 물을 긷는다는 뜻으로, 고서古書의 탐독, 또는 옛것을 찾는 일의 비유.

---

15) 1987年7月4日 水晶瀑布探勝之懷也 踏查海南郡所在孤山遺跡之際 發見人笑亭臺與水晶巖水晶瀑布 雖非廬山長瀑 其飛流使我感歎不已 目遇之者卽白玉龍耳得之者卽鳴玉聲矣 依〈孤山先生年譜〉云洞壑幽邃 有數丈飛瀑 傍築小亭 命以人笑亭 可以實證如是景而興味津津 尤發掘孤山詩歌遺跡而歡喜不可形言耳參照當日作詩〈人笑亭臺卽詠〉

★ 次安義士遺墨詩韻[16] 안 의사의 유묵시에 차운하다

槿域三千里 무궁화동산 삼천리 어느 곳에서든
禮讚義士誠 안 의사의 애국 정성은 크게 예찬한다오.
決意達燦然 나라 위한 투쟁의 결의 결단코 찬연했으니,
永念丹忠情 충성 넘치는 단충의 뜻 길이길이 추념하리라.

- 안의사安義士 : 일본의 침략에 항거하여 의병 투쟁義兵鬪爭을 전개한 독립운동가 안중근安重根(1879~1910) 의사를 이름. 1909년 만주의 하얼빈 역에서 일본의 이등박문伊藤博文을 암살하고, 여순旅順 감옥에 수감되었다가 죽음.
- 유묵遺墨 : 유방流芳. 생전에 남긴 필적. 시에서는 안 의사의 다음 시를 말함.

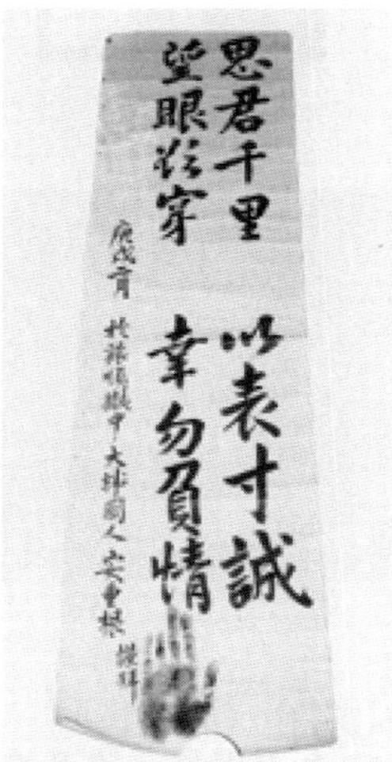
안중근 의사의 유묵

思君千里 以表寸誠 望眼欲穿 達勿負情
위에 든 안 의사의 유묵시에는 "庚戌二月 於旅順獄中 大韓國人 安重根謹拜"라 한 유필이 병기되어 있다.

- 근역槿域 : 무궁화가 많은 땅이라는 뜻으로 우리나라를 달리 이르는 말.
- 예찬禮讚 : 훌륭한 것, 좋은 것, 아름다운 것을 높이고 기리는 것.
- 찬연燦然 : 빛나서 눈부심.
- 達 : 達의 약자임. 결단할 달.
- 단충丹忠 : 참된 마음에서 우러나오는 충성.
- 영념永念 : 길이 생각하며 추념하는 것.

---

16) 1987年10月29日 安重根義士遺墨詩所懷也 感動義士之平素爲國決意 乃次其詩韻 則如下矣 義士作詩曰 思君千里 以表寸誠 望眼欲穿 達勿負情 然巷間有橫書讀此遺墨 而不顧詩韻以犯誤讀 光州直轄市1990年發行 『光州의文化遺蹟』 589頁亦如此 況詩詞中有誤記 卽原文中里·寸·欲·達之字各以星·討·族·幸字表記而犯誤 因是難解其內容 則實可惜矣

★ 名將追頌[17] 이름난 장수의 공적을 기리며

無等山下多勝覽 무등산 아래엔 경치 좋은 곳도 많도다.
將軍忠魂留花岩 전상의 장군의 충혼은 화암마을에 모셨다네.
彰節守義遺垂訓 절개와 의리로 모범된 교훈을 끼쳐주어,
古人流芳使仰瞻 옛사람의 꽃다운 명예 우러러보게 하여라.

• 명장名將 : 이름난 장수.
• 추송追頌 : 죽은 이의 공적이나 착한 행동을 칭송하는 것.
• 무등산無等山 : 서석산瑞石山. 마음에 드는 시 〈무등산세無等山勢〉(제1부 하편)의 주 참조.
• 승람勝覽 : 뛰어나게 경치가 좋은 것.
• 장군將軍 : 전상의全尙毅 장군(1575~1627) 장군을 두고 이름. 그의 시호諡號는 충민忠愍. 조선조의 인조仁祖 때 구성도호부사龜城都護府使 겸 좌영장左營將에 부임, 정묘호란丁卯胡亂이 일자 용전분투하여 큰 전과를 올렸으나 적군들의 재침으로 위험지경에 이르러 휘하 장졸들을 이에서 피하도록 하고, 자신은 칼을 뽑아 목숨을 끊고 순국하여 적군들을 크게 놀라게 하였다. 무등산 아래 광주시 북구 화암동에는 장군을 배향한 충민사忠愍祠가 있다.
• 충혼忠魂 : 충의를 위하여 죽은 사람의 넋.
• 화암花岩 : 광주시 북구에 있는 화암동의 약칭. 여기에는 전상의 장군의 사당으로 충민사가 있고, 마을 가까이의 평두뫼(平頭山)에는 예장묘禮葬墓가 있는데, 이는 광주시 문화유적 기념물 제3호로 지정되어 있다.
• 창절彰節 : 절개를 드러내는 것. 충민사의 외삼문外三門은 전상의 장군의 공적을 표방하여 창절문으로 명명되어 있다.

---

17) 1987年11月23日 花岩村忠愍祠所懷也 踏査無等山下元曉寺周邊之後 經由金德齡將軍祠堂忠壯祠 從下向傾斜道路 而至配享全尙毅將軍之忠愍祠 駐車於境內廣場矣 外三門稱彰節門 內三門稱守義門 以一見得知全將軍行實 幷境內有遺物館及旌閭閣以歡迎觀光客也 從來已追跡全將軍見危致命之行蹟 平素感銘其遺芳 今再確認將軍之忠魂義魄 不能抑追頌之懷 以作詩如此抒懷矣

• 수의守義 : 의를 지키는 것. 충민사의 내삼문은 장군의 공적을 표방하여 수의문으로 명명되어 있다.
• 수훈垂訓 : 후세에 전하는 교훈.
• 유방流芳 : 유방遺芳. 꽃다운 명예를 후세에 남김. 또는 그 명예.
• 앙첨仰瞻 : 앙관仰觀. 우러러보는 것.

★ 木蓮之謝[18] 시들어가는 목련꽃

每枝芳華誇春容	가지마다 활짝 핀 목련 봄 경치의 자랑이더니,
逸樂極侈致凋零	심한 사치 즐기다가 시들게 되었는가.
誰云花無十日紅	누가 일렀던가, 한창 고운 꽃도 열흘 못 간다고.
實感勢權終臨窮	세상 권세 또한 끝내는 궁하게 됨을 실감케 하구나.

• 목련木蓮 : 목련꽃. 백목련白木蓮 자목련紫木蓮 등의 총칭.
• 방화芳華 : 꽃답고 환함.
• 춘용春容 : 춘경春景. 봄의 경치.
• 일락逸樂 : 쾌락을 즐겨 멋대로 노는 것.
• 극치極侈 : 심한 사치. 극도의 사치.
• 조령凋零 : 조락凋落. 차차 쇠하여 보잘것없이 되는 것. 또는, 초목의 잎이 시들어 떨어지는 것.
• 화무십일홍花無十日紅 : 열흘 붉은 꽃이 없다는 뜻으로 한번 성하면 반드시 머지않아 쇠해짐을 이르는 말.
• 세권勢權 : 권세權勢. 세력과 권력.
• 窮 : 떨어질 궁.

18) 1988年4月5日 龍鳳東山木蓮所懷也 午後散策於農大花園路 桃花滿發 而木蓮始凋落使心憐愍 近十日前岸上木蓮亦方滿發 或盡佳麗以極侈 今如是乎 時下政局期待難康衢煙月 況何時望鳳鳴朝陽乎 自古諺語云 人無千日好 花無百日紅(出典於通俗編) 可謂重千金之箴言也

★ 於萬淵寺[19] 만연사에서

羅漢山下佛道場 나한산 아래에는 불도를 닦는 도량이로다.
創寺由來美童功 절을 창건한 유래로는 미동의 공이라네.
萬淵現夢遂所願 만연미동이 현몽하여 소원을 이루었다 하니
緣起奇譚傳逸興 절의 기이한 연기담은 흥미진진하여라.

무등산 아래 화순의 만연사

- 만연사萬淵寺 : 전라남도의 화순군 화순읍和順邑 동구리洞口里에 위치한 절. 고려 21대 희종熙宗 4년(1208)에 만연선사萬淵禪師가 창건한 것으로 전한다.
- 나한산羅漢山 : 화순읍의 뒷산인 만연산萬淵山. 해발 609m.
- 도량道場 : 불도를 닦는 장소. 또는 불보살이 성도成道를 얻은 곳.
- 창사創寺 : 절을 창건하는 것.
- 미동美童 : 얼굴이 곱살한 사내아이.
- 만연萬淵 : 만연사 창사설화에 등장하는 미동 만연을 두고 이름. 다음 주 '기담' 참조.
- 현몽現夢 : 죽은 사람이나 신령이 꿈에 나타나는 것.
- 연기緣起 : 모든 현상은 무수한 원인과 조건이 상호 관계하여 성립한다는 말.
- 기담奇譚 : 기화奇話. 이상야릇하고 재미있는 이야기. 여기서는 만연사 창사 연기설화를 가리키는 바, 『전남의 전설』(전남도 향토문화총서 제27집, 1987년)에 전하는 그 내용을 요약하여 들면 이러하다. "나한산의 한 암자에 미동인 만연이 못된 스님에게 음행을 당하면서 독사에 물려 죽자 음

---

19) 1988年5月21日 萬淵寺緣起譚所懷也 孟夏小滿之際 與數學科任敎授等山行于無等山 登獐佛峙(장불재)之後下山向和順邑萬淵寺 雖探勝秀麗山水 不可避險路以冒過勞 纔畢苦行之後 至萬淵寺而休憩心身矣 此是古刹以掛佛有名 卽道指定文化財第185號也 又想起創寺緣起談 則美童萬淵傳說興味津津 脫疲勞以起興作詩矣

행자의 꿈에 나타나 회개할 것을 강권하고 자신은 나주목사의 아들로 환생하겠다고 하였다. 결국 그 말대로 태어난 아이는 다시 나한산에 출가하여 불도에 정진하므로 그의 부친은 아들을 위해 절을 지어주고 비명에 간 미동 스님의 이름을 따서 만년사라 하였다는 것"이다.

• 일흥逸興 : 아주 흥미 있는 것.

★ 蒙启瀑布[20] 몽계폭포

虹泉吐聲撤 폭포 물줄기 소리 토하며 흩어지는데,

沼上飛龍動 용소 위엔 하늘을 나는 용이 꿈틀거리는 듯

霞谷隔塵界 물안개 자욱한 산골 속세와는 떨어져 있어

事事有神功 일일마다 조물주의 영묘한 솜씨로구나.

• 몽계폭포蒙溪瀑布 : 남창계곡南倉溪谷(전라남도 장성군 북하면北下面 신성리新城里 소재)에 있는 하곡동계곡霞谷洞溪谷의 폭포. 폭포 아래에는 용이 하늘로 올랐다고 하는 용소龍沼가 형성되어 있다.
• 홍천虹泉 : 폭포瀑布. 비류飛流. 현수懸水.
• 비룡飛龍 : 하늘을 나는 용.
• 하곡霞谷 : 안개가 자욱한 골짜기, 곧 몽계폭포가 흐르는 산골짜기를 말함.
• 진계塵界 : 진경塵境. 진세塵世. 티끌세상. 복잡하고 어수선한 세상.
• 신공神功 : 신령과 같은 영묘한 공적.

20) 1990年6月13日 南倉蒙启瀑布所懷也 人文大學長在任時開催學科長會於長城郡南倉所在全南大學校修鍊院矣 午後5時頃到着於南倉山谷 開會前與三教授向蒙启瀑布 自修鍊院不過1㎞ 然登行不易 傳言云朝鮮朝宣祖時鄭雲龍修道於是霞谷卽蒙启絶勝也 因之鄭道士得號霞谷矣

★ 蒙啓雜詠[21] 몽계폭포에서의 잡영

去夜夏雨沛 간밤에 여름비 세차게 퍼붓더니,
深谷水輒增 깊은 두메골짜기 문득 물이 불었네.
飛流冒雲霧 날리는 물줄기 구름안개 뒤집어쓰고,
可觀玉龍景 옥을 굴리는 폭포의 경관 볼만도 해라.

- 몽계蒙溪 : 몽계폭포를 두고 이름(당일의 작시 〈몽계폭포蒙啓瀑布〉의 주 참조)
- 잡영雜詠 : 흥이 나는 대로 여러 가지 사물을 읊은 노래.
- 沛 : 비 쏟아질 패.
- 비류飛流 : 세차게 흐르는 것. 폭포瀑布.
- 운무雲霧 : 구름과 안개.
- 옥룡玉龍 : 폭포를 형용하여 이르는 말.

昨日奔流走 어제부터 길길이 흐르던 유수,
今爲雷響瀑 이젠 천둥소리 내며 요란도 하다.
轟音以聾巖 울리는 굉음이라 바위마저 귀 먹혔나,
形勢驚山岳 그 형세는 온 산천을 혼쭐나게 하구나.

- 분류奔流 : 세차게 빨리 흐르는 것, 또는 그 물줄기.
- 뇌향雷響 : 천둥소리.
- 굉음轟音 : 몹시 요란스럽게 울리는 소리.
- 농암聾岩 : 귀머거리가 된 바위. 폭포와 같은 시끄러운 소리에 귀를 먹게 되었다는 뜻으로 상징적으로 이르는 말.

---

21) 1990年6月14日 雨後蒙溪飛流所懷也 全南大練習林在於長城郡南倉山谷 練修院後山中有瀑布 雨後觀瀑可觀矣 今早朝起床 與文裕燦・朴孝明教授等三人行蒙溪山谷而觀水 果是天下壯觀 無不驚歎 其形勢可以宏壯宏傑宏麗轟轟之語形容矣 參照昨日作〈蒙溪瀑布〉

水沫與烟濛濛飛 물보라는 자욱한 안개 속에서 춤을 추네.
蒙溪造化龍所企 몽계의 신통한 조화 용이 꽤한 짓이로구나.
不可勝言洞天妙 산천의 경치 미묘함은 말로 다 이를 수 없어
霞谷幽人再想起 하곡을 즐겨 찾던 유인 다시금 상기되어라.

- 수말水沫 : 물보라. 물결이 바위 등에 부딪쳐 안개 모양으로 흩어지는 잔 물방울.
- 몽몽濛濛 : 비나 안개 같은 것이 내려 자욱한 모양. (濛 : 비 부슬부슬 올 몽)
- 몽계蒙溪 : 계곡을 덮어씌움.
- 조화造化 : 어떻게 이루어진 것인지 알 수 없을 정도로 신통하게 된 사물. 또는 그것을 나타나게 하는 재간.
- 동천洞天 : 산천으로 둘러싸인 경치가 좋은 곳.
- 유인幽人 : 어지러운 속세를 피하여 깊은 곳에 숨어사는 사람. 여기서는 조선시대의 학자 하곡霞谷 정운룡鄭雲龍을 두고 이름.
- 하곡霞谷 : 안개가 자욱한 골짜기, 곧 몽계폭포가 흐르는 산골짜기를 두고 이름. 또한 정운룡鄭雲龍의 별호임.

激流澎汃鳴谷落 세차게 흐르는 물소리 골짜기 울리며 떨어지고,
聾巖含情毅然默 귀먹은 바위는 뜻을 품고도 의연히 묵묵하구나.
天授滄浪應濯纓 하늘이 내린 맑은 물 응당 갓끈을 씻어야 한다는데,
紅塵奔者終難覺 속세에서 서두는 자 끝내 그 뜻 깨닫기 어려우리.

- 격류激流 : 몹시 세차게 흐르는 물.
- 팽팔澎汃 : 물의 격한 소리.(汃 : 물결 이는 소리 팔)
- 의연毅然 : 의지가 굳세어서 끄떡없다.
- 창랑응탁영滄浪應濯纓 : 중국 초나라의 굴원屈原이 지은 〈漁父辭〉에서 이르는 "滄浪之水清兮可以濯吾纓"에 담긴 뜻을 좇아 취한 조사구措辭句임.
- 창랑滄浪 : 맑은 물결.
- 탁영濯纓 : 갓끈을 씻는다는 뜻으로 세속을 초월함.
- 홍진紅塵 : 번거롭고 속된 세상.

三人危坐磐石磯 우리 세 사람 너럭바위에 고초앉아,
暫得觀水潛妙理 물을 바라보다가 잠시 오묘한 이치에 잠겼노라.
咫尺難分呼嘫聲 지척인데도 부르며 대답하는 소리 알아듣기 어려워,
手話相應形各異 수화로써 서로 응하되 그 모양은 갖가지로세.

- 삼인三人 : 등행할 때 동행하였던 박효명·문유찬 교수 등과의 3인.
- 위좌危坐 : 정좌正坐. 몸을 바르게 하고 앉는 것.
- 관수觀水 : 물을 보며 그 상태를 살피는 것.
- 반석磐石 : 너럭바위. 큰 암석. 넓고 편편하게 된 큰 돌. (磐 : 반석 반. 너럭바위 반)
- 磯 : 여울 돌 기.
- 지척咫尺 : 아주 가까운 거리.
- 호연성呼嘫聲 : 부르고 대답하는 소리.
- 수화手話 : 지화指話, 손짓 말.

數食頃後臨回歸 수 식경이 지나서 돌아갈 길에 올랐으나,
狂噴吼聲尙琤耳 미치게 내뿜는 소리 아직도 귀에는 쟁쟁.
後日豈忘此勝事 오늘의 이 승사를 뒷날 어찌 잊으리.
滌蕩世塵步輕易 세상 먼지 말끔히 씻었는지 발걸음이 가벼워라.

- 식경食頃 : 한 끼의 음식을 먹을 만한 잠간 동안.
- 회귀回歸 : 돌아서 본디의 자리로 돌아오는 것.
- 吼 : 사자 우는 소리 후, 높고 긴 소리 후.
- 승사勝事 : 뛰어난 일. 훌륭한 사적.
- 쟁쟁琤琤 : 맑은 물소리의 형용. (琤 : 옥 소리 쟁)
- 척탕滌蕩 : 지저분하거나 나쁜 것을 말끔히 씻어 없애는 것.
- 세진世塵 : 세상의 먼지. 세상의 속사俗事.
- 경이輕易 : 매우 손쉬움. 대수롭지 않음.

★ 四時所懷[22] 사시의 감회

梅香傳春信 매화 향기는 봄소식을 전하는데,
松籟凉夏扇 숲 속 솔바람 여름 부채보다도 시원해라.
桂月飜秋波 휘영청 밝은 달 가을 물결 일렁이게 하고,
玉雪飾冬山 백옥 같은 눈 쓸쓸한 겨울 산을 곱게 꾸며주네.

- 사시四時 : 춘·하·추·동의 사철.
- 소회所懷 : 평소에 품고 있는 회포나 뜻.
- 매향梅香 : 매화 향기.
- 춘신春信 : 봄의 소식.
- 송뢰松籟 : 송풍松風. 솔숲 사이를 스쳐 부는 바람.
- 하선夏扇 : 여름의 부채.
- 계월桂月 : 계수나무가 있는 달이라는 뜻으로 달을 운치 있게 이르는 말.
- 추파秋波 : 가을철의 잔잔하고 맑은 물결.
- 옥설玉雪 : 백옥같이 희고 깨끗한 눈.
- 동산冬山 : 낙엽 떨어져 쓸쓸하게 된 겨울 산.

망월마을 매원의 매화

★ 研修院出講[23] 연수원 강의에 나가서

瑞石精爽臻芝谷 무등산의 신령스런 기운 지실에도 끼치어,
問津熱氣充師閣 의문을 물어 구명하는 열기 사각에 가득.

22) 1990年7月17日 南畊書齋讀書中四時述懷也 今盛夏之節 時序則不遠大暑 松風消汗最爽快 又想起四時季節感 以作5言詩矣 此是回想陶潛詩〈四時〉以作興其詞內容如下 春水滿四澤 夏雲多奇峰 秋月揚明輝 冬嶺秀孤松

23) 1990年7月20日 無等山下研修院所懷也 潭陽郡南面芝谷里有全南教員研修院 所謂師閣 道內各中等教員資格研修次集於此 其中多全南大國文學科及國語教育科卒業者 皆爲我弟子矣 乃講義韓國古詩歌論 力講詩歌文學圈內詩壇活動 伏中受講熱意旺盛 故祝願教師將來以述懷矣

研鑽尋究學日就　연찬하고 심구하여 학문이 날로 나아가매,
薰陶振作招興國　훈도는 크게 떨치어 나라의 흥성을 부르리.

- 연수원研修院 : 학업 등을 연구하고 닦는 기관. 여기서는 담양군 남면 지곡리芝谷里(지실)에 있는 전남교원연수원全南教員研修院을 두고 이름. 무등산 아래에 위치해 있음.
- 서석瑞石 : 서석대의 약칭. 무등산의 이칭. 마음에 드는 제1부 하편의 〈무등산세無等山勢〉 참조.
- 정상精爽 : 만물의 근원을 이룬다는 신령스런 기운.
- 지곡芝谷 : 담양군 남면에 있는 마을 이름. '지실'을 한자어로 전환 표기한 것임. 전남교원연수원은 이곳 마을에 위치해 있다.
- 문진問津 : 나루터가 있는 곳을 묻는다는 뜻으로, 학문에 들어가는 것을 묻는 것. 또는, 의문을 물어 밝히는 일의 비유.
- 사각師閣 : 전남교원연수원의 건물 이름.
- 연찬研鑽 : 학문 따위를 깊이 연구하는 것.
- 심구尋究 : 찾아서 밝히는 것.
- 일취日就 : 일취월장日就月將의 준말. 날로 달로 자라거나 발전함.
- 훈도薰陶 : 교화하고 훈육하는 것.

昇堂入室能得眞　학문이 깊어지면 진리를 터득할 수 있으려니,
唯望汲古遂創新　오직 바라건대 옛것을 파헤쳐 새로운 개척 있기를.
流水不舍乃到海　흐르는 물도 쉬지 않고 흐르면 큰 바다에 이른다니,
百年大計應永遠　뒷날을 기약할 훌륭한 계획 응당 영원하리라.

- 승당입실昇堂入室 : 마루에 올라 방에 들어간다는 뜻으로, 학문이 점점 깊어짐의 비유.
- 득진得眞 : 참된 경지에 이르는 것.
- 급고汲古 : 옛 일을 찾는 일. 앞에 든 시 〈수정폭포水晶瀑布〉의 주 참조.
- 불사不舍 : 쉬지 아니함. 이 시에서는 주야불사晝夜不舍(밤낮을 구별하지 않고 끊임없이 행함)를 염두하고 이른 말.
- 백년대계百年大計 : 먼 뒷날까지 내다보고 세우는 큰 계획.

★ 又連作[24] 다시 연이어 짓다

文學圈內研修院 시가문학권 내에 있는 교원연수원이로다.
問道敎員集如雲 삶의 도 캐묻는 교사들 구름 때처럼 모여들었네.
盡誠尋幽滌暑熱 학문연구에 정성을 다해 여름 더위 씻고 있으니,
必以釋疑解詩文 반드시 의문도 풀리어 시문을 잘 해득하리라.

무등산 아래 전남교육연수원

- 문학권文學圈 : 공통된 특징을 가지는 문학 활동이 지리적으로 분포되는 범위. 여기서는 조선시대에 한시를 비롯하여 시조와 가사 등의 시가가 무등산 권역에서 이루어진 무등산 시가문학권을 두고 이름.
- 연수원研修院 : 앞에 든 시의 주 참조.
- 문도問道 : 도를 묻는 일.
- 심유尋幽 : 학문의 깊은 도리를 연구함.
- 척서滌暑 : 더운 기운을 씻는 것.
- 석의釋疑 : 의심되는 바를 물어 해석하고 알아차림.

受講切磋熱意高 강의를 들으며 학문을 닦는 열의 드높아서
古典探察如流滔 고전을 찾아 살피는 일 물줄기처럼 도도하여라.
知疑琢磨亦可觀 의문을 물으며 탁마하는 자세 역시 가관이니,
能期日將得詩道 나날로 발전해 시도 깨우침을 기약하리.

- 절차切磋 : 옥이나 돌을 갈고 닦는다는 뜻으로, 학문과 도덕을 닦는 것.
- 고전古典 : 오랜 세월을 거쳐 많은 사람들에게 높이 평가되고 애호된 저술이나 작품.

---

24) 1990年7月20日 無等山下研修院出講之懷也 今出講潭陽南面所在全南教員研修院 此處是詩歌文學圈內一區矣 瀟灑園息影亭環碧堂等所謂一洞三勝而相近距離 若論湖南詩壇 則必以例擧之詩歌文學圈中名所也 研修生皆實感之 不能拂拭興味 而足以極解詩之娛矣 參考當日所懷詩 〈研修院出講〉

• 탐찰探察 : 탐색하여 살피는 것.
• 지의知疑 : 진리를 터득하고자 하여 의문을 품고 캐물을 줄을 아는 것.
• 탁마琢磨 : 옥이나 돌을 쪼고 가는 것으로, 학문이나 덕행을 닦는 것의 비유.
• 일장日將 : 일장월취日將月就의 준말. 일취월장日就月將. 날로 달로 자라거나 발전함.
• 시도詩道 : 시를 짓는 방법.

★ 爲人誡[25] 사람됨의 교훈

不必冀仙居 신선이 사는 곳만을 바라지 말자.
爲人當務本 사람 되면 마땅히 제 본분에 힘써야 하네.
幸得妙術數 요행히 묘한 술수 깨달았다 하여
豈羽化登天 어찌 신선 되어 하늘을 오를 수 있으랴.

• 위인爲人 : 사람의 됨됨이.
• 선거仙居 : 신선이 사는 곳, 곳 속세를 떠난 조용한 곳.
• 술수術數 : 음양陰陽과 복서卜筮 등에서 길흉을 점치는 방법.
• 우화羽化 : 우화등선의 준말. 몸에 날개가 돋아 신선이 되어 하늘로 올라감.
• 등천登天 : 승천昇天. 하늘에 오르는 것.

★ 過秋嶺[26] 추령을 지나며

林衣紅綠誘天孫 나뭇잎 홍록으로 물들어 직녀성을 유혹하였는지.

---

25) 1990年9月7日 仙居反省之辯也 全南大學校人文大學長在任時 一日於學長室擧論爲人論 教授間說往說來矣 欲脫俗者主張仙居 此有一理 然以人出生此界 則本非仙人 但追究理想鄕而願仙界耳 排人本 而不顧人道 則此是盲目的追求仙居 其實無意味 因之固主張爲人誡也

26) 1990年10月16日 內藏山秋嶺晩秋所懷也 人文大學長在任時 與教授十餘人 弔問全北井州李俊鶴教授宅矣 歸時經由內藏山路 向白羊山 至內藏山秋嶺 停車展望前後山景 自然勝致使忘人世也

秋嶺深谷滿禮緞　추령의 깊은 골짝엔 혼수용 비단이 가득하여라.
寒露金風已蕭蕭　한로의 갈바람인가, 온 산천은 벌서 쓸쓸하니,
當婚閨秀心自亂　당혼한 규수의 마음은 절로 어수선할 수밖에.

- 추령秋嶺 : 가을의 단풍 경치가 빼어나다는 내장산內藏山(전북 정읍시 내장동과 순창군 복흥면福興面의 경계에 있는 산, 높이 763미터)의 한 고개 이름.
- 임의林衣 : 숲의 나뭇잎. 나뭇잎을 옷에 비유하여 이르는 말.
- 천손天孫 : 직녀성을 이름.
- 예단禮緞 : 예물로 주는 비단.
- 한로寒露 : 찬 이슬이 내리는 무렵으로 음력 9월의 절기임.
- 금풍金風 : 5행에서 가을은 금金에 해당한 데서 가을바람을 이름.
- 소소蕭蕭 : 바람이나 빗소리가 쓸쓸한 것.
- 규수閨秀 : 남의 집 처녀를 정중하게 이르는 말.
- 당혼當婚 : 혼인할 나이가 되는 것.

仰眄巖嶺千尋斷　고개 쳐들고 보면 바위고개 천 길로 깎여 있고,
俯瞰內藏九折連　아래로 내려보면 내장산 골짜기 꼬불꼬불 이었구나.
隔岸紅柹點點珠　저 건너 홍시감도 점점으로 매달린 구슬이라.
晩秋山情隨處新　늦가을의 산 정취 곳곳마다 새삼스러워라.

- 앙면仰眄 : 앙관仰觀. 앙첨仰瞻. 우러러보는 것.
- 천심千尋 : 매우 높거나 깊은 것을 이르는 말. '尋'은 길이를 잴 때 두 팔을 펴서 벌린 길이.
- 부감俯瞰 : 부시俯視. 높은 데서 내려다보는 것.
- 내장內藏 : 내장산을 가리킴. 전라북도 정읍시의 내장면과 순창군 복흥면의 경계에 있는 산. 높이 763미터로 가을 단풍으로 유명함.
- 구절九折 : 꼬불꼬불한 것을 이름.
- 만추晩秋 : 늦가을.
- 수처隨處 : 어디든지. 닿는 곳마다.

★ 國土分斷恨[27] 국토 분단의 한

三八界線何者案 국토의 3·8 분계는 누구의 짓이던고.
欲暫問議心自恨 잠간 묻고자 하나 마음엔 절로 한이 맺혀라.
獨逸已毁東西壁 독일은 이미 동서의 벽 헐어버렸건만,
我國尙存南北分 우리는 아직도 남북 분단 그대로구나.

- 삼팔계선三八界線 : 삼십팔도 경계선의 준말. 한반도 북위 38도선이 있는 남북경계선.
- 하자何者 : 어떤 사람. 누구.
- 독일獨逸 : 독국獨國. 중부 유럽의 게르만족을 중심으로 이루어진 나라. 제2차 세계대전의 패배로 1949년 동독과 서독으로 분단되었다가 1990년 10월 독일 연방공화국으로 통일됨.

濟世賢者何處見 세상 구제할 어진 인물 어디에서 찾아뵐꼬.
大國爭奪如此斷 대국들의 쟁탈이 이 지경으로 끊어놓았는가.
同族葛藤招相殘 동족끼리 갈등에 빠져 서로 싸우며 해치다가
九十寒暑積痛忿 45년의 기긴 세월 뼈아픈 통분만을 쌓았구나.

- 제세濟世 : 세상을 구제하는 것.
- 쟁탈爭奪 : 다투어 빼앗는 것.
- 상잔相殘 : 서로 싸우고 해치는 것.
- 구십한서九十寒暑 : 우리나라가 광복하였던 1945년으로부터 1990년 오늘에 이르기까지의 45년간.
- 한서寒暑 : 서한暑寒. 겨울과 여름.

---

27) 1990年11月10日 祖國分斷之痛恨也 1945年我國光復 而蘇聯占北韓 美軍駐屯南韓 自此祖國兩斷而南北對蹠 是一大不幸之事矣 我國在美蘇大國相爭之間難免同族相殘之悲劇 謂是曰 主人之爲客 客人之爲主也 至1950年 勃發六.二五戰 1953年休戰協定 緯度以三八度定南北分斷之界 豈無憤悱祖國之運如此歟 動亂以後於焉經過四十年 相似獨逸東西分斷 然至今年 獨逸竟消東西兩分之界 而我國不然也 尙難感南北和解氣 此時視聽電視上獨逸消息 則焉抑羨望之感乎 乃渴望濟世者出現而述懷如此

祖國統一未必遠　조국의 통일 반드시 멀어진 것만은 아니러니,
四千萬民徹天願　하늘에 사무치는 4천만 백성의 소원이로세.
瑞氣將充全疆土　상서로운 기운 장차 전 강토에 그득하리니,
和合喊聲振江山　남북 화합하는 함성 온 강산에 떨치리라.

• 철천원徹天願 : 하늘에 사무치도록 간절한 소원.

★ 白頭山紀行[28]　백두산기행

제1편 : 연작 제1～14수[29]

연작 제1 : 제1～4구

辛未年間孟秋中　신미년(1991)의 초가을 사이
平生所願將始成　평생 바라던 소원 비로소 이루어지는가보다.
尚有末伏殘暑熱　말복의 늦더위 아직은 남아있다지만,

---

28) 1991年8月14～15日白頭山紀行所懷也 同伴全南大學校人文大教授成晉基·金春燮·李相植博士等向白頭山矣 13日吾等到着中國吉林省延邊(朝鮮族自治州)參席延邊大學第2次朝鮮學國際學術大會 傳聞吉林省有35個少數民族 其中朝鮮族120萬名居住於此而威勢莫强 熟知現地實狀 則吾自矜心若衝天 尤接吾國字專用延邊日報 實感慨無量 乃無他國之異質感也 於夜一行投宿於當地延邊賓舘 14日朝飯直後向白頭山而出發矣 自此至目的地間300km 搭乘觀光車而冀願旅行無頉 多幸今日日氣快晴 現地人咸稱近來難見之淸天候 豫感山上氣象亦順坦 此豈非千載一遇之好機乎 抒情無障無礙以運筆自隨 足以詩景無漏形象化矣 一面贅言付之 則今般作詩卽紀行詩也 故探勝所懷反映于詩內容 竝追加詩詞註解 然他國旅行中一時通過 故難悉得行處之地理狀況且當地實情矣因是與餘他詩紹介異 故可及的省略詩題別脚註 但登行全過程大別于第1～3篇而旅程上特記狀況添附於篇別脚註耳 又成博士持參寫眞機 撮影吾等旅程實狀也 今提供當時寫眞 而反映於此詩集 實感謝好意也

29) 〈白頭山紀行〉詩中第1篇也 卽自延邊出發至白頭山入口山門之間所懷也 從作詩順 而列擧客路與旅情乃至當面卽事 則如下也 白頭山行出發前感懷→祈願壯行登陟點檢→觀光車搭乘出發 途中同族相逢之懷→野田葵花感懷→先鋒到着而支拂通行料→目擊棟樑材積載車輛→到雲嶺而眺望遠近勝景→枝上衆蟬之競唱所懷→到三道林場而眺望足下靑嶽深谷→經由和龍至三道村→到松江而路邊商所懷→訪二道白河村中商店 而與同族店主相談感懷也 總以14首88句作成矣

北域金風教人爽　북녘 땅의 갈바람은 사람 마음을 서늘케 하네.

• 백두산白頭山 : 함경 남북도와 만주와의 사이에 있는 우리나라 제일의 산. 산상에는 압록강·두만강·송화강으로 흘러내리는 천지天池가 있다. 높이 2,744m.
• 신미년辛未年 : 1991년.
• 맹추孟秋 : 초가을, 또는 음력 7월을 달리 이르는 말.
• 말복末伏 : 삼복 가운데 마지막 복. 입추가 지난 뒤의 첫 경일庚日.
• 잔서殘暑 : 늦더위. 늦여름의 심하지 않은 더위.
• 금풍金風 : 오행五行에서 가을은 금金에 해당한 데서 가을바람을 이름.

연작 제2 : 제5～12구

就寢想像靈山景　잠자리에 들어서도 영산의 경치 상상이러니,
夢中客懷難堪當　꿈속 나그네의 회포 당해내기 어려웠네.
輾轉反側黎旦起　뒤척이며 잠 못 이루다 새벽에 일어나선
祈願如意今壯行　오늘의 장한 행차 뜻대로 이루기만을 빌었노라.
同伴教授亦假睡　동행한 교수들도 선잠으로 밤을 쇠었는지,
隨時開窓瞻天空　수시로 창문을 열고 먼 하늘을 쳐다보네.
朝面人事作笑聲　아침 인사 또한 흥겨워 웃음소리 짓고,
點檢登陟潛幽興　등행 길 점검하며 그윽한 흥취에 잠기노라.

• 영산靈山 : 신령한 산. 여기서는 백두산의 상징적 비유임.
• 전전 반측輾轉反側 : 전전 불매輾轉不寐. 누워서 몸을 이리저리 뒤척이며 잠을 이루지 못함.
• 여단黎旦 : 여명黎明. 희미하게 날이 밝을 무렵.
• 장행壯行 : 장한 뜻을 품고 먼 길을 떠나는 것.
• 가수假睡 : 선잠. 거짓으로 자는 체하는 것.
• 등척登陟 : 높은 곳에 오르는 것.
• 유흥幽興 : 그윽한 흥취.

연작 제3 : 제13～16구

早起朝饌悤悤終　아침 일찍 일어나 조찬을 서둘러 마치고,
吾曹乘車向龍王　백두산의 천지를 향해 우리는 차에 올랐네.
時間餘走鋪裝路　시간 남짓일까 포장길을 달렸건만,
塵道連續無限定　먼지 이는 비포장 길이 이어져 끝이 없구나.

- 조기早起 : 아침에 일찍 일어나는 것.
- 총총悤悤 : 급하고 바쁘게.
- 용왕龍王 : 용왕담龍王潭의 약칭. 백두산에 있는 천지天池의 별칭. 다음에 드는 시 (연작 제6)의 주 '천지' 참조.
- 포장로鋪裝路 : 포장길. 길바닥에 돌·시멘트·아스팔트 등을 깔아 길을 단단하게 꾸민 도로.
- 진도塵道 : 먼지 길. 포장하지 아니한 비포장 도로

연작 제4 : 제17～24구

遂有露店雙手迎　때마침 노점이 있어 쌍수로 반겨주는데,
韓語流暢意疏通　한국어가 유창해 의사소통도 막힘이 없네.
國籍雖是支那人　국적은 비록 중국인이라 하지만,
可知與我同祖上　우리와는 조상이 같음을 알만 해라.
其中幾者又許心　그 중 몇 사람은 또 우리 마음을 이해하니,
何以否認種族情　조상을 같이 하는 종족의 정 어찌 부인하랴.
血濃於水古來譚　피는 물보다 진하다 함은 예로부터 일렀다오,
異域相面尤感銘　이국에서의 만남이라 더더욱 감명이로다.

- 노점露店 : 난전亂廛. 길가의 한데에 벌여 놓은 가게.
- 국적國籍 : 어떤 사람이 한 나라의 구성원으로서 가지는 법률상의 자격.
- 지나인支那人 : 중국인.

• 허심許心 : 남의 말을 잘 받아들이는 것.
• 종족種族 : 조상이 같고, 같은 계통의 언어문화 등을 가지는 사회 집단.
• 혈농어수血濃於水 : 피는 물보다 진하다. 인간 사회에 보편적으로 나타나는 같은 혈연끼리의 유대감을 지적한 말.

연작 제5 : 제25～32구

管理野田營農耕　들밭을 관리해 농경을 경영함에,
葵花方盛滿數頃　해바라기 꽃 한창 무성하여 너른 들에 가득.
卵狀外邊環鋸齒　계란을 닮은 외변의 모양 톱니바퀴 둘러있고,
黃容帶笑如華鏡　황금빛 얼굴 웃음을 띠고 있어 꽃 거울이라네.
晃晃形顔令人惑　환히 빛나는 모습 사람을 매혹케 하는데,
平素不見特異種　평소에 보지 못한 특이한 품종이로다.
欲選優良傳邦土　우량종을 골라 나라 국토에도 옮기고 싶으나,
好惡異論向日性　향일성만은 좋다니 싫다니 이론이구나.

• 농경農耕 : 논밭을 갈아 농사를 짓는 것.
• 규화葵花 : 해바라기.
• 방성方盛 : 바야흐로 성하는 것. 또는 한창 번성하는 것.
• 경頃 : 중국의 지적 단위. 100a에 해당함.
• 거치鋸齒 : 거아鋸牙. 톱니.
• 황황晃晃 : 환히 빛나는 모양. (晃 : 빛날, 밝을 황)
• 방토邦土 : 국토國土. 나라의 영토.
• 호오好惡 : 좋음과 싫음.
• 향일성向日性 : 식물의 줄기 · 가지 · 잎 등이 햇볕이 강한 쪽으로 자라는 성질. 해바라기성.
• 화경華鏡 : 화경花鏡. 돋보기. 여기서는 화려함이 돋보이는 꽃과 같은 둥근 거울이라는 뜻으로 취한 낱말임.
• 이론異論 : 이의異議. 다른 이론.

연작 제6 : 제33～36구

山谷水自天池降 산골짜기의 물 천지에서 흘러내리고,
路伴鐵道連和龍 도로는 철도와 짝지어 화룡으로 이어 있네.
百餘分後到先鋒 백여 분 뒤 선봉 마을에 도착하니,
男女遮車通稅徵 남녀가 찻길을 막고 통행세를 징수하구나.

- 천지天池 : 백두산 꼭대기에 있는 못. 용왕담龍王潭. 면적은 약 7평방킬로미터, 둘레는 약 12km, 최심부는 312m, 수면은 해발 2,267m.
- 화룡和龍 : 백두산을 향해 경유하던 중국의 지명.
- 선봉先鋒 : 백두산을 향해 경유하던 중국의 지명.
- 통세通稅 : 통행세. 교통세交通稅. 교통기관으로 통행하는 승객에게 운임이나 요금에 대하여 일정한 비율로 부과하는 세금.

연작 제7 : 제37～44구

叢林數處伐木藏 잡목 우거진 숲 몇 군데엔 벌목이 쌓여 있고,
荷車滿載悠悠往 나무 가득 실은 짐차는 유유히 지나가네.
名區所産棟樑材 명구에서 생산한 훌륭한 동량재 재목인데,
不關危險疾走亡 위험 상관치 않고 내달아 도망해 가듯 하구나.
限速標識間間設 속도를 제한하는 표지판 간간이 설치돼 있다지만,
白板半傾僅支撑 널조각 판때기인지 반이 기울어 겨우 지탱해 있네.
若脫路上濛濛塵 길 위의 자욱한 먼지 탈 없이 벗어나기만 하면,
將構巨閣必有用 장차 거각을 짓는 데에 반드시 쓰임이 있으리라.

- 총림叢林 : 잡목이 우거진 숲.
- 벌목伐木 : 산판이나 숲의 나무를 베는 것.
- 하차荷車 : 짐을 싣는 차. 짐차.
- 동량재棟樑材 : 기둥과 들보가 될 재목. 한 집이나 나라를 다스릴 만한 인재의 비유.

• 몽몽濛濛 : 안개·연기·먼지 따위가 눈앞을 흐릴 만큼 자욱함.
• 표지標識 : 표치標幟. 푯말. 다른 것과 구별하기 위한 표시나 특징.
• 백판白板 : 흰 널조각.
• 거각巨閣 : 크고 높은 웅장한 집.

연작 제8 : 제45～48구

遊客登高坐雲嶺 유람하는 나그네 높직이 구름고개에 올라 앉아보니,
立秋金氣退暑症 입추의 가을 기운은 여름 더위를 물리쳐 주네.
山脊蒼巖負樹林 산등성마루 푸른 바위는 등 위에 나무숲을 업었고,
眼下疊嶂遐邇聳 눈 아래 첩첩 산봉우리들 원근에 솟아있구나.

• 유객遊客 : 유람하고 다니는 사람.
• 운령雲嶺 : 떠가는 구름도 쉬어간다는 높은 고개.
• 입추立秋 : 24절기의 열셋째. 태양력으로 8월 8일경.
• 금기金氣 : 가을철의 기운. 오행五行으로 사시절계四時節季를 가리킬 때에 금金은 가을에 해당하므로 가을의 기운이 됨.
• 서증暑症 : 더위의 증세. 더위.
• 산척山脊 : 산등성마루. 산등성의 가장 높은 곳.
• 첩장疊嶂 : 첩봉疊峰. 중첩한 산봉우리.
• 하이遐邇 : 원근遠近. 먼 곳과 가까운 곳.

연작 제9 : 제49～56구

林壑幽景隔塵境 깊숙한 산골 그윽한 경치 속세를 멀리했는데,
枝上衆蟬競爭唱 나무 위 뭇 매미들은 앞 다투어 울어대네.
雄者腹備共鳴器 수컷의 배엔 소리 내는 울림통 갖추었다지만,
單眼三個何所用 정수리의 홑눈 세 개는 무엇에 쓰려는 건고.
誠意極盛如此歌 성의가 극성하여 이처럼 노래함은
外客來臨盡禮容 낯선 사람 왔기에 바른 예용 다하는가봐.

我輩亦應取長短　우리도 이에 응해 가락의 장단을 취하노라니,
不必恨非公也長　공야장 아니라고 한탄할 것만은 아니라오.

- 임학林壑 : 산림의 깊숙하고 으슥한 곳.
- 유경幽景 : 그윽하고 고요한 경치.
- 진경塵境 : 진세塵世. 티끌세상.
- 공명기共鳴器 : 울림통. 매미 수컷은 복부에 발음기와 공명기가 있어 소리를 냄.
- 단안單眼 : 홑눈. 매미는 겹눈이 돌출되어 있고, 홑눈 세 개는 정수리에 붙어 있음.
- 외객外客 : 외부에서 온 손님.
- 예용禮容 : 예절 바른 태도.
- 장단長短 : 곡조의 빠르고 느림. 또는, 그 빠르고 느림을 나타내는 박자.
- 공야장公也長 : 중국 춘추시대의 사상가인 공자(552~479.B.C.)의 사위. 새가 지저귀는 소리(鳥語)까지도 능히 알아들었다고 함.

연작 제10 : 제57～64구

臻至三道駐林場　삼도에 이르러 임목 현장에 주차하고 나니,
足下青嶽若海廣　발아래 청산은 바다처럼 넓어라.
曲曲碧洞展左右　굽이굽이 푸른 골짜기 좌우에 펼쳐 있고,
茫茫蒼天無際空　망망한 푸른 하늘은 끝도 없이 뚫렸노라.
崇山壯氣亘千里　높은 산 왕성한 기운은 천리에 뻗치어서
危峰深谷皆秘境　험한 봉우리 깊은 골짜기 모두가 비경이로다.
昔日蜀道險上天　옛날 촉도는 하늘 오르기보다 험했다지만,
今此白頭反起興　오늘의 백두산은 도리어 흥을 돋우어 주네.

- 진지臻至 : 나아가 이름.
- 삼도三道 : 백두산을 향해 경유하던 중국의 지명.
- 망망茫茫 : 넓고 멀어 아득하다.

• 숭산崇山 : 고산高山. 높은 산.
• 장기壯氣 : 굳센 기운. 또는 왕성한 원기.
• 위봉危峰 : 높고 험하여 오르기에 위태로운 봉우리.
• 비경秘境 : 신비스러운 경지.
• 촉도蜀道 : 중국 쓰촨성四川省으로 가는 극히 험한 길. 또는 촉蜀의 잔도棧道.

연작 제11 : 제65 ~ 68구

纔過和龍又有洞 겨우 화룡을 지났는데 또 한 고을이라,
三道村是居民巷 삼도촌 역시 주민들의 마을이로다.
一棟時價二千弗 그 곳 집 한 채 값이 2천불이라 하니,
住家過廉不能評 주택치곤 너무 싸서 평할 수가 없구나.

• 화룡和龍 : 백두산을 향해 경유하던 중국의 지명.
• 삼도三道 : 백두산을 향해 경유하던 중국의 지명.
• 거민居民 : 그 땅에 사는 백성. 주민住民.
• 주가住家 : 사는 집. 주택.

연작 제12 : 제69 ~ 72구

晌午卽前到松江 한낮 바로 전에 송강에 다다르니,
蜜桃眞味俾人停 수밀도의 참맛 사람 발길 멈추게 하고,
往來車輛起塵風 왕래하는 차량 먼지바람 일으키되,
街樹蒙粉無知慟 가로수 이를 무릅쓰고도 슬퍼할 줄 모르네.

• 상오晌午 : 정오正午. 낮의 12시.
• 송강松江 : 백두산을 향해 경유하던 중국의 지명.
• 밀도蜜桃 : 수밀도를 형용해 쓴 말임.
• 진풍塵風 : 먼지 섞인 바람.

연작 제13 : 제73 ~ 78구

西瓜桃實路邊商 수박과 복숭아를 파는 길가의 상인들,
列立呼客爭先請 열 지어 손님 불러대며 다투어 청객이네.
埃霧不顧追活計 먼지 불고하고 살 계책 추구하니,
衣食有餘何時望 의식의 넉넉함은 언제 바라리.
同族相憐當然倫 동족이 서로 동정함은 당연한 인륜이요.
今世所冀四海榮 금세에 바라는 바는 세상이 다함께 번영함이라오.

- 서과西瓜 : 수박.
- 애무埃霧 : 먼지가 안개처럼 뿌옇게 일어나는 것. 또는 그 먼지.
- 호객呼客 : 주로 장사하는 집에서, 지나가는 사람을 손님으로 불러들이는 것, 손님 부르기.
- 활계活計 : 생계. 먹는 일을 해결하며 살아가는 일. 또는, 그 방도.
- 상련相憐 : 서로 가엾게 여겨 동정하는 것.
- 사해四海 : 온 세상.

연작 제14 : 제79 ~ 88구

躡蹀二道白河望 잔걸음으로 이도백하를 바라보니,
生面同胞雙手迎 처음 보는 동포들 쌍수로 환영을 하네.
鮮族經營狗肉館 고기 파는 구육관 조선족이 경영하기에,
擧頭看板商號長 머리 들어 쳐다보니 간판 상호도 길쭉하다.
土俗料理兼冷菜 내놓은 토속요리 냉채를 겸하였고,
豆腐酷似手巾型 함께 차린 두부는 흡사 수건 모양이구나.
飯酒酬酌共旅情 반주를 주고받으며 나그네의 회포 같이 함에,
韓語相通朗朗聲 한국말이 상통하여 낭랑한 목소리로다.
主人膝下数三孩 주인 슬하의 두세 어린이들
奔走洗器極侍從 바쁘게 그릇 씻으며 시중들기 극진이구나.

- 섭접躡蹀 : 잔걸음으로 걷는 것. 또는 그 모양.
- 이도백하二道白河 : 백두산을 향해 경유하던 중국의 지명.
- 생면生面 : 생면목生面目의 준말. 처음에 대하는 얼굴.
- 선족鮮族 : 朝鮮族의 준말. 우리 한국의 조선족으로서 중국 국적을 갖고 사는 중국 소수민족 가운데 하나.
- 구육관狗肉館 : 개고기 파는 상점.
- 냉채冷菜 : 차게 하여 먹는 채.
- 수작酬酌 : 서로 술잔을 주고받음.
- 여정旅情 : 여행할 때 우러나오는 마음의 회포.
- 낭랑朗朗 : 소리가 맑고 또랑또랑 하는 것.
- 시종侍從 : 곁에서 도와주거나 여러 가지 심부름을 하는 일. 시중드는 것.

제2편 : 연작 제15～23수[30]

연작 제15 : 제89～96구

竟至路端山門仰 마침내 가던 길 끝에서 산문을 쳐다보니,
宏構樓閣目前障 크게 지은 누각이 눈앞을 가려 섰네.
通過手續別無煩 통과하는 수속 별로 번거롭지 아니하여,
略檢身分喜色迎 신분 검색은 대략하고 희색으로 맞이해 주네.
長白天水又雪峰 장백산의 천수와 눈에 쌓인 산봉우리,
白頭海林且濤松 백두산의 넓은 숲과 물결치는 소나무.
大書如此頌勝景 큰 글씨들 이같이 산수 승경을 칭송함인데,
其中一言使心動 그중의 말 한 마디 마음이 더욱 울렁이네.

---

30) 〈白頭山紀行〉詩中第2篇 自白頭山門至溫泉浴之間所懷也 依作詩第1篇脚註書式 而列擧如下也 申時當到我國大幹門前 而可見大特書曰 長白天水又雪峰 白頭海林且濤松→入區域內 而目擊周圍磊石·櫛木·深谷之懷→到長白巷 而宿泊豫約於氷場庄後 觀瀑布之懷→觀懸水之際聯想李白詩 稱頌天池飛流→觀玉龍壯觀之際 流露南北分斷之痛恨→再確認白頭山本是先祖遺蹟之懷→吾國領土史回顧而當面受侮之感述懷→歸于旅舍時目擊白頭山産品於亂廛而述懷→與一行溫泉浴所懷 想起屈平作漁父辭中名句也 總以9首68句作成矣

- 산문山門 : 산의 어귀. 여기서는 백두산 입구의 문루門樓로 세워있는 대형 문을 가리킴
- 굉구宏構 : 큰 구성. 또는 큰 건축물.
- 장백長白 : 장백산의 약칭. 중국인들이 우리의 백두산을 흔히 창바이산(長白山)이라 이르면서 자기네 산처럼 부름.
- 천수天水 : 천상수天上水의 준말. 빗물. 백두산 천지의 물을 두고 이름.
- 설봉雪峰 : 눈으로 덮인 산봉우리.
- 백두白頭 : 백두산을 두고 이름.
- 해림海林 : 임해林海. 숲이 넓고 무성함을 바다에 비유하여 이른 말.
- 도송濤松 : 송도松濤. 소나무가 바람에 흔들려 물결치는 것처럼 나는 소리.
- 일언一言 : 한 마디의 말. 여기서는 '白頭'라는 글씨를 두고 이름.

연작 제16 : 제97～100구

左右浮石何處降　좌우에 깔린 화산 돌들 어디서 내려왔는고.
前後櫛木欣欣榮　앞뒤에 즐비한 나무들 쭉쭉 뻗어 무성하구나.
青天淑氣充山谷　푸른 하늘의 맑은 기운 온 산골에 가득하여,
吾輩合掌禱神靈　우리는 산신령 앞에 합장하고 축도하였노라.

- 부석浮石 : 경석輕石. 해석海石. 고석蠱石. 수포석水泡石. 수화水花. 화산의 용암이 갑자기 식어서 된 다공질多孔質의 가벼운 돌.
- 흔흔欣欣 : 마음이 매우 기쁘고 흡족함.

연작 제17 : 제101～108구

哺時遂着長白巷　오후 4시경에야 장백촌 거리에 도착하여
宿泊旣定氷場庄　숙박은 이미 빙장호텔로 정하였네.
直後乃向飛泉谷　곧바로 폭포 쏘다지는 골짜기 찾아 갔더니,
水勢淋漓果是宏　흐르는 물의 형세 왕성하여 실로 놀랍구나.
玉龍曲藝活活流　아슬아슬하게 곡예 짓는 폭포 훨훨 날려 흐르매,

擬似白練依風張　마치 하얀 비단 뭉치 바람에 날려 펼쳐지는 듯.
霏散濕衣促歸路　흩날리는 비말에 옷 적시고 귀로를 재촉하는데,
千年盤石配沼龍　천년 묵은 바위는 늪에 서린 용과 짝짓고 있네.

- 포시晡時 : 신시申時. 24시의 열일곱째 시. 오후 3시 30분부터 4시 30분까지.
- 장백항長白巷 : 장백촌長白村 거리. 백두산을 향해 경유하던 중국의 마을 이름.
- 비천飛泉 : 폭포. 또는, 분천噴泉.
- 임리淋漓 : 임록淋漉. 물이 흘러 흥건함. 또는 기세가 왕성하거나 힘참.
- 옥룡玉龍 : 폭포를 형용한 말.
- 곡예曲藝 : 보는 사람을 아슬아슬하게 하는 재주.
- 활활活活 : 물이 기운차게 흐르는 소리.
- 의사擬似 : 실제와 비슷함.
- 비산霏散 : 비말이 날아 흩어짐. (霏 : 눈 펄펄 날릴 비)
- 반석盤石 : 너럭바위. 넓고 편편한 큰 돌.

백두산 천지의 우람한 옥룡 소리에 잠겨서

연작 제18 : 제109 ~ 116구[31)]

上有碧巖斷崖容　위로는 푸른 바위가 솟은 낭떠러지의 모습이요,
眼前玉龍動地聲　바로 앞에선 온 땅을 뒤흔드는 폭포 소리로다.
李白嘗讚廬山瀑　이백은 일찍이 여산 폭포를 두고 예찬했으나,
來此槿域焉無頌　이곳 근역에 왔던들 어찌 칭송이 없었으랴.
雖稱直下三千尺　곧바로 내리는 물 3천척이라고 일렀다지만,
天池懸水瀉萬丈　천지의 물줄기는 만 길이 넘게 쏟아진다네.

---

31) 仰觀飛龍瀑布之際感慨無量 以瀑布之語(玉龍 · 懸水 · 飛龍 · 虹泉 · 廬山瀑)爲主而構詩 作5言律也 推敲時換構如此7言律形 然同韻以再引用核心語 故內容上別無差別性矣 參考例示5言律 則如下也 上有斷崖容 下聞動地聲 李白讚廬山 來此焉無頌 雖稱三千尺 天池瀉萬丈 玉龍皆壯觀 白頭總誇勝

飛流瑲瑲皆壯觀　세차게 흐르는 물 풍류소리 울리며 장관이라,
靈峰到處總誇勝　백두산 영봉 이르는 곳마다 승경의 자랑이로다.

- 벽암碧巖 : 푸른 이끼가 낀 바위.
- 단애斷崖 : 깎아 세운 듯한 낭떠러지.
- 옥룡玉龍 : 폭포를 형용하는 말.
- 동지動地 : 대지大地를 움직임. 커다란 세력이나 힘 같은 것이 세상을 크게 놀라게 함을 비유.
- 이백李白 : 중국 당나라의 시인. 자는 태백太白. 시성詩聖 두보杜甫에 대하여 그는 시선詩仙으로 칭송되었음. 그의 〈망여산폭포望廬山瀑布〉 시에는 "飛流直下三千尺 疑視銀河落九天"이라 한 시구가 있다.
- 여산廬山 : 중국 강서성江西省의 북부에 있는 명산으로 그곳 폭포가 유명함.
- 근역槿域 : 무궁화가 많은 땅이라는 뜻으로, 우리나라를 달리 이르는 말.
- 천지天池 : 백두산 꼭대기에 있는 못. 앞에 든 연작 제6의 주 참조.
- 현수懸水 : 폭포瀑布. 세차게 흐르는 물. (懸 : 매달 현)
- 만장萬丈 : 만 길이나 되듯 무척 높음.
- 비류飛流 : 세차게 흐르는 것. 폭포.
- 창창瑲瑲 : 옥 또는 악기의 소리. (瑲 : 옥 소리 창. 풍류 소리 창)
- 장관壯觀 : 훌륭한 광경. 또는, 훌륭하고 장대壯大한 경관.

연작 제19 : 제117～124구

鳴玉潵潵何許送　옥 소리 내며 철철 흘러 어디까지 보내려는가.
吼號能覺南北夢　우렁찬 그 울림 남북의 흐린 꿈 깨울 수 있으리라.
三八界線誰之劃　삼십 팔도의 경계선은 그 누구의 나눔이었던고,
美蘇對立招慘狀　미국과 소련의 대립으로 생긴 참상이 아닌가.
身向吾邦怨兩斷　몸은 우리 땅 향하면서 이같은 분단이 원망되어,
心在靈山祈一統　영산에 있는 이 마음 하나로의 통일을 기원하노라.
憤然想起古今事　벌컥 고금의 일들을 상기해보니
是是非非不分明　시시비비가 분명하지 못했구나.

• 유유㳚㳚 : 물이 철철 흐르는 모양.
• 후호吼號 : 소리 높이 외침.(폭포 소리를 두고 이름)
• 삼팔계선三八界線 : 남한과 북한의 경계선이 되었던 북위 38도선을 두고 이름.
• 계선界線 : 경계나 한계를 나타내는 선.
• 참상慘狀 : 참혹한 상태나 양상.
• 양단兩斷 : 한반도가 북위 38도선에 의해 남북으로 끊기어 나누어진 국토분단을 두고 이름.
• 영산靈山 : 신령스러운 산. 여기서는 백두산을 두고 이름.
• 분연憤然 : 벌컥 성을 내는 모양.
• 시시비비是是非非 : 옳은 것은 옳고 그른 것은 그르다고 공정하게 판단하는 것.

연작 제20 : 제125～128구[32)]

白頭本是我國領　백두산은 본래 우리의 영토로다.
長白其名何時稱　장백이란 그 명칭 언제부터의 호칭이던고.
韓族青史數千年　한민족의 빛나는 역사 수천 년이라,
祖武遺跡傳萬邦　선조의 끼쳐준 유적 이미 만방에 알려졌다오.

· 장백長白 : 중국에서는 백두산이 우리나라와 경계에 위치한 장백산맥(長白山脈)에 있다 하여 이를 창바이산長白山이라 이른다고 함.
· 청사青史 : 역사상의 기록.
· 조무祖武 : 조상이 남긴 공적. 武는 보무步武로서 유적을 뜻함.

32) 今來於此而聞之 白頭山有16峯 列擧名稱則 白頭峯・紫霞峯・三奇峯・臥虎峯・冠冕峯・孤軍峯・梯雲峯・白雲峯・天豁峯・龍門峯・鐵壁峯・玉柱峯・芝盤峯・華蓋峯・觀日峯・錦屛峯 其中7峯在於吾國領土 其餘9峯在於中國也 又聞之 天池水面中5分之3屬我國內 而5分之2屬中國內云云矣 然通觀我國古代史 則滿洲一帶是我高句麗領土 以此觀之 天池與白頭山屬我國之土自明矣 況不拘事實而如此說往說來 惜情難堪耐也

연작 제21 : 제129～138구[33)]

偉哉永樂大王功	위대하도다. 영락대왕의 그 업적,
高句麗境亦自明	우리 고구려 땅의 경계 역시 자명하다네.
聞言池下韓中界	들리건대 천지 못 속에 한중 경계선이 있다하나,
如是協約與誰定	이같은 협약 누구와의 약정인고.
分斷之國兼此事	국토가 분단된 나라에 이 지경을 겸하였으니,
惋惜噴出抑不能	애석한 마음 분출되어 억제할 수 없구나.
後孫無敏蒙受侮	후손들이 불민하여 수모 무릅쓰고 있어
千拜謝罪遠祖上	먼 조상께 천만번 고개 숙여 사죄하노라.
白頭巨幹邦土脈	백두산의 큰 줄기 우리 국토의 맥을 비롯함이니,
韓族必振人類榮	한민족은 기필코 인류의 번영을 크게 떨치리라.

- 영락대왕永樂大王 : 고구려 제19대왕(재위391～413)인 광개토왕廣開土王(국강상광개토경평안호태왕國岡上廣開土境平安好太王의 약칭) 생존시(374～413) 칭호임.
- 고구려高句麗 : 우리 한국 역사상 만주 일대와 한반도 북부에 있었던 고대국가의 하나. (BC.37～AD.668)
- 지하池下 : 백두산 천지의 못 속을 가리킴
- 한중계韓中界 : 우리 한국과 중국의 국토상 경계.
- 분단지국分斷之國 : 한반도의 북위 38도 선을 기준으로 남북으로 나누어진 국토를 두고 이름.
- 완석惋惜 : 슬프고 애석함.
- 분출噴出 : 뿜어 나오는 것. 또는 내뿜는 것.
- 무민無敏 : 어리석고 둔하여 민첩하지 못함.
- 수모受侮 : 남에게 모욕을 당하는 것.
- 거간巨幹 : 대간大幹. 큰 줄기.

---

33) 回顧吾國領土史也 傳聞天池中有韓中境界線 而不能禁遺憾矣 當面受侮之感上昇 以心思錯雜耳 一便從來傳聞朝鮮與中國間國境表示 所謂白頭山定界碑此是朝鮮朝肅宗38年(1712)之事 按朴棕(1735～1793)所述〈白頭山遊錄〉 指摘定界碑不當 幷指彈當時實務者之無誠意 況今有池中韓中界 誰之定如此乎 實難堪之事矣

연작 제22 : 제139～148구

歸路亂廛招疑警 돌아오는 길 난전에선 놀라움을 부르네.
異形奇物皆各樣 보통과 다른 기이한 물건들 가지각색이로세.
男女遮道極力勸 남녀가 길을 막고 극성으로 권하되,
呼我請買逼而强 날 부르며 물건 사라고 억척이구나.
乃覺言動有詫異 그 같은 언동에 의아함이 있음을 깨달았지만,
不顧誘惑生葛藤 유혹 뿌리치는 데엔 갈등이 생기는구나.
陳列詎幾白頭産 진열된 상품 얼마큼은 백두산 토산품인데,
何以神物入商掌 어찌해 영산의 신물이 장사치 손에 들었는고.
自然保策知否乎 자연 보호책을 아는지 모르는지.
曰可曰否難避爭 따져본들 다툼을 피하기는 어렵겠구나.

- 난전亂廛 : 허가 없이 길가에 함부로 벌여놓은 전.
- 의경疑警 : 의심하여 놀라는 것.
- 이형異形 : 이상야릇하게 생긴 모양. 보통과 다른 모양.
- 차도遮道 : 차로遮路. 길을 막는 것.
- 역권力勸 : 애써 권하는 것.
- 타이詫異 : 이상히 여기는 것, 의심하는 것.
- 불고不顧 : 돌아보지 않는 것.
- 난당難當 : 당해 내기 어려운 것.
- 거기詎幾 : 얼마큼.
- 신물神物 : 영묘靈妙한 물건.
- 왈가왈부曰可曰否 : 어떤 일에 대하여 옳다거니 그르다거니 하고 말함.

연작 제23 : 제149～156구

欲進溫泉與一行 일행과 함께 온천을 찾아 목욕을 하려 함에,
浴價二元實倍徵 목욕 값이 2원, 실은 배를 받는다는구나.
接賓商道雖疑訝 손님 맞는 상도덕 비록 의아하기는 하나,

靈泉洗身心已清	영천의 물로 몸을 씻으니 마음은 이미 맑아졌노라.
請新沐者必彈冠	청컨대 신목자여 모자의 먼지 반드시 털고 써야하네.
須振衣也新浴生	새로이 몸 씻은 자여 옷 역시 먼지 털고 입어야 하네,
盼望湯水益沸騰	바라건대 목욕탕의 물 더더욱 따갑게 끓어오르소.
使人逐惡蓄澄爽	사람으로 하여 악기를 쫓고 상쾌한 마음 쌓을 수 있게.

- 신목자新沐者 : 새로이 머리감은 사람. 중국 전국시대의 정치가이며 시인인 굴평屈平이 그의 〈어부사漁父辭〉에서 "新沐者必彈冠 新浴者必振衣"라 한 시구 참조.
- 영천靈泉 : 온천溫泉. 또는 신기한 약효가 있는 샘.
- 신욕생新浴生 : 새로이 몸을 씻은 사람. 위에 든 굴평의 글 참조.
- 반망盼望 : 희망함. 바람. 하고자 함.
- 비등沸騰 : 끓어오르는 것.
- 징상澄爽 : 마음이 맑고 상쾌함.

제3편 : 연작 제24～35수[34)]

연작 제24 : 제157～164구

歸後旅毒未消中	숙소에 돌아와서 여독은 아직 풀리지 않았지만,
就寢夢遊過三更	잠이 들어 꿈속에서 노닐다가 한밤중을 넘겼네.
寅時起床向天池	새벽 인시에 일어나 백두산 천지 향하려하니,
車主不見暫時唐	우리 태울 차주가 보이지 않아 잠시 당황하도다.
案內約束泰然違	안내 약속 태연하게 어기고도

34) 〈白頭山紀行〉詩中第3篇 卽14日自於長白村旅舍準備天池行至歸家車中其間所懷也 從第2篇脚註書式 而列擧如下也 寅時起床而天池行準備→卯時向天池行途中路邊樹木所懷→當到天池前 踏鎔巖而想起南怡作北征詩→惑目前異景以噴出激情而吐喊聲→切感白頭山偉容 透視水中大觀 呼天而萬萬歲矣→怨懟南北分斷之現實而呼訴平和統一→申時到黑風 飛龍歡送吾一行→歸路靈山天樂不絶在胸→歸路車中一時夢 與仙對談探勝事→車內夢中與仙交驩 而表明人類和同共榮之意→歸家車中輒覺夢 而旅程談總括所懷也 總以12首82句作成矣

不知悔改尤可矜 뉘우칠 줄 모르니 더더욱 민망해라.
確約朝食後卽行 아침 식사 후 곧 출발키로 다시 확약했지만,
候時焦燥且遑遑 시간 기다리기가 초조해 마음은 또한 갈팡질팡.

- 여독旅毒 : 여행으로 말미암아 생긴 몸의 피로.
- 몽유夢遊 : 꿈속에 노는 것.
- 삼경三更 : 한 밤중. 하룻밤을 다섯으로 나눈 셋째의 시각. 밤 11시부터 새벽 1시까지의 동안.
- 인시寅時 : 하루 24시 중의 다섯째의 시. 오전 3시 반부터 4시 반까지의 동안.
- 차주車主 : 차의 주인. 여기서는 우리 일행을 태운 운전기사를 두고 이름.
- 후시候時 : 때를 기다리는 것.
- 황황遑遑 : 갈팡질팡 어쩔 줄 모르게 급함.

연작 제25 : 제165～168구

卯時乘車靈池往 묘시에 승차하여 신령스런 천지를 가던 길엔,
左右雜木橫山稜 좌우 잡목들 모두 산등성이에 서서 비스듬하네.
樹性本是欲向天 나무의 본성 원래 하늘을 향하고자 하였으련만,
四時蒙風自然傾 사시사철 바람을 무릅쓰고 자연히 기울어졌나보다.

- 영지靈池 : 신령스러운 못. 백두산의 천지를 두고 이름.
- 묘시卯時 : 하루 24시의 일곱째 시. 오전 5시 반부터 6시 반까지의 동안.
- 잡목雜木 : 긴하게 쓰이지 못할 여러 가지 나무.
- 산릉山稜 : 산의 등줄기. 골짜기 사이에 있는 산봉우리의 줄기.

연작 제26 : 제169～176구

僅經曲曲攀峯上 굽이굽이 산길을 겨우 지나 높은 봉 위에 오르니,
山川廣闊大畵境 산천은 광활하여 대형의 그림 같은 경치로다.

鎔巖集散共脫綠　집산한 용암들 한결같이 녹색을 벗어버렸나.
太古遺留如是凝　예로부터 남긴 게 이처럼 엉겼나보다.
南怡所稱白頭石　남이장군이 이른 바 백두산 돌이런가.
輕重巨細各異形　경중 대소로 각각 이상야릇하구나.
敢蒙不咸龍王迎　감히 백두산 천지의 환영을 무릅쓰고서,
歡拜靈山奇偉容　영산의 기위한 위용을 기꺼이 참배하노라.

- 곡곡曲曲 : 굴곡이 많은 산·내·길 따위의 굽이굽이.
- 화경畵境 : 경치가 그림같이 좋은 곳.
- 용암鎔巖 : 마그마magma가 화산의 분화구로부터 분출한 것. 또는 그것이 냉각 응고된 암석.
- 집산集散 : 모음과 흩는 것. 또는, 모여듦과 흩어지는 것.
- 유류遺留 : 끼치어 두는 것. 후세에 물려주는 것.
- 남이南怡 : 조선시대의 무신. 태종의 외손. 그의 시 〈북정北征〉에 "白頭山石磨刀盡 豆萬江水飮馬無"라 한 시구가 있다.
- 거세巨細 : 거대함과 세소細小함.
- 이형異形 : 이상야릇하게 생긴 모양. 보통과 다른 모양.
- 불함不咸 : 불함산不咸山의 약칭. 백두산의 이칭.
- 용왕龍王 : 용왕담龍王潭의 약칭. 백두산 천지天池의 이칭.
- 영산靈山 : 신령스러운 산. 여기서는 백두산을 두고 이름.
- 기위奇偉 : 뛰어나게 훌륭함.
- 위용偉容 : 훌륭하고 뛰어난 용모나 모습.

연작 제27 : 제177～184구[35)]

秋氣淸爽神授慈　가을 기운 청상함은 산신령의 사랑이로세.
目前異景皆賞嘉　눈앞의 색다른 풍경들 모두 훌륭하다 기리리라.

35) 此詩中第181行與第182行所以可及的反映探勝時感激所懷也 因是驅使純口語的表出 移記漢字之音訓借 故勿論不拘7言詩格式 又不避同一字重出而構詩矣

激情噴出誘喊聲	격정이 분출하여 함성을 유발함에
自制萬感又呀呀	솟는 갖가지 감정 자제하면서도 외치노라.
來从奴羅視从奴羅	왔노라 보았노라,
靈山胸次擁其奴羅	신령스런 백두산의 품속에 안기노라.
造物膚公無盡量	조물주의 큰 공은 한량이 없고,
白頭大觀嵩且嘏	백두산의 굉장한 경관 숭엄하고도 장대하여라.

영묘한 백두산 천지 앞에서

- 청상清爽 : 맑고 시원함.
- 신수神授 : 신이 내려주는 일.
- 이경異景 : 이관異觀. 색다른 풍경.
- 상가賞嘉 : 가상嘉賞. 칭찬하여 기리는 것.
- 격정激情 : 격렬하고 갑작스러워 억제하기 어려운 감정.
- 분출噴出 : 뿜어 나오는 것. 내뿜는 것.
- 함성喊聲 : 여럿이 함께 지르는 고함 소리.
- 만감萬感 : 솟아오르는 갖가지 생각이나 느낌.
- 하하呀呀 : 입을 벌리는 모양. (呀 : 입 딱 벌릴 하)
- 來从奴羅 視从奴羅 : 왔노라 보았노라. 한자의 음훈차音訓借에 의해 우리말을 소리 나는 대로 표기한 예임. 특히 '从'은 우리 국어에서 '아', '어'로 끝나는 어간 아래에서, '았 / 었'의 '아 / 어'가 탈락된 꼴인데, 편의상 이곳 한시의 표기에 혼용하여 쓴 것임. 위에 든 시의 경련頸聯에서 이같은 조사구措辭句를 취함은 한시의 본래 형식에 맞지 않은 표현이지만, 19세기의 다산 정약용茶山丁若鏞이 "我是朝鮮人 甘作朝鮮詩"라고 이른 작시정신을 좇아 "나는 한국인이므로 우리 한국시를 즐겨 짓는다."는 취지에서 취한 것임을 덧붙인다.
- 흉차胸次 : 가슴속. (次 : 속, 가슴 차)
- 擁其奴羅 : 안기노라. 앞에 든 '來从奴羅'의 풀이 참조.
- 부공膚公 : 큰 공훈. 큰 업적. (膚 : 클 부. 公 : 공功 공)
- 대관大觀 : 볼만한 굉장한 경관景觀. 장관壯觀.
- 嘏 : 클, 장대할 하.

연작 제28 : 제185～194구[36]

千尋深水漲池中 천 길이나 깊은 물 천지에 가득,
萬仞喬陟聳遠空 만 길 높이 솟은 산 먼 하늘에 우뚝.
清而帶藍太古染 맑게 물든 남빛은 태고 적 염색이요,
噴以興烟原始狀 내뿜어 이는 안개 원시적 모양이라.
青龍吐雲作妙相 청룡은 구름을 토해내 오묘한 형상이요,
白虎呼風化無窮 백호는 바람을 일으켜 그 변화 한이 없어라.
玉皇瑤池豈勝焉 옥황상제의 요지인들 어찌 이보다 빼어나랴.
激情不已自合掌 격정이 그쳐지지 아니해 저절로 합장이로다.
但懼難測眞面目 단지 두렵기는 진면목을 헤아리기 어려우니,
端願保持天然像 오로지 바라기는 천연의 모습 그대로 유지하기를.

- 천심千尋 : 매우 높거나 깊은 것을 말함. 尋은 길이를 잴 때 두 팔을 펴서 벌린 길이.
- 만인萬仞 : 만장萬丈. 만 길이나 되듯 무척 높음.
- 교척喬陟 : 높은 산. 또는 중첩하여 있는 산.
- 대람帶藍 : 대람색帶藍色의 준말. 쪽빛을 띠고 있는 것.
- 청룡青龍 : 민속상 동쪽 방위의 목木 기운을 맡은 태세신太歲神을 상징한 짐승.
- 묘상妙相 : 묘하게 생긴 모양.
- 백호白虎 : 민속상 서쪽 방위의 금金 기운을 맡은 태세신太歲神을 상징한 짐승.
- 호풍呼風 : 호풍환우呼風喚雨를 두고 이름. 요술로 바람과 비를 불러일으킴.
- 옥황玉皇 : 옥황상제玉皇上帝의 준말. 도가道家에서 말하는 하느님.
- 요지瑤池 : 중국 곤륜산崑崙山에 있다는 못. 주周 나라의 목왕穆王이 서왕모西王母를 만났다는 이야기로 유명함.
- 격정激情 : 갑작스러워 누르기 어려운 감정.
- 합장合掌 : 두 손바닥을 마주 대하고 비는 것. 간절한 마음의 표시.

---

36) 遂至天池畔 實感慨無量 連發感歎聲也 以聖水灑心身 則平生不能忘今快事 毋論山精偉容 透視水中大觀 呼天而萬歲萬萬歲矣 又念誦平素愛誦詩如下 周迴八十里 峭壁立池邊 水滿疑無地 雲底別有天 造次之間詩想發動 吟如此七言聯句也

연작 제29 : 제195～202구

白頭山兮吾靈峰 백두산이여, 우리의 영산이여!
何爲他邦可以登 어찌해 다른 나라 통해서만 오를 수 있다는 건가.
指呼之間有北疆 지호지간의 가까운 사이가 곧 북녘 땅인데,
理念紛爭惹此痛 이념 분쟁이 이 아픔을 끌어당겼나보다.
咫尺對面但望耳 지척에서 대면하고 다만 바라만 볼 뿐인가.
誰輯五千年史評 우리 5천년 역사의 평을 그 누가 엮을 건고.
平和統一莫重焉 평화 통일의 염원은 이보다 더 중함이 없다오,
回憶往事世無常 지난 일을 회상하니 세상은 무상하기만 해라.

- 영봉靈峰 : 앞에 든 연작 제18의 주 참조.
- 타방他邦 : 타국他國. 다른 나라.
- 지호지간指呼之間 : 손짓하여 부를 만한 가까운 거리.
- 이념理念 : 어떤 것을 상상적으로 여기는 생각이나 견해.
- 지척咫尺 : 아주 가까운 거리.
- 사평史評 : 역사의 비평.

연작 제30 : 제203～206구

旅程有限故抑情 여정에 한정이 있어 설렁이는 정 짐짓 억제하였으되,
日哺暮天回路忙 오후 4시라, 저무는 해에 돌아갈 길이 바쁘구나.
心者請爾長遊此 마음아 너는 길이 이곳에 머물러 유람하려무나.
身不可避擇歸裝 몸만은 돌아갈 채비를 피할 수가 없다오.

- 여정旅程 : 여행 일정. 여행의 과정이나 일정.
- 억정抑情 : 욕정을 억누르는 것.
- 일포日哺 : 저녁 때. (哺 : 신시申時. 오후 4시 쯤)
- 모천暮天 : 저무는 하늘.
- 회로回路 : 돌아오는 길. 반로返路.

• 귀장歸裝 : 돌아갈 채비를 차리는 것.

연작 제31 : 제207～214구

中途休憩上黑風 중도에 쉬면서 흑풍에 올라 보니,
足下遠瀑亦佳景 발아래 멀리 떨어지는 폭포수 또한 가경이로다.
蜿蜒長流十里許 끊기지 않는 긴 물줄기 십리쯤 이었으되,
必是白龍作歡送 필시 백룡이 우리를 환송함이로구나.
離瀑後訪其何時 폭포를 떠난 뒤 다시 찾아오기는 그 언제일고.
流響留耳暫難忘 흐르는 물소리만 귀에 남아 잠시인들 잊혀지질 않네.
樂山之興終無盡 백두산 즐기는 흥취 끝내 다함이 없어,
詩趣藏囊換車乘 시의 정취만은 주머니에 담고 차를 갈아타노라.

백두산 천지의 끝없는 물줄기

• 흑풍黑風 : 백두산 천지에서 돌아오는 길 높은 곳의 이름.
• 완연蜿蜒 : 산맥 등이 길게 뻗어있는 모양. (蜿 : 꿈틀거릴 완. 蜒 : 꿈틀거릴 연)
• 백룡白龍 : 흰 용. 흔히 폭포를 옥룡玉龍으로 비유하는 바, 여기서는 흰 물거품을 일며 흐르는 폭포수가 멀리서도 하얗게 보이는 물줄기를 두고 비유적으로 이르는 말.
• 환송歡送 : 가는 사람을 기쁜 마음으로 보내는 것.
• 요산樂山 : 요산요수樂山樂水의 약칭. 산수의 자연을 즐기는 것.

연작 제32 : 제215～218구

客路怱怱途轟轟 나그네 갈길 바쁘고 찻길도 덜거덩거리며 요란하지만,
心醉仙境未袪興 선경에 도취된 마음 아직도 이는 흥 떨치질 못한다네.

莫惜下山遺憾深　하산의 아쉬움이 깊음을 애석해 하지 말자.
白頭天樂恒在胸　백두산 천연의 가락은 항시 가슴에 남아있으리.

멀리 천지 폭포를 뒤에 두고

- 객로客路 : 여로旅路. 여행길. 여행하는 길.
- 총총悤悤 : 급하고 바쁘게.
- 굉굉轟轟 : 울리는 소리가 아주 큰 것.
- 선경仙境 : 경치가 신비스럽고 그윽한 곳.
- 천악天樂 : 하늘에서 들리는 풍류소리. 여기서는 폭포소리를 비유적으로 이름.

연작 제33 : 제219～226구

倦而沈潛一時夢　노곤하여 일시 꿈속에 잠기고 나니,
車內寂寂似夜中　차 안은 적적하여 밤처럼 고요하던가 보다.
晝間踏查名勝地　낮에 보고 다니던 경치 빼어난 명승지라,
造次莫離再現影　잠시도 떠나지 않고 그 모습 다시 들어내는구나.
有仙對我勸酒言　신선이 나를 대하여 술을 권하며 말을 건네되,
君自遐陬來此疆　그대는 먼 땅에서 여기까지 왔는가.
何故不遠千里臨　무슨 까닭으로 천리를 멀다 하지 않고 찾아와서,
胸宇多感終難勝　가슴속 갖가지 감회 끝내 이겨내기 어려워하는고.

- 침잠沈潛 : 깊숙이 가라앉아서 겉으로 들어나지 아니 하는 것.
- 답사踏查 : 현장에 가서 보고 조사하는 것.
- 명승지名勝地 : 승지勝地. 경치 좋기로 이름난 곳.
- 조차막리造次莫離 : 조차불리造次不離. 잠시도 떠나지 않음.
- 현영現影 : 형체를 들어내는 것. 또는, 그 형체.
- 하추遐陬 : 멀리 떨어져 있는 땅.
- 흉우胸宇 : 가슴속, 또는 마음.

연작 제34 : 제227～234구

應答我是槿域氓	대답하여 이르되 나는 곧 근역의 백성이요,
子乃或非瑤池翁	그대는 혹시 요지에 사는 신선 어른이 아닌가.
莞爾更酌一二盃	빙그레 웃으며 한두 잔의 술 다시 권해옴에,
天池聖水令心爽	천지의 성수라, 마음으로 하여 시원케 하구나.
今得與君靈泉酒	이제 그대와 함께 영천의 술 같이했으되,
願以大匏施萬邦	원컨대 대폿술을 만방에 베풀고 싶어라.
人類共榮別有意	인류가 함께 번영함에는 특별히 뜻이 있으니,
齊唱博愛皆和同	박애정신을 노래하며 다함께 화동함이로다.

- 근역槿域 : 앞에 든 연작 제18의 주 참조.
- 요지瑤池 : 앞에 든 연작 제28의 주 참조.
- 완이莞爾 : 빙그레 웃는 모양.
- 성수聖水 : 성스러운 물. 여기서는 백두산 천지 물의 비유.
- 영천靈泉 : 신기한 약효가 있는 샘. 또는 온천.
- 대포大匏 : 대폿술의 준말. 큰 술잔으로 마시는 술.
- 박애博愛 : 모든 사람을 평등하게 사랑하는 것.
- 제창齊唱 : 여러 사람이 다 같이 소리를 내어 부르는 것.
- 화동和同 : 두 사람 사이가 벌어졌다가 다시 뜻이 서로 잘 맞게 되는 것.

연작 제35 : 제235～238구[37)]

非夢似夢未盡情	꿈인 듯 잠결인 듯 뜻을 다하지 못하고서,
輒覺便坐尚車中	문득 깨어 편히 앉아보니 아직도 차 속이로다.

37) 以上全作品大別三部門也 第1篇是自延邊出發至白頭山入口山門之間而皆14首88句 第2篇是自山門出發至長白瀑布之間而皆9首68句 第3篇是自天池行至歸路之間所懷而皆12首82句也 又依聯形成勾數類型 則4句詩12首·6句詩1首·8句詩18首·10句詩4首而總35首也 兼擧詩形上類型則皆以7言追求絶句·律詩·排律·其他 而主構成4句詩乃至8句詩矣 遂以35首(總238句1666餘言)連作總括白頭山紀行所懷也

遂以長句吟如上 마침내 긴 시구 이루어 위와 같이 읊고 보니,
此謂百年追憶詠 이는 평생 추억으로 남길 노래라 이르리라.

- 비몽사몽非夢似夢 : 꿈인지 생시인지 어렴풋한 상태.
- 미진未盡 : 아직 다하지 못하는 것.
- 편좌便坐 : 편히 앉는 것.
- 백년百年 : 일평생. 썩 오랜 세월이나 해.

★ 白巖山下[38] 백암산 아래에서

白鶴抱卵踞巖上 흰 학이 계란을 품고 바위 위에 걸터앉은 듯,
燭峯聳立恭合掌 하늘 높이 솟은 촛대봉 삼가 합장하는 모습이라.
靈泉一掬已灑心 영천굴의 약수 한 움큼으로 마음은 시원해져서,
滿腔浩氣不知省 온몸에 가득한 호연지기 줄어들 줄 모른다네.

- 백암산白巖山 : 장성군 북하면 약수리藥水里에 있는 백양사白羊寺의 뒷산. 1971년 국립공원으로 지정된 산(높이 721m)으로 주봉은 학바위라고 이르는 백학봉白鶴峯이다.
- 용립聳立 : 우뚝 솟는 것.
- 합장合掌 : 두 손바닥을 마주 합침. 마음이 한결같음을 나타냄.
- 일국一掬 : 한 움큼.
- 영천靈泉 : 신기한 약효가 있다는 샘. 여기서는 백양산에 있는 영천굴靈泉窟의 약칭으로서, 그곳의 약수를 가리킴.
- 만강滿腔 : 가슴 · 온몸에 꽉 차 있음.
- 호기浩氣 : 호연지기浩然之氣. 온 세상에 가득 찬 넓고 큰 원기. 또는 사람의 마음에 차있는 너르고 크고 올바른 기운.

---

38) 1992年1月24日 長城白巖山下所懷也 人文大學長所任中 推進敎授修鍊會 行長城郡北下面藥水里所在白羊寺 於觀光호텔開催大會之後 觀望白巖山勢 而往來靈泉窟以有感而作詩 措辭中白鶴 · 燭峯 · 靈泉 乃念頭白鶴峯 · 燭臺峯 · 靈泉窟者也.

★ 龍湫溪谷行[39] 무등산 용추계곡을 따라 가면서

世傳無等三大谷 세상에 전하기를 무등산엔 큰 골짜기 셋이라 하니,
元曉證心又此壑 원효계곡과 증심계곡, 그리고 이 한 골짜기라.
獐佛峙足續十里 장불재의 산기슭 십리를 이었으니,
澗谿蛇行遂長瀝 산골 물이 구불구불 흘러 긴 물줄기가 되었네.

- 용추계곡龍湫溪谷 : 무등산의 장불재에서 남쪽으로 흘러내리는 물은 샘골로 합류하여, 여기에서 발원한 계곡물은 치마바위를 거쳐 용추폭포龍湫瀑布를 이루면서 지원동의 용연龍淵마을 위에 있는 광주 제2수원지에 흘러내리는데, 이 계곡을 두고 이름.
- 삼대곡三大谷 : 용추계곡龍湫溪谷 · 증심계곡證心溪谷 · 원효계곡元曉溪谷의 세 계곡을 두고 이름.
- 원효元曉 : 원효계곡元曉溪谷의 약칭. 무등산 정상 일대에서 동북쪽으로 흐르는 물이 광주시 북구의 주검동鑄劒洞을 거쳐 금곡동金谷洞에 있는 원효사元曉寺 앞 골짜기의 물을 이루면서 풍암제楓巖堤를 거쳐 충효동의 광주호에까지 이르는 약 9km의 긴 골짜기와 그 물.
- 증심證心 : 증심계곡證心溪谷의 약칭. 광주시 동구 운림동雲林洞에 있는 증심사證心寺 뒤와 옆 산중턱에서 서쪽으로 흐르는 계곡의 물이 의재교毅齋橋를 지나 시내 광주천에 이르는 골짜기와 그 물.
- 장불치獐佛峙 : 『동국문헌비고東國文獻備考』에 전하는 무등산 장불재에 대한 한자 표기. 광주시와 화순군의 경계가 되는 곳으로 무등산의 입석대 · 서석대 · 규봉암 등으로 가는 길목이다. 무등산 증심사 주차장에서 등산로를 따라 증심교 · 증심사 입구 · 당산나무 언덕 · 중머리재 · 용추

---

39) 1992年5月17日 無等山龍湫溪谷探勝之懷也 自家向無等山獐佛峙 山南下有長流溪 所謂龍湫溪谷矣 尋溪邊路以下行 有龍湫瀑布 無等山唯一之懸水也 從前其飛流實可觀 然日帝時代日人破壞原象 又近來旱魃繼續 不能觀懸水之壯觀 溪流僅僅貯水而向光州第2水源池 乃實感孟子所謂原泉混混不舍晝夜 盈科而後進 放乎四海之句也 近年光州市指定山林保護區域 自然生態次次回復 維持幽谷神秘 可以追求尋幽之情矣

삼거리를 거쳐 5.1km 지점에 있는, 해발 980m 높이의 고개로서 주위에 형성된 억새꽃 초원은 가을철 무등산의 절승으로 알려져 있다.

- 치족峙足 : 여기서는 산족山足을 가리키는 것으로, 산의 비탈이 끝나는 아래 부분. 산기슭.
- 간계澗谿 : 산골에서 흐르는 물.
- 사행蛇行 : 뱀처럼 구불구불 휘어서 가는 것.
- 瀝 : 물이 졸졸 흐를 력.

近來旱甚溪草草 근래에 가뭄이 심하여 계곡물 보잘 것 없고,
景觀不如古來貌 주위의 경관도 옛 모습만 못하구나.
女裳盤巖何處在 치마바위로 알려진 너럭바위는 어디쯤인고.
綠陰暢茂難尋路 녹음이 무성하여 산길은 찾기도 어려워라.
沿徑而進尤幽邃 길 따라 나아가면 더더욱 깊숙하나,
經丘以廻又有沼 언덕을 지나 돌아서니 또 한 연못이로다.
止水清澄似明鏡 괴어있는 물 깨끗하여 흡사 맑은 거울이라.
投影淥波便解勞 맑은 물에 그림자 드리우니 피곤이 곧 가시는 듯.

- 초초草草 : 제대로 갖추지 못하여 초라하다.
- 여상반암女裳盤巖 : 속칭 치마바위. 장불재 아래 용추계곡에 있는 바위임.
- 반암盤巖 : 넓고 평평한 너럭바위.
- 창무暢茂 : 풀과 나무가 잘 자라서 무성함.
- 유수幽邃 : 그윽하고 깊숙함.
- 지수止水 : 흐르지 않고 괴어 있는 물.
- 투영投影 : 물체의 그림자를 어떤 물체 위에 비추는 것. 또는, 비친 그 그림자.
- 녹파淥波 : 맑은 물결.
- 해로解勞 : 피곤함을 푸는 것.

山林休年脫俗臭 산림의 휴년으로 속취는 벗었으나,
閑客來往二三數 한유하는 나그네의 발걸음 두셋이로세.
石澗泉水鳴玉注 산골짜기의 샘물 옥 소리 내며 쏟아지고,
貪實栗鼠驚而走 밤알을 탐내는 다람쥐 놀래어 도망을 치네.
一目羅不能得志 단순한 안목으론 뜻을 다 이룰 수 없다지만,
可聞枝上鳥嘔嘔 나뭇가지 위에선 우는 새소리 들을 만해라.

- 휴년休年 : 산림 육성과 보호를 위해 일정한 기간을 두고 사람의 출입을 통제하는 해.
- 속취俗臭 : 세속의 더러운 냄새.
- 한객閑客 : 심심풀이로 놀러 다니는 사람.
- 석간石澗 : 돌이 많은 산골짜기를 흐르는 시내.
- 율서栗鼠 : 다람쥐.
- 일목라불능득지一目羅不能得志 : 일목라불가이득조一目羅不可以得鳥(눈이 하나인 그물로는 새를 잡을 수 없는 것과 같이 예를 갖추지 않으면 현인賢人을 초대하지 못함을 비유)에서 연유한 시구임.
- 구구嘔嘔 : 즐거워하는 모양. 또는 부드러운 말의 형용.

綠木苔巖山神祚 푸른 나무 이끼 낀 바위 모두 산신의 복이러니,
太古殘痕猶未消 태고 적 남은 흔적 아직도 가시지 않았구나.
深谷樹海尙可審 깊은 골짜기 널찍한 산림 오히려 구경할만한데,
石條直上十尺高 돌 줄기는 곧게 뻗어 올라 열 자의 높이로세.
方覺目前龍湫瀑 눈앞이 곧바로 용추폭포이런가.
所謂玉龍不免笑 이른바 폭포수라 하기엔 웃음 면키 어려워라.
源泉貧弱使人嚬 물줄기 근원이 빈약하여 눈살 찌푸리게는 하지만,
盈科而後乃成湖 웅덩이 채운 뒤엔 줄곧 흘러 호수를 이룬다네.

• 수해樹海 : 울창한 산림의 광대함을 바다에 비유한 말.
• 용추폭龍湫瀑 : 무등산의 장불재에서 남쪽으로 흘러내리는 용추계곡龍湫溪谷에 형성된 폭포의 이름. 무등산 유일의 폭포로서, 이는 원래 높이 9.8m, 폭은 7.65m에 이르렀다고 하는데, 일제시대 일인의 폭파에 의해 원형이 많이 훼손되었다 한다. 그러나 지금도 비가 상당히 내리면 폭포 물줄기는 가관이라 한다.
• 옥룡玉龍 : 폭포를 형용하여 이르는 말.
• 원천源泉 : 물이 솟아나는 근원. 흐르는 냇물의 상류 근원.

平素所以山水好 평소 산수 경치를 즐겨하는 까닭은
盼望體得自然道 몸소 자연의 도 체득하고자 함이러니,
遂察澗下貯水滿 마침내 산골물이 수원지를 가득 채움을 보고,
實感不擇細流教 하해는 세류도 차별치 않는다는 교훈 실감하노라.

• 소이所以 : 까닭.
• 산수山水 : 산과 물이라는 뜻으로 경치를 이르는 말.
• 반망盼望 : 바람. 희망함. 하고자 함.
• 저수貯水 : 물을 인공적으로 모아둔 저수지貯水池의 약칭. 여기서는 주로 무등산의 용추계곡 물이 흘러내린 광주시의 제2수원지를 가리킴. 광주광역시 지원동池元洞 용연龍淵 부락 위에 위치해 있음.
• 불택세류不擇細流 : 하해불택세류河海不擇細流에서 연유한 말. 큰 강물은 세류를 차별하지 않는다는 뜻으로, 사람도 마음을 크게 먹고 남에게의 차별이 없어야함을 비유.
• 하해河海 : 큰 캉과 바다.
• 擇 : 차별할 택.
• 세류細流 : 가늘게 흐르는 시냇물.

★ 五言四時詠[40] 5언의 사시 계절 노래

芳樹戴春花 향긋한 나무 위엔 봄꽃이 피어있고,
綠雲英夏林 여름 숲에는 푸른 잎이 뭉게뭉게.
紅葉熟秋實 고운 단풍잎에 가을 열매 영그는데,
氷柱懸冬檐 겨울 처마엔 매달린 고드름이구나.

- 방수芳樹 : 방향이 있는 나무. 꽃이 피는 나무.
- 녹운綠雲 : 푸른 잎이 무성함을 이르는 말.
- 英 : 구름 뭉게뭉게 일 영.
- 홍엽紅葉 : 붉은 잎. 가을에 낙엽이 지기 전에 잎이 붉은 색으로 변하는 현상.
- 추실秋實 : 가을에 익은 열매.
- 빙주氷柱 : 고드름.

★ 次間竹亭題詠[41] 구림의 간죽정 제영에 차운하다

月出形勝使人涼 월출산의 뛰어난 형승 사람 마음을 시원케 하네.
竪碑餘興相勸觴 가비歌碑 세운 여흥으로 서로들 술잔을 권하노라.

---

40) 1992年6月19日 竹嶺遊覽中四時自然述懷也 全南大學校國文學科相助會員(人文大國語國文學科及師範大國語教育科等兩科教授一同)遊覽嶺南之竹嶺名勝矣 探勝韓國山水之秀麗 想像年中四季自然勝景 而吟一年四時歌也 反映自然風景中季節的特色 以類似語爲措辭句 構5言而再構成7言詩則如下矣 春花芳樹仙院景 夏林青緞綠雲英 秋實紅葉天帝羞 冬檐氷柱是簾窓 又回想中國晋時陶潛詩〈四時〉如此也. 春水滿四澤 夏雲多奇峰 秋月揚明輝 冬嶺秀孤松

41) 1992年12月8日 鳩林川上間竹亭所懷也 擧行朴成乾錦城別曲歌碑除幕式於靈巖鳩林川上間竹亭前矣 李相寶教授等 韓國文學碑建立同好會員多數參與此行事 我想起朴成乾間竹亭題詠 次韻如此也 五恨以七言題詠3首(參照『五恨公遺事』52頁) 其中例學次韻詩之元韻如下矣
脩篁簇簇送微涼 竹葉樽前自倒觴 醉引青奴同一夢 愛它成癖入膏肓
東臥竹亭西泛舟 南溪濯足北園游 平生浩蕩不羈志 南北東西任去留

五恨杖屨又追頌　오한선생의 발자취 찾아 다시 칭송하려는데,
泉石尋幽溺膏肓　천석을 즐겨 심유타가 고황에 빠져들었다네.

박성건의 영암 간죽정

- 간죽정間竹亭 : 국문학상 경기체가景幾體歌로 알려진 〈금성별곡錦城別曲〉의 작자 박성건朴成乾(1418~1487)이 조선조 성종 10년(1479)에 전남 영암군 군서면郡西面 서구림리西鳩林里에 창건한 정자.
- 차운次韻 : 남이 지은 시의 운자韻字를 따서 시를 짓는 것. 또는 그 시詩.
- 제영題詠 : 제목을 붙여 시를 읊는 것. 또는, 그 시.
- 월출月出 : 월출산의 약칭. 전라남도 영암군에 있는 명산의 이름.
- 형승形勝 : 지세나 풍경이 뛰어남.
- 수비竪碑 : 비를 세움. 이 비는 한국문학비건립동호회에서 전라남도 영암군 구림리에 세운 박성건금성별곡가비를 말함.
- 오한五恨 : 조선시대 박성건의 호. 그는 금귤다산金橘多酸(금귤은 산이 많고), 해당무향海棠無香(해당화는 향기가 없고), 순엽성냉蓴葉性冷(순채 잎은 그 바탕이 차고), 시어다골鰣魚多骨(준치는 뼈가 많고), 연명지자불능시淵明之子不能詩(중국의 유명한 시인인 도잠은 자식이 시를 잘하지 못함)에 대한 다섯 가지 아쉬움을 오한이라 이르고, 이를 자신의 호로 삼았다고 전함.(『죽정서원지竹亭書院誌』 71쪽 참조)
- 장구杖屨 : 지팡이와 짚신. 이름난 사람이 머무른 발자취를 이름.
- 추송追頌 : 죽은 이의 업적이나 착한 행동을 칭송하는 것.
- 고황膏肓 : 천석고황泉石膏肓의 약칭. 곧, 산수를 즐겨함이 정도에 지나쳐서 마치 불치의 고질과 같다는 뜻에서, 벼슬에 나서지 아니함을 말함.
- 심유尋幽 : 이름난 곳을 물어서 찾는 것. 또는 깊은 도리를 추구하는 것.

嘗聞川上釣魚舟 일찍이 구림천 위엔 낚싯배 띄워 있었다더니,
今客亭前探勝游 이젠 간죽정 앞에 탐승하는 나그네의 유람이로다.
鳩林鄕風尙歷然 구림의 마을 풍속은 아직도 예와 다름이 없어
錦城別曲刻碑留 선생의 금성별곡이 문학비에 새겨 전하노라.

- 천川 : 시내. 구림鳩林마을에 흐르는 구림천을 두고 이름.
- 정亭 : 정자. 박성건이 구림마을에 세웠다는 간죽정을 두고 이름.
- 탐승探勝 : 경치가 좋은 곳을 찾아다니는 것.
- 구림鳩林 : 전라남도 영암군 군서면郡西面에 있는 구림마을을 두고 이름.
- 향풍鄕風 : 시골 풍속. 향속鄕俗.
- 금성별곡錦城別曲 : 조선시대 오한五恨 박성건朴成乾(1418~1487)이 제작한 경기체가景幾體歌. 오한이 전남의 나주에서 금성교수錦城教授로 있을 때에 그의 문하생 열 사람이 동시에 진사 급제함에 감격하여 그 즐거움을 경기체가景幾體歌로 노래한 국문시가임.

제1부

(1980~1992) 하편

★ 無等山勢[42] 무등산의 산세

無情山歷必有因 무정산이라 한 내력에는 필히 까닭이 있어서라.
龍飛鳳舞恒毅然 수려하고 신령한 산세 항시 의연하구나.
醇隱守節營巖棲 순은도 절개 지키며 찾아와 은거하였다네.
從風靡者應爲訓 대세만 좇는 자들 응당 가르침을 삼아야 하리.

- 무등산無等山 : 이칭으로는 서석산瑞石山. 광주광역시光州廣域市와 전라남도의 담양군潭陽郡 · 화순군和順郡 사이에 있는 산. 1972년 5월에 도립공원으로 지정되었다. 영산강榮山江의 발원지로서 높이는 1187m. 특히 이곳에 있는 서석대瑞石臺와 입석대立石臺는 대표적 명승이요, 증심사證心寺 · 약사사藥師寺 · 원효사元曉寺 등은 손꼽는 문화유적지이다. 다음에 드는 시 〈문야무등산수問也無等山水〉의 주 참조.
  조선 시대 세종조의 정인지鄭麟趾 등이 지은 『고려사高麗史』의 〈삼국속악三國俗樂〉 백제百濟 조에는 노래 명칭으로 〈무등산無等山〉이 제시되어 있다. 광주의 진산鎭山인 이 산에 성을 쌓고 백성들이 안락하게 살며 노래하였다는 백제가요의 하나로서 그 이름이 전하기도 한다.
- 무정산無情山 : 전설에 의하면 정情이 없는 산이라는 뜻으로 명명하였다는 데서 이른 무등산의 이칭이다. 조선조의 태조 이성계李成桂(1335~1408)가 새 정권을 잡고 왕위에 오르기 전, 가뭄이 든 광주에 내려와서 민심의 수습을 겸하여 무등산에 올라 몸소 기우제祈雨祭를 올렸는데, 비는 내리지 않으므로 자신의 뜻을 따라주지 않은 무등 산신을 원망하여 정 없이 자신을 배반한 산이라 하며 무정산이라 했다는 전설이 전한다. 또한 이성계가 명산인 무등산에 찾아와 부처님께 정성을 다해 3일 기도를 드렸지만 별 효험은 없고, 꿈속에선 오히려 그가 죽인 정몽주 등 고려조의 신들이 칼을 들고 나타나 그를 괴롭혔다는 데서 무등산을 무정산이라

42) 1980年7月25日 於龍鳳臺遐望無等山勢之懷也 去五月非常戒嚴宣布後世上險難直感逼迫之勢 乃龍鳳洞學園風土急變 研究意慾喪失 其中間有阿世者 此是痛嘆不已之境矣 然於龍鳳臺遙望無等山 則凜姿不知屈 實感龍飛鳳舞之氣 而助興吾生之意慾 我平素欲幽居時取無等山行 此所以山勢之巍然也

하며 원망했다는 전설이 전하는바, 이곳에 든 시는 후자의 경우를 상상하면서 지은 것임을 덧붙인다.

- 용비봉무龍飛鳳舞 : 용이 날고 봉이 춤춘다는 뜻으로, 산천이 수려하고 신령한 기세를 형용한 말.
- 의연毅然 : 의지가 굳세어서 끄떡없음.
- 순은醇隱 : 포은圃隱 정몽주鄭夢周 등과 함께 고려말 6은六隱의 한 사람으로 불러오던 신덕린申德隣의 호. 조선조 초 영의정을 지낸 신숙주申叔舟의 증조부. 고려가 망하자 두류산頭流山에 은거한 후, 다시 고향인 나주의 노안면에서 멀지 않은 광주의 서석산瑞石山으로 옮겨 은거한 인사로서 두문동杜門洞 72현의 한 사람으로 손꼽는다.
- 암서巖棲 : 암거巖居. 깊은 산속에서 살음. 속계를 피하여 산야에 은거함.
- 종풍미從風靡 : 종풍이미從風而靡. 바람을 좇아 쓰러진다는 뜻으로, 대세에 휩쓸려 좇는 것을 말함.

★ 問也無等山水[43] 묻노라 무등산 산수에게

山呼山也無等山 산아 산아 무등산아
瑞隱醇隱胡爲遁 서은과 순은은 어찌해 이곳에 은둔했던고.
正義忠節君之誡 정의와 충절은 그대들의 가르침이러니,
萬古氣概亦燦然 만고에 전할 그 기개 또한 찬연하도다.

- 무등산無等山 : 앞에 든 시 〈무등산세無等山勢〉의 주 참조.
- 서은瑞隱 : 고려 말에 북도안무사 겸 병마원수北道按撫使兼兵馬元帥를 거쳐 병부상서 兵部上書를 역임한 전신민全新民의 호. 고려가 망하자 호남의 무등산에 은거하였다. 전남 담양군 남면南面 연천리燕川里 산음山陰부락의 산중턱

---

43) 1980年8月15日 無等山下所懷也 今日以國家紀念之光復節 想起歷史上志士名人 而覘望無等山矣 亦想起去5月憂國學生修練於無等山下楓巖堤及石谷水源池域 感懷無量也 尤以麗末全新民與鮮初申德隣志士等隱居於此 又朝鮮時代憂國名士中林億齡與高敬命出入于元曉溪谷 而勃興湖南詩壇 可謂無等山圈歷代名人矣 一便本詩詞中有措辭重複 而唯强調詩趣耳

무등산 원효계곡

에 있는 독수정獨守亭은 그가 창건한 정자이다.

- 순은醇隱 : 고려말 6은의 한 사람으로 일컫던 신덕린申德隣의 호. 앞에 든 시 〈무등산세無等山勢〉의 주 참조.
- 정의正義 : 사회나 공동체를 위한 옳고 바른 도리.
- 충절忠節 : 충성스러운 절개.
- 기개氣概 : 씩씩한 기상과 꿋꿋한 절개.
- 찬연燦然 : 빛나 눈부심.

溪呼溪也元曉溪 시내 시내여 무등산 원효계곡 시내여,
石川霽峯何時契 석천과 제봉의 인연 어느 때의 일이던고.
瑞巖題詠尚今傳 그들의 서석대 노래 지금도 전하고 있어,
英華喧藉詩名譽 훌륭한 시문 널리 왁자해 그 명성 기리노라.

- 원효계元曉溪 : 원효계곡의 약칭. 무등산에는 용추계곡龍湫溪谷 · 증심계곡證心溪谷 · 원효계곡元曉溪谷 등 삼대계곡三大溪谷이 흐르는데, 그중 원효계곡은 가장 맑고 깨끗한 물의 흐름으로 유명하다. 무등산 정상 일대에서 동북쪽으로 내리는 이 물은 주검동鑄劒洞을 거쳐 금곡동金谷洞에 있는 원효사元曉寺 앞 골짜기 물을 이루면서 풍암정楓巖亭과 풍암제楓巖堤를 거쳐 충효동의 환벽당環碧堂 주위에까지 이르는 약 9km의 긴 골짜기의 유수이다. 특히 무등산 아래 원효계곡이 흘러내리는 곳, 광주시 북구 금곡동에 위치한 풍암정(문화재자료 15호)과 그 아래 풍암제는 무등산 경치를 탐승하며 왕래하던 당대의 명인 임억령 · 고경명 등이 발자취를 남긴 승지로 알려져 있다.
- 석천石川 : 조선 명종 때의 문신 임억령 林億齡(1496~1568)의 호. 을사사화가 일어났을 때 권간배權姦輩들에게 아부하는 아우 임백령林百齡을 간절히 경계하였다는 의인. 그가 무등산 아래 담양의 남면에 있는 식영정息影亭을 출입할 때 지은 〈식영정이십영息影亭二十詠〉과 풍암계곡의 탐승으로 제작한 〈풍암정원운楓巖亭元韻〉 등은 무등산권 누정제영의 대표작으로 손꼽는다.

• 제봉霽峯 : 조선 중기의 문인이요, 임진왜란이 일자 출전한 의병장 고경명高敬命(1533~1592)의 호. 광주의 무등산을 탐승하고 제작한 〈유서석록遊瑞石錄〉은 특히 무등산권 문학의 대표적 자료로 평가된다. 아울러 임억령등과 시적 교유를 갖고 성산시단星山詩壇 활동을 전개할 때 그 역시 식영정제영 및 풍암정제영 등을 남겼다.
• 서암瑞巖 : 상서로운 바위라는 뜻으로 무등산의 서석瑞石을 두고 이름.
• 서석瑞石 : 서석대의 약칭. 무등산의 장불재에서 산상을 향해 약 800미터의 거리에 있는 거대하고 장엄한 병풍바위. 해질 무렵 낙조에 비치는 아름다움이 뛰어나서 이를 서석 또는 수정병풍水晶屛風이라 칭했다고 전한다. 천연기념물 제465호.
• 제영題詠 : 제목을 붙여 시를 읊는 것. 또는 그 시. 여기서는 임억령 등 성산사선星山四仙들이 읊은 〈식영정이십영息影亭二十詠〉 중 〈서석한운瑞石閒雲〉을 두고 이름.
• 영화英華 : 뛰어난 시나 문장. 또는 시문 가운데 가장 뛰어난 곳.
• 훤자喧藉 : 여러 사람의 입으로 퍼져서 왁자하게 되는 것.

★ 愛悋孤鳥[44] 외짝 새를 아깝게 여기며

蒼天片舟水中泳 푸른 하늘의 조각배 물에 잠겨 떠도는구나.
同僚交驩何以忘 동료들과 즐거움을 나누던 일 어찌 잊었으랴.
受難孤行每可惜 수난으로 외로이 지내는 행세 매양 가엾어라.
今夜須得釣月夢 오늘 밤에는 모름지기 달을 낚는 꿈을 이루소서.

• 애린愛悋 : 아깝게 여기는 것.
• 고조孤鳥 : 무리에서 외로이 떨어진 한 마리의 새.
• 창천蒼天 : 창공蒼空. 푸른 하늘.

---

44) 1980年10月15日 無等山下楓巖堤孤鳥所懷也 登行無等山中峯 下山時向元曉溪谷 夕陽至楓巖貯水池 發見孤鳥湖畔盤桓矣 輒想起去五月相面一弟子朴君 不知近況 推測失同僚而痛憤時局 則唯願無頉以克服亂世而所願成就也 亦託言于水畔孤鳥 暗夜前歸巢 期待來明日矣

• 편주片舟 : 편주扁舟. 작은 배. 조각배. 여기서는 하늘에 뜬 반달이 저수지의 물에 비춰 보이는 것을 보고 취한 시구이다.
• 교환交驩 : 교환交歡. 사람들이 모여서 함께 즐기는 것. 서로 허물없이 즐기는 것.

★ 壬辰日受難[45] 임진 일에 겪은 수난

圖書館內亂冊囊 학교 도서관엔 책가방을 어지럽게 흩으려놓고,
校門露地跪學生 교문 맨땅엔 학생들을 무참히 무릎 꿇려놓았네.
裸身但着短單袴 알몸에 단지 짧은 팬티만 입혀놓고,
奪取衣服何處送 벗겨버린 옷들은 모두 어디로 보내버렸는고.
軍徒連發威嚇令 군인들은 위협하는 호령만 연발하고 있어,
豈非神人共憤聲 보는 자라면 누구나 분통해할 소리 아닌가.
戒嚴自招此慘景 정부에서 내린 계엄 이 처참한 광경을 자초했다오.
懇願龍鳳將大盛 간절히 원컨대 용봉인이여 장차 크게 번성하소서.

• 임진일壬辰日 : 광주사태가 발발했던 1980년의 5월 중 일진이 임진이던 19일을 두고 이름.
• 도서관圖書館 : 흰 건물로 된 전남대학교의 중앙도서관을 두고 이름.
• 책낭冊囊 : 책을 담는 주머니. 책대冊岱, 즉 책가방을 두고 이름.
• 교문校門 : 전남대학교 입구의 문은 본부 앞의 정문正門과 동쪽의 동문東門이 있는데, 작시의 배경이 된 일은 동문에서의 사건을 두고 이름.

---

45) 1980年5月19日 龍鳳人受難之歎也 昨日政府非常戒嚴令全國擴大 全南大學校不可不休校 然多數學生研鑽而讀書於大學圖書館 依消息則戒嚴軍不問如此勉學徒而連行矣 當時我受任人文社會大教務課長 欲把握實狀以黎旦起床而登校至讀書室則大混亂 左顧右眄全無學生 書冊與冊岱亂雜廢棄 豫感不吉而直行東側校門 果是啞然失色也 戒嚴軍指揮下十五・六學生跪坐於校門前露地 但着單袴爲裸身矣 其中有被擊流血者 我興奮而抗議軍人 莫無可奈 人間世曷有如此悲劇逢變乎 驚愕不已耳 欲懇請聞曾子之言 所謂出乎爾者反乎爾矣 此是不可輕之箴言也 我痛嘆力不足以不能制御慘景 但作望洋之嘆耳

- 단단고短單袴 : 남자의 홑바지, 또는 짧은 바지. 남자의 팬티를 두고 이름.
- 단고短袴 : 짧은 바지.
- 군도軍徒 : 군인들. 1980년 5월에 선포된 비상계엄 전국 확대로 전남대학교 교내에 배치된 계엄군을 두고 이름.
- 위하威嚇 : 위협威脅. 위력으로 으르고 협박하는 것.
- 신인공분神人共憤 : 천인공노天人共怒. 하늘과 사람이 함께 노한다는 뜻으로, 누구나 분노할 만큼 증오스럽거나 도저히 용납될 수 없음의 비유.
- 용봉龍鳳 : 용봉인龍鳳人의 준말. 전남대학교가 광주시 북구 용봉동에 위치하고 있다는 데서, 흔히 대남대학교 또는 이곳 학생과 교수들을 총체적으로 비유해서 이르는 말.

★ 寢牀對處[46] 침상에서 대처하고

大明天地今世上 대명천지 밝은 지금 이 세상에
深夜接賓且唐惶 한밤중 손을 맞으니 또한 당황되구나.
奉命急襲欲連行 상관의 명령으로 급습하여 연행코자 한다지만
臥牀病身不能応 침상에 누운 이 병신 응할 수는 없노라.
軍政批判奚謂罪 군사정권 비판함을 어찌 죄라고 이르는고.
蒼氓渴望民主聲 국민들은 모두 민주주의를 갈망하는 목소리라네.
學徒蹶起何無以 학도들이 궐기함에는 어찌 까닭이 없으리오.
正義追求人崇情 정의를 추구함은 사람의 숭고한 뜻이라오.

---

46) 1980年7月8日 病床對處隨問隨答之事也 去5月以後 戒嚴政局日益氣勝 指示民主市民檢擧令 全南大學校民主敎授亦被檢收監矣 10日前我落傷於大廳 當胸骨折傷 而治病中 深夜12時金搜查員强要連行 然全身不能動 不可避應在家詰問也 如前主張民主人權正義 說明光州市民絶叫之當爲 又解明學徒蹶起之背景 乃勸讀五月光州市民葬送曲矣 彼亦豈非人間乎 決無否認人本主義 乃納得不可避上官指示而來於此 終署名於陳述調書 則但憫惘耳 不安中又目擊怪事 則金搜查員呼出門外人 指示李光宇敎授連行矣 時方過夜三更 此豈謂人間事乎 痛嘆不已也 欲勸理解古諺有不好事紡車似也 參照去5月19日作詩〈壬辰日受難〉

- 침상寢牀 : 와상臥牀. 누워 잘 수 있게 만든 평상.
- 대명천지大明天地 : 아주 환하게 밝은 세상.
- 접빈接賓 : 접객接客. 손님을 접대하는 것.
- 봉명奉命 : 윗사람의 명령을 받드는 것.
- 연행連行 : 경찰이 피의자를 데리고 가는 것.
- 병신病身 : 몸의 어느 부분이 온전하지 못하거나 기형인 사람. 여기서는 흉골절상胸骨折傷을 입고 전신부동全身不動으로 침상에 누워 있는 당시의 필자를 두고 이름.
- 창맹蒼氓 : 창생蒼生. 세상의 모든 사람.
- 갈망渴望 : 목마른 사람이 물을 찾듯이 간절히 바라는 일.
- 학도學徒 : 학교에 다니면서 교육을 받는 사람. 또는 학문을 닦는 사람.
- 궐기蹶起 : 일정한 목적을 이루기 위하여 힘차게 일어나는 것.
- 以 : 까닭 이.
- 정의正義 : 사회나 공동체를 위한 옳고 바른 도리. 또는 사회 전체의 행복을 위해 법과 질서를 바로 세우고, 구성원의 기회와 권리를 공평하게 보장하는 일.
- 숭정崇情 : 고상한 마음.

★ 作詩韻遺憾[47] 작시에서 시운의 아쉬움

分明二四六 각 시행의 제2·4·6의 글자들 원칙에 분명해야 하되,
不問一三五 제1·3·5의 경우는 운자의 고저 상관치 않는다네.
作詩要此格 시를 짓는데 이같은 격식 지켜야 한다지만,
反慮木偶造 도리어 나무로 만드는 허수아비 될까 걱정이어라.

47) 1981年3月23日 作詩論遺憾也 漢字有106韻 從來作詩重視如此詩格用韻 故難免詩興萎縮 不可不尋行數墨 此慣習詩之難點矣 丁若鏞云我是朝鮮人 甘作朝鮮詩 又云區區格與律 遠人何得之 我亦同感也 但留念漢詩是定型詩又韻文 故主張詩體上律文性矣 乃作詩上重視韻脚而追求詩行上同一尾韻之反復也 考慮詩之韻文性 則應當不可輕朗讀上反復律矣

• 시운詩韻 : 시의 운율. 또는 시의 운자韻字.
• 이사륙二四六 : 같은 시구 내에서 제2·4·6째 자를 가리킴. 한시의 작법으로 고저高低 평측平仄을 지키는 데에 제2자와 제4자는 서로 부동함이 원칙이요, 제2자와 제6자는 서로 동일해야 한다는 작시상의 원칙을 전제하여 이른 말임.
• 일삼오一三五 : 같은 시구 내에서 제1·3·5째 자를 가리킴. 한시의 작법으로 평측의 고저에 구애되지 않는 글자들의 순을 가리킴.
• 목우木偶 : 목상木像. 목인木人. 나무로 만든 사람.

★ 又連作[48] 다시 이어서 짓다

詩韻追求二四六 각 시행의 제2·4·6의 글자들 시운을 추구한다는데,
創作奚謂如此束 독창적 작시에 어찌 이같은 제약을 이르는고.
多幸不拘一三五 제1·3·5의 글자들은 구애됨이 없어 다행이지만,
但恐難脫塑土殼 다만 소토의 바탕 벗지 못한 시가 될까 두렵다오.

• 연작連作 : 이어 짓기.
• 시운詩韻 : 시의 운율, 또는 시의 운자.
• 창작創作 : 예술 작품, 특히 문예 작품을 독창적으로 짓는 것. 또는 그 작품.
• 소토塑土 : 흙으로 만든 인형. (塑 : 허수아비 소)

星湖指摘橘爲枳 성호는 귤이 탱자나무 되는 까닭을 지적했고,
茶山主唱朝鮮詩 다산도 올바른 조선시 제작을 주창하였네.
感發興到當敲推 감발되어 흥이 나면 지은 시 다듬어야 할진대,
尋行數墨不必期 글짓기에 심행수묵만을 기약할 것이 아니라오.

---

48) 1981年3月23日 作詩論遺憾也 漢詩製作異於自由詩 不能免尋行數墨 着眼如此之虛點而已作〈作詩韻遺憾〉矣 今作詩亦掛念而再述遺憾之事 尤想起茶山及星湖作詩論 引用其卓見如此也 參照今日作〈作詩韻遺憾〉矣

• 성호星湖 : 조선조 영조 때의 학자 이익李瀷(1681~1763)의 호.
• 귤위지橘爲枳 : 남귤북지南橘北枳를 가리킴. 강남의 귤을 강북에 옮겨 심으면 탱자나무로 변한다는 뜻으로, 사람은 사는 환경에 따라서 착하게도 되고 악하게도 됨을 비유.
• 다산茶山 : 조선 말기의 학자 정약용丁若鏞(1762~1836)의 호.
• 주창主唱 : 주의나 사상을 앞장서서 주장하는 것.
• 감발感發 : 느끼어 마음이 움직이는 것.
• 고퇴敲推 : 퇴고推敲. 시문을 지을 때에 자구를 여러 번 생각하여 고치는 일.
• 심행수묵尋行數墨 : 글자 수나 줄 수에 얽매어 글 짓는데 고심함, 또는 글자 수에 얽매어 사리가 분명하지 못함.

★ 回憶去年五月[49] 작년 5월을 회상하며

大衆蹶起哮吼聲 대중이 궐기하여 성난 목소리로 외쳤노라.
自由平和正義唱 자유와 평화 그리고 정의를 부르짖던 소리로다.
學生先導拒獨裁 학생들이 앞장서서 독재에 항거했으니,
必死渴求民主政 필사적으로 민주정치를 갈구함이라오.

• 회억回憶 : 돌이켜 추억하는 것. 또는 그 추억.
• 거년오월去年五月 : 지난해의 5월. 1980년 5월에 자유·민주·정의를 외치며 궐기하던 일을 두고 이름.
• 궐기蹶起 : 일정한 목적을 이루기 위해 힘차게 일어는 것.
• 효후哮吼 : 으르렁거리는 것.
• 哮 : 울부짖을, 큰 소리 낼 효.
• 후성吼聲 : 목소리.

---

49) 1981年5月19日 去年五一八回顧也 今當5·18一週年 回想當時5月 則光州市民與學生齊唱民主正義而義擧 抗拒獨裁以犧牲者續出矣 今生生回想以追念彼岸諸位 古言云飄風不終朝 然現實不如之 何時望海不揚波 唯恨借刀殺人耳 參照昨年5月作詩〈壬辰日受難〉及〈寢牀對處〉

• 자유自由 : 남에게 구속을 받거나 무엇에 얽매이지 않고 자기 의지대로 행동하는 것. 또는, 법률의 범위 안에서 자기 마음대로 할 수 있는 행위.
• 평화平和 : 사람들끼리 서로 싸우거나 미워하지 않고 화목한 상태. 또는, 국가간에 전쟁이 없이 평안한 상태.
• 정의正義 : 사회나 공동체를 위한 옳고 바른 도리.
• 독재獨裁 : 모든 권력을 쥐고 독단으로 일을 지배하는 것. 또는, 그리 되는 일. 여기서는 당시의 군사정권軍事政權의 일을 두고 이름.
• 갈구渴求 : 몹시 애타게 구하는 것.

★ 晩秋銀杏樹葉[50] 늦가을의 은행나무 잎

溪邊堵列黃金樹 시냇가엔 누렇게 물든 황금빛 나무 늘어섰네.
天日反射鮮更秀 가을 햇빛 반사로 깨끗하면서 더욱 빼어나구나.
每憐鴨脚風飛散 은행잎 바람에 날릴 때마다 매양 가엾기만 해,
時節無常唯怨咎 오직 절서가 무상함을 원망하고 탓할 뿐이로세.

• 도열堵列 : 많은 사람이 죽 늘어서는 것. 또는 그 늘어선 대열.
• 황금수黃金樹 : 은행잎이 누렇다는 데서 은행나무를 비유적으로 일러 취한 조사措辭임.
• 천일天日 : 하늘에 떠있는 해. 또는 햇볕.
• 압각鴨脚 : 나뭇잎이 오리발, 즉 오리의 물갈퀴를 닮았다는 데서 은행나무를 압각수鴨脚樹라고도 하는데, 여기서는 그 잎을 두고 비유적으로 이름.
• 풍비風飛 : 바람을 타고 흩날리는 것.
• 원구怨咎 : 원망怨尤. 원망하고 꾸짖는 것

50) 1981年11月9日 無等山證心溪谷銀杏樹所懷也 無等山登行之際 擇證心溪谷路接近休憩所之間 求景溪邊銀杏樹 皆爲黃色燦爛矣 然黃葉紛紛落 聯想昨年人世非情 難堪心中鬱憤 噫呼季節已入立冬 不知柰何之 故作詩抒懷以自慰也

★ 楓巖堤秋情[51] 풍암제에서의 가을 정취

横坐短杖望遐景 지팡이 가로 놓고 앉아 먼 곳 경치 바라보다가,
山紫水明潛追想 산자수명의 빼어난 산수로 추억에 잠기노라.
汀渚孤鳥何爲盤 물가의 외로운 새 어찌하여 서성거리는고.
落影秋懷桓未傾 지는 해도 추회에 머뭇거리다 기울지 못하는 듯.

충효동의 풍암제와 멀리 바라보이는 무등산 영봉

- 풍암제楓巖堤 : 무등산 아래 원효계곡元曉溪谷이 흘러내리는 곳의 방죽. 광주시 북구 금곡동金谷洞에 위치한 풍암정楓巖亭은 저수지 바로 위에 있어, 이 곳 경치를 탐승하며 왕래하던 임억령林億齡 · 고경명高敬命 등 옛 문인들이 발자취를 남겼던 승지로 알려져 있다.
- 추정秋情 : 가을철에 느끼는 쓸쓸한 생각.
- 단장短杖 : 짧은 지팡이. 흔히 허리 높이까지 오며 손잡이가 꼬부라진 지팡이를 말함.
- 하경遐景 : 먼 곳에 펼쳐진 경치.
- 산자수명山紫水明 : 수명산자水明山紫. 산수의 경치가 썩 좋음. 여기서는 붉게 물든 산의 단풍과 맑게 흘러내린 풍암제의 물 등, 이곳의 아름다운 산수 경치를 염두하고 취한 시구임.
- 추상追想 : 추억追憶. 오래 전의 지난 일을 돌이켜 생각하는 것. 또는 그 생각.
- 고조孤鳥 : 무리에서 외로이 떨어진 한 마리의 새.

---

51) 1982年11月7日 無等山楓巖堤所懷也 數年前晩秋節 無等山行中 相逢數弟子於金谷洞楓巖堤上 我說明無等山名由來有不屈精神矣 去八十年五月 其中弟子參與民主化運動以犧牲 今日見水邊孤鳥 忽然想起往事 乃追念而冥福 秋情有感 使心作詩矣

• 盤 : 어정거릴 반. 다음의 '반환' 참조.
• 낙영落影: 낙일落日. 납일納日. 지는 해.
• 추회秋懷. 가을철에 느껴 일어나는 온갖 생각. 또는 이때의 쓸쓸한 생각.
• 桓 : 머뭇거릴 환.
• 반환盤桓 : 머뭇거리며 그 자리를 멀리 떠나지 않는 것.

★ 楓巖堤送秋[52] 풍암제에서 가을을 보내며

山野紅綠登天時 산야의 홍록 단풍이 다해가는 때로구나.
候鳥呼朋惜別離 철새도 벗을 부르며 서로의 이별을 아쉬워하네.
有誰不顧秋波情 그 누가 가을에 이는 추파의 정을 불고하랴.
往年勝事輒想起 지난날의 훌륭한 일들이 문득 상기되어라.

• 풍암제楓巖堤 : 무등산 원효계곡元曉溪谷이 흘러내리는 곳의 방죽. 앞에 든 작시 〈楓巖堤秋情〉 참조.
• 홍록紅綠 : 홍색과 녹색. 붉음과 푸름.
• 등천登天 : 승천昇天. 하늘에 오르는 것. 이 시에서는 가을이 다해 감을 비유적으로 이르는 말임.
• 석별惜別 : 애틋한 이별. 또는, 그 이멸을 애틋하게 여기는 것.
• 별리別離 : 이별離別.
• 추파秋波 : 가을철의 잔잔하고 맑은 물결.

충효동의 풍암정과 무등산 원효계곡

52) 1982年11月7日 無等山楓巖堤上所懷也 金德普所營楓岩亭 在於光州市北區金谷洞所在馬首山下元曉溪谷 其下流貯水池是楓岩堤也 楓與巖之景觀秀麗 自古高敬命等名流詩人遺杖屨矣 又來日始立冬 送秋之節 誰云會者定離 回想不可離事 則尙不能忘之 今秋情殺到不可拒 當奈之何 以詩抒懷之最上策矣 參照當時抒懷之詩〈楓巖堤秋情〉

• 왕년往年 : 왕전往前. 한때. 지나간 해. 이 시에서는 1980년 5월의 일을 염두한 표현임. 앞에 든 작시 〈楓巖堤秋情〉의 각주 참조.
• 승사勝事 : 뛰어난 일. 훌륭한 사적. 여기서는 5.18 때의 제자들 일을 연상한 표현구임.

★ 湖中幽景[53] 물 속에 비친 그윽한 경치

長空流雲作奇峰 긴 하늘에 흐르는 구름 기이한 봉우리를 짓고,
綠翠山景惑魚泳 청록색 산의 경치 물고기의 헤엄을 유혹하네.
倒影描出誰之圖 거꾸로 그려낸 그림자 누구의 그림인고.
弗寫俗埃尤多幸 속세의 티끌 그려 넣지 아니하여 다행이구나.

• 유경幽景 : 그윽하고 고요한 경치.
• 기봉奇峰 : 생김새가 기이한 봉우리.
• 유운流雲 : 흘러가는 구름.
• 녹취綠翠 : 청록색.
• 속애俗埃 : 속진俗塵. 속세의 티끌. 곧 세상의 번잡한 사물.
• 묘출描出 : 어떠한 대상을 그려 드러내는 것.
• 도영倒影 : 거꾸로 비친 그림자. 이곳 시에서는 광주호에 비치는 무등산의 그림자를 두고 이름.

遠近無等浮湖中 원근의 무등산 모습 물속에 떠있구나.
谷風起波排塵想 곡풍이 물결 일으키며 잡된 생각 물리쳤네.
誰把神筆盡妙技 누가 신묘한 붓을 잡고 묘기를 다했는고.
滌蕩俗心實眞景 속된 마음 말끔히 씻었기에 실로 진경이로다.

---

53) 1983年4月18日 光州湖上所懷也 無等山下光州湖在光州市及潭陽郡之間 今日自潭陽郡南面鶴仙里 散策光州湖岸 湖水清淨以潺潺 水中遐邇山影眞可觀 此或非龍王所愛無等山圖乎 因是仰峯祝手而願望假余玉屑才以述懷也

- 무등無等 : 무등산無等山의 약칭. 앞에 든 시 〈무등산세無等山勢〉의 주 참조.
- 곡풍谷風 : 골바람. 골짜기로부터 산 위로 부는 바람. 또는, 동풍東風. 만물을 길러내는 훈풍薰風.
- 진상塵想 : 속된 생각이나 세속의 잡념.
- 신필神筆 : 아주 뛰어나게 잘 쓸 수 있는 신묘한 붓. 또는 그 글씨.
- 묘기妙技 : 기묘한 기술과 재주.
- 척탕滌蕩 : 지저분하거나 나쁜 것을 말끔히 씻어 없애는 것.
- 속심俗心 : 명예나 이익에 끌리는 속된 마음.
- 진경眞景 : 실제의 경치. 실경을 그대로 그린 경치.

★ 山行有感[54] 무등산 등행의 감회

五月新綠皆瑤珠 오월의 신록은 온통 아름다운 구슬이라,
瓦龍子峙輕快走 꼬막재의 산길 걷기도 한결 경쾌하여라.
方長折之誰所爲 막 자라는 나무의 벌채는 그 누구의 짓이던고.
樂山探勝反招愁 산수가 좋아 찾는 탐승이 도리어 근심 부르네.

- 산행山行 : 산길을 걸어가는 것. 운동 삼아 산에 가는 것.
- 유감有感 : 느끼는 바가 있음.
- 신록新綠 : 늦봄이나 초여름에 새로 나온 잎의 푸른 잎.
- 요주瑤珠 : 아름다운 구슬.
- 와룡자치瓦龍子峙 : 무등산의 꼬막재를 한자어로 전환하여 표기한 것임. 무등산 아래 광주시 북구 금곡동金谷洞에 있는 원효사元曉寺에서 건너편 바라보이는 의상봉義相峯의 뒤를 돌아 규봉암圭峰庵을 향해 올라가는 고개를 말함. 이 고개 부근에는 꼬막과 같은 자갈이 많다는 데서 이렇게

54) 1984年5月12日 無等山行中有感也 新綠之節萬物生動 當良辰登無等山行矣 自元曉寺(光州市北區金谷洞所在)向圭峯庵(和順郡二西面永平里所在) 擇義湘峯下山路 至瓦龍子峙(꼬막재)也 深山幽谷之樹木與山菜皆新新 然採者已恣行亂伐 使人不能禁惜情 乃遺憾以抒懷如此矣

불러왔다고 전한다.

- 와롱자瓦龍子 : 꼬막. 강요주江瑤珠. 와롱자瓦壟子.
- 방장方長 : 한창 자라남.
- 요산樂山 : 요산요수樂山樂水의 약칭. 산수의 자연을 즐김.
- 탐승探勝 : 경치가 좋은 곳을 찾아다니는 것.

楤木綠笋視可愛 두릅의 푸른 새싹 볼수록 사랑스러운데,
世間旣有吻頭采 세상에는 두릅나물이 이미 나와 있다구나.
生生之理每誘興 생기고 퍼지는 자연의 이치 매양 흥겨운데,
食道樂人奚貪採 식도락 일삼는 이들 어찌해 채취만 탐했던고.

- 총목楤木 : 두릅.
- 녹순綠笋 : 새로 돋아나온 푸른 싹.
- 문두채吻頭菜 : 두릅나물. 요두채搖頭菜. 목두채木頭菜.
- 생생지리生生之理 : 모든 생물이 생기고 퍼지는 자연의 이치.
- 식도락食道樂 : 여러 가지 음식을 두루 맛보는 것을 즐거움으로 삼는 일.

★ 獨島吟[55] 독도를 두고 읊다

洋島浮東海 큼직한 대양도 동해의 깊은 바다에 떠있노라.
祖武五千年 5천년 기나긴 세월 우리 조상의 유적이로다.
可謂丹丘圖 가히 신선이 사는 곳의 그림이라 이르리니,
孤峭莫奇焉 불쑥 솟은 바위 이보다 더 신기함은 없다오.

- 독도獨島 : 경상북도 울릉도의 동남쪽에 있는 화산섬. 풍파가 세고 거의

55) 1985年8月15日 獨島映像觀覽之懷也 今日則我國光復40周年矣 午後戌時頃 視聽電視上獨島映像 切感國土之所重性 始終感激不已也 卽時整理平素所見 作此斷片句而表明心所懷矣

암으로 이루어져 있음. 면적 1.302 평방키로미터.

- 양도洋島 : 대양도大洋島의 준말. 대륙大陸이나 대륙붕大陸棚으로부터 심해深海로 분리되어 있는 섬. 대륙과는 관계없이 화산火山이나 산호충珊瑚蟲 등의 작용으로 생긴 것으로 하와이 등이 이에 속함.
- 조무祖武 : 조상이 남긴 공적. (무武 : 보무步武로서 유적을 뜻함.)
- 단구丹丘 : 선경仙境. 신선이 사는 곳.
- 고초孤峭 : 바위가 홀로 불쑥 솟아 있음. 마음이 엄격해서 세상 사람들과 어울리지 않음의 비유.

★ 恨別曲[56] 이별을 한하는 노래

又欲一見君英勇 다시 한번 그대의 영용을 보고 싶구나.

民主喊聲每回想 민주주의 외치던 함성 매양 회상되어라.

空房窓邊望皓月 쓸쓸한 방 창가에서 밝은 달을 바라보며,

達宵放歌哀戀情 밤을 지새우며 애련의 노래 불러보리라.

- 한별恨別 : 이별을 한하는 것. 또는 그 이별.
- 영용英勇 : 영특하고 용맹한 것.
- 함성喊聲 : 여럿이 함께 지르는 고함 소리.
- 공방空房 : 쓸쓸한 빈방.
- 호월皓月 : 아주 맑고 밝게 비치는 달.
- 달소達宵 : 달야達夜. 밤을 새우는 것.
- 방가放歌 : 큰 소리로 노래를 부르는 것.

---

56) 1985年9月29日 月夜恨別之懷也 今日是秋夕名節 仲秋夜月明 以月光達萬里矣 乃視聽電視 則放映舊歌唱之時間 輒聽青春小夜曲 此卽平素愛聽曲 則其詞與曲甚哀切 使心悽然 而內心漢譯之也 又欲讀書於書室 然窓外蟾免誘惑 而想起去五月弟子像 因此不能抑恨別之情 應用舊歌之詩趣 以敍情如是矣

★ 釣臺詩歌碑[57] 조대의 노래비

往有別曲讚雙松 지난날 별곡에선 이곳 두 그루 소나무를 기렸는데,
今堅歌碑使人唱 이젠 가비를 세워 사람들에게 노래 부르도록 하구나.
德齡釣臺何處巖 김덕령이 고기를 낚던 바위는 어느 곳이던고.
滄溪逌爾和答鳴 창계는 빙그레 웃으며 화답하는 듯 물결 소리로다.

환벽당 아래 창계에 있는 조대 시가비

- 조대釣臺 : 낚시터의 대. 광주시 북구 충효동에 있는 환벽당環碧堂 아래 시냇가에는 옛날 김덕령金德齡 장군이 앉아서 낚시에 임했다는 너럭바위가 있는데 이를 두고 이름.
- 시가비詩歌碑 : 시가를 새겨 기린 비. 전라남도에서 1986년 1월 광주시 북구 충효동에 있는 환벽당環碧堂 아래 시냇가에 세운 가사문학비歌辭文學碑를 두고 이름.
- 별곡別曲 : 한국시가문학 중 한 유형. 여기서는 송강松江 정철鄭澈(1536~1593)이 제작한 〈성산별곡星山別曲〉을 두고 이름.
- 쌍송雙松 : 조대 위 언덕에 있었다는 두 그루의 소나무. 그곳 낚시터와 함께 당시 시인들의 입에 자주 오르내리며 조대쌍송이라 일컫던 소나무를 두고 이름.
- 가비歌碑 : 시가비의 약칭. 〈성산별곡〉 중 여기에 새겨놓은 가사의 내용은 다음과 같다. "짝 맞은 늙은 솔일랑 낚시터에 새워 두고 그 아래 배를 띄워 가는 대로 던져두니 홍료화(紅蓼花) 백빈주(白蘋洲) 어느 사이 지났는지 환벽당(環碧堂) 용(龍)의 소(沼)가 배 앞에 닿았어라"

---

57) 1986年6月11日 環碧溪上詩歌碑所懷也 光州市北區忠孝洞所在環碧堂下環碧溪畔有紀念碑 所謂釣臺詩歌碑也 今年初推進立碑之際 全南道全錫洪知事要請諮問 我提示鄭澈作星山別曲中關係歌辭矣 今探訪環碧堂 臨詩歌碑而讀碑文則回憶松江遺跡 兼想起金德齡之釣人故事也

• 덕령德齡 : 임진왜란 때의 의병장 김덕령(1568~1596) 장군을 두고 이름. 그는 임란 때에 조정에서 종군從軍의 명령이 내려 호익장군虎翼將軍의 호를 받고, 다음해에 의병을 정돈하여 권율權慄의 휘하에서 의병장 곽재우郭再祐와 협력하여 수 차 왜병을 격파하였음. 선조 29년(1596) 무고로 고문을 당하여 옥사함.
• 창계滄溪 : 푸른 시내. 이곳 시내를 창계, 또는 환벽계環碧溪라고 이름.
• 유이逌爾 : 빙그레하고 웃는 모양.

★ 落花嘆[58] 떨어지는 꽃잎의 애탄

嘗云花無十日紅 일찍이 이르되 열흘 이상 붉은 꽃 없다드니,
落英滿山實使慟 지는 꽃송이 온 산에 가득해 실로 애통케 하네.
歲月如流不復廻 세월은 여류하여 다시 되돌아오지 않는지라,
人生上善在自彊 인생살이의 최선은 몸소 노력하는 데에 있다오.

• 화무십일홍花無十日紅 : 열흘 붉은 꽃이 없다는 뜻으로, 한번 성하면 반드시 멀지 않아 쇠해짐을 이르는 말.
• 낙영落英 : 낙화落花. 꽃이 떨어지는 것. 또는 떨어진 꽃.
• 세월여류歲月如流 : 세월이 흐르는 물과 같다는 뜻으로, 세월이 몹시 빠름의 비유.
• 상선上善 : 최선最善. 가장 뛰어난 선.
• 자강自彊 : 스스로 힘쓰는 것.

58) 1987年4月17日 中央亭下山麓櫻花所懷也 訪問長男益秀家(光州直轄市西區花亭洞所在) 後便有大野山 所謂中央公園矣 中央亭建於其山嶝 向亭登行途中 櫻花滿發而方落花 花月之際到處不免散花 一喜一悲 實感古諺云 花無十日紅 人無千日好矣

★ 楓巖堤秋景[59)] 풍암제의 가을 경치

五色丹楓戴蒼天 아름다운 오색 단풍은 푸른 하늘을 이고 있고,
候鳥作侶游渚畔 철새들은 무리로 짝지어 물가에서 노니네.
湖裏樹影誘潛魚 호수의 나무 그늘은 물속 고기까지 유혹하는 듯,
霜降山色尤欲然 상강절 산의 경치 더더욱 불타오르고자 하구나.

- 풍암제楓巖堤 : 무등산 아래 원효계곡元曉溪谷이 흘러내리는 곳의 방죽. 앞에 든 시〈풍암제추정楓巖堤秋情〉의 주 참조.
- 후조候鳥 : 철새.
- 작려作侶 : 작반作伴. 길을 가는데 동무를 삼는 것.
- 저반渚畔 : 물가 언덕.
- 잠어潛魚 : 잠린潛鱗. 물속에 깊이 잠겨 있는 물고기.
- 상강霜降 : 24절기의 하나. 아침저녁의 기온이 내려가고, 서리가 내리기 시작할 무렵.
- 산색山色 : 산의 빛. 산의 경치.

★ 訪楓巖亭[60)] 풍암정을 찾아서

雲飛瑞岩臺 서암대 위에는 뜬구름이 날리고,
楓溪瀉亭前 풍암정 앞엔 단풍잎 띄운 시냇물이로다.
山水染紅綠 산수 경치가 온통 홍록으로 물들었는데,
騷客懷石川 소객은 누정시를 남긴 석천을 그리노라.

---

59) 1987年10月29日 無等山楓巖堤探訪所懷也 季秋天高之節向金谷洞元曉溪谷 駐車於楓巖堤岸之後 觀望四隅山水景 楓巖丹楓爲無等山景之首矣 染紅丹葉艶鮮血 或生花無十日紅之慮 滿喫自然秋意以敍懷也

60) 1987年10月29日 無等山下楓巖亭探訪之懷也 流憩楓巖堤之後 向金德普造營楓巖亭矣 自古風流詩客多出入此亭 爲始楓巖記 數人題詠揭示於亭內 讀林億齡作楓巖亭原韻也 7言律詩句中 投老逍遙水石間 桃源何必畵圖看之表現句使我尋思矣 參考當日所懷詩〈楓巖堤秋景〉

• 풍암정楓巖亭 : 광주시 북구 금곡동金谷洞에 위치한 정자. 김덕령 장군의 동생 김덕보金德譜(1571~1627)가 1610년에 무등산에 유거하며 조영했다는 정자. 원효사元曉寺 아래 멀리 원효계곡이 흘러내리는 곳의 방죽 풍암제楓巖堤 바로 위에 있어, 이곳 경치를 탐승하며 왕래하던 임억령林億齡(1496~1568)・고경명高敬命(1533~1592) 등 명인들의 발자취가 남긴 승지로 알려져 있다.
• 서암대瑞岩臺 : 상서로운 바위 암대라는 뜻으로, 무등산의 명승인 암석대巖石臺를 두고 이름. 앞에 든 시 〈문야무등산수問也無等山水〉의 주 참조.
• 풍계楓溪 : 단풍이 떠내려 흐르는 계곡. 또는 풍암계곡楓巖溪谷의 약칭.
• 산수山水 : 산과 물이라는 뜻으로, 경치를 이르는 말.
• 소객騷客 : 소인騷人. 시인과 문사.
• 석천石川 : 임억령 林億齡(1496~1568)의 호. 앞에 든 시 〈문야무등산수問也無等山水〉의 주 참조.

★ 孟冬樹葉有感[61) 초겨울 나뭇잎을 보고 이는 느낌

這間楓葉醉丹紅 요즈음 단풍 나뭇잎 붉은 빛에 취했더니,
今時落下轉路上 이젠 바로 길바닥에 떨어져 뒹구는구나.
花無十日自然訓 한창 붉은 꽃 열흘 못 간다는 게 자연의 가르침이거늘,
人生勢道胡有常 인생의 세도 또한 어찌 변함이 없으랴.

• 저간這間 : 근경近頃. 요즈음.
• 맹동孟冬 : 초겨울. 음력 10월을 달리 이르는 말.
• 단홍丹紅 : 단홍색丹紅色. 붉은 빛깔.

---

61) 1987年11月23日 忠愍祠地域樹葉所懷也 午後探訪無等山下花岩洞 至忠愍祠而追頌全尙毅將軍之遺芳也(參照上篇(當日所懷詩)〈名將追頌〉) 時下烝冬之際 樹葉極盛後漸漸變 而若似人間興亡之相矣 又1980年以後韓國政局逢着各種試鍊其間軍政實權無可奈何 不知權不十年之敎訓也 然去10月27日多幸施行大統領直選制國民投票 國民大多數贊成 企待向後政局好轉也 今日擊樹葉風飛勢 抒懷當面豫感矣

• 금시今時 : 바로 지금.
• 화무십일花無十日 : 화무십일홍花無十日紅의 준말. 열흘 붉은 꽃이 없다는 뜻으로, 한번 성하면 반드시 멀지 않아 쇠해짐을 이르는 말.
• 세도勢道 : 정치상의 권세. 또는 그 권세를 마구 휘두르는 일.
• 유상有常 : 떳떳함이 있음. '덧없음'을 뜻하는 무상無常과 대조적인 말임.

★ 金峯頌[62] 금봉을 기리며

臻精揮毫描此君 정성을 다한 휘호 대나무의 그림이라.
脫塵審美筆力新 범속을 벗은 심미 그 필력 생생하여라.
藝技垂範寔有以 모범을 보인 재주엔 진실로 까닭 있으니,
金峯妙手求探眞 금봉의 뛰어난 솜씨 탐진을 추구함이로다.

• 금봉金峯 : 한국문인화협회 이사장 박행보朴幸甫 화백(광주시 동구 계림동 거주)의 호.
• 臻 : 모을, 이를 진.
• 휘호揮毫 : 휘필揮筆. 붓을 휘둘러 글씨를 쓰거나 그림을 그리는 것.
• 차군此君 : 대나무를 예스럽게 이르는 말.
• 탈진脫塵 : 탈속脫俗. 명성이나 이익 따위를 추구하는 세속적인 기풍에서 벗어나는 것. 범속凡俗의 마음에서 벗어나는 것.
• 심미審美 : 미美와 추醜를 살펴 미의 본질을 밝히는 것.
• 필력筆力 : 필세筆勢. 글씨의 획에 드러나는 힘. 또는 글을 쓰는 능력.
• 예기藝技 : 기예技藝. 가무歌舞 · 시문 · 서화 등 예능으로 익힌 재주. 기술상의 재주.
• 묘수妙手 : 뛰어난 솜씨나 교묘한 재주. 또는 그런 것을 가진 사람.
• 탐진探眞 : 자연의 묘리를 찾는 것.

62) 1988年5月6日 金峯相見所懷也 湖南大學校美術科金峯朴幸甫教授專攻韓國畵 畵格特出 可謂畵仙也 故取用其名字 先頌之如此 福祿幸幸如雲興 畵名甫甫似金峰 又以7言絕句讚如下矣

★ 於水晶洞[63] 해남의 수정동에서

水石相應配 물과 돌은 서로 어울려 짝을 짓고,
松竹四時青 송죽은 사시사철 변함없이 푸르다네.
月上人笑亭 인소정의 밤하늘에 달이 떠오를 때,
孤山詠何景 고산은 무슨 경관을 읊었던고.

- 수정동水晶洞: 전남 해남군 현산면縣山面 만안리萬安里 미세마을에 있는 고산孤山 윤선도尹善道(1587~1671)의 시가생활 유적지. 국문학상 명작으로 알려진 〈오우가五友歌〉 등 산중생활의 작시는 주로 수정동과 이웃에 있는 금쇄동金鎖洞(금쇗골)의 삶에서 이루었다.
- 인소정人笑亭 : 고산이 53세 때 2차 귀양에서 풀린 뒤 수정동에 들어 조영하던 정자. 지금은 정자 터만 남아 있다. 앞에 든 상편의 시 〈인소정대즉영人笑亭臺卽詠〉의 주 참조.

★ 想像孤山山居生活[64] 고산의 산중생활을 상상하며

水晶金鎖隨意往 수정동과 금쇄동 마음 내키는 대로 왕래하며,
不關人笑造營亭 남이야 비웃든 상관없이 정자를 조영하였다네.
詩客幽居良有以 시객이 유거함에는 진실로 까닭이 있어서니,
玉樹新曲遂形象 재주 뛰어난 고산의 신곡은 시적 형상화로다.

---

63) 1988年7月1日 海南水晶洞所懷也 踏査海南郡縣山面所在孤山尹善道詩歌遺跡地水晶洞矣 孤山經營園林生活於此 而製作〈山中新曲〉也 今想起其中〈五友歌〉之琅玕 因此關心于五種自然物像 引用水石松竹月之五字而作五言詩也

64) 1988年7月1日 海南水晶洞探訪之懷也 尋幽海南郡縣山面所在水晶洞 登人笑亭臺矣 觀瀑布珍景 想起孤山幽處而追求作詩生活 吟詠孤山之山中新曲 尤感動五友歌之作品性也 參照當日作〈於水晶洞〉與上篇(昨年7月4日作詩)〈人笑亭臺卽詠〉及〈水晶瀑布〉等也

수정동의 인소정 정자 터

- 고산孤山 : 조선조 후기의 인물 윤선도尹善道(1587~1671)의 호.
- 산거생활山居生活 : 고산이 전남의 해남군 현산면 만안리萬安里에 있는 수정동水晶洞과 같은 곳의 구시리九市里에 있는 금쇄동金鎖洞 등에서 영위하던 산중생활을 가리킴.
- 수정水晶 : 수정동의 약칭. 수정굴. 고산이 53세 때 2차 귀양에서 풀린 뒤 인소정人笑亭을 조영하여 산중생활을 시작한 곳. 그곳 수정폭포는 명승으로 알려져 있다.
- 금쇄金鎖 : 수정동의 이웃에 있는 금쇄동의 약칭. 금쇗골. 여기에는 고산이 경영하였던 원림 유적과 그의 묘를 모신 해남 윤씨의 산소가 있다.
- 수의隨意 : 자기 뜻대로 하는 것.
- 인소人笑 : 남들이 비웃는 것. 사람들의 웃음거리가 됨.
- 조영造營 : 집 등을 짓는 것.
- 정亭 : 정자. 고산이 수정동에서 조영한 인소정을 가리킴. 앞에 든 상편의 시 〈인소정대즉영人笑亭臺卽詠〉의 주 참조.
- 유거幽居 : 유처幽處. 속세를 떠나 그윽하고 외딴 조용한 곳에 묻혀 사는 것. 또는 그 거처.
- 以 : 생각할, 까닭 이.
- 옥수玉樹 : 기수琪樹. 재주가 뛰어난 사람의 비유.
- 신곡新曲 : 새로 지은 곡, 또는 노래. 여기서는 고산이 제작한 시조 〈산중신곡山中新曲〉과 〈산중속신곡山中續新曲〉을 가리킴.
- 형상形象 : 감각적으로 포착한 것이나 심중의 관념을 예술가가 어떤 표현 수단에 의해 구상화具象化하는 일.

★ 月出山下[65] 월출산 아래에서

巖山巨石磊　바위산은 거대한 돌들의 무더기요,

丘園樹林森　높직한 동산엔 푸른 숲이 울창하여라.

深谷貯水淼　깊은 골짜기에 담긴 물 가득하여 넘치고,

垢塵燒火焱　먼지와 때 태양 불꽃에 태워 깨끗하구나.

- 월출산月出山 : 전라남도 영암군과 강진군에 걸쳐 있는 산. 높이 809m. 국립공원 제259호. 많은 돌무더기를 이루며, 기암괴석들이 깎아지른 듯이 우뚝 솟아있어 호남의 명산으로 손꼽는다.
- 암산巖山 : 바위산. 바위가 많은 산.
- 거석巨石 : 매우 큰 돌덩이.
- 磊 : 돌무더기, 큰 돌의 모양 뢰.
- 구원丘園 : 조금 높은 곳에 있는 화원이나 과수원.
- 수림樹林 : 목본 식물이 밀집하여 자라고 있는 군락.
- 森 : 나무 빽빽할 삼.
- 저수貯水 : 물을 인공적으로 모아 두는 것. 또는 그 물. 여기서는 월출산 아래의 저수지를 두고 이름.
- 淼 : 물 창일할 묘.
- 구진垢塵 : 진구塵垢. 먼지와 때.
- 소화燒火 : 불에 태우거나 사르는 것.
- 화염火焱 : 불꽃. 여기서는 태양의 불꽃을 염두하고 취한 시구임. (焱 : 불꽃 염)

---

65) 1989年7月8日 靈岩月出山下所懷也 遂行孤山硏究會長業務時 開催全國學術大會於莞島郡廳會議室矣 歸家時擇海南郡及靈岩郡經由車道 到着靈岩邑近境 而駐車於月出山下 取休息而求景周邊自然也 左瞻奇巖怪石屹立 右面貯水漲溢 樹林鬱蒼於遠近山麓 不可謂塵世自然 而自序懷矣 且各行取以合成三字爲一字形兼浮刻詩趣也 又各行逆順讀爲詩 則如此矣 磊石巨山巖 森林樹園丘 淼水貯谷深 焱火燒塵垢 其詩意依懸吐辨別耳

★ 四時歌[66] 사계절의 노래

春宵梨花招春恨 봄날 밤의 흰 배꽃 춘한을 불러일으키고,
夏林綠風防夏汗 여름 숲 속 시원한 바람 하한을 막아주네.
秋月蟾光爽秋意 가을에 비추는 달빛 추의를 시원케 하고,
冬天玉屑忘冬寒 겨울에 내리는 고운 눈 동한을 잊게 하구나.

- 사시四時 : 춘·하·추·동의 사철.
- 춘소春宵 : 봄밤.
- 춘한春恨 : 봄날의 경치에 끌려 마음속에 일어나는 정한情恨.
- 녹풍綠風 : 푸른 숲 속에서 이는 바람. 또는, 초여름에 푸른 잎 사이를 스쳐 부는 시원한 바람.
- 하한夏汗 : 여름 무더위에 흘리는 땀.
- 섬광蟾光 : 월광月光. 달빛. (蟾 : 달빛, 달그림자 섬)
- 추의秋意 : 가을다운 기분이나 멋.
- 동천冬天 : 겨울 하늘. 또는 겨울날.
- 옥설玉屑 : 옥을 바수어 만든 가루라는 뜻으로, 눈(雪)의 미칭. 또는 썩 잘 지은 글.
- 동한冬寒 : 겨울의 추위.

---

66) 1990年7月17日 南畊書齋讀書中四時述懷也 先作詩〈四時所懷〉(上篇參照)之後 餘興尙存難堪 又成〈四時歌〉 尤浮刻四時節候感以作7言詩 故取春夏秋冬之語 各2回 而强調季節性 不顧詩語重複也

★ 伏中有感[67] 복중에 이는 감회

未月村家若無雨 만약 농가의 유월에 단비 내리지 않으면,
三水佳娘滿面淚 삼수의 아가씨들 온 얼굴엔 눈물이 가득.
霖期蛙鳴動梅田 장마철 개구리 우는 소리 매전에 동하면,
報恩處女輾轉憂 보은 처녀들은 시름에 겨워 잠 못 이룬다네.
麻織將萎北民嘆 삼배길쌈 시들어 가면 북녘 백성들 한탄이요,
大棗不實湖西懼 대추 열매 부실하면 호서 백성들의 두려움이라.
古來土俗各有異 예로부터 향토의 풍속은 갖가지로 다르나니,
時和年豐最上數 나라는 태평하고 풍년 맞이함이 최 상책이라오.

- 복중伏中 : 복허리. 초복에서 말복까지의 사이.
- 미월未月 : 음력 6월의 별칭.
- 삼수三水 : 함경남도 삼수군의 한 읍邑.
- 가랑佳娘 : 훌륭하고 얌전한 처녀.
- 만면滿面 : 온 얼굴.
- 임기霖期 : 장마 기간.
- 와명蛙鳴 : 와폐蛙吠. 개구리 우는 소리.
- 매전梅田 : 매화나무 밭.
- 보은報恩 : 충청북도 보은군의 한 읍邑. 군청소재지임.
- 전전輾轉 : 누워서 이리저리 몸을 뒤척이는 것.
- 마직麻織 : 마사麻絲(베실. 삼 껍질로 만든 실)로 짠 피륙.
- 호서湖西 : 호중湖中. 충청북도의 이칭.
- 토속土俗 : 그 지방의 특이한 습관·풍속·토풍土風 등.
- 시화연풍時和年豐 : 나라가 태평하고 풍년이 듦.

---

67) 1990年7月24日 南畊書齋讀書中伏月之所懷也 今日是季節上中伏 自夏至來第4庚日也 數日酷暑後始降雨 不必夏扇而豫測霖雨矣 依歲時記以參考我國歲時風俗 各地域別有一喜一悲 輒想起古來傳言 三伏降雨則報恩處女怨天落淚 吾歡迎酷暑中甘雨而彼不願 想像如此之境以述懷多感也 乃唯望雨順風調時和年豐矣

★ 波濤[68] 파 도

研眞構圖得海鳴 진리를 닦는 그림의 구상 파도소리를 터득하고,
審美技法創新境 심미의 기법 새 경지를 창조하였다네.
執心筆端盡畵訣 붓끝에 마음을 쏟아 그림의 비결을 다했으니,
何以不稱愛根誠 어찌 예술의 바탕 사랑하는 정성 칭송치 아니하랴.

• 파도波濤 : 도파濤波. 바다에 이는 물결. 특히, 옆으로 길게 가로줄을 그리며 어느 정도의 높이로 힘 있게 밀리는 물결. 여기서는 전남대학교의 윤애근尹愛根 교수가 그린 동양화의 시제를 두고 이름.
• 연진研眞 : 진리를 연구하여 닦는 것.
• 구도構圖 : 평면적인 조형미술에서 전체적인 효과를 높이기 위한 여러 요소·여러 부분의 배치.
• 해명海鳴 : 폭풍우의 징조로 바다에서 일어나는 우레와 같은 소리.
• 심미審美 : 미美와 추醜를 살펴 미의 본질을 밝히는 것.
• 기법技法 : 기교와 방법.
• 집심執心 : 단단하게 한 곬으로 기울인 마음.
• 필단筆端 : 붓끝. 붓의 뾰족한 끝.
• 화결畵訣 : 회화繪畵의 비결.
• 애근愛根 : 화가 윤애근 교수의 이름. 根은 근본根本이라 한 어휘의 약칭으로 화가가 추구하는 예술의 진·선·미를 비유한 조사구措辭句로 취한 것임.

---

68) 1990年7月25日 晶山畵室觀覽之懷也 尹敎授是全南大學校藝術大學美術學科所屬 本名愛根 號晶山 專攻韓國畵 平素熱作海波與人物圖 今訪問晶山畵室(全南潭陽郡南面鼎谷里所在) 而鑑賞大作〈波濤〉 以取用尹敎授本名二字 作如此祝詩以與之

★ 晩秋訪智異山[69] 늦가을에 지리산을 찾아서

望月懸霜天 휘영청 밝은 달 차가운 밤하늘에 매달렸네.
秋色染紅顔 갈 풍경에 물든 얼굴들 한결 곱기만 해라.
方丈亦仙寰 방장산 역시 신선이 사는 신비로운 곳이라,
深原情無限 깊은 산골 심원은 그 산정이 한이 없구나.

지리산의 피아골 계곡

- 만추晩秋 : 늦가을. 심추深秋.
- 지리산智異山 : 경상남도와 전라 남・북도에 걸쳐 있는 산. 소백산맥 남쪽에 솟아 있는 4대 명산의 하나로, 가장 높은 천황봉의 높이는 해발 1,915m.
- 상천霜天 : 서리 내리는 밤하늘.
- 추색秋色 : 추광秋光. 가을의 자연 풍경에서 울어 나오는 빛.
- 방장方丈 : 방장산方丈山의 약칭. 중국 전설에서는 방장산方丈山・봉래산蓬萊山・영주산瀛州山을 삼신산三神山이라 이르고, 불로불사不老不死의 약초가 있어 신선이 산다고 함. 우리나라에서도 그 이름을 본떠 지리산을 방장산, 금강산을 봉래산, 한라산을 영주산이라 일컫는다.
- 선환仙寰 : 선경仙境. 신선이 산다는 곳. 또는, 경치가 신비스럽고 그윽한 곳.
- 심원深原 : 전남 구례군求禮郡의 마산면과 토지면 사이에 있는 노고단老姑壇 아래 펼쳐진 산골 이름.

登陟老姑壇 높직이 지리산 노고단에 올라보니,
實感山情秀 산의 정취 빼어남을 실감하겠구나.
每年秋色高 해마다 가을 풍경이 최고 절경이라
蓬瀛又作妬 봉래산과 영주산도 또한 시새운다네.

---

69) 1990年11月2日 晩秋智異山探勝之懷也 陰曆9月望 人文科學大學長任期4個月前 開催學科長會於智異山深原 人文大敎務學生兩科長及評議員人文科學研究所長人事委員等共同參與 夜宿泊於當地健康院矣 深原及老姑壇自然風景亦仙境 月夜山河勝致尤感慨 可謂三神山(蓬萊方丈瀛洲)秋景相等矣

• 등척登陟 : 등행登行. 높은 곳에 오르는 것.
• 노고단老姑壇 : 전남 구례군求禮郡의 마산면馬山面과 토지면土旨面 사이에 있는 산. 높이는 해발 1,507미터로 지리산 국립공원 내에 있음.
• 산정山情 : 산의 정경. 산에서 느끼는 정취.
• 추색秋色 : 추광秋光. 가을의 자연 풍경에서 우러나는 빛.
• 봉영蓬瀛 : 중국 전설에 나오는 삼신산三神山 가운데 봉래산과 영주산의 두 산을 두고 이름. 우리나라에서는 그 이름을 본떠 금강산과 한라산을 두고 이름. 앞에 든 시의 주 (방장方丈) 참조.

★ 深原探勝[70] 심원의 절승을 찾아서

老姑珍羞四時鮮 노고단의 진수성찬 철마다 깨끗해.
深原佳景十里新 심원의 아름다운 경치 십리 걸쳐 새로워라.
良辰探賞幾時續 양신에 찾는 흥취 언제까지 즐길 수 있으려나.
萬山霜葉尤欲燃 온 산에 물든 단풍잎은 더더욱 불타오르는데.

• 심원深原 : 위에 든 시 〈만추방지리산晩秋訪智異山〉의 주 참조.
• 탐승探勝 : 경치가 좋은 곳을 찾아다니는 것.
• 노고老姑 : 노고단老姑壇의 약칭. 위에 든 시 〈만추방지리산〉의 주 참조.
• 진수珍羞 : 진귀한 음식이나, 가장 맛좋은 음식. 여기서는 '자연 경치'의 비유.
• 가경佳境 : 묘경妙境. 경치가 좋은 곳.
• 양신良辰 : 가기佳期. 좋은 철.
• 탐상探賞 : 경치 좋은 곳을 찾아서 구경하며 즐기는 것.
• 상엽霜葉 : 서리를 맞아 단풍이 든 잎.

---

70) 1990年11月3日 晩秋智異山老姑壇登攀之懷也 昨日吾人文大學科長一同到着於智異山 開催會議於深源健康院 而現地留宿矣 晨朝起而登行智異山老姑壇 老姑自然珍饌無不奇矣 參照昨日作〈晩秋訪智異山〉詩

★ 永樂齋上樑詩[71] 영락재 상량시

慶兆滿天期永代 경사스런 조짐 하늘에 가득 자손의 영원을 기약하고,
祜休載地興樂齋 땅 위엔 조상이 내려주신 복을 싣고 영락재 이루도다.
四靈常住芝峯山 신령스런 4령이 지봉산에 항시 머물고 있어,
續出國家棟樑材 나라의 동량재 끊임없이 배출하리라.

- 영락재永樂齋 : 전남 무안군 청계면 청천리淸川里에 있는 무안박씨務安朴氏 20세손 낙재공樂齋公의 재실. 공의 휘諱는 동량東樑(1616~1672), 낙재는 공의 호임.
- 경조慶兆 : 길조吉兆. 경사가 있을 조짐.
- 호휴祜休 : 신이 내리는 행복. 길경吉慶. (祜 : 복 호)
- 낙재樂齋 : 영락재永樂齋의 약칭.
- 사령四靈 : 네 가지 신령한 동물로, 기린·봉황·거북·용 등을 일컫는 말.
- 지봉산芝峯山 : 무안군 청계면 사마리 아랫서당 마을에 있는 산 이름. 그 산록에 영락재가 세워져 있음.
- 동량재棟樑材 : 한 집이나 나라를 맡아 다스릴 만한 훌륭한 인재.

★ 遊蒙啓瀑布[72] 몽계폭포에서 노닐며

南倉懸水曲曲舞 남창계곡의 폭포 굽이굽이 굴곡을 짓는 춤이로세.
白泡飛散隆隆垂 물거품 허옇게 흩날려 우레 소리 드리우네.

---

71) 1991年5月11日 芝峯山下永樂齋所懷也 擧行永樂齋上樑式於務安郡淸溪面淸川里芝峯山下 是務安朴氏20世孫樂齋公齋室矣 公之諱東樑 字起甫 號樂齋也 9代孫而謹撰永樂齋創建記 又取用永樂二字而作七言二句 書于齋室樑上 祈願子子孫孫無窮發展 而貢獻人類共榮矣

72) 1991年7月12日 南倉蒙啓瀑布探勝之懷也 全南長城郡南倉溪谷有全南學校修鍊院 又有蒙啓瀑布 其在內藏山支流矣 傳言曰 朝鮮朝宣祖時 霞谷鄭雲龍修道於是 溪流絶勝似霞谷 因之鄭道士得號 回想昨年6月來於此也 目擊飛流之壯觀以詩無不抒情 至今霞谷如前 又稱頌幽谷玉流矣 參照去年作詩〈蒙啓瀑布〉·〈蒙啓雜詠〉等

誰知霞谷無限情　안개 자욱한 하곡의 한없는 정 누가 알랴 만은
常慮仙談浮水流　매양 신선들 말소리 물에 떠내려 소문날까 걱정이어라.

• 몽계폭포蒙啓瀑布 : 전라남도 장성군 북하면 신성리 남창계곡南倉溪谷에 흐르는 산속 시냇물 폭포를 두고 이름.
• 남창南倉 : 신성리新城里에 있는 고을 이름.
• 현수懸水 : 폭포. 남창계곡의 으뜸으로 손꼽는 몽계폭포를 두고 이름.
• 백포白泡 : 백말白沫. 흰빛으로 부서지는 물거품.
• 비산飛散 : 날아서 흩어지는 것. 흩날림.
• 융융隆隆 : 힘이 성한 모양. 소리가 큰 모양. 우레 소리.
• 하곡霞谷 : 안개가 자욱한 골짜기, 곧 몽계폭포가 흐르는 장성군 남창南倉의 산골짜기를 말함.

★ 登息影亭[73] 식영정에 올라서

仙遊洞裏四仙遊　선유동에선 네 사선들이 놀았다는데,
人去洞空唯蒼樹　사람은 떠나가고 고을은 허전해 나무만 울창해라.
滄桑之變已成湖　세상은 이미 변하여 호수마저 생겼는데도,
二十題詠遺古樓　식영정 20영의 옛 노래 정자에 남아 전하구나.

• 식영정息影亭 : 담양군 남면 지곡리芝谷里 별뫼(성산星山) 마을의 산언덕에 있는 정자. 조선시대 명종 15년(1560)에 김성원이 장인 임억령의 휴식처로 창건했다는 누정으로 지방기념물 제1호로 지정되어 있다.
• 선유동仙遊洞 : 임억령을 중심으로 한 사선들이 선유하던 별뫼의 고을 이름.

73) 1991年10月19日 無等山下息影亭所懷也 行潭陽所在韓國歌辭文學館 而登息影亭 想起勝地古事矣 光州湖形成前(約20年前) 亭前白波流水誘惑騷客杖屨 然今無如此自然景觀 實感桑田碧海 使我詠懷古之情也 又得勾曰 昔聞閒雲頌 *今讚瑞石像* 輒想起星山四仙之吟瑞石閒雲 述懷如是也

• 사선四仙 : 네 신선. 당시 별뫼에서 신선처럼 지내며 시흥을 나누며 선유하던 임억령林億齡(1496~1568) · 김성원金成遠(1525~1597) · 고경명高敬命(1533~1592) · 정철鄭澈(1536~1593) 등 네 사람을 가리킴.

식영정 입구의 숲과 정자에 오르는 계단

• 창상지변滄桑之變 : 상전벽해桑田碧海. 뽕나무 밭이 변하여 푸른 바다가 된다는 뜻으로, 세상일의 변천이 심함을 비유.
• 이십제영二十題詠 : 식영정 주변의 원근 경치 20경景을 시제로 하여 지은 5언 절구絶句 20수를 가리킴. 당시 성산 4선과 송순宋純이 각각 〈식영정시십영〉을 제작하여 인구에 회자되어 왔다. 식영정에는 또한 임억령의 제영 20수를 쓴 편액이 걸려 있다.
• 제영題詠 : 제목을 붙여 시를 읊는 것. 또는 그 시.
• 고루古樓 : 옛 누정. 여기서는 식영정을 두고 이름.

瑞石山上雲出岫	서석산의 뜬구름 바위 구멍에서 솟아오르고,
樓下湖水鳥吐珠	정자 아래 호수의 물새 구슬을 토하듯 우짖노라.
詩中勝地古今頌	시 속의 이름난 승지 예나 지금이나 기려왔는데,
遺跡漸滅難堪愁	유적은 점점 자취를 감추어 걱정 감내키 어렵구나.

• 서석산瑞石山 : 식영정에서 멀리 바라보이는 무등산無等山의 별칭. 앞에 든 시〈문아무등산수問也無等山水〉의 주 참조.
• 누하호수樓下湖水 : 누정樓亭 아래에 있는 호수. 식영정 아래 널따랗게 펼쳐진 광주호를 가리킴. 주로 무등산의 서북부에 흐르는 물이 모아 형성된 호수로서 무등산의 원효계곡元曉溪谷과 연천계곡燕川溪谷, 그 아래에 흐르는 소쇄계瀟灑溪 · 창계滄溪 등의 물이 합류하여 이루어진 물.
• 시중승지詩中勝地 : 시 내용에서 칭송된 승지. 여기서는 〈식영정시십영〉에서 칭송된 식영정 주변의 명승 20경景을 두고 이름.
• 승지勝地 : 경치가 좋은 이름난 곳.
• 유적遺跡 : 유진遺塵. 옛 사람이 끼친 자취.

★ 淨谷頌[74] 정곡을 기리며

仁術淨福如泰山 인술과 정복이 태산과 같아,
心內谷風濟衆人 마음속 훈훈한 정 뭇 사람들 구제해주네.
鍾愛至誠施四海 사랑을 쌓는 지극한 정성 사해에 베풀어,
晩得鴻志期永振 만년에 누리는 큰 뜻 길이 떨치기를 기약하네.

- 정곡淨谷 : 전남대학교 의과대학 교수 윤종만尹鍾晩 박사의 호. 골짜기를 깨끗하게 해준다는 뜻을 담아, 인체 내면의 병을 깨끗하게 치료해주는 내과의內科醫의 직분을 연상할 수 있게 한 호, 또는 정복淨福·곡풍谷風의 약칭으로서 다의적 의미를 내포한 호로 해석할 수 있음.
- 인술仁術 : 사람을 살리는 어진 기술이라는 뜻으로 의술醫術을 이르는 말. 또는, 어진 덕을 베푸는 방법.
- 정복淨福 : 아주 조촐한 행복.
- 곡풍谷風 : 골바람. 골짜기로부터 산 위로 부는 바람. 또는 동풍東風. 만물을 길러내는 훈풍薰風.
- 종애鍾愛 : 종정鍾情. 따뜻한 사랑을 한쪽으로 모으는 것.
- 사해四海 : 온 세상.
- 홍지鴻志 : 대지大志. 마음에 품은 큰 뜻.
- 영진永振 : 길이 영원히 떨침.

---

74) 1992年5月1日 雅號推薦之辭也 全南大學校醫科大消化器內科尹鍾晩教授請我作自身之號 以是反映仁術·淨福·谷風之意而作號矣 乃取用尊名及雅號等四字 而製頌祝詩如此也

★ 遊覽船上[75] 충주호 유람선 위에서

舟遊滄波潭龜泳 창파 위에 선유하니 담구도 헤엄치듯 움직이고,
揮手望綠玉筍迎 손 흔들며 푸른 숲 바라보니 옥순도 환영하는 듯.
湖面爲樂來幾時 호면에서 갖는 즐거움 앞으로 또 몇 차례나 될꼬.
近景出沒遠水平 근경은 파도 속에 출렁이는데 멀리는 수평선이로다.

- 유람선遊覽船 : 유람객을 태우고 다니는 배. 여기서는 충청북도 충주호忠州湖에 띄워있는 유람선 충주호忠州湖를 두고 이름.
- 주유舟遊 : 선유船遊. 뱃놀이.
- 창파滄波 : 창랑滄浪. 큰 바다의 물결.
- 담구潭龜 : 깊은 연못에 사는 거북이란 뜻으로, 충주호 가에 위치한 명승지의 이름.
- 휘수揮手 : 손짓을 하여 어떠한 낌새를 느끼게 하는 것.
- 옥순玉筍 : 옥처럼 고운 죽순이라는 뜻으로 충주호 가에 위치한 명승지의 이름.

一望遠海達千里 한번 보아 난바다는 천리에 이르는데
眼前所視皆勝致 눈앞에 보이는 게 모두가 아름다운 경치로세.
忠州湖上得異觀 충주호 위에서 펼쳐진 색다른 경관들
年年想起百年記 해마다 평생의 기념으로 상기하리라.

- 원해遠海 : 난바다. 육지에서 멀리 떨어진 바다.
- 승치勝致 : 좋은 경치나 흥치.
- 이관異觀 : 색다른 경관. 또는 기이한 경관.
- 백년기百年記 : 오랜 기간의 기억. 또는 평생 동안의 기념.

---

75) 1992年6月18日 忠州湖上遊覽所懷也 全南大學校人文大國語國文學科與師範大國語教育科相助會教授一同 向忠清道兼嶺南一帶勝地踏查行 午後3時50分頃到着忠北忠州湖 搭乘忠州號而遊覽湖上 聽聞案內人解說 可得名勝由來 而探賞遐邇景致 則尤興味津津矣

★ 登鳥嶺[76] 문경 새재에 올라

嘗聞名勝今始登	예 듣던 명승지 오늘에야 비로소 올랐더니,
第三關門含笑迎	새재의 제3 관문이 웃음 머금고 환영을 하네.
兩峽樹林方綠波	양편 좌우 골짜기의 숲 한창 푸른 물결인데,
遠近奇峰爭先湧	원근의 기이한 봉우리들 앞 다투어 솟았구나.
淑氣乘雲悠悠來	자연의 맑은 기운 구름 타고 유유히 흘러드니,
百年不忘山勢壯	이는 평생 잊지 못할 웅장한 산세가 아닌가.
歸路回首終躑躅	귀로에 서선 뒤돌아보며 끝내는 발길 서성거림에,
翩翩野禽猶歡送	가볍게 나는 산새들 오히려 우리를 환송하는 듯.

- 조령鳥嶺 : 새재. 경상북도 문경시와 충청북도 괴산군 사이에 있는 고개. 높이 1,017m.
- 제삼관문第三關門 : 경상북도 문경 새재의 제3 관문인 조령관鳥嶺關을 두고 이름.
- 함소含笑 : 웃음을 머금는 것.
- 양협兩峽 : 양편의 산골.
- 숙기淑氣 : 자연의 맑은 기운.
- 유유悠悠 : 여유가 있고 태연함. 멀고 아득함.
- 척촉躑躅 : 보행이 머뭇거리는 모양. 제자리걸음함. (躑 : 머뭇거릴 척. 躅 : 자취 촉)
- 편편翩翩 : 나는 형세가 가볍고 날랜 모양.
- 야금野禽 : 들새. 야조野鳥. 산이나 들에서 사는 새.

---

76) 1992年6月19日 聞慶鳥嶺關探勝之懷也 學科相助會教授一行向忠淸道及嶺南一帶勝地踏查矣 昨日遊覽忠州湖 而今日午前10時20分到着慶北聞慶郡所在鳥嶺關 此地有馬牌・釜峰・第三關門等 是鳥嶺名所也 乃尋訪遺蹟地而下山路 則枝上山鳥歡送 不能禁探賞之懷矣 參照昨日作詩 〈遊覽船上〉

★ 登竹嶺[77] 죽령에 올라서

萬疊幽谷曲曲谾 만 겹의 깊은 골짜기 굽이굽이 길기만 하고,
千尋嶙峋嵎嵎聳 천 길의 산 층층으로 겹쳐 높게도 솟았구나.
足下湖水且淸漣 발아래 호수의 물 또한 맑고 잔잔한데,
竹嶺毅然峯峯景 죽령고개 의연하여 봉우리마다 절경이로다.

- 죽령竹嶺 : 경상북도 영주시 풍기읍과 충청북도 단양군 대덕면 경계에 있는 고개. 해발 689m.
- 유곡幽谷 : 궁곡窮谷. 그윽하고 깊은 산골짜기.
- 谾 : 골짜기가 깊고 긴 모양 홍.
- 천심千尋 : 매우 높거나 깊은 것을 이르는 말.
- 인순嶙峋 : 산의 층이 위엄 있게 솟아오른 모양. 또는 산이 겹쳐 깊숙한 모양. (嶙 : 산 비탈질 린. 峋 : 후미질 순)
- 우우嵎嵎 : 산이 겹쳐 높은 모양.
- 청련淸漣 : 물이 맑고 잔잔함.

遠近山色照顔爽 원근의 자연 경치 얼굴에 비추어 상쾌하고,
凉風消汗使身輕 서늘한 바람 땀을 식히어 온몸이 경쾌하구나.
竹竿嶺岑攀無碍 장대 같이 높은 고개도 오르는데 장애됨이 없으니,
勝地秘境旣移胸 승지의 비경 이미 가슴 속에 옮겨져 있기 때문이라.

- 산색山色 : 산의 빛. 산의 경치.
- 죽간竹竿 : 대나무 장대.
- 영잠嶺岑 : 산봉우리. 고개. 따라서 여기서의 죽간영잠은 죽령간잠竹嶺竿岑의 수사적 표현으로서 죽령竹嶺을 염두하고 이른 말이다.

---

77) 1992年6月19日 竹嶺勝地登陟之懷也 此嶺是慶北榮州市豊基邑與忠北丹陽郡大德面境界嶺 海拔 689m矣 今日午前學科相助會教授一行踏查慶北聞慶郡所在鳥嶺關 午後4時20分頃 乘車而過竹嶺也 平生始臨此名所 乃實感所聞上勝景矣 參照昨日作詩 〈忠州湖船上〉與今日作〈登鳥嶺〉

- 무애無碍 : 막히는 것이 없음.
- 비경秘境 : 신비스러운 경지. 남이 모르는 장소.

★ 豆滿江域探訪[78] 두만강 유역을 탐방하며

水流千里悠悠長 천리에 이르는 강물 유유히 흘러 길기도 하다.
砂原萬頃無際廣 널따란 만경의 모래벌판 끝없이 넓구나.
南客旅心託江鷗 남쪽 나그네의 마음 갈매기에 의탁해 맡겼더니,
眼前遠邇乃咸鏡 눈앞의 원근이 모두 거울처럼 보이는 함경도로다.

- 두만강豆滿江 : 우리나라의 북동부를 흐르는 강. 백두산에서 발원하여 동해로 흘러드는 강. 길이 521km.
- 강역江域 : 강 근처 지역.
- 탐방探訪 : 명승고적 따위의 실상을 알기 위해 찾는 것.
- 유유悠悠 : 여유가 있고 태연함. 멀고 아득함.
- 사원砂原 : 넓고 큰 모래 벌판.
- 만경萬頃 : 지면이나 수면이 아주 넓은 것을 이르는 말. (頃 : 면적의 단위로 밭100묘畝의 넓이)
- 여심旅心 : 여정旅情. 여행할 때 일어나는 마음의 회포.
- 강구江鷗 : 강에서 노는 갈매기.
- 원이遠邇 : 원근遠近. 하이遐邇. 먼 곳과 가까운 곳. 또는 그 곳의 사람.
- 함경咸鏡 : 함경도咸鏡道. 함경남도와 함경북도의 총칭. 함경은 지리적으로 우리나라의 북쪽에 위치한 함흥咸興과 경성鏡城의 머리글자를 딴 지명인데, 여기서는 눈앞의 경관 모두가 거울처럼 환히 바라보인다는 뜻을 함께 취한 시적 조사措辭이기도 함.

---

78) 1992年7月22日 豆滿江域回龍探訪之懷也 自中國延吉向琿春 午後12時半到着回龍村矣 午餐於敬信食堂 食後登回龍峯 臺下有豆滿江流 感慨無量以形言難也 遭逢村中故老 聽取當地景觀與情況 則平素日氣不順尤多砂風 實吐平素苦然今日順調且無江風 千載一遇之好期也 遐觀沙上灰臺若三角形禿陵 鄕民皆稱砂丘峯矣 江流悠長而染群青色 流域此岸竪中國烈士紀念碑 而彼岸有咸鏡道下汝坪 觀境有感多岐矣 參照當日作〈於中國回龍村〉4首

眺望砂丘似禿峯 멀리서 바라보는 모래언덕 흡사 민둥산이라.
數三又四或浮動 셋인 듯 넷인 듯 둥둥 떠서 움직이는 듯.
隨時江風竪造形 수시 부는 강바람에 흥미로운 조형 세워졌다니,
萬口話題豆滿景 많은 사람들의 화두는 이같은 두만강 경관이라네.

- 조망眺望 : 먼 곳을 바라보는 것. 또는 그 경치.
- 사구砂丘 : 해안 사막 등지에서 세찬 바람에 의해 운반 퇴적되어 이루어진 모래 언덕(砂山).
- 독봉禿峯 : 독산禿山(나무가 없어 헐벗은 산. 민둥산)의 봉우리.
- 부동浮動 : 떠서 움직이는 것.
- 조형造形 : 형태를 이루어 만드는 것. 또는, 만든 그 형태.
- 만구萬口 : 많은 사람의 입. 또는 많은 사람.
- 두만豆滿 : 두만강豆滿江의 약칭.

★ 於中國回龍村[79] 중국 회룡마을에서

身在探訪中國境 몸은 중국 국경지대에 탐방 중이러니,
幸得近接吾北疆 다행히 우리의 북쪽 땅도 근접하게 되었구나.
兩岸相距指呼間 양쪽의 강 언덕 지호지간으로 가깝다지만,
不能往來惜無量 마음대로 오갈 수가 없어 아쉽기 한이 없네.

- 회룡촌回龍村 : 중국 길림성吉林省의 훈춘시琿春市에 있는 마을 이름. 훈춘은 1920년에 일본군이 우리나라 교포 및 독립운동자들을 대량 학살한 지역으로, 역사상 훈춘사건으로 널리 알려진 곳임.
- 탐방探訪 : 명승고적 따위를 구경하기 위해 찾는 것.

---

79) 1992年7月22日 豆滿江域回龍探訪所懷也 自中國延吉向琿春 午後12時半到着回龍村矣 午餐後登回龍峯 臺下有豆滿江流 此是韓中境界流域也 感慨無量以作詩2首 參照當日作詩〈豆滿江域探訪〉 峯上有塔 鄕民稱革命烈士碑 紀念1931年9.18事變時吾族抗拒日帝侵略矣 1957年7月1日竪碑 碑面刻革命烈士永垂不朽之業 乃有感而作7言詩4首也

• 북강北疆 : 북경北境. 북쪽의 경계.
• 양안兩岸 : 강이나 하천 등의 양쪽 기슭. 양쪽 언덕. 여기서는 중국과 북한 사이를 흐르는 두만강 양쪽 강 언덕을 가리킴.
• 지호간指呼間 : 지호지간指呼之間. 손짓하여 부를 만한 사이라는 뜻으로 비교적 가까운 거리임을 가리키는 말.

村中細路通後壟 마을 안 좁은 길은 뒤의 언덕으로 통하여서,
峯上高塔欣然迎 봉오리 위 높은 탑이 흔연히 반기는구나.
立碑歲卽丁酉年 이곳에 비를 세운 해는 바로 정유년인데,
雖爲草草表意壯 비록 초라키는 하나 이에 담긴 뜻이 장하도다.

• 후롱後壟 : 뒤에 있는 언덕.
• 고탑高塔 : 높은 탑. 여기서는 회룡촌 마을 뒤에 있는 탑을 가리킴.
• 흔연欣然 : 기쁘거나 반가워 기분이 좋음.
• 입비立碑 : 비를 세우는 것.
• 정유년丁酉年 : 1957년.
• 초초草草 : 제대로 갖추지 못하여 초라함.

抗日精神字字銘 항일 정신이 글자마다 아로새겨 있어,
永世不忘烈士功 열사들의 공훈 영세토록 잊을 수 없네.
邂逅故老聽證言 뜻밖에 고로를 만나 실증하는 말 듣노라니,
歷然想起倭蠻行 왜인들의 만행이 역력히 상기되어라.

• 항일抗日 : 일본 제국주의에 대한 항거.
• 영세불망永世不忘 : 영원히 잊지 않음.
• 열사烈士 : 나라를 위하여 맨몸으로 저항하다가 죽음으로써 높은 지조를 나타낸 사람.
• 해후邂逅 : 뜻밖에 만나는 것. 우연히 만나는 것.
• 고로故老 : 고로古老. 경험이 많고 옛일을 많이 알고 있는 늙은이.
• 만행蠻行 : 야만스러운 행동.

爲國擧義萬姓頌　나라 위한 거의 온 백성들의 칭송이라,
清明秋夕祭英靈　청명과 추석 명절엔 영현들께 제를 드린다네.
後日與誰聞偉業　뒷날 누구에게서 위대한 일을 들을 수 있으리.
豆滿長久應實證　두만강만은 장구하여 사실을 응당 실증하리라.

- 거의擧義 : 의병을 일으키는 일.
- 만성萬姓 : 만민萬民. 온갖 성.
- 청명清明 : 만물이 맑은 陽氣가 되는 시기라는 뜻으로, 24절기의 하나. 춘분春分과 곡우穀雨 사이에 있어 양력으로 4월 5일 경에 해당함.
- 추석秋夕 : 가위. 중추中秋. 우리나라 명절의 하나. 음력 8월 15일.
- 영령英靈 : 영현英顯. 죽은 사람의 영혼에 대한 경칭.
- 두만豆滿 : 두만강의 약칭. 우리나라의 북동부를 흐르는 강. 백두산에서 발원하여 동해로 흘러 듦. 길이 521km.

★ 杭州西湖行[80)]　중국 항주의 서호에서

湖畔夜市黃金廛　호반의 저녁 시장은 황금의 전방이라,
大小列光縱橫爛　크고 작은 열 지은 불빛 종횡으로 화려하구나.
樹柯懸燈似百花　나뭇가지에 매단 전등은 온갖 꽃과 같고,
繡飾廣告如張緞　수처럼 꾸민 광고판 펼쳐놓은 비단이로다.
古來稱頌西湖景　예부터 서호 절경의 칭송 자자했으니,
今世遊客何吝讚　오늘의 유람객인들 어찌 그 찬미 인색하랴.
梅妻鶴子已陳迹　매처학자의 임포 유적 이미 묵은 자취 되었지만,
但慮山水失天然　다만 자연산수 천연함을 잃을까 염려로다.

---

80) 1992年8月14日 中國杭州西湖探訪之懷也 午後觀光中國杭州西方之西湖 此別稱錢塘湖或謂西子湖 古典中頻出風光名勝 念頭中國宋時代蘇軾與林逋故事而遊覽矣 同行中國延邊大林教授案內現地夜景 比較北京黃金夜市 則不可輕湖畔佳境也 雖不能踏林逋所隱居 而哀惜不已 然邂遇現地故老 探問古來遺蹟 乃周回周邊勝地以汲古洗心矣 遂夜深而留宿當市內宋城大飯店 繼續聯想今日探訪所懷 以作詩如此後就寢 將是爲平生紀念矣

• 항주杭州 : 중국 절강성浙江省의 성도省都. 성의 북부 전당강錢塘江 하구에 위치해 있음.
• 서호西湖 : 중국 절강성浙江省 항주시杭州市 서쪽에 있는 호수.
• 야시夜市 : 야시장夜市場. 밤장. 밤에 벌이는 시장.
• 황금전黃金廛 : 황금의 가게. 화려하고 으뜸가는 전방임을 비유적으로 이르는 말.
• 종횡縱橫 : 세로와 가로. 거침없이 또는 이리저리의 비유. 가로세로.
• 현등懸燈 : 등불을 높이매다는 일.
• 수식繡飾 : 비단 수를 놓아 곱게 꾸미는 것.
• 유객遊客 : 유람하고 다니는 사람.
• 매처학자梅妻鶴子 : 중국의 송宋나라 임포林逋가 서호西湖에 은둔하여 다만 매화와 학만을 두었다는 고사에서, 유유자적한 풍류생활을 비유하여 일컫는 말. 임포는 서호의 고산孤山에 은거할 곳을 마련하고, 처도 없이 혼자서 매화를 심고 학을 기르며, 20년 동안 밖에 나오지 않았다 하여 당시 사람들은 그를 두고 매처학자라고 칭하였다.
• 진적陳跡 : 지난날의 묵은 자취.

湖岸商街十里連　호수가 상점은 십리에 이어있고,
路店架燈數幾千　노점마다 가설한 전등 몇 천을 헤리라.
紅白華光映水中　홍백으로 화려한 불빛 호수에 비춰,
泛舟餘興尚無限　배 띄우고 노는 흥취 한이 없구나.
隨處遊人達宵樂　도처에 유인들 밤새도록 즐거워하되,
西湖處士何處隱　서호처사는 어디에 숨어버렸는고.
古今時俗如此異　고금의 풍속 이처럼 달라졌기에,
勝地遺蹟但湛然　승지의 유적만은 단지 묵중할 뿐.

• 호안湖岸 : 호수의 기슭.
• 화광華光 : 화려한 불빛. 또는, 그 광채.
• 범주泛舟 : 부주浮舟. 배를 물에 띄우는 것.
• 유인遊人 : 놀러 다니는 사람. 노는 사람.

- 달소達宵 : 달야達夜. 밤을 새우는 것.
- 서호처사西湖處士 : 중국 송나라의 소식이 서호에서 은거한 임포林逋를 두고 지칭한 임포의 별칭. 앞에 든 시의 주 '매처학자梅妻鶴子' 참조.
- 시속時俗 : 당시의 풍속.
- 유적遺蹟 : 유진遺塵. 옛 사람이 끼친 자취. 역사적인 일이 있었던 곳.
- 잠연湛然 : 침착하고 묵중함.

★ 望月出山[81] 월출산을 바라보며

天下奇巖形形峻	천하의 기이한 바위들 모양마다 빼어나서,
脫霧峯群曲曲新	안개 제치고 나온 봉우리들 굽이굽이 새로워라.
靈山氣像萬古譽	신령스런 산의 기상 만고에 기리려니,
造物神迹人世傳	조물주의 신비로운 자취 인간 세상에 전하구나.

영암 월출산

81) 1992年12月8日 靈岩月出山下所懷也 與文學碑建立同好會員 參與五恨朴成乾文學碑除幕式(第36次文學碑建立) 詩歌碑竪於靈巖郡鳩林里所在間竹亭矣 歸家時經由月出山下 暫想起孤山尹善道望月出山而作〈朝霧謠〉也 然今於午後瞻視高山 別無障碍 尤軟霧午前潛跡 以日氣快晴 可得遐邇山水 乃望月出山上奇巖異觀 以敍情卽詠矣

• 월출산月出山 : 전라남도 영암읍에서 바라보이는 산. 앞에 든 시〈월출산하月出山下〉의 주 참조.
• 기암奇巖 : 기이하게 생긴 바위.
• 곡곡曲曲 : 굴곡이 많은 산·내·길 따위의 굽이굽이.
• 만고萬古 : 오랜 세월을 통해 불변하거나 유례가 없음을 이르는 말.

王仁所遊何處崖　왕인이 노닐던 곳은 어느 언덕이던고.
嶙峋巖嶂悉仙臺　층층이 솟은 바위 봉우리들 모두 그의 선대로다.
欲聞古來偉績談　예부터 전해온 훌륭한 이야기를 듣고 싶어 하니,
靈峰含笑令人解　신령한 천왕봉 웃음을 짓고 우리를 깨우쳐주는 듯.

• 왕인王仁 : 우리나라 삼국시대에 백제百濟의 박사博士. 285년 일본의 응신應神의 초청으로 천자문과 논어 10권을 가지고 일본에 한학을 알리는 한편 천왕의 사부가 되었던 인물임. 세상에 전하기를 그는 월출산 아래 영암의 구림鳩林에 살았는데, 월출산에는 그의 생존시 유적이 도처에 전한다고 함.
• 崖 : 벼랑, 낭떠러지, 언덕 애.
• 인순嶙峋 : 산의 층이 위엄 있게 솟아오른 모양. 또는 산이 겹쳐 깊숙한 모양.
• 암장巖嶂 : 바위 봉우리.
• 선대仙臺 : 신선대神仙臺의 약칭. 신선이 노닐던 언덕.
• 영봉靈峰 : 신령스런 산봉우리. 여기서는 영암 월출산에서 제일 높다는 천왕봉天王峯을 두고 이름. 높이는 해발 808.7m.
• 함소含笑 : 웃음을 머금는 것.

제2부

(1993~2002) 상편

금강산 내금강

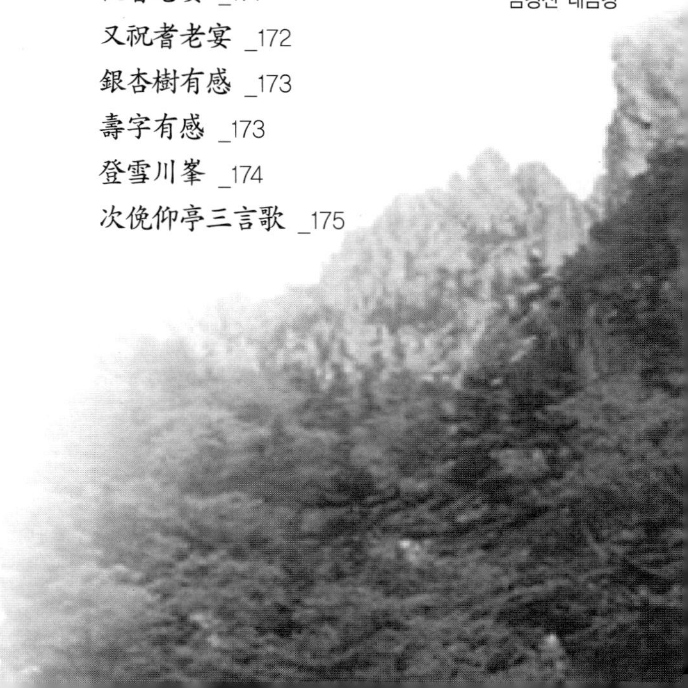

★ 恩師永訣[1] 은사를 영결하며

一掬鍤土積成封 한줌씩 떠놓는 삽의 흙 쌓이고 쌓여 봉해오니,
銜泣永別乃斷腸 울음 삼키는 영별의 아픔 곧장 장자를 끊는 듯.
歲寒凜烈師奚在 살을 에는 한겨울 추위에 선생님은 어찌 계실꼬.
唯祈安眠六尺堂[2] 여섯 자 깊이의 방이나마 부디 편히 잠드소서.

- 은사恩師 : 은부恩傅. 가르침의 은혜를 끼친 스승. 여기서는 전남대학교에서 근무하다가 작고하신 정익섭丁益燮 교수를 가리킴.
- 영결永訣 : 영이별. 죽은 사람과 산 사람이 영원히 이별하는 것.
- 일국一掬 : 한 움큼.
- 함읍銜泣 : 소리를 내지 않고 우는 것.
- 단장斷腸 : 몹시 슬퍼 창자가 끊어지는 듯함.
- 세한歲寒 : 매우 심한 한겨울의 추위.
- 늠렬凜烈 : 추위가 살을 에 듯함.
- 안면安眠 : 편안히 잠을 자는 것.

空山葬穴豈有生 쓸쓸한 산속 무덤에 어찌 생존이 있으랴 만은,
死以復活必靈永 그 영혼 죽음에서 부활하여 필연코 영원하리라.
此岸教學不可求 이승에서의 교학 이제는 다시 추구할 수 없구나.
門生煉禱登天堂 문생은 위령 기도로써 천당 오르시기만을 비노라.

- 공산空山 : 사람이 없는 쓸쓸한 산중
- 장혈葬穴 : 시체를 묻는 구덩이.

---

1) 1993年1月18日 恩師永訣之懷也 全南大學校名譽教授丁益燮博士作故 葬禮於忠清道博士之故鄕先山 與國語國文學科數教授同行葬地矣 1980年5月先生被選全南大學校教授協議會長 先導民主化運動 以此投獄苦生 至年末而當强制退任也 乃回顧恩師平素主張 以5言整理所懷如是 <u>寤寐求正義</u> <u>力唱民主權</u> <u>感天又動地</u> <u>焉忘熱念願</u> 參照當日作詩〈5月恩師訓〉

2) 聞忠淸道葬俗 云葬穴之深須六尺 實際現場觀之 其規模與南道異 穴深等人身長如六尺

• 부활復活 : 죽었다가 되살아나는 것. 소생蘇生. 한번 죽은 사람이 다시 살아난다는 신앙
• 교학敎學 : 교육과 학문. 또는, 가르치는 일과 배우는 일.
• 차안此岸 : 생사의 세계. 또는 이 세상.
• 문생門生 : 문하생門下生의 준말. 문하에서 배우는 제자. 문제자門弟子.
• 연도煉禱 : 위령 기도.
• 천당天堂 : 천국天國. 하느님이 영적으로 지배하는 은총과 축복의 나라.

★ 德山礫巖上[3] 덕산너덜의 바위 위에서

掃烟閑坐醉天籟 안개 쓸어 제치고 한가히 앉아 자연의 소리에 취했는데,
落照染空松間徊 지는 해 하늘을 물들이며 소나무 사이에서 서성거리네.
詩趣滿腔惜返路 시의 정취 가슴에 가득해 발길 돌리기는 아쉽지만,
謝禮山巖乘雲回 너덜겅 바위에게 고맙다하고 구름 타고 돌아올 수밖에.

• 덕산력德山礫 : 덕산너덜. 무등산의 토끼등과 바람재 사이 산로의 바로 위에 펼쳐진 너덜겅을 두고 이름. 너덜은 너덜겅의 약칭으로 돌이 많이 흩어져 덮인 비탈을 뜻함.[4]
• 천뢰天籟 : 천연·자연의 소리. 바람 소리·비 소리 따위.
• 낙조落照 : 석조夕照. 지는 햇빛.
• 시취詩趣 : 시적 취미.
• 만강滿腔 : 가슴·온몸에 꽉 차 있음.
• 반로返路 : 회로回路. 돌아오는 길.
• 사례謝禮 : 상대편에게 고마운 뜻을 나타내는 것.

---

3) 1993年4月8日 無等山德山礫(덕산너덜)山行中所懷也 午後登無等山兎峙(토끼등)擇德山礫上石徑而閒遊一巨巖上矣 可得天地籟 前面展開光州遠近市街地 大小建物尺吳寸楚也 西望夕照 不可不下山則林中紅顔惜相別矣

4) 덕산너덜을 德山礫이라 한 한자 표기는 성해응成海應(1760~1830)이 『동국명산기東國名山記』에서 瑞石山…山中以礫名者二 在證覺寺東北曰德山礫 山當久雨 多蟲蛇 獨此礫無之라 한 기록에 준한 것임.

★ 訪立石臺[5] 무등산의 입석대를 찾아서

午時纔到獐佛峙 낮 12시에야 겨우 무등산 장불재에 이르니,
登嶺悠悠近千米 오르는 고개 유유하여 해발 천 미터 가깝다네.
古記往有長佛寺 옛 기록엔 지난날 장불사가 있었다지만,
今上山脊草原耳 높다란 산마루 위에 지금은 초원뿐이로다.

무등산 입석대

- 입석대立石臺 : 무등산의 장불재를 거쳐 상봉에 오르기 전 높이 1,017m 지점에 줄줄이 열을 짓고 있는 절경의 돌기둥 군을 두고 이름. 천연기념물 465호.
- 장불치獐佛峙 : 『동국문헌비고東國文獻備考』에 전하는 무등산 장불재에 대한 한자 표기. 앞에 든 제1부 상편의 시 〈용추계곡산행龍湫溪谷山行〉의 주 참조.
- 유유悠悠 : 여유가 있고 태연함. 멀고 아득함.
- 장불사長佛寺 : 옛날 장불재에 있었다는 절 이름. 지금은 그 흔적도 찾기 어렵다.
  『동국여지승람東國輿地勝覽』에는 장불동長佛洞의 기록이 있고, 여기에 또 장불사가 생김으로 인해 이 고개 역시 장불치長佛峙라 이르게 되었다고 전한다.
- 산척山脊 : 산등성마루. 산마루. 산등성이의 가장 높은 곳.
- 초원草原 : 풀이 나 있는 넓은 들. 또는, 초본 식물을 주로 하는 식물 군락.

南望幽壑龍湫奇 남쪽 깊은 골짜기 바라보니 용추계곡이 기이하고,
東向靈巖立石祕 동쪽으론 신령스런 바위 선돌들이 신비롭구나.
峙與臺是指呼間 산마루와 입석대 사이 부르면 들릴만한 거리이나,

---

5) 1993年8月6日 無等山立石臺探勝之懷也 朝餐直後出發 而向無等山立石臺 來日是季節上立秋 伏炎未盡以暑氣如前矣 遂登獐佛峙(장불재) 四方卽別世界 實感無等山佳境 僅臨立石臺前面而仰視之 則感慨無量也 無不感得千古神秘 立石大觀聯想去80年5月學生像 毅然堂堂以不屈貌 因此唯願海不揚波矣 又仰天祝手假余琅玕才以述懷也

一息欲到決不易　단숨에 입석대에 이르기는 결코 쉽지 않도다.

- 유학幽壑 : 깊은 골짜기.
- 용추龍湫 : 용추계곡의 약칭. 무등산의 장불재로부터 남쪽으로 긴 골짜기를 따라 약 4km를 흘러내리는 계곡의 이름. 그 사이에 샘골·치마바위·용추폭포 등을 거쳐 광주시 동구 지원동池元洞 용연龍淵 부락 위에 있는 무등산 제2수원지에 이른다.
- 지호간指呼間 : 지호지간指呼之間. 손짓하여 부를 만한 가까운 거리.

造物精誠處處備　조물주의 정성 곳곳마다 갖추고 있어,
叢石臥巖箇箇謎　돌기둥과 누운 바위 하나하나가 수수께끼로세.
蒼然竪如龍宮柱　오래도록 예스럽게 서있는 모습 용궁의 기둥인가.
必是天匠揚神技　필시 하느님의 바치가 뛰어난 재주 부린 일이리라.
玉尺金繩隨意裁　소중한 옥척과 금승으로 마음대로 재단하였으되,
節理妙紋邃古綺　규칙적인 바위결과 묘한 무늬 태고 적 비단이로다.
矗爲香燭向空聳　우뚝한 촛대 형상은 하늘을 향해 솟아있으니,
敢不驚歎恭仰視　감히 경탄되어 삼가 우러러볼 수가 없구나.

- 조물造物 : 조물주의 준말. 우주의 만물을 만든 신. 조화옹造化翁.
- 총석叢石 : 총석돌. 많은 돌기둥의 선 모양이 장관임을 이름.
- 와암臥巖 : 누운 바위. 비스듬히 누워있는 모양으로 보이는 바위.
- 창연蒼然 : 빛깔이 오래되어 예스런 빛이 그윽함.
- 용궁龍宮 : 바다 속에 있다고 하는 용왕의 궁전.
- 천장天匠 : 하느님의 장인匠人.
- 신기神技 : 뛰어난 재주나 기술. 또는, 완성의 극치에 이른 기술.
- 장인匠人 : 바치. 주로 궁실이나 성곽 등을 짓는 목수.
- 옥척玉尺 : 옥으로 만든 자.
- 금승金繩 : 황금제의 승繩(먹줄 승).
- 수의隨意 : 자기 뜻대로 하는 것.

• 절리節理 : 암석에서 볼 수 있는 좀 규칙적인 결, 또는 갈라진 틈.
• 수고邃古 : 먼 옛날. 태고太古.
• 묘문妙紋 : 묘한 무늬.
• 향촉香燭 : 제사 때나 불공 때에 쓰는 향과 초.
• 앙시仰視 : 앙견仰見. 존경하는 마음으로 우러러보는 것.

流月熱天未伏地 음력 유월의 무더운 날씨 아직 수그러들지 않았지만,
立石雄勢壓暑氣 선돌의 웅장한 기세 더운 열기를 억누르네.
往者淨水生巖間 옛날엔 깨끗한 물이 바위틈에서 생겨났다는데,
獐飮盡否今難知 산 노루가 와서 마셔버렸는지 이젠 알기 어려워라.
誰云山高松下在 산은 높지만 소나무 아래 있다고 누가 일렀던고.
群巖嵎嵎最上置 많은 바위들 겹겹이 높이 솟아 맨 위에 놓여 있네.
心慮壯相因風變 속으로 씩씩한 모습 바람에 변할까 걱정되기도 해,
雖無祭壇合掌祈 제단은 없지만 하느님께 합장하여 안녕을 비노라.

• 유월流月 : 유두流頭가 있는 달이라는 뜻으로, 음력 6월의 별칭.
• 열천熱天 : 염천炎天. 더위가 심한 날씨.
• 복지伏地 : 땅 위에 엎드리는 것.
• 웅세雄勢 : 뛰어난 기세나 형세.
• 산고송하재山高松下在 : 산이 높다고 하나 소나무 아래에 있다는 뜻. 김삿갓(김립金笠)의 작시로 알려진 無等山高松下在 赤壁江深砂上流에서 이른 말임.
• 우우嵎嵎 : 산이 겹쳐서 높은 모양.
• 제단祭壇 : 제사를 지내는 단. 또는, 공물供物을 바치기 위하여 다른 곳과 구별한 성스러운 곳.
• 합장合掌 : 두 손바닥을 마주 합침. 마음의 한결같음을 나타냄.

柱狀列立奇且偉 기둥 모양으로 열 짓고 서있어 기이하고 거룩해라.
總爲巨壁使心迷 모두가 거대한 구슬 바위라 사람 마음 미혹케 하네.
若非大觀何謂雄 만약 뛰어난 경관이 아니라면 어찌 웅장하다 하랴.

巖石禮讚亦有以　바윗돌을 예찬함은 역시 까닭이 있기 때문,
風霜雨露已目睹　풍상우로를 이미 다 보고 겪었지만,
黙黙毅然恒神異　묵묵하고 의연하니 항상 신비롭고 기이하여라.
千年壽骨將長存　천년토록 오래 살 골상이라 장차 길이 남으리니,
不必輕薄過貪嗜　경박하게 탐내어 너무 즐길 것만은 아니로세.
人生莫及山川常　인생은 변함없는 산천의 떳떳함엔 미칠 수 없으니,
欲模自然幾可期　자연 닮고자한들 그 얼마나 기대할 수 있으랴.

- 주상柱狀 : 기둥 모양.
- 열립列立 : 여럿이 죽 벌여 서는 것.
- 거벽巨壁 : 썩 큰 구슬.
- 대관大觀 : 볼만한 굉장한 경관景觀. 장관壯觀.
- 예찬禮讚 : 훌륭한 것, 좋은 것, 아름다운 것을 높이고 기리는 것.
- 유이有以 : 까닭이 있음. 이유가 있음.
- 풍상風霜 : 바람과 서리. 많이 겪은 세상의 고난이나 고통.
- 우로雨露 : 비와 이슬. 우로에 의해 만물이 자라난다는 데서, 큰 은혜를 말함.
- 목도目睹 : 목견目見. 눈으로 보는 것.
- 묵묵黙黙 : 말이 없이 잠잠함.
- 의연毅然 : 의지가 굳세어서 끄떡없음.
- 신이神異 : 신기하고 이상함.
- 수골壽骨 : 오래 살 골상骨相.
- 탐기貪嗜 : 탐내어 즐기는 일.
- 가기可期 : 기대하거나 기약할만한 것.

遠山落日照面離　먼 산에 지는 해 얼굴에 비치며 떠나가는데,
歸路天籟尙在耳　돌아가는 길엔 천연 자연의 소리만이 귀에 쟁쟁.
須法立石萬古訓　만고에 전할 입석대의 가르침 본받아야 할진대,
如此長舌或留恥　이같은 장설 혹여 부끄러움만 남길까 싶구나.

• 낙일落日 : 납일納日. 낙영落影. 지는 해.
• 귀로歸路 : 귀정歸程. 귀도歸途. 돌아가거나 돌아오는 길.
• 천뢰天籟 : 천연 · 자연의 소리. 바람 소리 · 비 소리 따위.
• 장설長舌 : 말이 많음.
• 만고훈萬古訓 : 만고에 전할 가르침.

★ 尋春感興[6] 봄나들이의 감흥

櫻間鶴步幽興起 벚나무 사이 천천히 걷노라니 그윽한 흥취요,
仰視頭上千絲枝 머리 위를 쳐다보니 천 갈래 꽃나무 가지로다.
往者芝山謂仙洞 예로부터 지산동은 신선 사는 산골이라 일렀는데,
別有芳園隔俗地 특별히 꽃동산을 이루어 속세와는 멀어 있구나.

• 심춘尋春 : 봄을 찾는 것.
• 학보鶴步 : 학과 같이 천천히 걸음.
• 유흥幽興 : 그윽한 흥취.
• 천사千絲 : 천사만루千絲萬縷의 약칭. 피륙을 짜는 데에 온갖 가는 실의 올.
• 왕자往者 : 지난번. 지난날.
• 지산芝山 : 광주광역시 동구 지산동을 가리킴.
• 선동仙洞 : 선원仙院. 신선이 산다는 산골. 여기서는 무등산 자락의 장원봉壯元峯(해발 386m) 아래 무등산관광호텔의 주변에 형성된 지산유원지를 가리킴. 예로부터 선적동仙跡洞이라 불러오던 곳임.
• 방원芳園 : 화원花園. 꽃을 심은 동산.
• 속지俗地 : 속계俗界. 세속의 사람이 살고 있는 현실 세계.

蜂蝶作隊追蕊菲 봉접은 떼를 지어 꽃향기를 좇아 들고,
乘機行人興不已 봄나들이 나온 길손 그 흥치 그지없네.

---

6) 1995年4月5日 無等山下芝山遊園地春興也 自古仙迹洞是芝山洞中首村 遊園地形成其周圍矣 無等山莊前有大櫻園 芳樹茂盛以櫻花滿發 賞春客不絶 我亦其中一人 冒落花以遊步也

有時瓣片風飛落　때에 따라 꽃잎이 바람에 휘날려 떨어진들,
探春醉客不必悲　구경하는 취객들이여 애달파 할 것만은 아니로세.

- 봉접蜂蝶 : 벌과 나비.
- 예비蕊菲 : 꽃술에서 풍기는 향기.
- 승기乘機 : 기회를 타는 것.
- 판편瓣片 : 꽃잎 조각들.
- 풍비風飛 : 바람을 타고 흩날리는 것.
- 탐춘探春 : 봄의 경치를 찾아다니며 구경하는 것.
- 취객醉客 : 술에 취한 사람. 이 시에서는 벚꽃이 한창인 그 경치에 취함을 비유.

★ 振威將軍追念[7] 진위장군을 추념하며

寶平戰談遺家家　보평산의 전쟁 이야기 집집마다 끼쳐 전하는데,
倡義烈傳尤膾炙　의병 일으킨 열사의 전기 더욱 널리 오르내리네.
將軍振威抗兇倭　장군은 위세 떨치며 흉측한 왜적에게 항거하였거늘,
對日論事奚輕史　일본과 과거사 논하는데 어찌 사실을 가벼이 하랴.

- 진위장군振威將軍 : 조선시대 정4품 무관의 벼슬. 정유재란丁酉再亂 때에 의병장으로서 활동하였던 박제朴悌(1547~1620, 무안 박씨 17세) 선조께서 진위장군에 하사되었음.(『무안박씨 무안파보務安朴氏務安派譜』 권1, 27쪽 참조)
- 추념追念 : 지나간 일을 돌이켜 생각하는 것. 또는,

경모재(진위장군 휘 제의 재실)

---

7) 1999年9月23日 務安寶平山下振威將軍戰史追懷也 仲秋前日 與妻同伴參拜妻家山所(務安邑高節里所在) 前望當地寶平山 想起12代祖內外位抗倭偉業矣 回顧歷史上丁酉再亂時抗日戰 則史實略傳『務安朴氏務安派譜』卷1第27頁也 又依全羅南道編『名所地名由來誌』不能禁其感懷無窮 敍懷以追頌先祖遺芳矣 參照當日作詩〈宋氏先祖妣追頌〉

죽은 사람을 생각하는 것.

- 보평寶平 : 보평산의 약칭. 노령산맥蘆嶺山脈에서 이어진 감방산坎坊山 동쪽에 위치한 마지막 산봉우리. 해발 200m. 즉, 전라남도 무안읍 고절리高節里에 있는 산 이름. 조선시대 정유재란 때에 박제 장군께서 쳐들어오는 왜군倭軍과 싸웠던 격전지임.
- 보평전담寶平戰談 : 정유재란 때에 우리 의병들이 무안의 보평산에서 왜적과 싸웠던 전쟁 이야기. 즉, 박제 장군께서 송박宋珀・박간朴侃・박신朴信 등과 함께 의병을 모아 이곳에 주둔하고 있으면서 쳐들어오는 왜군과 싸웠던 이야기.
- 창의倡義 : 국난을 당하여 의병을 일으키는 것.
- 열전烈傳 : 열사의 전기.
- 회자膾炙 : 널리 상찬되어 사람의 입에 오르내리는 것.
- 흉왜兇倭 : 우리나라에 쳐들어온 흉악한 왜적倭敵.

★ 宋氏先祖妣追頌[8] 송씨 할머니를 추송하며

寶平淑氣使人頌 보평산 맑은 기운 사람들로 하여 칭송케 하네.
高節邨前旌閭亭 고절 마을 앞엔 조비의 공적을 기린 정려정이로다.
立慬挺節抗凶賊 죽음으로써 정절을 지키시며 흉측한 왜적을 막았으니,
永世不忘其遺芳 후세에 남긴 그 꽃다운 명예 길이 잊지 못하리라

- 송씨 선조비宋氏先祖妣 : 진위장군振威將軍 박제朴悌(1547~1620)선조의 부인. 정유재란丁酉再亂 당시 장군께서 왜적과 보평산 싸움에서 위태롭게 되자 몸소 적을 가로막다가 수모를 당하여 순절하신 선조비先祖妣. 그 후 나라에서는 그 고절高節을 기리어 정려문旌閭門을 세우고 표창하였음.

---

8) 1999年9月23日 務安寶平山下宋氏先祖妣義行追懷也 朝鮮時代丁酉再亂時 倭敵侵攻於務安寶平山 先祖妣宋氏奉仕吾義兵食事侍從矣 輒聞倭賊包圍我軍而欲救出夫君以防禦中 倭賊侵身之際 自決以殉節矣 國家稱頌萬古節行 以旌閭表彰也 所謂高節之洞名者由來於是 洞里入口之旌閭閣亦以此緣由者 則實感銘之事 焉以輕紀念乎 參照當日作詩〈振威將軍追念〉脚註.

충렬부 송씨 부인 정려

- 조비祖妣 : 죽은 할머니.
- 추송追頌 : 죽은 이의 공적이나 착한 행동을 칭송하는 것.
- 보평寶平 : 보평산의 약칭. 앞에 든 시 〈진위장군추송振威將軍追念〉의 주 참조.
- 고절高節 : 고개高槪. 고상한 절개. 여기서는 송씨 부인께서 왜병의 희롱에 분개하여 자결함으로써 세운 고상한 절개를 표방하여 붙여진 마을 이름, 즉 무안군 무안읍 고절리에 있는 마을을 두고 이름.
- 정려旌閭 : 충신 · 효자 · 열녀 등을 그 동내에 정문旌門을 세워 표창하는 것.
- 정려정旌閭亭 : 당시 나라에서 송씨 부인을 표창한 정문의 정자. 무안읍 보평산 아래 고절리 마을의 입구에 세워 있음.
- 입근立慬 : 절개를 위해 죽는 것.
- 정절挺節 : 절개를 굳게 세우고 굽히지 않는 것.
- 흉적凶賊 : 흉측한 적군. 나라에 쳐들어온 흉악한 왜적倭敵을 가리킴.
- 유방遺芳 : 유방流芳. 꽃다운 명예를 후세에 남김. 또는 그 명예.

★ 白蓮池蓮花頌[9] 백련지의 연꽃을 기리며

中通外直本是性 중통외직은 연 본래의 특성이요,
香遠益清又特長 멀면 멀수록 향기가 청아함도 그 특장이라네.
萬花勿事誇妖艷 온갖 꽃들이여 요염만의 자랑을 일삼지 마오.
誰貶蓮之君子風 연의 군자다운 풍미를 그 누가 깎아보랴.

- 백련지白蓮池 : 전라남도 무안군 일로면一老面에 있는 연 방죽을 말함.

---

9) 2000年6月12日 一老白蓮池探訪所懷也 與妻探訪務安郡一老面 郡造成十萬坪大蓮池 所謂務安白蓮池矣 每年推進白蓮祝祭 已周知全國的名所 好事者無不至也 乃想起濂溪作〈愛蓮說〉 其稱蓮曰中通外直香遠益清也 今再發見蓮之屬性 奚否認濂溪所言蓮之出於泥而不染 濯清漣而不妖乎

- 백련白蓮 : 백거白蕖. 흰 연꽃.
- 중통외직中通外直 : 가운데는 구멍이 터져 있고, 밖은 곧게 뻗어 굽히지 않은 연蓮 줄기를 형용한 말. 군자의 마음이 넓고 행동이 단정함을 비유.
- 특장特長 : 특색特色. 특별히 뛰어난 장점.
- 요염妖艶 : 사람을 호릴 만큼 매우 아름다움.
- 군자君子 : 학식이 높고 어진 사람.

★ 金剛山紀行[10)]

1) 到平昌[11)] 평창에 이르러

千尋聳峯兀兀奇　천길 높은 봉우리들 우뚝 솟아 기이하고,
萬疊幽谷曲曲異　층층의 깊은 골짜기 굽이굽이 유별하구나.
平昌江水何處來　평창의 강물 어디에서 흘러오는고.
時時想像靈山氣　신령스런 금강산의 기세 시시로 상상되어라.

---

10) 2000年9月30日 金剛山紀行所懷也 與妻向江原道金剛山 金云在氏(琦世父親)夫婦同伴觀光行 旅行團一行乘觀光車 午前8時出發光州驛也 我今初行金剛山 所謂韓國代表的名山行 平素擧名金剛則依例口誦一萬二千峯 兼以愛誦鄭澈(1536~1593)作〈關東別曲〉矣 此卽以金剛山紀行歌辭稱頌國文學上傑作 余亦暗誦句句節節 然未見實相而唯想像耳 回顧其間吾韓國之政勢 則南北斷絶已久也 尤1950年六二五戰爭以後完全不通 奚以無念頭在北金剛山之旅行矣 今僥倖推進南北間交流相談 許容金剛山旅行 不可虛送千載一遇之好機會 乃就金剛紀行也 從案內者以探勝要地 嚴守所定期間以取歸路 不能脫惜情 是亦千萬多幸之所得也 歸家後整理旅行時所作35首 總164句1.124言矣 從來金剛山紀行詩中有李珥(1536~1584)所作〈楓岳行〉 總六百句三千言 可謂大作矣 中國北宋人蘇軾(1036~1101) 嘗稱頌金剛山曰 願生高麗國 一見金剛山 朗吟此句之際 余對應之而作詩如此曰 我是槿域存 寤寐描大觀 古稀一年前 始見金剛顔 此時感懷錯雜而無窮 不可勝言耳

11) 2000年9月30日 金剛山接近所懷也 午後2時半頃吾等觀光車當到江原道平昌 東海港(金剛山遊覽船出港地)到着前暫時休憩於此矣 乃臨平昌江流之勝區 萬感交着也 平生初有之金剛名勝行 遐望高山深谷 豫感金剛名勝餘流矣 又斟酌數分後乘船金剛號 則自此始作余之本格的金剛山探勝 不能抑歡呼聲 而亂發心中所懷 草7言詩一首如此也

- 평창平昌 : 강원도 평창군의 한 읍邑.
- 천심千尋 : 매우 높거나 깊은 것을 이르는 말.
- 용봉聳峯 : 우뚝 솟은 산봉우리.
- 올올兀兀 : 솟은 모양이 우뚝함.
- 만첩萬疊 : 만중萬重. 썩 많은 여러 겹.
- 유곡幽谷 : 그윽하고 깊은 산골.
- 곡곡曲曲 : 굴곡이 많은 산이나 내, 또는 길 따위의 굽이굽이.
- 평창강平昌江 : 오대산 남서 계방산桂芳山에서 발원하여 평창·영월을 거쳐 한강에 합류하는 강. 직선 길이 60km를 220km로 곡류하는 강으로 유명함.
- 영산靈山 : 신령스러운 산. 여기서는 금강산을 이름.
- 산기山氣 : 씩씩하고도 빼어난 산의 기세.

2) 金剛號船上[12] 금강호의 배 위에서

託身舟船向北疆 배에 몸을 싣고 북녘 땅을 향하는데,
落影照臨賀壯行 지는 해 붉게 비춰 장한 행차 축하하는 듯.
國土分斷半世紀 국토의 분단 반세기가 넘는 긴긴 세월이라,
感懷滿腔計無量 가슴에 가득 이는 감회 걷잡을 수 없어라.

- 금강호金剛號 : 남한의 금강산 여행단을 싣고 북한에 있는 금강산을 왕래하는 금강산 유람선의 이름.
- 탁신託身 : 남에게 몸을 의탁하는 것.
- 북강北疆 : 북경北境. 북쪽의 변경.
- 조림照臨 : 해나 달이 위에서 내리비침.

---

12) 2000年9月30日 金剛號船上所懷也 與妻向江原道金剛山觀光 我國旅行何要出入國審查 然不可避之 午後4時30分到着乘船所 畢旅行節次兼稅關檢查 遂乘船金剛山行金剛號 出發東海港而向以北長箭港矣 午後6時50分取船上夕食 被配定4層548號船室 所懷萬感而就寢不能寐 夜半徘徊船上 三更以後歸室矣 古時中國晉陶潛 登東皐以舒嘯 臨淸流以賦詩 則今我航大海 胡無有感乎 遂連作7言詩4首也 然都是不能判斷經由地 注文津東草巨津等東海邊巨邑名所何處在乎 唯欲問耳 不可解夜中航海之理由矣 輾轉反側中卯時起床也

• 장행壯行 : 장한 뜻을 품고 먼 길을 떠나는 것.
• 반세기半世紀 : 세기의 절반. 곧, 50년. 1945년 8월 15일 일제의 식민지 정책에서 벗어나 광복을 맞이한 우리나라는 자유 민주주의와 공산주의 이념으로 대립하여 국토는 38선을 경계로 남북으로 분단하게 되었는데, 그로부터 지금까지의 반세기를 가리킨다.
• 낙영落影 : 지는 해. 낙일落日. 납일納日.
• 만강滿腔 : 가슴·온몸에 꽉 차 있음.
• 무량無量 : 헤아릴 수 없는 것.

中夜航進茫茫海 망망대해에 두둥실 떠서 한밤중의 항해로다.
遠水連空無天際 저 멀리 바닷물은 하늘에 이어져 끝이 없네.
蓬萊那裏船着地 배가 닿을 곳은 봉래산 어디쯤인고.
恰似宇宙探險勢 흡사 우주를 해매며 탐험하는 형세로세.

• 중야中夜 : 한밤중
• 망망茫茫 : 넓고 멀어서 아득함.
• 천제天際 : 천말天末. 하늘의 끝.
• 봉래蓬萊 : 봉래산의 약칭. 중국 전설에서 이르는 삼신산三神山의 하나인데, 우리나라에서는 봄철의 금강산을 이렇게 이르기도 함.
• 나리那裏 : 어느 곳. 하처何處.
• 우주宇宙 : 대기권 외의 공간. 온갖 사물을 포괄하는 공간.
• 탐험探險 : 위험을 무릅쓰고 미지의 세계로 들어가 살피고 조사하는 것.

癸方遠近纔可想 북방의 원근이야 겨우 짐작할 수 있으련만,
山川觀景都不能 그리운 산천의 경치 구경은 아예 불가능해라.
乘夜就航必有以 어둠 타고 항해함은 반드시 까닭이 있으려니,
何時拂拭理念爭 어느 때에나 남북의 이념 싸움 씻어 버릴 건고.

• 계방癸方 : 24방위의 하나. 정북에서 동으로 15도 되는 쪽을 중심으로 한 좌우 15도 각 도의 안.

• 승야乘夜 : 밤중을 이용하는 것.
• 불식拂拭 : 씻어 버림. 말끔히 떨어 없애버리는 일.

漁火延緣千里海 어선의 등불인가 천리 밖 바다에서 서성거리네.
疑是扶桑東浮來 혹시 동쪽 바다에서 떠오는 해가 아닌지.
分明夜業射熒熒 반짝반짝 비추는 불빛 분명 야간작업인 듯해,
要問江水答難待 강물에게 묻고자 하나 대답일랑 기대할 수 없네.

• 어화漁火 : 어선漁船에 켜는 등불이나 횃불.
• 연연延緣 : 머뭇거려 나아가지 않음. 나아가지 않고 오래 머물음.
• 부상扶桑 : 중국의 전설에, 해가 뜨는 곳에 있다는 신성한 나무. 또는 그 나무가 있는 곳. 흔히 해의 상징으로 쓰임.
• 형형熒熒 : 빛이 연하여 반짝거리고 있는 모양.

3) 過仰止臺[13] 앙지대를 지나며

四圍屛山多奇峰 사방으로 둘러선 병풍산 기이한 봉우리도 많아,
巨搋石物誇神功 깎아 만든 거대한 석물들 영묘한 솜씨 자랑이네.
前面懸崖若飛天 앞에 솟아있는 낭떠러지 마치 하늘을 나는 듯,
後接絶壁自地聳 뒤에 접한 절벽은 또 땅에서 솟았구나.
仰止臺名從此命 앙지대라 한 그 이름 이로 인한 명명인가.
裸身立像畵中景 알몸의 선돌 형상은 그림 속의 경치로다.
欲逢達士與之論 세상의 달사를 만나면 그 신비 논하고도 싶은데,

13) 2000年10月1日 仰止臺勝景所懷也 午前7時後金剛號着長箭港 吾旅行團下船後搭乘觀光車 而向九龍瀑布行路矣 9時45分下車於溫井閣(江原道淮陽郡長楊面溫井里所在) 左便有看板 書9字曰천하제일명산 금강산 又有12字看板曰가는길 험난해도 웃으며 가자 10時頃再乘車 向九龍瀑布 約50分後至玉流洞溪谷仰止臺也 玉流潭上遠景有玉女峰對毘盧峯 難拂拭兩峯之秋波 得句曰 玉流潭谷白水飛 峯毘峰巒紅葉恥 不知中醉前後勝致 再描出8行之句也

廣巖臥迎先託情　너럭바위가 누워서 맞이하며 먼저 정을 주는구나.

관광 편의를 도모해주는 금강산 관광차

- 앙지仰止 : 우러러 사모함. 우러러봄.
- 사위四圍 : 사방의 둘레.
- 병산屛山 : 병풍산의 약칭. 병풍처럼 사방에 둘러있는 산.
- 거창巨刱 : 규모 등이 엄청나게 큼.
- 신공神功 : 신령과 같은 영묘한 공적.
- 현애懸崖 : 낭떠러지.
- 입상立像 : 서있는 모습의 형상. 서있는 바위의 모습, 즉 입석을 두고 이름.
- 달사達士 : 사물의 이치에 통달하여 구애됨이 없는 사람.
- 탁정託情 : 정을 붙이는 것.

4) 仰止橋上[14]　앙지교 다리 위에서

瑤池溢濫紛霏洚　넘쳐흐르는 요지의 물 어지럽게 날려 떨어지고,
澗壑漪漣如縷長　골짝의 잔잔한 물결 실처럼 이어져 길기만 해라.
紅葉浮水杳然去　붉은 낙엽은 물 위에 떠서 저 멀리 떠내려가고,
無限山情乘流漲　한없는 산의 정취 흐르는 물위에 넘치는구나.
橋底清淵似明鏡　다리 밑에 깨끗한 연못 흡사 맑은 거울이라 할까.
物象寫之都映像　자연의 갖가지 모습이 비추어 아름다운 영상이로다.
天然石泓更誘我　천연의 돌 웅덩이의 물은 다시 나를 유혹할세,
造化神術尤感銘　조물주의 신기한 술법 더더욱 감명되어라.

---

14) 2000年10月1日 仰止橋上勝致所懷也 至仰止橋則勝致漸益佳境 周圍物象總脫塵垢 橋下止水如明鏡 衝動欲飮水 自以爲訪問仙園瑤池矣 暫時後從水畔路以出發 溪流與丹楓歡送之也 乃表明謝意 作句如此 水面倒影同件隨 落葉流水歡送嘔 參照當日作詩 〈過仰止臺〉

- 요지瑤池 : 중국 곤륜산崑崙山에 있다는 못. 중국 주周 나라의 목왕穆王이 서왕모西王母를 만났다는 이야기로 유명하다. 여기서는 아름다운 못, 신선이 사는 곳을 비유함.
- 분비紛霏 : 어지럽게 날리거나 떨어지는 것.
- 간학澗壑 : 산골물이 흐르는 골짜기.
- 의련漪漣 : 잔잔한 물결.
- 영상映像 : 영상影像. 광선의 굴절이나 반사에 의해 물체의 상이 비추어진 것.
- 석홍石泓 : 돌이 움푹 파져 물이 고인 물. (泓 : 깊을, 웅덩이 홍)
- 신술神術 : 매우 뛰어난 재주. 신기한 술법.

5) 訪玉流洞[15] 옥류동을 찾아서

天女雲錦直下垂 하늘의 직녀성이 비단옷을 내리 폈는지,
靈地九龍吐珍珠[16] 영지의 아홉용이 아름다운 구슬을 토해내는 듯.
側耳鳴聲只玲瓏 울리는 소리 귀 기울이면 금옥 쏟아지는 소리뿐이라,
玉流得名因此由 옥류계 그 이름도 이로 인한 부름이로다.

- 천녀天女 : 직녀성織女星. 천손天孫.
- 직녀성織女星 : 북쪽 하늘에서 빛나며, 칠석날에 은하수 건너 견우성牽牛星과 만난다는 전설의 별.
- 운금雲錦 : 본래 아침 안개를 이르는 말인데, 여기서는 아름다운 비단옷을 뜻하는 운금상雲錦裳의 약칭으로 인용한 시구임.

---

15) 2000年10月1日 玉流洞玉流溪所懷也 午前11時30分到着外金剛所在第7休憩所 卽玉流洞矣 連而踏査玉流溪及玉流潭 則最上流是所謂金剛山中最大形之九龍瀑布也 且舞鳳瀑布與飛鳳瀑布亦形成其間 皆發源于毘盧峯與玉女峯下之者 而其名聲是世界的也 今至玉流溪 觀遠近勝景 則感歎不已矣

16) 九龍瀑在江原道金剛山溫井洞西方二十里 卽玉流溪上流之瀑布也 新羅時崔致遠得句曰 千丈白練 萬斛眞珠 又有朝鮮時代宋時烈書曰 怒瀑中瀉 使人眩轉 巖壁有彌勒佛三字 是於1918年海崗金圭鎭(1868~1933)書 書幅13.6m其高19m 末字尾劃長13m 此與九龍淵深同 到處巖壁見古今刻字 不調和于自然 勝景毁損多傷處而遺憾不已

금강산 구룡폭포 아래에서

- 영지靈地 : 신령스러운 땅.
- 구룡九龍 : 구룡폭九龍瀑에서 연유한 말임. 구룡폭은 강원도 금강산 온정리溫井里 서쪽 8km 지점, 옥류계玉流溪의 최상류에 있는 폭포로서, 높이는 최고 50m에 이르고, 금강산의 가장 큰 폭포다.
- 영롱玲瓏 : 금옥이 울리는 소리가 맑고 산뜻함.
- 옥류玉流 : 옥류계玉流溪의 약칭. 외금강外金剛의 계곡. 옥녀봉玉女峯(높이 1.424m)과 비로봉毘盧峯(높이 1.638m)사이에서 발원하는 신계천神溪川의 상류는 구룡연九龍淵 · 무봉폭舞鳳瀑 등의 절승을 이루고, 다시 옥류동의 절경을 이룬다.

君不知乎天上漢 그대는 아지 못하겠는가 하늘의 은하수를,
誰汲瀉於玉流淵[17] 그 누가 이곳 옥류담에 쏟아 부었는고.
牽牛織女相逢河 견우와 직녀도 서로 만나는 곳이라는데,
豈難望于南北間[18] 남북간에는 어찌 이 만남조차 바라기 어려운고.

금강산 옥류담

- 천상한天上漢 : 천한天漢 즉 은하銀河를 말함. 천구상에 남북으로 길게 분포되어 있는 수억의 항성의 무리. 맑은 날 밤에 흰 구름처럼 보임.
- 옥류연玉流淵 : 옥류계玉流溪. 외금강外金剛에 있는 계곡. 옥녀봉과 비로봉 사이에서 발원하는 신계천神溪川의 상류. 구룡연九龍淵 · 무봉폭舞鳳瀑 등의 절승을 이루고, 다시 옥류동의 절경을 이루며 내리는 물.
- 견우牽牛 : 독수리자리의 수성(首星)의 이름. 칠

17) 玉流淵卽玉流溪上玉流潭也 發源於玉女峰與毘盧峰間 玉流溪上流又有九龍淵飛鳳巖等 潭幅630m其深6m 上有長瀑58m 形勝各有異 感歎不可已矣
18) 南北間稱南韓與北韓 兩便分斷已半世紀 故希願國土統一而取此句

석(七夕)에 은하수를 건너 직녀성과 만난다는 전설로 유명.

• 남북간南北間 : 남한과 북한 사이.

天孫方織玉流綾 직녀성이 한창 아름다운 비단을 짜노라니,
毘盧峯顔羞之紅 비로봉은 이에 부끄러워 얼굴 붉히며 타오르네.
清溪洗心此快事 맑은 시냇물로 마음을 후련히 씻는 이 쾌사를
歸後題詩與誰詠 집에 돌아가 시에 담는다면 뉘와 함께 읊어볼꼬.

• 천손天孫 : 직녀성織女星. 앞에 든 시의 주 '견우牽牛' 참조.
• 옥류릉玉流綾 : 옥류연의 물을 아름다운 비단으로 형용하여 이르는 말. 앞에 든 시의 주 '옥류연玉流淵' 참조.
• 비로봉毘盧峯 : 금강산에서 가장 장관을 이룬다는 최고봉. 높이 1,638m.
• 제시題詩 : 제목을 붙여 시를 짓는 것.

6) 到舞臺巖[19] 무대암에 이르러

攀登出汗泚泚沫 기어오르다가 흘린 땀 축축이 낯을 씻었지만,
溪流玎玲造次灑 구슬 굴리는 시냇물 소리에 잠간 사이 시원해라.
世尊峯下盼天花 세존봉 아래에선 높다란 천화대 바라보고,
舞臺巖上聞瀑籟 널찍한 무대암 위에선 우렁찬 폭포소리를 듣네.
仙女惑溺潭水浴 선녀도 정신 홀딱 팔려 맑은 물에 몸 씻고 있으려니,
廣巖何處脫衣曬 넓은 바위 어느 곳엔 벗은 옷 말리고 있으리라.
欲留數日靜觀景 며칠 더 머물러 이 승경 고요히 구경하고도 싶은데,
歸路有限難堪懷 돌아갈 길 유한하여 아쉬운 회포 감당키 어렵구나.

---

19) 2000年10月1日 玉流洞舞臺巖上所懷也 舞臺巖稱玉流洞中廣長之大花崗臥巖一種巨盤巖矣 於此軍艦巖上可見臥瀑 又天花臺可觀 此稱世尊峯天花臺 巖條若天花以命名 於玉流潭上高遠可望此巖丘也

• 반등攀登 : 산, 특히 암벽이나 빙벽 등을 기어오르는 것.
• 자자泚泚 : 땀이 많이 난 모양, (泚 : 땀 축축이 날 자)
• 沬 : 낯 씻을 회.
• 정령玎玲 : 구슬소리의 형용. (玎 : 옥소리 정. 玲 : 옥소리 령)
• 조차造次 : 조차간造次間의 준말. 오래지 않은 동안. 아주 갑작스러운 때.
• 세존봉世尊峯 : 강원도 고성군에 있는 외금강外金剛의 한 봉우리. 높이 1,122m.
• 천화天花 : 하늘에서 내리는 꽃이라는 뜻으로, 눈(雪)을 일컫는 말. 여기서는 천화대天花臺를 가리킴.
• 혹닉惑溺 : 홀딱 반하여 아주 빠지는 것.
• 정관靜觀 : 환경의 변화에 흔들리지 않고 조용히 사물을 관찰하는 것.

7) 危岩攀登[20] 금강산의 높은 바윗길을 기어오르며

十七棧道若懸空 열일곱의 험한 잔도 아스라이 공중에 매달린 듯.
三百階段必須經 이곳 삼백 계단은 반드시 거쳐야 한다네.
幸有磐石踞危巖 다행히 반석이 있어 높다란 바위에 걸터앉고 보니,
崗上八潭蓋可望 산 위의 상팔담도 거의 다 볼 수 있구나.
歡呼一聲能動天 환호하는 한소리로도 먼 하늘 울릴 수 있으련만,
或驚上帝午睡夢 혹시 옥황상재 즐기는 낮잠의 꿈을 깰까도 싶어라.
隔地巉巖莫輕嘆 저 멀리 높다란 바위만 보고 가벼이 차탄하지 마오.
金剛行處皆仙境 금강산은 가는 곳마다 속세 털어버린 선경이라네.

• 위암危巖 : 깎아지른 듯이 절벽을 이룬 높은 바위.
• 반등攀登 : 등반登攀. 산, 특히 암벽이나 빙벽 등을 기어오르는 것.

---

20) 2000年10月1日 金剛山棧道行所懷也 午後1時向玉女峯下上八潭矣 登上須經鐵製棧道十七 各棧道上設鐵板階段 其數近三百 固列擧如下也 第一是12・第二是9・第三是5・第四是14又20・第五是15・第六是5・第七是11・第八是15・第九是12・第十是17・第十一是24・第十二是26・第十三是27・第十四是28・第十五是17・第十六是25・第十七是26. 以上總298階段也 如是盡力登陟 欲問天門何處在 而無應答矣 然自負遠塵衢以尋別天地 而心身痛快無限耳

- 잔도棧道 : 잔각棧閣. 험한 벼랑 같은 곳에 선반을 매듯이 하여 만든 길.
- 현공懸空 : 가공架空. 공중에 걸치는 것.
- 반석磐石 : 큰 암석. 넓고 편편하게 된 큰 돌. (磐 : 반석 반. 너럭바위 반.)
- 팔담八潭 : 외금강 명승 중의 팔담. 여기서는 상팔담上八潭을 두고 이름.
- 환호歡呼 : 기쁘거나 감격하여 부르짖는 것.
- 상제上帝 : 하느님.
- 오수午睡 : 낮잠.
- 격지隔地 : 멀리 떨어진 곳.
- 참암巉巖 : 바위가 높고 위태함. (巉 : 높을, 가파를 참.)
- 선경仙境 : 경치가 신비스럽고 그윽한 곳.

위암 정상에 올라

8) 於上八潭[21) 상팔담에서

潭卽獐兎飮水沼 노루와 토끼 물 마시러 다니던 연못이런가.
疑是鹿羊投影所 사슴과 양들이 오가며 그림자 드리운 곳이리라.
仙女新沐何處游 선녀들은 새로이 목욕을 하고 어디서 놀았을까.
想像眩亂終自笑 갖가지 상상이 헛갈려 끝내 절로 웃음 짓노라.

- 장토獐兎 : 노루와 토끼.
- 신목新沐 : 새로이 머리를 감음. 또는, 목욕하는 것.
- 현란眩亂 : 정신이 헛갈려 어수선 함.

---

21) 2000年10月1日 外金剛上八潭所懷也 午後2時30分達于玉女峯下上八潭 此類似於玉流潭之勝致 與觀客耽惑而盤桓矣 乃自九龍淵十三m有之 其高海拔880m 自古傳來謂仙女洗頭之沼 或稱玉女洗頭盆 今得見形勝之懷 平生不忘之快事也 遂下區域內駐車場 有表示各處距離之標識板 案內如下 金剛門710m・玉流潭600m・連珠潭300m・上八潭513m・飛龍瀑布360m矣

登高望遠有淨源　높이 올라 멀리 보니 깨끗한 수원水源이라.
水景如琰難形言　물빛은 푸른 비취색인가, 말로 다 형언키 어려워라.
流作纖手貫連珠　물줄기 예쁜 손처럼 연이은 구슬을 꿰고 있는 듯,
泓變八龍盤深淵　웅덩이는 여덟용이 되어 깊은 물에 서려 있구나.
丹楓爭艶映沼紅　단풍은 예쁨을 다투며 물에 비춰 한창 붉히는데,
翠微浮雲出岫閑　먼 산 중허리엔 뜬구름 한가로이 바위틈을 드나드네.
山靈造形致精妙　산신령의 그 솜씨 정묘함을 다했는가,
幸哉實已進清眞　다행이로세. 이미 속세를 벗어 청진에 나아갔도다.

- 염琰 : 비취옥. 청석青石.
- 섬수纖手 : 가냘프고 연한 손.
- 泓 : 웅덩이. 소. (泓 : 물 깊을, 물 맑을 홍)
- 팔룡八龍 : 팔담八潭으로 연유해서 취한 시구임.
- 심연深淵 : 물이 깊은 소沼.
- 취미翠微 : 산의 중허리. 또는 먼 산에 엷게 낀 푸른 빛깔의 기운. 산 기운이 푸르러서 아롱아롱하게 보이는 빛.
- 산령山靈 : 산신령山神靈. 산을 수호하는 신령.
- 조형造形 : 형태를 이루어 만드는 것.
- 정묘精妙 : 극히 섬세하고 교묘함.
- 청진淸眞 : 속俗을 떠나서 있는 그대로의 모양, 맑아서 끝이 없는 것.

9) 過觀音連峰[22] 관음연봉을 지나며

崇巖壯且嚴　높이 솟은 바위 장하고도 엄하여라.
觀音現偉容　관음봉은 그 위용의 자랑이구나.

22) 2000年10月2日 金剛山觀音連峰上所懷也 午前9時乘車 而向萬物相 經由觀音峯・觀音瀑布・六花巖等 爲始峰巒 而盤岩與青松皆可觀也 觀音本是觀世音菩薩之略稱 故假想必有緣矣 又觀音連峰有三段階區分 例示各巖高 則上觀音1137m 中觀音875m 下觀音453m也

璞玉連連結　옥 덩어리는 연달아 이어있고,
青松落落長　푸른 소나무 축축 늘어져 자랐도다.
綠葉盤上羞　녹엽은 바로 밥상 위에 올릴 음식인가.
上中下設床　상·중·하로 봉우리마다 차려 있네.
未聞大悲誦　부처님의 자비로운 칭송 듣지는 못했지만,
無非幻想景　모두 환상적 경관 아닌 것이 없어라.

• 연봉連峰 : 이어져 있는 산봉우리.
• 숭암崇巖 : 높은 바위
• 관음觀音 : 관세음보살의 약칭, 보살의 하나.
• 위용偉容 : 훌륭하고 뛰어난 용모나 모습.
• 박옥璞玉 : 아직 쪼거나 갈지 않은 옥. (璞 : 옥 덩어리 박)
• 낙락落落 : 노송의 가지가 축축 늘어지다.
• 대비大悲 : 중생의 고통을 가볍게 여겨 구제하려는 부처의 큰 자비.
• 환상경幻想景 : 환상적 경관. 기가 막히게 좋은 경관.

10) 觀音巖上[23) 관음암 위에서

層層列立金剛松　층층이 열 지었나, 금강산 소나무여 !
凜然常青障塵風　당당히도 늘 푸르러 속세의 진풍을 막는구나.
楓嶽樹景兼紅綠　풍악산의 나무 경치는 홍록을 겸했으니,
觀音珍羞備仙方　관음암의 경치는 신선의 방술까지 갖추었네.

• 열립列立 : 여럿이 죽 벌여 서는 것.
• 금강송金剛松 : 금강산의 소나무를 가리킴
• 늠연凜然 : 위엄 있고 당당함.

---

23) 2000年10月2日 金剛山觀音岩上松也 過觀音連峰中 暫登大盤巖矣 金剛山景隨處示滿山紅綠宴 到臨此則岩邊綠松隆盛 而歡迎吾一行 感慨無量矣 參照當日之作詩 〈過觀音連峰〉

• 진풍塵風 : 먼지 섞인 바람.
• 풍악楓嶽 : 풍악산楓嶽山의 준말. 금강산의 가을철 별칭.
• 관음觀音 : 관세음보살의 약칭, 여기서는 관음암을 두고 이름.
• 진수珍羞 : 진귀한 음식이나, 가장 맛좋은 음식. 여기서는 자연 경치의 비유임.
• 선방仙方 : 신선의 방술.

11) 萬物相[24] 금강산의 만물상

大小咸殊狀　크고 작은 모양들이 한결같이 유다른데,
巑峰似鋸齒　연이은 봉우리는 흡사 톱니로다.
造物形象化　조물주가 이루어낸 예술적 형상화인가,
萬相如是奇　만물상의 갖가지 이처럼 기이하기만 해라.

금강산 만물상

• 만물상萬物相 : 금강산에 있는 갖가지 모양을 한 바위산을 일컫는 말.
• 수상殊狀 : 유다른 모양. 기이한 형상.
• 찬봉巑峰 : 연달아 있는 산봉우리. (巑 : 산이 연달아 있는 모양 찬)
• 거치鋸齒 : 거아鋸牙. 톱니.
• 형상화形象化 : 형체로는 분명히 나타나 있지 않은 것을 어떠한 방법이나 매체를 통하여 구체적인 형상으로 나타내는 것. 특

24) 2000年10月2日 金剛山萬物相所懷也 午前10時出發萬相亭駐車場 依觀光案內 萬物相道程有三仙巖·鬼面巖·折斧巖·安心臺·望洋臺·忘杖泉·天仙臺等矣 10時55分乃臨高處 眺望萬物相大壯觀 實感吾國土之壯美 不能禁感激歎矣 遂成就平生所願中第一 誰怨誰咎乎 乃至於溫井里20里地點 一時魅惑勢至峯(海拔1,041m)與五峰山(海拔1,264m)間群峰之勢 何無衝擊乎 便有感而得句如是 群峰雲集總施威 萬岳造形皆具美 昔者栗谷李珥作〈楓岳行〉今選佳句而列擧則 一萬二千峯 極目皆淸淨, 突兀撑靑空 遠望已可喜, 山靈意何如 示我物之初, 或尖若劍鋒 或長若走蛇 或短若臥獸 眼前萬物相之實狀亦如此 我乃不能不述懷連作如是矣

히 어떤 소재를 예술적으로 재창조하는 것.

• 만상萬相 : 갖가지 모양. 만물상萬物相을 의미함.

衆巒爭參天　수많은 봉우리들 다투듯 높이 솟아,
欲告人世疵　인간 세상의 잘못을 하느님께 여쭈려는 듯.
萬狀兀兀容　온갖 형상을 짓고 우뚝 선 바위들이여,
已知億劫事　세상의 오랜 일들을 이미 다 알고 있겠구나.

• 중만衆巒 : 많은 산보우리.
• 참천參天 : 공중으로 높이 솟아 늘어서는 것.
• 올올兀兀 : 솟은 모양이 우뚝함.
• 억겁億劫 : 무한히 긴 오랜 세상 또는 세월.

尖利乃義槍　뾰쪽한 그 모양 의기 넘치는 창이로다.
何時逐不正　어느 때나 이 세상의 부정 내쫓을 수 있을련고.
擧之能斷邪　쳐들어 휘두르면 사악함을 능히 끊을 수 있으리니,
所企人共榮　오직 바라는 바는 인류의 공영이라오.

• 첨리尖利 : 첨예尖銳. 날카롭고 뾰쪽함.
• 공영共榮 : 서로 함께 번영하는 것.

柱狀節理盤古相　기둥 모양에 결이 있는 바위들 태고 적 형상이요,
橫陣矗矗氣堂堂　횡렬로 우뚝 서서 그 기상 당당도 해라.
雄雄彷佛凱旋兵　위세 등등함은 개선병과도 방불하니,
千軍萬馬總出動　그 많은 천군만마 총 출동이로구나.

• 주상柱狀 : 기둥 모양.
• 절리節理 : 암석에서 볼 수 있는 좀 규칙적인 결, 또는 갈라진 틈.
• 반고盤古 : 중국의 전설에 나오는 천지개벽 후의 첫 임금. 아주 먼 옛날,

즉 태고太古를 뜻함.

- 횡진橫陣 : 진형陣形을 횡렬로 취하는 것.
- 촉촉矗矗 : 산봉우리 따위가 우뚝함.
- 웅웅雄雄 : 위세가 등등한 모양.
- 개선병凱旋兵 : 싸움에서 이기고 돌아오는 위세 당당한 병사.
- 천군만마千軍萬馬 : 많은 군사와 말.

叢石喁喁仰空聳 바위기둥들 우우하여 하늘 우러르며 솟았는데,
疑似魚鳥乃金剛 물고기인가 새인가, 바로 단단한 금강이구나.
類類同形合掌貌 동류들 끼리 형상을 같이해 함께 합장하는 모습,
面面有異萬留相 얼굴마다 달라서 모두가 날날이 만물상이로다.
亭亭政似蓮花蕾 우뚝 솟아 있어 정작 연꽃 봉오리인 듯,
黙黙鄭重參禪僧 입 다문 정중한 몸가짐 참선하는 스님이 아닌가.
峰自爲燭奉祈禱 봉오리마다 절로 촛불 되어 하느님께 기도들이니,
天下彌漫靈山精 천하에 가득차 있노라, 신령스런 금강산 정기.

- 총석叢石 : 총석돌. 많은 돌기둥의 선 모양이 장관임을 이름.
- 웅웅喁喁 : 고기가 입을 쳐들고 우물거리는 모양. 전하여 중인衆人이 추앙하는 모양을 이름. (喁 : 고기 입으로 우물거릴, 고기 입 쳐들 웅)
- 앙천仰天 : 앙공仰空 : 하늘을 우러러 보는 것.
- 어조魚鳥 : 물고기와 새. 또는 어류와 조류.
- 유유類類 : 같은 무리.
- 합장合掌 : 두 손바닥을 마주 합침. 마음의 한결같음을 나타냄.
- 만류萬留 : 만물萬物.
- 정정亭亭 : 솟은 모양이 우뚝함.
- 연화뢰蓮花蕾 : 연꽃 봉오리. (蕾 :꽃봉오리, 꽃잎 방긋할 뢰)
- 정중鄭重 : 점잖고 엄숙함.
- 참선參禪 : 좌선坐禪하여 선禪을 닦는 것.
- 미만彌漫 : 널리 가득 차 그득함
- 영산靈山 : 신령스러운 산. 시에서는 금강산을 두고 이름.

12) 望洋臺有感[25] 망양대에서의 유감

氛祲滿海千里連 짙은 안개 온 바다에 가득 천리에 이어있어,
天際水平不能分 하늘 끝인가 수평선인가 분간할 수 없구나.
海上騎鯨何許處 해상에서의 유람은 어디쯤에서 이루어지는고.
望洋客心端有恨 대양을 바라보는 나그네 마음 한스럽기만 해라.

- 망양대望洋臺 : 경상북도 울진군 기성면箕城面 해안에 있는 정자. 관동팔경關東八景의 하나.
- 분침氛祲 : 해매海霾. 바다에 낀 짙은 안개.
- 기경 騎鯨 : 고래에 올라탄다는 뜻으로 해상에서 노니는 것을 말함. 중국 당나라의 시인 이백李白은 스스로 기경객騎鯨客이라 칭하였다고 함.

平生始圖此海面 평생 처음으로 이 곳 바다 찾기를 꾀하였건만,
風輪好事浮黑雲 풍륜이 일벌이기 좋아하여 검은 구름까지 띄웠구나.
天文地理皆有以 하늘의 현상이나 땅의 이치 모두 까닭이 있는지라,
輒認人間得時難 문득 깨우쳐지네, 인간 역시 득시란 쉽지 않은 걸.

- 풍륜風輪 : 풍신風神. 풍백風伯. 바람을 주관하는 신.
- 호사好事 : 일을 벌이기를 좋아하는 것.
- 천문天文 : 천체에 일어나는 모든 현상.
- 지리地理 : 지구상의 기후·생물·산과 강·도시·교통·주민·산업 따위 상태.
- 득시得時 : 좋은 기회를 얻는 것.

---

25) 2000年10月2日 金剛山望洋臺上所懷也 12時正午 至望洋臺頂上 想像朝鮮朝宣祖時鄭澈所作〈關東別曲〉 不知中暗誦下辭說矣 天根을 못내보아 望洋亭의 올은말이 바다밧근 하날이니 하날밧근 므어신고 갓득 怒한고래 뉘라셔 놀래관대 블거니 뿜거니 어지러이 구난디고 銀山을 것거내여 六合의 나리난닷 五月長天의 白雪은 므스일고(出典「松江歌辭」) 乃展望茫茫大海 期待如上之大壯觀矣 然今望洋眞可惜 意外黑雲浮起 難分海上萬狀 不能禁失望 實可憎事 傷心充溢以難勘當也 遺憾未已轉換姿勢 則臺下萬壑備山水之佳麗 使我感動以述懷 終以安定旅心 自省輕妄而鎭靜矣

回首俯瞰有珍景 고개 돌려 내려다보니 진귀한 경치로다.
迺覺造化無盡藏 마침내 대자연의 이치 무궁무진함을 깨닫노라.
足下萬壑皆眼前 발끝 아래 골짜기 모두가 눈앞에 펼쳐진 진경이라.
過猶不及終自省 당초의 아쉬움은 과유불급인가, 마침내 뉘우쳐지네.

- 부감俯瞰 : 부시俯視. 높은 데서 내려다보는 것.
- 진경珍景 : 진귀한 경치.
- 조화造化 : 만물을 창조하고 기르는 대자연의 이치. 또는 천지우주를 말함.
- 만학萬壑 : 첩첩이 겹쳐진 많은 골짜기.
- 과유불급過猶不及 : 정도를 지나치면 미치지 못한 것과 같음.
- 자성自省 : 스스로 반성하는 것.

13) 登天仙臺[26] 천선대에 올라

千里無際能觀遐 끝없는 천리이런가, 멀리까지 바라볼 수 있는데,
萬峰堵列眼直下 수많은 봉우리들 바로 눈 아래 늘어서 있네.
可謂地上第一景 그 빼어난 경치 지상의 으뜸이라 이르리니,
驚歎不已乃自呀 탄식 마지못해 입이 절로 벌려지는구나.

- 천선대天仙臺 : 외금강에 있는 석대石臺, 높이는 해발 936m.
- 도열堵列 : 많은 사람이 축 늘어서는 것. 또는 그 늘어선 대열.
- 呀 : 경탄하는 말, 입 딱 벌려질 하.
- 경탄驚歎 : 놀라 탄식하는 것.

山上屛壁總施威 둘러있는 산위의 옥돌 모두가 위엄을 떨치는데,
如刃似燭乃揷矢 칼날인가 촉대인가 바로 꽂아놓은 화살이구나.

26) 2000年10月2日 金剛山天仙臺上所懷也 午後1時到着天仙臺(海拔936m) 有第6休息標識板 判讀山中名所矣 吾想像天仙臺是天上神仙之所居而降臨於石臺必有事緣 而欲逢之 然不知何處在 但發見處處有仙蹟 沒頭探索其所好處 而都是不無神妙且奇異耳 參照當日作詩 〈萬物相〉

耽溺探勝怕氣盡　그 경치 즐겨 빠졌다간 기진해질까 두렵기는 하나,
可想天仙深藏秘　깊이 간직한 천선대의 비밀 가히 알만하여라.

- 시위施威 : 위엄을 베풀어 떨치는 것.
- 탐닉耽溺 : 어떤 일을 몹시 즐겨서 거기에 빠지는 것.
- 탐승探勝 : 경치가 좋은 곳을 찾아다니는 것.
- 천선天仙 : 하늘 위에 산다는 신선. 여기서는 천선대의 약칭으로서 어휘 본래의 뜻을 내포한 중의적인 표현구임.
- 심장深藏 : 물건을 깊이 감추어 두는 것.

懸崖雙臼誰所穿　낭떠러지의 한 쌍 절구는 그 누가 파놓았는고.
玉女紅粉香猶殘　옥녀가 남긴 화장 향기 아직도 남아 풍기는 듯.
峯臺若許俗人足　자연의 봉대 만약 속인의 발자취 허용해 준다면,
與爾同歡欲留隱　즐거움 같이하며 그들과 머물러 은거하고 싶어라.

- 현애懸崖 : 낭떠러지.
- 옥녀玉女 : 마음과 몸이 옥같이 깨끗한 여자. 또는 선녀仙女.
- 홍분紅粉 : 연지와 분. 또는 화장化粧.
- 봉대峰臺 : 산봉우리와 자연의 언덕.

14) 三仙巖[27] 삼선암 앞에서

如刀似矢峯疑視　칼날인가 살촉인가 봉우리 같지 아니하다.
銳者只是天縱指　그 예리함은 하늘이 끼쳐준 손끝이구나.

27) 2000年10月2日 三仙巖前所懷也 探勝金剛山望洋臺・天仙臺・安心臺等 午後2時歸路再到三仙巖 乃切感其眞景而感歎不已 以是不能抑興感而作時調3首 今又依此再作7言詩如是 則其內容亦與時調大同小異矣 參考例示時調1首如下 樓臺인가 촛대인가 바위라고 일렀던가.／조물주의 뽐낸 솜씨 楓岳에도 남겼구나.／三仙아 네 秋波만큼이나 下山길이 설렌다. 參照當日作詩〈三仙巖丹楓〉及〈鬼面巖〉等脚註

呀呀神秘鍊妙術　아! 신비로움은 뛰어난 묘술을 다졌는가,
欲究玄牝安得之　오묘한 현빈의 도 캐묻고자한들 어이 알리오.

- 삼선암三仙巖 : 금강산에 있는 삼선대의 바위.
- 의시疑視 : 의심스러운 눈으로 보는 것.
- 예자銳者 : 칼날처럼 날카롭게 솟은 산봉우리를 두고 이름.
- 천종天縱 : 하늘에서 준 덕을 갖춤, 또는 그 성격.
- 하하呀呀 : 입을 벌리는 모양. 웃음소리. (呀 : 입 딱 벌릴, 경탄하는 말 하)
- 묘술妙術 : 교묘한 꾀. 뛰어난 술법.
- 현빈玄牝 : 만물을 탄생하는 도道. 玄은 그 작동이 미묘하고 오묘함을 뜻하고, 牝은 암컷이 새끼를 낳듯이 도道가 만물을 들어냄을 뜻함.

三仙秋衣紅綠鮮　삼선 너의 갈옷 울긋불긋 깨끗하다.
萬年神秘請一言　억만년 쌓은 신비 한마디만 일러다오.
昇天好機因此忘　승천할 좋은 기회 이로 인해 잊었는가.
楓岳山情且誘引　풍악산의 정취에 또 유인 당했구나.

- 추의秋衣 : 가을철에 입는 옷.
- 홍록紅綠 : 홍색과 녹색. 붉음과 푸름.
- 신비神秘 : 사람의 힘이나 지혜로는 도저히 이해할 수 없는 신묘한 비밀. 또는, 보통의 인식과 이론을 초월한 일.
- 승천昇天 : 등천登天. 상천上天. 어천御天. 하늘에 오르는 것.
- 풍악楓嶽 : 풍악산楓嶽山의 준말. 금강산의 가을철 별칭.

如樓似燭謂巖難　누대인지 촛대인지 바위라 하긴 어려워라.
造物手巧楓岳殘　조물주의 빼어난 솜씨 풍악에 남겼구나.
三仙秋波不忍洗　삼선아 너의 추파 차마 씻을 수가 없어
下山客程唯盤桓　나그네의 하산 길 오직 머뭇거릴 뿐이로세.

- 조물造物 : 조물주의 준말. 우주의 만물을 만든 신. 조화옹造化翁.

- 수교手巧 : 손재주.
- 추파秋波 : 가을철의 잔잔하고 맑은 물결. 또는, 여자의 맑고 고운 눈길.
- 객정客程 : 나그네길. 여행을 하는 길.
- 반환盤桓 : 머뭇거리며 그 자리를 멀리 떠나지 않는 것.

15) 三仙巖丹楓[28] 삼선암의 단풍

丹葉錦楓勝春芸 붉은 잎 고운 단풍 봄철 꽃보다도 아름다워라.
三仙因此忘上天 신선들은 이로 인해 하늘 돌아가기조차 잊었는가.
神妙又奇筆難得 신묘하고 기이하여 글로 다 담아내기 어렵지만,
莫使詩客情自盡 시 즐기는 나그네로 하여 그 정 자진하게만은 마오.

- 금풍錦楓 : 비단같이 고운 단풍.
- 춘운春芸 : 봄에 한창 피는 고운 꽃. (芸 : 향풀 운, 꽃 성할 운)
- 삼선三仙 : 세 신선. 경치 좋은 삼선대로 연유해서 취한 시구임.
- 난득難得 : 얻기 어려움.
- 자진自盡 : 저절로 다 없어지는 것.

16) 鬼面巖[29] 귀면암

屹立仰天聳 깎아 세운 바위 하늘을 우러러 우뚝 하구나.
怪貌惑衆人 그 괴상한 모양은 뭇사람들을 홀리게 하네.

---

28) 2000年10月2日 金剛山三仙巖丹楓所懷也 午後2時歸路再到三仙巖 探勝佳境 而先作時調3首 尤丹楓佳麗於人造彩色緋緞 切感自然神秘無窮無盡 參考例示 時調3首中1首如下 參照當日作詩〈萬物相〉及南畊時調漢譯中〈三仙巖〉 울긋불긋 물들었다 三仙의 갈옷인가./楓岳에 정이 겨워 昇天 말미 잊었구나./억만년 갈무리한 神秘 한마디만 일러라.

29) 2000年10月2日 金剛山鬼面岩所懷也 其間探訪觀音岩・萬物相・望洋臺・天仙臺・三仙巖等而歸路臨鬼面岩 暫分析其名稱之表意 則所謂守護金剛名勝之者也 料量岩名之義 而讚揚偉容 以當付其役表明下山之惜情矣 參照當日作詩〈萬物相〉

誰稱鬼面相 그 누가 칭하여 귀신의 상이라 하였던고.
可謂大將軍 가히 이르건대 의젓한 대장군이어라.
外像自然奇 바깥 모양은 자연스럽게 기묘하기만 하고,
內臟千年堅 그 속은 천년 버틸 견고함으로 채웠다는구나.
尊嚴不知屈 존엄하여 헛되이 굽힐 줄을 모른다 하니,
志士警世訓 세상 깨우치는 지사의 가르침이로다.

금강산의 귀면암

- 흘립屹立 : 깎아지른 듯 높이 솟아 있음.
- 앙천仰天 : 하늘을 우러러 보는 것.
- 괴상怪狀 : 이상하고 묘한 모양.
- 귀면鬼面 : 귀신의 얼굴.
- 대장군大將軍 : 큰 장승을 염두하여 천하대장군天下大將軍의 약칭으로 취한 어구임.
- 천년견千年堅 : 천년이나 오랜 세월을 버틸 견고함.
- 지사志士 : 국가사회를 위해 제 몸을 바쳐 일하려는 드높은 뜻을 가진 사람.
- 경세警世 : 세상 사람을 깨우치는 것.

17) 下山之際[30] 금강산을 내려오면서

金剛一萬二千姿 금강산은 일만 이천 봉의 자태이러니,
萬古名勝長膾炙 만고명승의 예찬 길이길이 회자되리라.
東坡復生遊此邦 소동파 다시 태어나 이곳에 유람한다면,
何言頌之今山河 지금의 산하를 무어라고 칭송하리.

30) 2000年10月2日 金剛山紀行歸路之際也 午後6時畢金剛山登攀之後 下山中尙有觀景餘興矣 中國北宋文人蘇軾嘗有詩句曰 願生高麗國云云 今再想起也 況出生于韓國而受統制此地往來 尤恨我國南北分斷 何時企待國土統一之大事耶 今名山遊覽是千萬多幸 而奚以抑祖國統一之念願乎 撰述金剛山紀行詩之際 錯雜心情自然流露矣 參照〈金剛山紀行〉序頭脚註

類似類異每奇觀 같고 다른 대로 모두 각각 기이한 경관이니,
天下絶景讚不辭 천하의 뛰어난 절경 극찬을 사양치 않으리라.
那時南北自往來 어느 때에 남한과 북한 자유롭게 왕래하게 되면,
應圖共同品評事 명승을 품평하는 일 응당 공동으로 꾀해야 하리.

- 만고萬古 : 오랜 세월을 통해 불변하거나 유래가 없음을 이르는 말.
- 회자膾炙 : 널리 상찬되어 사람의 입에 오르내리는 것.
- 동파東坡 : 중국 북송의 문인 소식蘇軾의 호. 당송팔대가唐宋八大家 중 한 사람. 그는 일찍이 이르되 "願生高麗國 一見金剛山"이라 한 데서, 이곳 시에서 굳이 거론하는 인물임.
- 유사類似 : 서로 비슷한 것.
- 유이類異 : 종류에 따라 서로 다름.
- 천하天下 : 세상에서 드물거나 뛰어난 것임을 이를 때에 쓰는 말임.
- 품평品評 : 어떠한 물건 등을 품질의 좋고 나쁨을 정하는 것.

18) 探勝餘情[31] 탐승한 뒤에도 남는 정

丘連壑連凹凸連 여기저기 언덕과 구렁 오목볼록 연달아 이어있고,
楓嶽紅樹皆繡紋 풍악의 단풍나무 모두가 수놓은 무늬로세.
山長水長遠近長 산도 길고 물도 길어 원근이 넉넉하매,
金剛山情滿其間 금강산 산의 정취 그 사이에 그득하여라.

- 탐승探勝 : 경치가 좋은 곳을 찾아다니는 것.
- 구학丘壑 : 언덕과 구렁 (壑 : 골, 구렁 학)

---

31) 2000年10月2日 金剛山紀行歸路中餘情也 今紀行中最終作〈探勝餘情〉而再吟味金剛遊覽之無限情矣 從來作詩法守二四不同二六同之規 然於此不拘原則 但以重視脚韻上反復律 具現抒情充溢也 故以不顧措辭重出爲詩趣强調 乃追求韻脚以作七言絶句2首 又想起李殷相(1617~1678)作金剛歌詞〈금강에 살으리랏다〉不知中詠一節如下 이 몸이 쉬어져서 혼이 정녕 있을진대 혼이나마 길이 길이 금강에 살으리랏다 생전에 더럽힌 몸을 명경같이 하과저.

금강산의 암곡 절경

- 요철凹凸 : 오목과 볼록. 오목볼록.
- 풍악楓嶽 : 풍악산楓嶽山의 준말. 금강산의 가을철 별칭.
- 홍수紅樹 : 단풍 든 나무.
- 산정山情 : 산에서 느끼는 정취. 산의 정경.

視興聽興樂山興 보고 듣는 흥취 모두가 자연 즐기는 흥취요,
嶽藏精爽又感銘 산이 간직한 신령스러운 기운 또한 감명이로다.
男客女客探勝客 남녀 할 것 없이 경치 즐기던 탐승객들
焉以盡言金剛情 그간에 겪은 금강의 정을 어찌 말로 다 이르랴.

- 요산樂山 : 요산요수樂山樂水의 약칭. 산수의 자연을 즐김.
- 정상精爽 : 정령精靈. 만물의 근원을 이루는 신령스런 기운.
- 진언盡言 : 생각했던 바를 다 쏟아놓는 말.

★ 鄕校銀杏樹[32)] 광주 향교의 은행나무를 두고

嘗稱公孫木 일찍부터 공손수라 일렀는데,
今見鴨脚樹 이제 잎을 보니 압각수로구나.
老巨恒依然 노거수 몸집으로 항시 의연하더니,
已爲儒生套 이미 유생의 틀로 잡혔나 보다.

- 향교鄕校 : 고려시대부터 시작되어 조선시대에 계승된 지방 교육기관. 이곳 시에서는 광주광역시 사동社洞에 있는 광주향교를 두고 이름.
- 공손목公孫木 : 공손수公孫樹. 은행나무. 어느 선비가 씨를 심었더니 그 손

32) 2000年11月1日 光州鄕校入口銀杏樹所懷也 儒教大學設立於光州市南區社稷洞所在聖居山下光州鄕校內 我所任大學學長而近來出講矣 鄕校入口有銀杏樹當晩秋 每枝黃葉爲錦繡 切感聖居山自然之富 俾心感動以詠鴨脚樹如此也

자에 이르러 열매를 따먹었다는 데서 이른 은행나무의 지칭.

- 압각수鴨脚樹 : 은행나무. 은행나무 잎이 오리발, 즉 오리의 물갈퀴를 닮았다는 데서 이른 은행나무의 지칭.
- 노거老巨 : 노거수의 약칭. 수령樹齡이 많고 커다란 나무. 크고 오래 된 나무.
- 의연依然 : 전과 다름이 없음.

不必恨秋情　가을의 쓸쓸한 정 굳이 한탄할 필요 있으랴.
逐時颭錦繡　나무엔 때를 따라 아름다운 비단이 휘날리네.
每枝懸黃金　가지마다 황금 잎이 매달려 있어,
奚非聖居富　이 어찌 성거산의 풍성함이 아니겠는가.

- 추정秋情 : 가을철에 느끼는 쓸쓸한 생각.
- 금수錦繡 : 수를 놓은 비단.
- 성거聖居 : 성거산의 약칭. 광주향교가 자리하고 있는 그곳 산을 예로부터 이렇게 불러 왔다.

★ 次四仙仙遊洞[33]　4선들의 선유동 시에 차운하다

松籟灑星山　솔바람은 별뫼를 말끔히 씻겨주고,
魚躍煙霞裡　호수의 물고기는 연하 속에서 뛰노네.
誰謂是仙洞　누가 이곳을 선유동이라 일렀던고.
疑據四隱士　생각건대 네 은사가 노닐던 곳이로세.

- 사선四仙 : 사은사四隱士. 네 신선. 당시 별뫼(담양군 남면 지곡리의 성산星山)

---

33) 2001年8月22日 無等山下仙遊洞所懷也 當世所謂四仙者 出入星山息影亭(潭陽郡南面芝谷里光州湖上所在) 而詩的交遊 乃成息影亭二十詠 林億齡先作 外三人次韻之 其中有仙遊洞詩 我亦次韻之如此矣 無等山下韓國歌辭文學館上層展示室入口壁面揭金峰朴幸甫畵 以我作詩爲畵題矣 其元韻如下 蒼溪小洞天 明月淸風裡 時下羽衣翁 不知何道士

에서 신선처럼 지내며 시흥을 나누면서 선유하던 임억령林億齡・김성원金成遠・고경명高敬命・정철鄭澈 등 네 사람을 두고 이름.

- 선유동仙遊洞 : 사선들이 임억령을 중심으로 하여 출입하였다는 성산에 있는 고을 이름. 석천石川 임억령林億齡이 먼저 원운을 이루고, 나머지 은사들이 이에 차운次韻한 연작시 〈식영정이십영息影亭二十詠〉이 있는데, 그 중의 한 작품 이름이 기도 함.
- 송뢰松籟 : 송풍松風. 숲 속 사이를 스쳐 부는 바람.
- 성산星山 : 전라남도 담양군 남면의 지곡리芝谷里에 있는 식영정息影亭 아래의 마을. 또는 그 뒤의 산 이름. 종래에 이곳을 별뫼라 불렀으며, 그 산 아래에는 사선四仙들이 출입하며 놀았다는 선유동이 있음.
- 어약魚躍 : 물속의 고기가 자유롭게 펄펄 뛰는 것. 식영정 아래 넓게 펼쳐진 광주호光州湖에서 뛰노는 물고기를 두고 이름.
- 연하煙霞 : 안개와 노을. 고요한 산수의 경치.

★ 訪五・一八紀念公園[34) 5·18기념공원을 찾아서

自由平和千古典　자유와 평화 천고의 변함없는 본보기요,
民主人權萬氓願　민주와 인권은 온 겨레의 소원이었네.
五月樓上尤感銘　오늘 5월루에 올라보니 더더욱 감명되어라.
獻身唱義青史傳　헌신하여 부르짖던 창의 청사에 길이 빛나리라.

- 오・일팔기념공원五・一八紀念公園 : 1980년 5월 광주시민들이 민주화운동에 참여했던 역사적 사실을 기념하여 광주시 서구 쌍촌동双村洞 여의산如意山에 조성한 공원. 여기에는 5・18기념문화관, 5・18현황조각 및 추모승화 공간, 오월루 등 각종 기념물들이 설치되어 있다.

---

34) 2001年10月16日 双村洞5・18紀念公園探訪之懷也 1980年五月軍政下光州市民大學蹶起唱義 齊唱民主人權自由平和而多數殉義矣 1996年以後光州市推進5・18紀念公園基盤施設於西區双村洞 今參觀五・一八紀念文化館追慕昇華空間五月樓等 而回想五月當時實狀 則不能禁述懷矣

- 천고千古 : 영구한 세월.
- 창맹蒼氓 : 창생蒼生. 세상의 모든 사람.
- 오월루五月樓 : 오·일팔기념공원의 여의산 정상에 세운 기념 누각. 2000년 8월에 준공하여 개통한 3층의 8각루이다.
- 창의唱義 : 앞장서서 정의를 부르짖는 것.
- 청사靑史 : 역사상의 기록.

5·18기념공원의 5월루

★ 題歌辭文學館[35) 가사문학관을 두고 짓다

無等祥氣連星山　더할 나위없는 무등산 기운 별뫼까지 이어져서
瑞石精爽尤燦然　서석대의 신령스런 기운 더욱 찬연하구나.
詩仙吐鳳萬口頌　시선들의 뛰어난 글재주는 만구의 칭송이러니,
歌辭恢文應可見　가사문학의 부흥도 응당 기대할 수 있었다네.

- 가사문학관歌辭文學館 : 담양군 남면 지곡리芝谷里(지실)에 건립된 한국가사문학관을 두고 이름. 2000년 11월 11일에 개관하여 본인은 문학관의 명예관장을 맡고 있는 중임. 무등산 아래에 형성된 시가문학권의 가사는 물론 전국의 한국가사를 수집 정리하여 전시하며, 전국 규모의 가사문학 학술대회와 가사 낭송대회를 연례적으로 개최하는 등 가사문학의 현대적 계승을 적극적으로 꽤하고 있는 국내 유일의 가사문학관이다.
- 무등無等 : 정도가 그 위에 더할 나위 없음. 이는 또한 무등산의 약칭이기도 하여 중의적인 시어로 취한 조사措辭임.
- 상기祥氣 : 상서로운 기운.
- 성산星山 : 별뫼. 가사문학관의 뒤에 있는 산. 위에 든 시〈차사선선유동次四仙仙遊洞〉의 주 참조.

---

35) 2001年11月13日 無等山下韓國歌辭文學館所懷也 1998年末與潭陽郡文璟圭郡守協議 而計劃歌辭文學館建立於無等山下光州湖上歌辭文學圈現地 我受託開館準備委員長 全力投球歷史的事業推進矣 今是開館一週年 不能抑感慨無量 眞心感謝金信中與崔漢善教授之積極的協助 乃尋幽館內外之歌辭文學遺蹟以述懷也

무등산 아래 한국가사문학관

• 서석瑞石 : 서석대의 약칭. 가사문학관에서 무등산을 향해보면 의젓한 서석대가 바라보인다. 앞에 든 제1부 하편의 시 〈문야무등산수問也無等山水〉의 주 참조.

• 정상精爽 : 만물의 근원을 이룬다는 신령스런 기운.

• 시선詩仙 : 선인仙人의 기질을 지닌 천재적 시인. 또는, 시 짓는 일에 몰두하여 세상일을 잊은 사람. 여기서는 〈식영정20영〉을 지은 임억령·김성원·고경명·정철 등 이른바 성산사선星山四仙을 두고 이름.

• 토봉吐鳳 : 중국 한나라의 양웅揚雄이 태현경太玄經을 지은 뒤에 봉황의 꿈을 꾸었다는 고사로 연유하여, 뛰어난 글재주를 두고 이름.

• 회문恢文 : 쇠퇴한 문학을 회복시킴.

別曲題詠嘗所聞　별곡이나 누정제영은 일찍부터 듣던 바요,
歌辭烈蹟處處傳　가사문학의 빛나는 자취 곳곳에 남아 전하네.
宋純鄭澈何代星　송순과 정철은 어느 시대의 이름난 인물이던고.
館內展示今歷然　그 업적 문학관에 전시되어 지금도 역연하여라.

• 별곡別曲 : 우리나라 고전문학의 독특한 시가. 한문 시가에서 취하는 운韻이나 조調가 없다 하여 일컫는 말임. 여기서는 송순宋純의 〈면앙정가俛仰亭歌〉나 〈성산별곡星山別曲〉 등 담양에서 이루어진 가사 근 19편을 두고 이름.36)

• 제영題詠 : 제목을 붙여 시를 읊는 것. 또는, 그 시. 여기서는 면앙정 제영이나 식영정 제영 등 누정제영을 두고 이름.

• 가사歌辭 : 고려 말 나옹화상懶翁和尙의 〈서왕가西往歌〉를 비롯하여 조선조에 정극인 丁克仁의 〈상춘곡賞春曲〉 등으로 계승되어 줄기차게 발전한 한국시가형식의 하나. 3·4조 또는 4·4조를 기조로 하여 행수에 제한

36) 박준규·최한선 공편저 『담양의 가사문학』, 도서출판 월인, 2001. 참조.

이 없이 전개되는 주로 4음보 형식의 율문. 우리나라 가사문학의 제1인자로 손꼽는 鄭澈은 무등산 아래 시가문학권에서 가사문학의 제작에 크게 기여하였다.

- 열적烈蹟 : 뚜렷이 빛나는 일의 자취.
- 송순宋純 : 조선조 명종 때의 문신이요, 국문학상 대표적인 시가시인(1493~1582). 그의 호는 면앙정俛仰亭. 전남 담양군 봉산면鳳山面에서 면앙정을 조영하면서 국문학상 전원가사의 으뜸으로 손꼽는 〈면앙정가〉를 제작하였다. 담양군 남면 무등산 아래에서 소쇄원瀟灑園을 조영한 양산보梁山甫(1503~1557)는 그의 외제로서 누정 경영에 많은 도움을 받았으며, 송순은 그 곳에서 소쇄원제영을 이루기도 하였다.
- 정철鄭澈 : 조선조 명종·선조 때의 문신이요, 국문학상 대표적인 시가시인(1536~1593). 그의 호는 송강松江. 소년시절에 이곳 광주시 북구 충효동에 있는 김윤제金允悌(1501~1571)의 환벽당環碧堂에서 글을 익혔으며, 왕성한 시인활동을 전개할 때는 담양군 남면 성산의 식영정息影亭에 출입하여 전원가사의 으뜸으로 칭송하는 〈성산별곡星山別曲〉을 제작하였고, 고서면 원강리院江里 죽록천竹綠川이 흐르는 산언덕에서는 송강정松江亭을 경영하며 국문학상 미인계가사의 으뜸으로 손꼽는 〈사미인곡思美人曲〉과 〈속미인곡續美人曲〉을 제작하여 시가문학권의 명성을 크게 떨치었다.
- 역연歷然 : 생생하게 또렷함. 숨길 수 없을 만큼 분명함.

★ 療養中偶吟[37)] 요양 중에 읊다

園庭紅雲方爭妍　정원에 만발한 꽃들 한창 고운 맵시 겨루는데,
弄花蜂蝶欲紛亂　꽃을 즐기는 벌과 나비들 어수선하게 날아드네.
臥牀消日恨年光　침상에 누워 소일하니 변하는 세월 한스럽구려.

---

37) 2002年4月14日 南畊書齋療養中年光感懷也 去三月二十二日 韓國歌辭文學館(潭陽郡南面芝谷里所在)出勤次運轉乘用車而經由無等山路矣 濃黃砂滿天地 尤難分山中進路 因暫時不注意 造次之間車顚覆 當胸骨折以僅生 入院全南大學校病院也 退院後在家療養消日 方春和時庭園迎芳春 然人生無常以好事多魔而不常春 則有感而敍懷矣

誰云春來不似春 누가 일렀던고 봄은 왔지만 봄만 같지 않다고.

- 요양療養 : 휴양하면서 치료하는 것. 또는 그러한 치료.
- 우음偶吟 : 우영偶詠. 얼핏 떠오르는 생각을 시가로 읊는 것.
- 원정園庭 : 정원庭園. 꽃과 나무와 잔디 등을 심어 가꾸어 놓은 집 안의 마당. 거주하고 있는 주택(광주광역시 북구 중흥 2동)의 정원을 두고 이름.
- 홍운紅雲 : 붉은 구름. 꽃이 만발한 모양의 비유.
- 농화弄花 : 꽃을 보고 즐기는 것. 또는 화초를 가꾸는 것.
- 분란紛亂 : 어수선하고 소란한 것.
- 와상臥牀 : 침상寢牀. 누워서 잘 수 있게 만든 평상.
- 연광年光 : 세월歲月. 연화年華. 또는 변하는 사철의 경치.

★ 壯途祈願[38] 인생의 장도를 기원하며

山河何爲千古青 산하는 어찌하여 변함없이 만고에 푸르며,
流水奚以晝夜長 유수는 어찌하여 밤낮으로 쉬지 않고 흐르는고.
我輩亦須合自然 우리의 삶도 모름지기 자연과 같아야 하느니,
人事無常不必唐 사람일 덧없다고 당황할 것만은 아니로세.

- 산하山河 : 산과 큰 내. 또는 자연의 총칭.
- 장도壯途 : 중대한 사명이나 장한 뜻을 품고 떠나는 길. 보람찬 삶을 추구하며 장하게 내딛는 길의 비유.
- 천고청千古青 : 천고 상청千古常青. 오랜 세월을 두고 변함없이 푸름.
- 주야장晝夜長 : 주야 장천晝夜長川을 줄인 말임. 밤낮으로 쉬 않고 연달아. 언제나. 늘.

---

38) 2002年6月16日 皐月自然山水所懷也 與妻搭乘無窮花號汽車特室而上京 搭鐵馬中觀賞左右自然之美 感歎不已矣 韓國山水之秀麗 可謂不辭讚美 乃祈願人生亦如山水 暫想起李滉〈陶山十二曲〉中其一 依倣其詩趣以述懷矣

四圍山野綠且盛　사방의 산야는 푸르면서 더욱 무성하고,
路上鐵馬走逾旺　철로 위에 기차 달릴수록 힘나는가보다.
譬如乘勝長驅勢　비유컨대 인생이 승승장구하는 기세이러니,
唯願人生長洋洋　원컨대 우리의 삶도 길이 양양하기를.

- 사위四圍 : 사방의 둘레.
- 철마鐵馬 : 기차를 말에 비유하여 이르는 말.
- 승승장구乘勝長驅 : 싸움에 이긴 기세를 몰아 계속 몰아침.
- 양양洋洋 : 바다가 한없이 넓음. 사람 앞길이 발전할 여지가 매우 너름을 비유.

★ 春日即興[39] 봄날의 흥취

紅白群英已得爛　홍백색의 온갖 꽃들 이미 난만해졌구나.
常綠柏松令人戀　늘 푸르던 잣나무 우리를 더욱 그립게 하네.
院中花卉總爲芳　정원의 화초 모두가 꽃답고 향기로워,
一年春色盈堂前　한 해의 봄 경치 집 앞에 그득하여라.

- 즉흥卽興 : 좌흥座興. 바로 그 자리에서 일어나는 흥취.
- 군영群英 : 여러 가지 꽃.
- 상록常綠 : 나뭇잎이 일년 내내 늘 푸름.
- 백송柏松 : 잣나무.
- 화훼花卉 : 화초花草. 꽃이 피는 풀과 나무. 또는 관상용의 모든 식물의 총칭.
- 춘색春色 : 봄빛. 봄의 아름다운 빛.

39) 2002年4月17日 南畊書齋消日中訪花所懷也 因交通事故退院後在家中 當春庭園萬物方暢 得春色而形形爭芳 春日一時値千金矣 數日前雖不能抑春恨 今陶醉春色 不有作詩何伸深懷乎 作賞春抒懷也 參照数日前作詩 〈療養中偶吟〉

★ 勝負蹴[40] 승부 차기

槿域蹴球日就將 우리나라 축구 실력 나날로 발전하여
國際競戰十六强 올림픽 경기에서 16강전에 나아갔네.
與伊對決無勝負 이태리와의 대전에선 승부를 가리지 못해
緊張焦燥漸益昇 긴장되고 초조함이 점점 더욱 상승하였네.

- 승부축勝負蹴 : 축구 경기에 있어 소정의 시간 내에 승부가 나지 않았을 때에, 그 승부를 가리기 위해 선발된 선수로 하여금 문전에서 공을 차도록 하여 이기고 지는 것을 가리는 경기.
- 근역槿域 : 무궁화가 많은 땅이라는 뜻으로 우리나라를 달리 이르는 말.
- 일취장日就將 : 일취월장日就月將의 준말. 날로 달로 자라거나 발전함.
- 국제경전國際競戰 : 국제경기전國際競技戰의 준말. 올림픽 경기를 말함.
- 이伊 : 이탈리아에 대한 우리말 표기인 이태리伊太利의 약칭. 유럽 남부의 지중해에 돌출한 반도와 그 부근의 섬으로 이루어진 공화국.

延長戰後勝負蹴 연장전 후에 다시 승부축에 들어감에,
守門將是魯陽戟 수문장은 곧 노양의 창처럼 위세 당당하였네.
以五抑三遂快擧 드디어 5대3 전적으로 통쾌한 승리 거뒀으니,
壯哉鬪士振太極 장하여라, 투사들은 태극기 크게 휘날렸다오.

- 연장전延長戰 : 운동 경기에서 정한 시간까지 승부가 나지 않을 경우, 시간을 연장하여 계속하는 경기.
- 승부축勝負蹴 : 앞에 든 시의 주 참조.
- 수문장守門將 : 축구·하키 등의 경에서 골문을 지키는 선수.
- 노양극魯陽戟 : 노양지과魯陽之戈를 가리킨 데서 쓰인 말. 위세가 당당함.

---

40) 2002年6月18日 國際蹴球觀戰所懷也 世界國際蹴球大會16强戰開催於大田 我國對伊太利戰 初無勝負以延長戰 亦無勝負以不可不勝負蹴矣 視聽電視放映競技實相 則對戰莫上莫下而難速斷優劣 然我國選手以魯陽之戈不少衰 終勝利而國威宣揚於四海也

중국 전국시대에 초楚나라의 노양이 한韓나라와 격전하던 중, 해가 넘어가려 하므로, 그가 창을 들어 해를 부르니까 해가 그 명령대로 군대의 하룻길인 삼사三舍(옛날 중국에서 3일간의 행군 거리, 현재의 거리로는 약 60km)나 뒷걸음쳤다는 전설에서 연유한 말임. (戟 : 갈라진 창 극)

- 쾌거快擧 : 통쾌할 만큼 장한 행위.
- 태극太極 : 우리나라 태극기를 가리킴.

★ 國際蹴球競技觀戰[41] 국제축구 경기를 보고

壬午方盛夏 임오년의 한창 무더운 여름,
國際球技競 온 세계가 참여하는 국제 축구경기로다.
體强卽國力 체력이 강함은 곧 국력이러니,
仰天祝必勝 하늘을 우러러 기필 이기기를 축수하노라.

- 임오壬午 : 임오년壬午年. 2002년.
- 성하盛夏 : 한 여름. 여름의 한창 더운 때.
- 구기球技 : 공을 사용하는 운동 경기. 야구·축구·배구·탁구 등의 경기로서, 여기서는 축구경기를 가리킴.
- 국력國力 : 모든 방면에 있어 발휘하는 나라의 역량.
- 앙천축仰天祝 : 앙천축수仰天祝手의 줄인 말임. 하늘을 쳐다보고 빎.

參拾貳個參戰邦 경기에 참여한 32개의 나라,
各願進出十六强 모두 원하기는 16강전의 진출이라네.
韓國遂擧大快事 한국은 마침내 통쾌한 승리 이루었으니,
永世不忘宿念成 숙원의 성취 길이 잊지 못하리로다.

---

41) 2002年7月7日 國際蹴球觀戰所懷也 仲夏節韓日共同主體國際蹴球大會 其間我國蹴球實力未達世界的水準 故平素國民的關心裏不斷訓練矣 主催國際大會今于先切望16强圈 雖依電視觀戰 熱烈應援也 選手亦盡力發揮實力 遂快擧國家的自尊心 乃不能禁感激以敍懷矣

• 쾌사快事 : 통쾌하고 기쁜 일.
• 영세불망永世不忘 : 영원히 잊지 않음.
• 숙념宿念 : 숙원宿願. 오래도록 지녀온 소원.

★ 登洗心亭[42] 세심정에 올라서

亭前蓮池有瀛洲 정자 앞 연방죽엔 신선이 산다는 영주섬이로다.
兩松綠雲蘸碧水 두 그루의 푸른 소나무 녹수에 그림자를 잠기네.
雨後凉風更洗心 비 온 뒤의 시원한 바람은 마음을 더욱 깨끗하게 해,
伏中熱人能滌咎 복더위에 지친 사람도 근심거리를 씻어버릴 수 있다네.

한국가사문학관의 세심정과 연못(세심지)

• 세심정洗心亭 : 전남 담양군 남면 소재 한국가사문학관 정원에 있는 정자. 그 앞엔 연못이 있고, 그 가운데에는 섬을 두었으며, 거기에는 세 그루의 반송이 자라고 있다.
• 연지蓮池 : 연당蓮塘. 연못. 세심정洗心亭 앞에 있는 연못을 가리킴.
• 영주瀛洲 : 영주산瀛洲山을 가리킴. 중국 전설에 나오는 삼신산三神山의 하나. 이 시에서는 세심정 앞의 연못 중앙에 형성된 섬을 두고 이름.
• 녹운綠雲 : 푸른 잎이 무성함을 이르는 말.
• 잠蘸 : 담글 잠, 물건을 물속에 넣을 잠.
• 벽수碧水 : 녹수綠水. 푸른빛이 나는 맑은 물.
• 세심洗心 : 마음을 깨끗하게 하는 것.
• 복중伏中 : 복일중伏日中. 초복·중복·말복 등 복날이 드는 날 가운데라는 뜻으로, 31일인 오늘은 바로 중복이다.
• 咎 : 재앙, 근심거리 구.

---

42) 2002年7月31日 洗心亭所懷也 洗心亭在無等山下韓國歌辭文學館(潭陽郡南面芝谷里所在)庭苑內矣 亭下有大形蓮池以養魚 觀覽客接近於此 則魚群歡迎之也 又設池中島 樹盤松兩株而追求仙島格 使吾誘發好奇心矣

塘中金魚起潺波 연못 속에 노는 금붕어 잔잔한 물결 일으키며,
作隊群泳獻人事 무리로 때지어 헤엄쳐 돌며 인사드리네.
終日觀之舞不止 온종일 보아도 추는 춤 멈추지 아니하고,
無語託情由此嘉 소리 없이 붙이는 정 이래서 가상스럽다오.

- 당중塘中 : 연못 안에. 한국가사문학관의 앞 세심정 아래에 있는 연못을 두고 이름.
- 금어金魚 : 금붕어.
- 잔파潺波 : 잔잔한 물결.
- 인사人事 : 사람이 예의로서 허리를 굽혀 절하거나, 안부를 묻거나, 안녕을 비는 말을 하는 것. 가사문학관에 오는 관광객들이 세연정의 연못가에 이르면 많은 물고기들이 으레 찾아오는 손님을 맞으며 모여드는 것을 볼 수 있는데, 여기서는 이를 비유적으로 이르는 말임.
- 탁정託情 : 정을 붙이는 것.

★ 無等山行吟[43] 무등산 산길에서 읊다

秋雨數日甚 며칠 동안 가을비 심하더니,
今見纔靑天 오늘에야 겨우 맑은 하늘이로다.
伴友向兎峙 벗과 짝지어 토끼등을 향하는데,
藥水橋起烟 약수교 다리에선 안개 자욱하여라.

- 무등산無等山 : 앞에 든 제1부 하편下篇의 시 〈무등산세無等山勢〉의 주 참조.
- 산정山情 : 산의 정경. 산에서 느끼는 정취.
- 토치兎峙 : 토끼재(토끼등, 또는 토끼봉)에 대한 한자 차자표기借字表記. 무등산 원효사元曉寺의 뒷산을 오르는 고갯길, 그곳 늦재 삼거리에서 늦재

43) 2002年8月23日 無等山行所懷也 向無等山證心寺(光州市東區雲林洞所在)方面 搭乘證心寺行公用車 至終點下車 則處暑之際山行客數多矣 遂到藥水橋 左向風峙(바람재)入口以登踏石徑 深山幽谷溪流歡迎吾輩也 山情無限 而欲留追憶 則不可不詠歎以追求玉屑耳

와 바람재를 거쳐 1.7km 지점이요, 증심사에 오르는 증심교에서는 무당골 입구를 거쳐 1.7km 지점에 있는 재 이름이다.

- 약수교藥水橋 : 무등산의 토끼등 또는 바람재에서 흐르는 물이 증심사證心寺 아래에 형성된 증심계곡, 그곳 가까이에 이르는 시냇물 위의 다리. 증심교證心橋에서는 10m 가까이에 있는 다리.

清溪曲曲下 맑은 시냇물 굽이굽이 흘러내리고,
石逕步步連 울퉁불퉁 돌길은 발길마다 이어있네.
目遇之卽景 눈에 마주하는 건 모두 아름다운 경치요,
耳接亦得歡 귀에 들리는 게 또한 즐거운 소리로다.
流水方奔走 흐르는 물은 한창 내달다가도
成潭則潺潺 못을 이루고선 그 물결 잔잔하구나.
行吟心身爽 거닐며 읊조리매 몸과 마음이 시원하여,
風峙每清塵 바람재는 매양 마음의 때까지 쓸어주구나.

- 석경石逕 : 돌이 많은 좁은 길. 또는 돌사닥다리.
- 즉경卽景 : 바로 그 자리에서 보는 광경이나 경치.
- 잔잔潺潺 : 흐르는 물소리가 약하고 가늘다.
- 행음行吟 : 거닐면서 글을 읊는 것.
- 풍치風峙 : 무등산의 바람재. 이곳 지명을 그 뜻을 좇아 한자어로 전환시킨 차자표기借字表記. 무등산로無等山路의 재 가운데 늦재와 토끼등 사이에 위치해 있다. 즉 금곡동金谷洞에 있는 원효사의 뒤를 돌아 오르는 늦재를 거쳐 가면 이곳에 이른다. 그러나 방향을 바꾸어 무등산의 증심사證心寺 앞에 흐르는 증심계곡에서 약수교藥水橋를 곁에 두고 무당골 입구를 거쳐 가파른 고개에 오르면 그곳이 곧 부는 바람도 시원하다는 바람재이다. 높이는 해발 470m.
- 청진清塵 : 진구塵垢를 쓸어버리는 것.

無等莫吝情 무등산이어 정겨운 산정 인색해 하지 마오.

歸路不負戀　돌아가는 길에선 그 그리움 저버릴 수 없다오.
雖非成玉屑　비록 글재주 없어 좋은 글 이루지는 못해도,
勝事留紙間　오늘의 훌륭한 일 일기장에 길이 남겨두리.

- 옥설玉屑 : 옥을 바수어 만든 가루라는 뜻으로, 썩 잘 지은 글. 또는, 눈(雪)의 미칭.
- 승사勝事 : 뛰어난 사적. 훌륭한 일.

★ 趙名唱演奏會[44] 조수미 명창의 음악 연주회에서

漆夜奏熱唱　캄캄한 밤중에 열창을 연주함에,
雲捲蒼空現　밤하늘에 구름도 걷혀 푸른 하늘이어라.
聽衆耽妙技　모여든 청중들 절묘한 솜씨에 빠져들어,
不知覺失魂　넋 나간 줄조차 깨닫지 못하는구나.

- 조명창趙名唱 : 세계적인 명창으로 그 명성이 높은 조수미趙秀美를 가리킴.
- 연주회演奏會 : 음악을 연주하여 청중에게 들려주는 모임.
- 열창熱唱 : 노래를 온 힘을 다하여 열렬히 부르는 것. 또는 그 노래.
- 칠야漆夜 : 흑야黑夜. 아주 캄캄한 밤.
- 창공蒼空 : 창천蒼天. 푸른 하늘이나 허공.
- 묘기妙技 : 기묘한 기술과 재주.

神授得音盡力吐　신의 은총으로 득음하여 힘을 다해 토해내니,
人山人海齊熱呼　인산인해의 청중 한결같이 열렬한 환호로다.

---

44) 2002年10月3日　趙秀美音樂演奏會所懷也　午後7時爲월드컵蹴球四强進出紀念祈願世界博覽會誘致　開催世界的聲樂家趙名唱演奏會於光州월드컵競技場矣　聽衆雲集人山人海　惹起大混亂　切感主管者之管理未洽也　又一時降驟雨　30分延長後始作演奏會　然趙女史之歌才神異　俾聽衆大感動矣　乃不快感自消　多難中多幸耳

秀美歌才動天地　뛰어난 노래 재주는 천지를 감동케 하여,
藝術感化今再悟　예술의 감화 지극함을 오늘 다시 깨닫는구나.

- 득음得音 : 노래의 소리가 썩 아름다움에 이른 것.
- 인산인해人山人海 : 사람이 헤아릴 수 없이 많이 모인 상태.
- 수미秀美 : 뛰어나게 아름다움. 이곳 시에서는 연주자 조수미趙秀美의 이름을 제시하면서, 그의 목소리가 뛰어남을 뜻하는 중의적인 표현구임.
- 가재歌才 : 노래를 하는 재주. 또는 노래를 짓는 재주.
- 동천지動天地 : 하늘과 땅을 움직인다는 뜻. 시문을 썩 잘 짓거나, 노래 잘함을 비유.

★ 扇舞[45] 부채춤

摺扇數十從律連　쥘부채 든 수십 여인 가락을 좇아 연이어가네.
縮伸反復成花環　신축 반복하며 두리둥실 꽃다발을 이루는구나.
協同調和創藝技　협동하고 조화 이루며 예술적 재주 창출해내니,
酷似胡蝶舞回旋　영락없이 나비들이 빙빙 돌며 춤을 추는 듯.

- 접선摺扇 : 쥘부채.
- 축신縮伸 : 신축伸縮. 서축舒縮. 늘고 주는 것.
- 화환花環 : 꽃다발. 꽃을 모아 고리같이 둥글게 만든 물건.
- 예기藝技 : 가무歌舞·시문·서화 등 예능으로 익힌 재주.
- 회선回旋 : 한 곳에 붙은 물건이 빙빙 도는 것.

---

45) 2002年10月18일 扇舞映像觀覽之懷也 觀覽第14回木浦全國國樂競演大會實況放映 三十餘女子出演以協同扇舞 則柔軟自轉矣 左酬右應 圓舞熟達 疑是舞蝶飛回旋 視聽者無不感動 敍懷如此也

★ 雪嶽山丹楓消息[46] 설악산 단풍 소식

錦繡紅綠瀉山河 비단 같은 홍록을 온 산천에 쏟아 부었구나.
欲依商風航秋波 갈바람을 타고 추파에 노저어가고 싶어라.
丹葉片舟到處泊 단풍잎 조각배는 어디든 정박할 수 있으려니,
鑄錢谷楓今如何 지금 주전골의 단풍은 과연 어떠할꼬.

- 설악산雪嶽山 : 강원도 양양군과 인제군 사이에 있는, 태백산맥 중의 명산. 국립공원임. 높이 1,780m
- 금수錦繡 : 수를 놓은 비단.
- 홍록紅綠 : 홍색과 녹색. 붉음과 푸름.
- 상풍商風 : 금풍金風. 가을바람.
- 추파秋波 : 가을철의 잔잔하고 맑은 물결.
- 편주片舟 : 편주扁舟. 작은 배. 조각배.
- 주전곡鑄錢谷 : 강원도 설악산 골짜기의 하나. 명승지로서 널리 알려진 곳임.

★ 紅柿歌[47] 홍시의 노래

堂前紅實間間懸 집 앞 감나무엔 붉은 열매 간간히 달렸는데,
柯條軟柿大於拳 나뭇가지의 연감이 사람 주먹보다 크구나.
甘味逸品若蜂蜜 단맛도 뛰어나서 마치 벌꿀 맛이러니,
晩秋有感又無限 늦가을에 넘치는 감회 한이 없어라.

---

46) 2002年10月24日 雪嶽山丹楓消息也 觀覽電視中 接雪嶽山丹楓特報矣 我亦往年紀行于雪嶽山 回想鑄錢谷丹楓探勝 永永不可拒尋幽之樂 難堪當卽興遠遊之心矣

47) 2002年10月25日 家內庭園柿所懷也 堂前庭院有柿木2株(光州市北區中興洞所在) 其中軟柿甘別味矣 採以方食之 輒想起蘆溪之所作時調〈早紅柿歌〉也 例示如此 반중 조홍감이 고아도 보이도다／유자가 아니어도 품음직 하다마는／품어가 반길 이 없을새 그를 슬퍼하노라. 又戀彼岸兩親 而不禁遺憾矣 以反省之心吟詠松江作時調〈子孝〉 默禱以祈願冥福矣

• 홍시紅柿 : 연감.
• 가조柯條 : 나뭇가지.
• 연시軟柿 : 홍시紅柿. 연감. 흠뻑 익은 감.
• 일품逸品 : 절품絶品. 아주 뛰어난 물건.
• 봉밀蜂蜜 : 꿀.

卓上軟柿審可呑 책상 위의 홍시 과연 먹음직도 하여라.
輒想蘆溪早紅嘆 문득 생각나는 건 노계의 조홍시 한탄이로다.
松江子孝今再吟 송강의 자효 노래 이제 다시 음미하노라니,
兩親已逝不禁恨 양친은 이미 별세하셨서 그 한 금할 수 없네.

• 노계蘆溪 : 박인로朴仁老(1961~1642)의 호. 조선시대에 손꼽는 시가문학의 작가로서 국문학상 많은 작품을 남긴 인물이다. 어버이께 효를 다하지 못한 아쉬움을 노래한 시조 〈조홍시가早紅柿歌〉가는 특히 유명하다.
• 조홍早紅 : 감의 한 가지. 다른 감보다 일찍 익고 빛깔이 매우 붉음. 박인로가 조홍시를 두고 노래한 〈조홍시가〉를 연상케 하는 시구임.
• 송강松江 : 정철鄭澈(1536~1593)의 호임. 그는 조선시대 대표적인 가사문학의 대로서 국문학상 훌륭한 작품을 많이 제작하였다. 어버이께 효를 다하라는 뜻으로 지은 시조 〈자효子孝〉가 전하는데, 그 사설은 다음과 같다. 어버이 살았을 제 섬길 일랑 다하여라／지나간 후엔 애달프다 어이하리／평생에 고쳐 못할 일은 이뿐인가 하노라.
• 자효子孝 : 자식이 어버이께 효를 다하는 것.

★ 堂前院菊[48] 집 앞 정원의 국화

晩秋黃菊英英開 늦가을의 황국화 아름답게도 피었네.
傲霜孤節尤可愛 서릿발 이겨내는 절개 더더욱 사랑스러워라.

48) 2002年10月26日 家內庭園黃菊所懷也 已過菊月中旬 乃霜降3日後矣 堂前(光州市北區中興洞所在)院中菊數株英英 實感陶淵明之所詠 秋菊有嘉色 亦同感周敦頤之所謂菊花之隱逸者也 臨敍情而用事如是也

滿山紅葉莫妬情　온 산에 가득한 단풍잎이여 투정을 마오.
古來隱君本無昧　예로부터 은군자는 본디 몽매하지 않는다오.

• 영영英英 : 아름다운 모양. 구름이 아름답게 붉은 모양.
• 오상고절傲霜孤節 : 서릿발이 심한 속에서도 굴하지 않고 외로이 지키는 절개라는 뜻으로, 국화를 비유하여 이른 말.
• 홍엽紅葉 : 붉은 잎. 가을에 낙엽이 지기 전에 붉은 색으로 변하는 나뭇잎.
• 투정妬情 : 투기하는 마음.
• 은군隱君 : 은군자隱君子의 약칭. 재능은 있으나 부귀공명을 탐하지 않고 어지러운 세상을 피하여 사는 사람. 또는 국화의 별칭.

★ 祝耆老宴[49] 기로연을 축하하며

秋月瑞石皆凜然　추월산과 무등산 다함께 늠연하고 당당하구나.
潭陽繡湖莫清焉　담양호의 비단 물결 이 보다 더 맑을 수 없어라.
魯陽祝願耆年壽　해도 머물게 한다는 노양, 기로 장수를 축원하고,
山水永頌今慶宴　자연산수도 오늘의 경사스런 잔치 길이 기린다오.

• 기로耆老 : 기년耆年. 60세 이상의 노인.
• 추월秋月 : 전남 담양군 용면 월계리月桂里에 있는 추월산秋月山을 두고 이름.
• 서석瑞石 : 서석산瑞石山의 약칭. 무등산等山의 이칭. 앞에 든 제1부 하편下篇의 시 〈무등산세無等山勢〉의 주 참조.
• 늠연凜然 : 위엄이 있고 당당함.
• 담양수호潭陽繡湖 : 담양군 금성면 대성리大成里에 있는 물 맑은 담양호를 두고 이름. 영산강 상류에 해당한 곳임.

---

49) 2002年11月1日　耆老宴頌祝之際也　參席潭陽鄕校儒林傳統文化侍宴(耆老宴)行事　鄕校所在潭陽郡潭陽邑鄕校里矣　自午前11時至12時　講演耆老宴之由來及其意味　兼祝頌鄕校耆老宴　而再三祈願耆年萬壽無疆也

• 노양魯陽 : 가는 해도 멈추게 하여 사람이 누리는 시간을 연장시킨 사람. 앞에 든 시 〈승부축勝負蹴〉의 주 참조.
• 경연慶宴 : 경사스런 잔치.

★ 又祝耆老宴[50)] 다시 기로연을 축하하며

無等景雲向秋成 무등산의 상서로운 구름 담양으로 향하였네.
昌平儒林歲歲英 창평의 유림들 해마다 고운 모습이로다.
羲和祝頌耆老德 태양을 몰고 다니는 희화도 기로들의 덕 축송하노니,
海不揚波唯冀望 오직 바라기는 백성들 편안하게 살아갈 태평성세로세.

• 무등無等 : 무등산等山의 약칭. 위에 든 시 〈축기로연祝耆老宴〉의 주 참조.
• 경운景雲 : 경운慶雲. 서운瑞雲. 경사스런 경치.
• 추성秋成 : 전라남도에 있는 담양군의 옛 이름.
• 창평昌平 : 전남의 담양군에 있는 창평 고을을 가리킴.
• 영영英英 : 아름다운 모양. 구름이 아름답게 붉은 모양. (英 : 구름 뭉게뭉게 일 영, 아름다울 영)
• 희화羲和 : 중국 신화에 나오는 인물로서 요제堯帝 때에 역법을 관장하던 희씨羲氏와 화씨和氏. 일월日月, 또는 태양을 모는 사람으로 비유됨.
• 기로耆老 : 기년耆年. 60세 이상의 노인.
• 해불양파海不揚波 : 바다에 파도가 일지 않는다는 뜻. 임금의 선정善政으로 백성이 편안함을 이르는 말.

---

50) 2002年11月8日 祝耆老宴所懷也 應昌平鄉校儒林傳統文化侍宴行事招請而行當地(潭陽郡古西面校村里所在)矣 61歲以上多數耆年集合於鄉校 要請講義 故祝耆年 而兼說明耆老宴之由來與其意味 與去11月初潭陽鄉校行事時內容大同小異也 參照去1日作詩〈祝耆老宴〉

★ 銀杏樹有感[51)] 은행나무의 감회

黃葉亂紛紛 황금빛 은행 이파리 어지럽게 흩날리네.
華麗一時景 그 화려함은 한때의 경치로구나.
人生如是衰 사람도 살다보면 이토록 시들기 마련인가.
須覺壯無永 모름지기 깨달아야 하리, 씩씩한들 영원함이 없음을.

- 은행수銀杏樹 : 은행나뭇과의 낙엽 교목. 잎은 부채꼴로 한군데서 여러 개가 나는데, 잎의 생김새가 오리발과 비슷하다하여 압각수鴨脚樹라고도 이름.
- 유감有感 : 느끼는 바가 있음.
- 분분紛紛 : 흩날리는 모양이 뒤섞여 어수선함.

★ 壽字有感[52)] 수壽자의 느낌

窓面壽字畵 창에 그려 놓은 수壽자의 그림
酷似野山樹 영락없이 야산에 서있는 나무로다.
落落寒松像 가지 축축 늘어져서 한송의 형상인가,
使人脫心垢 사람으로 하여 마음의 번뇌 벗어버리게 하네.

- 유감有感 : 느끼는 바가 있음.
- 낙락落落 : 노송의 가지가 축축 늘어짐.
- 한송寒松 : 겨울의 소나무. 추위를 이겨내는 소나무.
- 심구心垢 : 마음 더럽히는 때, 번뇌.

---

51) 2002年11月13日 市內路邊銀杏樹所懷也 欲登行無等山而自家出發時 乘車而過市內矣 各處銀杏樹列立于路邊 畢爲黃葉極麗 此是孟冬之節靑綠已盡者也 到處目擊風飛散亂 則不能禁萬感交叉矣

52) 2002年11月23日 茂朱旅舍投宿中壽字所懷也 午後4時30分出發 向全北茂朱郡雪川面深谷里所在茂朱리조트矣 與妻及光州서울食口總集合於當地 投宿한솔洞413號與414號室 複道琉璃窓有畵 是大形壽字也 每往來時目睹畵像 則使心深思以作如此矣

★ 登雪川峯[53] 설천봉에 올라서

雪川崇樓與妻攀 설천의 높다란 상제루 처와 함께 올랐더니,
千五百米高上端 아스라이 해발 천오백 미터 위의 끝이로다.
玉皇何處問不應 옥황상제 어디 계신지 물어도 대답은 없되,
暫避人跡乘流雲 잠시 사람 발자취 피해 흐르는 구름 타고 있나봐.

- 설천봉雪川峯 : 전라북도 무주군茂州郡 설천면 심곡리深谷里에 있는 산봉우리. 해발 1,522m. 여기에는 차와 기념품을 판매하는 상제루上帝樓가 세워있음.
- 숭루崇樓 : 고루高樓. 준루峻樓. 높은 다락집. 이곳 시에서는 설천봉雪川峯에 있는 상제루上帝樓를 가리킴.
- 상단上端 : 위쪽의 끝.
- 옥황玉皇 : 옥황상제玉皇上帝의 준말. 도가道家에서 말하는 하느님.
- 유운流雲 : 흘러가는 구름.

嶝丘谷上天花錦 비탈진 언덕과 골짜기 위는 눈이 쌓인 비단이요,
俯觀臺下雪川潭 대 아래 내려보면 눈에 덮인 설천담 호수로다.
峰巒俱有青白景 봉우리와 산 구렁 모두가 청백색의 경치이러니,
願聞山靈招仙譚 원컨대 산신령이여 선동 초대한 이야기나 듣고파.

- 嶝 : 산 비탈진 길 등, 작은 비탈 등.
- 천화天花 : 하늘에서 내리는 꽃이라는 뜻으로, 눈(雪)을 일컫는 말.
- 부관俯觀 : 부감俯瞰. 부시俯視. 높은 데서 내려다보는 것.
- 설천담雪川潭 : 설천호雪川湖. 설천봉雪川峰에서 내려다보이는, 그 아래의 못 이름.

---

53) 2002年11月24日 雪川峯上帝樓登高所懷也 午前10時 向全羅北道茂州郡雪川面所在雪川峯 峰高海拔1522米 是德裕山最高峰矣 依長男益秀案內 搭乘觀光곤도라於雪川하우스 向頂上上帝樓也 往復搭乘費乃大人萬圓小人7千圓敬老6千圓矣 展望誘興 雖尺吳寸楚 可視雪川潭等名勝也 依古來傳說則 仙童滿船來往雪川峯以遊覽勝地 仍有感以連作2首如此也

• 봉학峰壑 : 산봉우리와 골짜기. (壑 : 골 학, 구렁 학)
• 산령山靈 : 산신령山神靈. 산을 수호하는 신령.
• 선仙 : 신선. 설천봉을 왕래하였다는 전설 속의 선동仙童을 두고 이름.

★ 次俛仰亭三言歌[54] 〈면앙정삼언가〉에 차운하여

俛察坤　仰觀乾　땅을 굽어보고 하늘을 우러르며,
亭有趣　興無盡　정자에 뜻을 두니 그 흥취 한이 없어라.
招仁義　挹智見　인의를 불러 식견을 쌓아두고,
扶人文　送眞善　인문을 북돋으며 진선의 삶을 누리리라.

• 차次 : 차운次韻의 약칭. 남이 지은 시의 운자韻字를 따서 시를 지음. 또는 그 시. 여기에 드는 시는 〈면안정삼언가〉의 두운자頭韻字를 따서 제작한 시이다.
• 면앙정俛仰亭 : 전남 담양군 봉산면 제월리濟月里에 있는 송순宋純(1493~1582)의 정자. 봉산면 상덕리上德里에서 태어나서 일찍부터 출사하였던 송순이 중종 14년(1519)에 있었던 기묘사화己卯士禍 후 낙향하여 조영했던 초정草亭인데, 그 후 몇 차례의 보수로 오늘의 골기와 팔작지붕 건물로 전하게 되었다. 지방기념물 6호로 지정되어 전한다.
• 면앙정삼언가俛仰亭三言歌 : 송순이 자신이 경영하는 면앙정에서의 삶을 노래한 삼언시三言詩이다. 모두 8구로 된 4연의 3언시인데, 그 내용은 이러하다. 俛有地 仰有天 亭其中 興浩然 招風月 挹山川 扶藜杖 送百年

송순의 면앙정 삼언가

54) 2002年12月31日 無等山下俛仰亭歌所懷也 送年之際回憶著述『湖南詩壇研究』今詠其中宋純作俛仰亭三言歌 因之起興以反映送舊迎新之懷矣 乃連作三言詩二首 又作七言詩一首 固取其詩之頭韻字以次韻 又追求其內容而述懷也

• 앙관仰觀 : 앙첨仰瞻. 우러러보는 것.
• 인의仁義 : 인과 의. 도덕의 뜻으로 이르는 말.
• 지견智見 : 지혜와 식견.
• 인문人文 : 인류의 문화. 또는 인륜人倫의 질서.
• 진선眞善 : 진과 선.
• 送 : 다할, 줄, 바칠 송

俛地仰天欲浩然　땅을 굽어보고 하늘을 우러러 호연함을 누리려면,
亭內興趣不可斷　정자 안의 그 흥취 끊을 수 없으리라.
招友挹情論隆替　벗을 불러 정 나누며 세상의 흥망성쇠 논하려면,
扶世送迎計眞善　부세의 송구영신에 진선을 계획함이라오.

• 면앙俛仰 : 부앙俯仰. 아래로 내려다봄과 위로 쳐다봄.
• 호연浩然 : 넓고 큼. 이 시에서는 호연지기浩然之氣를 염두하고 이른 조사措辭이다.
• 호연지기浩然之氣 : 온 세상에 가득 찬 넓고 큰 원기. 또는 사람의 마음에 차 있는 너르고 크고 올바른 기운.
• 융체隆替 : 성쇠盛衰. 흥체興替. 성함과 쇠퇴함.
• 부세扶世 : 세상일을 돕고 보호하는 것.
• 송영送迎 : 송구영신送舊迎新. 묵은해를 보내고 새해를 맞음.

제2부

(1993～2002) 하편

★ 五月恩師訓[55) 오월에 있었던 은사님의 가르침

民主廣場先鋒將 민주광장에 앞장선 대장이시어,
壇上吼號尚琤琤 단상에서의 그 외침 아직도 귀에 쟁쟁.
永遠不滅金子塔 영원히 잊지 못할 금자탑이러니,
五月精神應相承 은사님의 5월 정신 응당 계승되어야 하리.

- 오월五月 : 1980년 5월 18일의 오월. 당시 전남의 광주에서 군부독재에 항거하여 자유・민주・정의를 외치던 5・18을 염두하여 상징적으로 이르는 말.
- 은사恩師 : 은부恩傅. 가르침의 은혜를 끼친 스승. 전남대학교 사범대학 국어교육과에 재직하셨던 정익섭丁益燮 교수를 두고 이름.
- 민주광장民主廣場 : 군중들이 민주주의를 갈망하여 부르짖던 넓은 장소. 이 시에서는 전라남도청 앞에 있는 분수대噴水臺를 중심으로 형성된 넓은 공간을 두고 이름.
- 선봉先鋒 : 전봉前鋒. 맨 앞장.
- 단상壇上 : 교단・강단 등의 단의 위. 전라남도청 앞에 있는 분수대噴水臺 위의 단을 두고 이름. 이는 사람의 키보다 더 높직이 쌓아올린 널찍한 대이므로 연단演壇으로 쓰일 수 있는 곳임.
- 후호吼號 : 소리 높이 외침. (吼 : 사자 우는 소리, 높고 긴 소리 후) 여기서는 당시 민주民主・자유自由・정의正義를 내용으로 한 선언문 낭송의 큰 목소리를 두고 이름.
- 쟁쟁琤琤 : 맑은 물소리의 형용. (琤 : 옥 소리 쟁) 옥이나 좋은 금속의 울리는 소리가 매우 맑음. 목소리가 매우 뚜렷하고 맑음. 전에 들은 소리가 잊히지 않고 귀에 들리는 듯함.

---

55) 1993年1月18日 回想五月恩師之訓也 今永別恩師丁益燮先生 而作詩〈恩師永訣〉2首 連作〈寒天歸路〉1首也 回顧1980年5月 先生被選全南大學校教授協議會長 其後日採擇教授時局宣言文於同會矣 翌日學生大擧炬火示威 集結全南道廳廣場 齊唱民主自由正義以義擧也 當時先生登廣場噴水臺 我傳達宣言文 以吼聲朗誦之群衆前 歡呼聲衝天 全南大生及市民共同集結 打倒獨裁之聲衝天 民主喊聲感天動地 遂樹永遠紀念事也 當時義行歷歷想起 而作詩以祈願恩師冥福矣

- 영세불망永世不忘 : 영원히 잊지 않음.
- 금자탑金子塔 : 金자 모양의 탑. 곧 피라미드 같은 것. 후세에 남을 뛰어난 업적을 비유적으로 이르는 말.
- 상승相承 : 서로 계승하는 것.

先導抗拒獨裁政 앞장서서 군부 독재정치에 항거하였다오.
尙今若聞民權唱 민권을 외치던 소리 아직도 귀에 들리는 듯.
五月義行傳靑史 5월의 의로운 행적 역사에 길이 전하리니,
唯企安眠天堂中 오직 바라건대 천당에서 편히 잠드소서.

- 항거抗拒 : 순종하지 않고 맞서서 반항하는 것.
- 독재獨裁 : 모든 권력을 쥐고 독단으로 일을 지배하는 것. 또는, 그리 되는 일.
- 민권民權 : 국민의 신체 재산 등을 보장하는 권리. 또는 국민이 정치에 참여하는 권리.
- 의행義行 : 의로운 행위.
- 청사靑史 : 역사상의 기록.
- 안면安眠 : 편안히 잠을 자는 것. 이곳 시에서는 이미 작고하여 무덤 속에 잠들고 계실 은사님에 대한 기원임.

★ 寒天歸路[56] 추운 겨울 귀가 길에

萬頃雪原成銀世 넓고 넓은 눈밭은 온통 은세계요,
千山樹林著白衣 온 산의 나무들 흰옷을 입었네.
氷板往來如龜步 어름판 도로의 왕래 거북걸음인데,
高空玉屑舞百戱 높은 하늘 날리는 눈 온갖 춤이구나.

---

56) 1993年1月18日 高速道路上雪程當惑之懷也 恩師丁益燮教授作故 葬禮於忠淸道故人之先山 臨地而別情難堪 而述懷永別之情(絶句2首) 歸路與同僚教授一同搭乘歸光車矣 時下小寒節 終日降雪而難行道 乘客皆焦燥以不安 別無打開策以無可奈何 乃當面心懷吐如是 參照當日作〈恩師永訣〉(第2部上篇)

車輛停滯歸程難	차량은 정체되어 돌아갈 길 막막할새,
寒雲飛風與誰議	한운과 비풍이여 이를 누구와 의논할꼬.
愚者遑遑欲何之	어리석은 자여 서두르며 어디를 가려는가.
無謀人生但自唏	무모한 인생이라, 절로 짓는 한숨뿐이로다.

- 한천寒天 : 한절寒節. 추운 겨울철.
- 만경萬頃 : 지면이나 수면이 아주 넓은 것을 이르는 말. 경頃은 면적의 단위로 밭 100묘畝의 넓이를 말함.
- 설원雪原 : 설전雪田. 눈밭.
- 옥설玉屑 : 옥을 바수어 만든 가루라는 뜻으로, 눈(雪)의 미칭.
- 백희百戱 : 온갖 연희演戱.
- 한운寒雲 : 겨울 하늘에 뜬 구름.
- 황황遑遑 : 갈팡질팡 어쩔 줄 모르게 급함.

★ 立石臺別章[57] 입석대와의 별장

身 : 登陟已疲勞	몸 :	더 오르기에는 이미 지쳤으니,
請以催歸休		집에 돌아가서 쉬기를 재촉하자구나.
心 : 靈山有秘境	마음 :	신령한 산이라 비경도 있을진대
曷爲負尋幽		오늘의 심유 어찌 저버리려는고.
身 : 落陽向咸池	몸 :	석양의 해 함지를 향해 넘어가려 하는데
況且行處留		하물며 가는 곳 마다 머물 건가.
心 : 詩囊尚未滿	마음 :	아직도 글 주머니는 차지 않아 아쉬우니
暫與立石友		잠시만 선돌과 벗하자구나.

57) 1993年8月6日 無等山立石臺探訪後惜別之懷也 登攀無等山立石臺 至獐佛峙(장불재)而望立石臺 雖無山中獐行 數十尺屛風石列立 而別有山川 則是仙界 先作7言詩6首矣 下直立石臺之際 不能抑山情 故取以身與心對話體 詠惜別之情如此也 參照當日之詩 〈訪立石臺〉(第2部上篇)

• 입석대立石臺 : 앞에 든 상편上篇의 시 〈방입석대訪立石臺〉의 주 참조.
• 별장別章 : 이별의 정을 나타낸 시문.
• 등척登陟 : 등고登高. 높은 곳에 오르는 것.
• 비경秘境 : 신비스러운 경치.
• 심유尋幽 : 이름난 곳을 물어서 찾는 것. 깊은 도리를 구하는 것.
• 낙양落陽 : 석양. 저녁때의 해. 또는 그 햇빛.
• 함지咸池 : 해가 진다고 하는 큰 못.
• 행처行處 : 가는 곳마다.
• 시낭詩囊 : 시의 원고를 넣어두는 주머니.

★ 歲暮山行有感[58] 섣달그믐 산행 길에서의 감회

冬天落木懼朔風 겨울철 잎 진 나무들 차가운 북풍을 두려워하나,
瑞石長松毅然青 상서롭다는 서석산의 낙락장송 의연히 푸르구나.
晦日登高固有以 그믐날 높은 곳 오르기는 실로 까닭이 있어서니,
欲就嶺上圖鵬程 고개 위에 올라서 가야할 먼 길 꾀하고자 함이라네.

• 세모歲暮 : 세밑. 세종歲終.
• 낙목落木 : 나뭇잎이 떨어진 나무.
• 삭풍朔風 : 겨울철의 북풍.
• 서석瑞石 : 서석산의 약칭. 무등산의 별칭. 앞에 든 제1부 하편下篇의 시 〈무등산세無等山勢〉의 주 참조.
• 장송長松 : 훤칠하게 자란 큰 소나무.
• 의연毅然 : 의지가 굳세어서 끄떡없음.
• 以 : 까닭 이.
• 붕정鵬程 : 앞으로 가야할 머나먼 길.

---

58) 1995年1月30日 無等山行路上歲暮之懷也 陰曆甲戌年晦日登無等山 經由藥師庵與璽印峯三距離而向僧頭峯(중머리재)矣 登行路上不順坦 步步自生開拓之興 又路邊長松不拘雪寒以青青 教示人生常道也 遂達嶺上以望遐邇 則一見數百里 可謂前有鵬程矣

★ 院內堂山木[59] 병원의 정원에 있는 당산나무

青龍白虎護鶴洞 청룡과 백호 학동마을을 거느리고 있어,
老巨偉勢頑僊像 오래된 거목의 위세 선인仙人의 상이로세.
亭子之役幾百年 정자 구실을 한 지 몇 백 년이 되었는고.
輩出名醫救世上 명의들을 배출하여 세상을 구제하고 있다네.

학동 느티나무와 천년완골 표지비

- 원내院內 : 원(院)자가 붙은 각종 기관의 안. 여기서는 전남대학교 의과대학병원(광주시 동구 학동 소재)의 안, 또는 그 곳 정원의 안을 두고 이름.
- 당산목堂山木 : 당산나무. 느티나무의 별칭. 마을의 수호신으로 여겨 제사를 지내주는 나무로서 신목神木이라고도 이르는데, 1994年 2月 18日 광주광역시에서 기념물 제19호로 지정한 학동鶴洞 느티나무를 두고 이름. 현지의 안내판에 의하면 나무의 높이 약 20m, 둘레 5.8m, 수령 350년, 당산목堂山木 신목神木이라 소개되어 있다. 또한 느티나무는 그늘이 넓어서 정자나무로도 일컫는다.
- 청룡青龍 : 민속상 동쪽 방위의 목木 기운을 맡은 태세신太歲神을 상징한 짐승.
- 백호白虎 : 민속상 서쪽 방위의 금金 기운을 맡은 태세신太歲神을 상징한 짐승.
- 학동鶴洞 : 광주광역시 동구의 행정구역에 있는 마을 이름. 전남대학교의 의과대학과 전남대병원이 있는 마을의 이름.
- 노거老巨 : 노거수老巨樹를 두고 이름. 거목巨木. 수령이 많고 커다란 나무.
- 완선頑僊 : 완고한 선인仙人. 도를 닦는 사람. 도사道士.
- 정자지역亭子之役 : 정자의 구실. 집 근처나 길가에 있는 큰 나무를 정자나무라고 이르는 바, 그러한 역할을 하는 느티나무를 두고 이름.

---

59) 1995年10月8日 鶴洞堂山木所懷也 此庭園樹卽光州直轄市東區鶴洞所在全南大學校醫科大學病院區域內老巨樹也 1994年2月18日 市指定記念物第19號 樹齡350年以神木重視保護矣 所謂亭子木者而其威勢神秘堂堂 一見不能抑各種感懷 側有石碑 稱千年頑骨而傍證其來歷矣

• 명의名醫 : 병을 썩 잘 고쳐 이름난 의사. 의과대학을 입학하여 이곳에서 의술을 닦아온 의사들을 두고 이름.

千年頑骨古蹟碑　천년 완골이라 이르는 유적의 비,
默默禮讚神木奇　묵묵히 신목의 기이함을 예찬하고 있네.
巖面樹皮刻其歷　바위 표면과 나무껍질엔 그 내력 새겨있어,
榮枯盛衰能可知　세상의 영고성쇠를 능히 알 수 있구나.

• 천년완골千年頑骨 : 당산나무 옆에 오래된 석비石碑가 세워있는데, 그 앞면에는 오랜 세월을 두고 올곧으며 강직하다는 뜻으로 千年頑骨, 후면에는 이 고을의 목사牧使 신익전申翊全(1605~1660, 조선조 효종 때의 문신. 자는 여만汝萬, 호는 동강東江)의 선정비善政碑(선정을 베푼 관원의 덕을 기념하기 위해 세운 비석)라는 뜻으로 牧使申公翊全善政碑라 한 글자가 새겨 있다.
• 고적古蹟 : 유적遺跡. 남아있는 옛날 물건이나 건물, 또는 그런 것이 있던 터.
• 예찬禮讚 : 훌륭한 것, 좋은 것, 아름다운 것을 높이고 기리는 것.
• 신목神木 : 당산나무. 마을의 수호신으로 여겨 제사를 지내는 나무.
• 영고성쇠榮枯盛衰 : 사물의 성함과 쇠함이 서로 뒤바뀜.

★ 光州湖上[60] 광주호 위에서

鶴洞溪邊仙禽遊　학 마을의 시냇가엔 두루미 때 놀았는데,
桑田碧海湖悠悠　상전벽해라, 시내는 자취 감추고 호수만이 유유해.
壯元峯嵐與水颭　장원봉 아지랑이 물결과 어울려서 살랑이는데,
甑巖川達松江流　증암천의 물줄기 송강의 시내로 흘러드는구나.

60) 1994年11月1日　光州湖上尋幽之懷也　經由潭陽郡南面鶴仙里開仙寺址後臨光州湖邊而遊步湖岸　則想起周邊古今遺蹟　鶴尾洞・壯元峯・甑巖川・祈子巖・開仙寺・小山亭・桐江釣臺・觀水亭・觀稼亭・龍潭臺・鳳鳴亭址等一一難列擧　皆誘我作詩矣　乃得句如下　金風颼颼波浪起　鷺去湖空人跡迷

맑고 푸른 광주호와 원근의 무등산

• 광주호光州湖 : 광주광역시 북구 충효동과 담양군의 고서면, 그리고 남면 사이에 위치한 길이 505m의 호수.(1974년에 착공, 1976년에 완공) 주로 무등산의 서북부에 흐르는 물이 모아 형성된 호수. 무등산의 원효계곡元曉溪谷과 연천계곡燕川溪谷, 아울러 그 아래 흐르는 소쇄계瀟灑溪 · 창계滄溪 등의 물이 합류하여 이루어진 물.
• 학동鶴洞 : 담양군 남면南面의 학선리鶴仙里에 편입된 학미동鶴尾洞을 가리킴. 1976년 광주호의 완공으로 호수에 잠긴 마을이다.
• 선금仙禽 : 선학仙鶴. 두루미.
• 상전벽해桑田碧海 : 뽕나무밭이 변하여 푸른 바다가 된다는 뜻으로 세상일의 변천이 심함을 비유.
• 유유悠悠 : 여유가 있고 태연함. 멀고 아득함.
• 장원봉壯元峯 : 담양군의 남면 학선리와 고서면 분향리의 경계에 이르는 산. 산의 남서쪽에 광주호가 자리하고 있다.
• 증암천甑巖川 : 1976년 광주호가 완공되기 전, 그 수문 자리에는 증암甑巖(속칭 시루바위, 또는 기자암祈子巖)이 있었는데 이로부터 흐르는 물을 가리킴. 이는 광주호 바로 아래에 위치한 증암교甑巖橋를 거쳐 담양군 고서면의 죽록평야竹綠平野에 이르고, 이어서 원강리院江里에 있는 대명산(담양산潭陽山의 속칭) 언덕에 세워진 송강정松江亭(죽록정竹綠亭) 아래의 죽록천竹綠川으로 합류하는 긴 시내이다.
• 송강松江 : 죽록천竹綠川의 딴이름. 송강정 아래에 흐르던 시내를 가리킴.

無等勝事隨處留	무등산의 훌륭한 사적 가는 곳마다 남아있어,
鳴陽陳跡皆名區	명양의 묵은 발자취 모두가 이름난 곳이로세.
開仙寺趾千載痕	개선사의 옛터 역시 천년 넘은 흔적이라,
僧籍杳然暫可追	스님들 소식은 묘연하나 잠시 추구할 만하여라.

• 무등無等 : 무등산無等山의 약칭. 서석산瑞石山의 별칭. 앞에 든 제1부 하

편의 시 〈무등산세無等山勢〉의 주 참조.

- 승사勝事 : 뛰어난 일. 훌륭한 사적.
- 수처隨處 : 어디든지. 닿는 곳마다.
- 명양鳴陽 : 담양潭陽의 옛 이름으로 부르던 명양현鳴陽縣을 가리킴.
- 진적陳跡 : 지난날의 묵은 자취.
- 명구名區 : 명구승지名區勝地. 명승지名勝地. 이름난 곳과 경치 좋은 곳.
- 개선사開仙寺 : 담양군 남면 학선리(개선동開仙洞의 편입으로 이루어진 마을)에 있었다는 옛날의 절 이름. 고적으로 개선사 터에 있는 개선사석등開仙寺石燈은 보물 111호로 지정, 보존되고 있다.
- 천재千載 : 천세千歲. 천년이나 되는 세월.

★ 南畊夢[61] 남경의 꿈

義和如流不可泝 세월은 유수와 같아서 거슬러 갈 수 없네.
人生冉冉須臾老 이 인생 나이만 들어 잠시에 늙어버렸구나.
天若授余一紀半 하느님께서 만약 18년만 더 내려준다면,
回婚再檢入室道 회혼엔 숭고한 입실의 도 다시 점검하리라.

- 남경南畊 : 작시자인 본인의 호號. 우리 한국의 남단에 위치한 전라남도 출신이요, 무안군 청계면 남안리南安里에서 출생한 나로서, 남도를 일구어 크게 발전시키고, 남도인의 기개와 이상을 국내는 물론 지구촌에 널리 떨치기 위해서는 자신이 전공하는 학문 성취가 기본임을 염두하여 남경이라 한 호를 취하였다.
- 희화義和 : 중국 신화에 나오는 인물로서, 요제堯帝 때에 역법을 관장하던 희씨義氏와 화씨和氏. 이로 연유하여 태양을 모는 사람. 또는, 일월日月(세월歲月)을 비유하는 말로 통용된다.

---

61) 1997年11月1日 南畊書齋消日中生日紀念敍懷也 今日卽陰曆10月2日 當66歲生日也 其間南畊之大計多未盡 已望古稀矣 切感人生無常 欲構想晩境之大計 亦重視眞善美 而具顯昇堂入室之道也

- 염염冉冉 : 나아가는 모양. 세월이 흐르는 모양. (冉 : 가는 모양 염)
- 수유須臾 : 잠시
- 일기반一紀半 : 1기는 12년이므로, 1기하고 또 그 반은 18년의 기간이 됨.
- 회혼回婚 : 혼인한 지 예순 돌 되는 날. 또는 그 해. 여기서는 앞으로 다가올 2015년 12월을 염두하고 이르는 말임.
- 입실入室 : 승당입실昇堂入室에서 연유한 말. 마루에 올라 방에 들어온다는 뜻으로, 학문이 점점 깊어짐의 비유. 또한 승당은 학문기예學問技藝의 큰 뜻에 나아가는 일. 또는, 나아가 공명정대公明正大한 경지에 이르는 것이요, 입실은 다시 나아가 비오 정치秘奥精緻한 경지에 도달함을 비유한다. 승당입실은 또 학문을 닦아 도道에 나아가는 차제次第를 두고 이르기도 함.

★ 座右銘詩[62] 가르침으로 삼을 좌우명 시

日暖風和裏 날씨 따뜻하고 바람 온화한 가운데,
南畊達萬里 남경의 꿈은 만 리 개척을 이루리라.
昇堂須入室 승당하면 모름지기 입실을 성취하여
應具眞善美 응당 갖진 진선미를 구비하리로다.

- 좌우명座右銘 : 늘 옆에 갖추어 두고 가르침으로 삼는 말이나 문구.
- 일난풍화日暖風和 : 날씨가 따뜻하고 바람이 부드러움.
- 남경南畊 : 작시한 본인의 호號. 앞에 든 작시〈남경몽南畊夢〉의 주 참조.
- 승당입실昇堂入室 : 앞에 든 작시〈남경몽南畊夢〉의 주 참조.
- 진선미眞善美 : 진・선・미를 아울러 이르는 말. 곧 이상에 합치된 상태.

62) 1998年2月28日 龍鳳教場退任時所懷也 停年退職于全南大學校(光州直轄市北區龍鳳洞所在)教授職 回顧生涯 奉仕40餘年教職生活而纔昇堂格矣 感懷不能禁再覺悟達成入室境地 而作座右銘詩也 參朝去年11月作詩〈南畊夢〉

★ 香林寺臥佛前[63] 향림사 와불 앞에서

白石山寺梵鐘鳴 백석산의 산사에서 불종이 울리니,
遠野鵬翼千里昇 먼들에 나는 비행기 천리 높이 날아오르네.
臺上覺者每正念 대 위에 있는 부처님 매양 정념하고서
敬聽淨土發願聲 정토 발원하는 염불 소리 경청하는구나.

- 향림사香林寺 : 광주시 서구 치평동治平洞에 있는 절. 백석산白石山 서북단의 끝 높은 산언덕에 위치하여 원방의 전망에 좋은 곳임. 여기에는 대웅전大雄殿 · 명부전冥府殿 · 범종각梵鐘閣 · 와불석대臥佛石臺 등이 있다.
- 와불臥佛 : 누워있는 부처. 향림사에는 명부전 바로 뒤에 대형 와불이 있어 신도들의 참배가 이루어지고 있다. 좌우 7.4m, 높이 2.15m 크기의 석대 위에 와불이 누워있고, 그 석대의 앞 우측 가까이에는 불기 2526년(서기 1961)에 세운 석등石燈이 보인다.
- 백석산白石山 : 광주시 서구 치평동治平洞과 금호동金湖洞 사이에 있는 대야산. 여기에는 운천사雲泉寺 · 향림사香林寺 · 금광사金光寺 등 명찰이 있어 널리 알려져 있다.
- 범종梵鐘 : 불종(佛鍾). 절에서 사람을 모이게 하거나 시각을 알리는 종.
- 원야遠野 : 멀리 보이는 들. 향림사에서 광산구 송정리松汀里 쪽으로 멀리 펼쳐 보이는 들을 두고 이름. 거기에는 광주비행장이 있다.
- 붕익鵬翼 : 붕새의 날개. 향림사에서 멀리 바라보이는 광주 비행장의 비행기를 상징적으로 달리 이르는 말임.
- 각자覺者 : 깨닫기 위한 수행을 완전히 마치어, 스스로 깨닫고 남을 깨닫게 하는 사람. 곧, 부처를 이름.
- 정념正念 : 팔정도八正道의 하나. 잡념을 떠나 진리를 구하는 마음을 언제나 잊지 않는 일.

---

63) 1998年6月21日 香林寺臥佛參拜之懷也 光州市西區所在白石山麓有三大寺刹 其中香林寺位置於山西北端高丘 能遐望光州飛行場 特奉安大形臥佛 其名聲類別矣 今自白石山散策路入口山行約1km後到着目的地 石臺上大佛毅然臥 前後臺面8菩薩像亦無言以歡迎也 乃前面菩薩像例示 則地藏菩薩大勢至菩薩彌勒菩薩觀世音菩薩等4菩薩像也 又夏至暑氣上昇 難免出汗 連續暗誦觀自在菩薩 則不知中全身輕快 臥佛正念歡迎矣

• 경청敬聽 : 남의 말을 존경하는 태도로 듣는 것.
• 정토발원淨土發願 : 죽어 극락에 가기를 원하여 빎.

★ 落照臺吟(64) 낙조대에서 읊다

遐邇潛夕煙 원근이 저녁때의 연기 속에 잠겼는가.
紫雲盈西天 자줏빛 구름 서녘하늘에 가득하여라.
佛修極樂願 향림사의 부처님 극락원을 닦고 있는데,
落陽方焚塵 지는 해는 한창 속세의 먼지 불태우는구나.

• 낙조대落照臺 : 지는 햇빛(저녁놀)을 멀리 바라는 언덕. 이 시에서는 서쪽 하늘 멀리 지는 해를 바라보기 좋은, 향림사가 위치한 높은 산언덕을 편의상 이르는 말.
• 하이遐邇 : 원근遠近. 멀고 가까움. 먼 곳과 가까운 곳.
• 석연夕煙 : 저녁 때 떠오르는 연기.
• 자운紫雲 : 자줏빛 구름. 또는 상서로운 구름.
• 극락원極樂願 : 극락에 왕생하고 싶다는 소원.
• 낙양落陽 : 석양夕陽. 저녁때의 해. 또는 그 햇빛.

晩暉極恍惚 석양의 햇빛 황홀함을 다해 극치로다.
樹葉總爲緞 나뭇잎도 모두 고운 비단이 되었네.
孰云暫時景 그 누가 이를 잠시의 경치라고 이르는고.
香林每日觀 향림사에선 매일 보는 경치라오.

• 만휘晩暉 : 저녁 햇빛. 해가 질 무렵의 햇빛.
• 향림香林 : 향림사香林寺를 두고 이름. 앞에 든 시 〈향림사와불전香林寺臥佛前〉의 주 참조.

---

64) 1998年6月21日 香林寺夕照之懷也 白石山行之後到着香林寺後側 先參拜臥佛至大雄殿前面 則遠邇豁然 一望千里 尺吳寸楚也 方午後夕陽企待遠山落照 然夕霧濛濛以甚憂慮 臥佛施惠 遂霞望落照則千萬多幸矣 參照當日作詩〈香林寺臥佛前〉(第2部上篇)

★ 禿頭自述[65] 대머리에 대한 자술

脫毛終無拒 머리털이 빠져도 끝내 거부하지를 않았다네.
三十前年始 30년 전부터 비롯했던가보다.
烏爲厭鬒髮 내 어찌 고운 머리 싫어 하리오만은,
天成不必避 자연스러운 일 굳이 피할 필요 없어서로다.

• 독두禿頭 : 올두兀頭. 독로禿顱. 대머리.
• 자술自述 : 스스로 진술하는 것.
• 탈모脫毛 : 털이 빠지는 것. 또는 그 털.
• 진발鬒髮 : 검고 아름다운 머리.
• 천성天成 : 자연스럽고 도리에 맞는 일.

衆頌我禿顱 뭇사람들 내 대머리를 두고 칭송하되,
頭相豁達形 활딱 벗긴 머리 활달한 모양이라네.
曷其此生逝 언젠가는 이승에서 떠나갈 인생이니,
唯願南畊夢 오직 바라건대 남경의 꿈만은 이루어지기를.

• 독로禿顱 : 앞에 든 독두의 주 참조.
• 두상頭相 : 머리의 모양 또는 생김새.
• 활달豁達 : 도량이 넓고 큼. 이곳 시에서는 머리가 벗어진 사람을 흔히 활딱보라고 한데서 이에 대한 취음표기를 겸한 것임.
• 갈기曷其 : 언젠가. 어느 날엔가.
• 남경南畊 : 작시한 본인의 호號. 앞에 든 작시〈남경몽南畊夢〉의 주 참조.

---

65) 1999年11月9日 南畊書齋讀書中生日所懷也 今日卽陰曆10月2日 當68歲生日 回想去歲月 又望來日月矣 鑑賞美壽之際作詩〈南畊夢〉則至今心情如前 且連作今己卯年述懷如此 卽我禿頭之所見也

★ 又(禿頭自述)[66] 또다시 짓다(대머리에 대한 자술)

問余那爲冒兀頭 내게 묻되 어이해 대머리를 무릅썼나 하면,
快而應答心自負 쾌히 응답하며 마음은 스스로 자부한다오.
人生焉有恒鬒髮 인생에게 어찌 고운 머리만이 항시 있으랴.
髟黑二毛不必拘 희든 검든 반백에 구애될 필요 없다네.

- 독두禿頭 : 앞에 든 시 〈독두자술禿頭自述〉의 주 참조.
- 올두兀頭 : 독두禿頭. 독로禿顱. 대머리.
- 자부自負 : 어떤 일에 대하여 스스로 자기의 가치나 능력에 대해 자신을 가지는 것.
- 진발鬒髮 : 앞에 든 시 〈독두자술禿頭自述〉의 주 참조
- 髟 : 머리털 희뜩할 표.
- 이모二毛 : 검은 머리털과 흰 머리털. 반백斑白.

★ 雲泉池蓮花[67] 운천 저수지의 연꽃

數多非必喜 수가 많다고 기뻐할 것만은 아니리라.
至賤莫如稀 너무 많아도 희귀함만 같지 못하니라.
濂溪尤愛蓮 이름난 주돈이 유달리 연을 사랑했다는데,
所以決不枝 그 연 결코 지저분하지 않았기 때문이라오.

- 운천지雲泉池 : 광주광역시 서구 치평동의 백석산白石山 아래 운천사雲泉寺 가까이에 있는 운천저수지.

---

66) 1999年11月9日 南畔書齋讀書中生日所懷也 參照當日作詩〈禿頭自述〉

67) 2000年6月14日 雲泉貯水池蓮花所懷也 午後散策白石山之際 探訪近距離所在雲泉寺 又至治平洞所在雲泉貯水池也 水中蓮花誘惑接近 躑躅於湖畔 而聯想再昨日所見務安白蓮池矣 此塘亦多蓮華 池水決不清潔而蓮獨秀 切感環境美化 蓮獨出淤泥而不染不枝耳 參照再昨日作詩〈白蓮池蓮花頌〉(第2部上篇)

• 지천至賤 : 너무 많아서 귀하지 않은 것.
• 염계濂溪 : 중국 북송의 유학자 주돈이周敦頤의 호. 자는 무숙茂叔. 〈애련설愛蓮說〉의 제작으로 유명함.
• 소이所以 : 까닭.
• 부지不枝 : 가지가 없음. 염계가 지은 〈애련설〉에서 연을 칭송하여 이르되 "蓮之出淤泥而不染 濯清漣而不妖 中通外直 不蔓不枝"라 한 데서 취한 조사구措辭句임.

★ 連翹花[68] 개나리꽃

花葉同氣間 꽃과 꽃잎은 한 몸에서 태어나는 동기간이라,
不見相思深 서로 만나지를 못해 그리는 정이 깊다구나.
黃片待綠變 노란 꽃잎은 푸른 잎 기다리다가 변했는가,
散華焉無心 흩어져 떨어지는 꽃인들 어찌 무심하리오.

• 연교화連翹花 : 개나리꽃. 개나리. 잎은 마주 나며, 이른 봄에 잎에 앞서 노란 꽃이 피고 9월에 열매를 맺음.
• 동기간同氣間 : 형제자매 사이.
• 상사相思 : 이성 사이에 서로 그리워하는 것.
• 황편黃片 : 개나리의 노란 화편花片(낱개의 꽃잎).
• 산화散華 : 산화散花. 꽃이 져서 흩어지는 것. 또는 그 꽃.

무등산 산길에 만발한 연교화

68) 2001年4月20日 無等山路連翹花散花所懷也 今季春穀雨之際 無等山行 至石谷水源池(光州市青玉洞所在)上川邊 多數連翹花滿發而始落花 花葉不相見 不無憫然矣 況時方嘉月 企待綠葉生也 又假想花冠已促求綠葉生而變爲黃 則散花亦起遺憾 人世安無如此之情景乎

★ 瑞石閒雲[69] 서석대의 한가한 구름

欲得出岫雲 바위 구멍 드나드는 저 구름 보고파서
時瞻瑞石天 때때로 무등산 서석대의 하늘을 쳐다보노라.
人羡勝地遊 사람마다 구름처럼 승지의 유람 부러워하나,
猶慮不及閒 걱정되기는 한운의 경지에 이르지 못함이라네.

• 서석瑞石 : 서석대의 약칭. 앞에 든 제1부 하편의 시 〈문야무등산수問也無等山水〉와 〈무등산세無等山勢〉의 주 참조.
• 한운閒雲 : 하늘에 한가히 떠도는 구름.
• 승지勝地 : 명승지. 경치가 좋은 이름난 곳.

★ 一女人像禮讚[70] 한 여인상 예찬

一笑百媚誰姿容 단번의 웃음에 백미 갖춘은 그 누구의 모습인고.
內含淳實尤可賞 마음에 순실함을 품고 있어 더더욱 칭송할만해.
譬如花有麗兼香 비유컨대 아름다움과 향기를 겸한 꽃이러니,
始覺舊友養雅情 옛 친구 우아한 정 길러왔음을 비로소 알겠노라.

• 여인상女人像 : 전형적인 여성의 모습. 또는 여성으로서 갖추어야 할 참다운 모습.

---

69) 2001年10月1日 無等山瑞石臺遐望之懷也 午後於韓國歌辭文學館(全南潭陽郡南面芝谷里所在)館長室執務 不知中念誦石川林億齡作〈息影亭20詠〉中〈瑞石閒雲〉而望窓外遠景瑞石閒雲 卽興以作此 兼例示石川之詩詞 則如下 溶溶嶺上雲 纔出而還斂 無事孰如雲 相看兩不厭

70) 2001年9月15日 瀟灑園探訪中故友邂逅之懷也 探勝之際 訪瀟灑園(全南潭陽郡南面支谷里所在) 相逢女子觀光客一行20餘名矣 其中目擊60余歲一女人 容貌端正 而兼備教養美 近來始見之模範女人也 內心判斷瑤林瓊樹 遂覺國民學校時節學友 不知中過半世紀之後相逢也 彼此本是郇出 日帝時克服劣惡環境以就學矣 今發見天生麗質以不蔓不枝 想起國教時節 則感慨無量 尤目睹人品資質非凡 故頌舊朋之女人像如此矣

• 예찬禮讚 : 훌륭한 것, 아름다운 것, 좋은 것을 높이고 기리는 것.
• 일소一笑 : 한번 웃는 것.
• 백미百媚 : 사람의 마음을 홀리게 하는 온갖 아름다운 태도.
• 자용姿容 : 모습, 또는 모양.
• 순실淳實 : 순량純良하고 소박하고 참됨.
• 구우舊友 : 옛적의 벗. 사귄 지 오래된 벗.
• 아정雅情 : 떳떳하고 우아한 정취. (雅 : 떳떳할 아)

出泥不染世稱妍 출니불염하니 세인들도 그 아름다움 칭송이구나.
天然玉質皆所戀 천연의 고운 바탕은 누구나 그리워하는 바라오.
浮生老來焉無恨 덧없는 인생 늙어가면서 어찌 한이야 없으랴만은,
粹美自若眞女人 순수한 아름다움으로 자약하니 참된 여인이로다.

• 출니불염出泥不染 : 흙탕에서 나왔지만 더러움에 물들지 않고 깨끗함. 중국 송나라의 염계濂溪 주돈이周敦頤가 그의 〈애련설愛蓮說〉에서 연蓮을 두고 이른 데서 연유함. 이 시에서 예찬하는 옛 친구는 본래 시골 태생임을 염두하고 이른 말임.
• 옥질玉質 : 여질麗質. 구슬같이 아름다운 자질.
• 부생浮生 : 덧없는 인생.
• 노래老來 : 늘그막을 점잖게 이르는 말.
• 수미粹美 : 순수한 아름다움.
• 자약自若 : 큰일을 당해도 놀라지 않고 평상시와 같이 침착하다.

★ 風峙雪景[71] 바람재의 설경을 두고

綠葉着素衣 푸른 나뭇잎 하얀 무색옷을 입었는지,
玉龍昇樹上 온갖 나뭇가지는 흰눈이 쌓인 옥룡이구나.

---

71) 2001年12月23日 無等山風峙雪景所懷也 與妻登無等山 回元曉寺後側 而至風峙(바람재) 由晩峙(늦재) 則山谷變爲銀世界矣 萬樹雪花滿發 天地蒙銀緞以無差別 實感無等之名義也 又無風而日氣淸靜 或風神猜之而作亂 催促下山矣

銀紈飾各象　은실 비단으로 갖가지 형상을 꾸며댔으되,
無等別有興　무등이라 한 이름엔 특별히 흥이 나구나.

- 풍치風峙 : 무등산의 늦재 삼거리에서 토끼등으로 이어지는 무등산 길 중간에 있는 바람재. 앞에 든 상편의 시 〈무등산행음無等山行吟〉의 주 참조.
- 소의素衣 : 색과 무늬가가 없는 흰옷. 여기서는 나뭇잎을 덮고 있는 흰눈을 두고 이름.
- 옥룡玉龍 : 눈이 쌓인 나뭇가지.
- 은환銀紈 : 은사로 짠 흰 비단.
- 무등無等 : 무등산無等山의 약칭. 앞에 든 제1부 하편의 시 〈무등산세無等山勢〉의 주 참조. '무등하다'는 뜻에는 또 등급이나 차별이 없다. 또는 정도가 그 위에 더할 나위없다는 의미도 있어, 이곳 시의 내면에는 이같은 뜻을 함께 염두한 시적 표현이다.

★ 季春述懷[72)] 늦봄에 이는 감회

四時造物恒創美　사시사철 조물주는 매양 미를 창출해 내네.
紅落綠生自然理　꽃 떨어지자 푸른 잎 생겨남은 자연스런 이치로세.
終而復始焉忘之　일을 마치면 곧이어 또 한 일 시작함을 어찌 잊으랴.
望八人生計不已　여든 바라보는 이 몸도 장래의 계획 그치지 않으리라.

- 계춘季春 : 늦 봄. 음력 3월.
- 술회述懷 : 마음속에 서려 있는 생각을 말하는 것. 또는, 그 말.
- 사시四時 : 춘・하・추・동의 사철.
- 조물造物 : 조물주의 준말. 우주의 만물을 만든 신. 조화옹造化翁.

---

72) 2002年4月23日　無等山下淸風公園(光州市北區靑玉洞所在)散策所懷也. 去3月22日交通事故以後回復健康　出勤韓國歌辭文學館(潭陽郡南面所在)而歸家時經由無等山淸風公園矣　暫時園內散策中　接綠樹春色而感得人生意慾也　今我71歲(壬申生) 有感題作如此 再換韻以5言改作如下 造物恒創美 終而連復始 紅落又生綠 望八計無已

• 창미創美 : 숭고한 아름다움을 창출해 내는 것.
• 홍락녹생紅落綠生 : 꽃이 떨어지면 곧 이어 녹엽綠葉이 성함을 이름.
• 종이부시終而復始 : 어떤 일을 마치자마자 연달아 일을 시작하는 것.
• 망팔望八 : 여든을 바라본다는 뜻으로 일흔 한 살, 또는 71세로부터 79세까지의 통칭.

★ 淸溪山藥水[73] 청계산의 약수

谿山泉流渙又澹 청계산 산수의 샘물줄기 한창 넘치면서 잔잔해.
一掬𣂏取能洗心 한 움큼 떠 마셔도 마음을 능히 시원케 하네.
碧水風趣因此優 자연 녹수의 풍취 이로 인해 넉넉해지기는 하나,
俗才勿事過慾貪 속된 재사들이어 지나친 욕심에 탐냄만을 일삼지 마오.

• 청계산淸溪山 : 경기도 의왕시儀旺市에 있는 산.
• 계산谿山 : 산과 계곡. 즉 자연 산수를 가리킴.
• 약수藥水 : 마시거나 몸을 담그거나 하면 약효가 있다는 물.
• 환환渙渙 : 물이 한창 흐르는 모양. (渙 : 물 출렁출렁할 환)
• 담담澹澹 : 물이 고요히 흐르는 모양. (澹 : 맑을 담)
• 일국一掬 : 한 움큼.
• 𣂏 : 뜰 구(挹)
• 세심洗心 : 마음을 깨끗하게 하는 것.
• 벽수碧水 : 녹수綠水. 푸른빛이 나는 깊고 맑은 물.
• 풍취 風趣 : 풍경의 아취雅趣.
• 속재俗才 : 세속의 일에 능한 재사才士.

---

73) 2002年6月17日 儀旺市淸溪山藥水場所懷也 昨日與妻上京 留宿京畿道果川所在次子倫秀第 翌日朝食後 向近距離所在淸溪山藥水5·6號矣 此山有鳴玉流藥水場設置於淸流之溪谷 則樂山樂水之山客不絶 可以探知名所也 參照當日所作〈淸溪山盤岩〉

★ 清溪山盤巖[74] 청계산의 너럭바위

林間榻巖丈餘廣 숲 속의 평상바위는 어른 키가 넘도록 넓네.
曲流漣痕如墨光 표면에 새겨진 물결무늬 먹 빛깔이 여전하여라.
何代遺芳誇長存 어느 때 남긴 필적이기에 오랜 자취의 자랑인고.
草露人生無不驚 덧없는 초로인생 놀래지 않을 수 없구나.

- 반암盤巖 : 넓고 평평한 너럭바위.
- 탑암榻巖 : 널찍한 평상처럼 생긴 바위.
- 연흔漣痕 : 호숫가나 해안의 지칭, 특히 사력암沙礫巖의 표면에 새겨져 있는 물결 모양의 흔적. 또는 바람에 의하여 모래나 눈 위에 만들어지는 물결 모양의 흔적. (漣 : 물놀이 칠 련, 잔잔한 물결의 움직임 련. 礫 : 조약돌 력)
- 묵광墨光 : 먹의 윤기. 글씨나 그림의 먹 빛깔.
- 유방遺芳 : 유묵遺墨. 생전에 남긴 필적.
- 초로인생草露人生 : 인생의 덧없음을 풀잎의 이슬에 비유한 말.

★ 避暑中偶詠[75] 피서 중에 읊다

氷清玉潔藏瓊章 사람의 맑은 심성 모두 다 좋은 글에 담겼으니,
耽溺名句忘暑中 명구에 즐겨 탐닉하노라니 무더움도 잊혀지구나.
高樓巨閣不必求 굳이 고루 거각만을 찾을 필요 있으랴,
含笑朗吟心自爽 웃음 머금고 읊고 보면 마음 절로 시원하다네.

---

74) 2002年6月17日 清溪山盤岩所懷也 清溪山在京畿道儀旺市 朝食後與妻向清溪山藥水5·6號 山行後休憩於樹下榻巖 可以想像林下風味矣 乃發見巖上有紋若是漣痕 或是古人遺墨 難解其神異 有感而作詩 參照當日作詩〈清溪山藥水〉脚註也

75) 2002年7月25日 南畊堂讀書中偶吟也 今爲大暑節 熱氣方酷甚 熱度昇三十有四晝中暴炎夜繼盛 雖稼動冷房器 暫想起高閣大樓矣 左支右吾中得詩經 念誦愛誦句以滌暑 此亦避暑之善謀也

- 우영偶詠 : 우음偶吟. 얼핏 떠오르는 생각을 시가로 읊는 것.
- 빙청옥결氷清玉潔 : 빙옥氷玉 같이 맑고 깨끗한 심성心性을 비유한 말.
- 경장瓊章 : 아름다운 글. 남의 글을 높여 일컫는 말.
- 탐닉耽溺 : 어떤 일을 몹시 즐겨서 거기에 빠지는 것.
- 서중暑中 : 여름의 더운 때.
- 고루거각高樓巨閣 : 고각대루高閣大樓. 높고 큰 다락집.
- 낭음朗吟 : 낭영朗詠. 시 따위를 소리를 높여 읊는 것.

★ 末伏山行吟[76] 말복날 무등산 산행하면서 읊다

瑞石山水誘人情 무등산의 산수가 사람 마음을 유혹함에,
與妻携手乃出行 처와 손잡고 산행에 나섰다네.
時惟金氣伏藏節 계절은 곧 가을기운도 숨어버린다는 때라,
庚日追求克暑方 경일에 더위 이겨내는 방법을 추구했다오.

- 말복末伏 : 초복·중복·말복 등 삼복三伏 가운데 마지막 복날. 입추가 지난 뒤의 첫 경일庚日. 여기에서 이르는 금년의 말복은 경술일庚戌日이다.
- 서석산瑞石山 : 무등산無等山의 별칭. 앞에 든 제1부 하편의 시 〈무등산세無等山勢〉의 주 참조.
- 출행出行 : 나가서 다니는 것. 또는, 먼 길을 떠나는 것.
- 금기金氣 : 가을철의 기운. 오행五行으로 사시절계四時節季를 가리킬 때에 금金은 가을에 해당하므로 가을의 기운이 됨.

무등산 길 아래의 계곡과 벽산녹수

76) 2002年8月10日 末伏無等山行之吟也 時序上再昨是立秋 而今庚戌日卽末伏矣 所謂金氣伏藏 酷暑如前 欲避暑而與妻登無等山行 擇元曉寺(光州市北區金谷洞所在)後行路 經由東華寺址下德山礫也 乃至兎峙(토끼등) 雖時末伏 不能禁樂山之興矣 遂覺脫炎天而入洞天仙界 滿喫山情也

• 복장伏藏 : 엎드려 숨는 것. 깊이 감추어 두는 것.
• 경일庚日 : 일진日辰의 십간十干 중 경庚이 드는 날. 이곳 시에서의 경일은 경술일庚戌日로서, 금년 입추가 지난 뒤의 첫 경일庚日에 해당하여 말복末伏이 되는 날임.

登向元曉後 원효사 뒷길을 찾아 위를 향해 오르면서,
細路間閒坐 좁은 산길에선 간간이 한가롭게 쉬었더니,
長松戴天空 훤칠한 소나무들 푸른 하늘을 이고 있고,
葛藟所處花 무성한 칡덩굴은 뻗는 곳마다 꽃이로다.

• 원효元曉 : 광주의 무등산 원효계곡元曉溪谷 위에 있는 원효사元曉寺(광주시 북구 금곡동 산 209 소재)를 두고 이름. 종래의 사찰은 1950년 6·25 동란으로 전소되었지만, 1980년에 현재의 모습으로 복원되었다.
• 장송長松 : 훤칠하게 자란 큰 소나무.
• 갈류葛藟 : 칡의 벋은 덩굴.
• 소처所處 : 어디든지. 닿는 곳마다.

時坐松根又臥巖 이따금 솔뿌리 위에 앉았다가 바위에 누웠더니,
却爲幽人聽地籟 어느새 산사람이 되었던가, 땅울림 듣는구나.
澗水涓涓繼潺流 골짜기의 물 졸졸 흘러 잔잔한 물결 이어가고,
谷風飄飄興淸懷 골바람이 날아올라 청아한 회포 일으켜 주네.
炎帝已隱萬山涼 더위는 이미 사라져서 온 산이 서늘한데,
林浴自娛香襲惱 임욕을 즐김에 그 향기 뇌 속까지 스며드는구나.
耽溺物化臨賞玩 만물의 변화에 정신이 홀려 실컷 상완하고 나니,
肉身遂脫紅塵鎖 육신은 마침내 속세의 쇠사슬 벗어버렸나 보다.

• 유인幽人 : 어지러운 속세를 피하여 깊은 곳에 숨어사는 사람.
• 지뢰地籟 : 땅이 울리는 갖가지 소리.
• 간수澗水 : 골짜기에서 흐르는 물.

• 연연涓涓 : 물이 조금씩 흐르는 모양. (涓 : 졸졸 흐를 연)
• 잔潺 : 물 졸졸 흐를 잔.
• 곡풍谷風 : 골바람. 골짜기로부터 산 위로 부는 바람.
• 표표飄飄 : 나부끼거나 날아오르는 모양이 가벼움.
• 염제炎帝 : 여름을 맡은 신神.
• 임욕林浴 : 자연의 숲 속에서 그 기운에 젖어 미역을 감 듯 온몸을 씻는 것.
• 자오自娛 : 자락自樂. 스스로 즐기는 것.
• 탐닉耽溺 : 어떤 일을 몹시 즐겨서 거기에 빠지는 것.
• 물화物化 : 물건의 변화.
• 상완賞玩 : 좋아서 보고 즐기는 것.
• 홍진紅塵 : 번거롭고 속된 세상.

伏日物外遊 복날 속진을 털고 물외에 노닐면서,
方湛唱隨歡 곧장 부창부수의 기쁨에 빠졌다네.
含情無限量 가슴 속에 담기는 정 한량이 없고,
心身頗輕軟 몸과 마음도 한결 가벼워라.
誰羨乎皇宮 그 누가 제왕의 궁궐을 부러워하랴.
樂山莫勝焉 산수 즐김은 이보다 더 좋을 수 없네.
雜念旣消盡 갖가지 잡념도 이미 다 떨쳐버렸으니,
安謂黃塵緣 이 어찌 속세에서의 인연이라 이르랴.

• 복일伏日 : 복이 드는 날. 시에서는 말복末伏의 복날을 말한다.
• 물외物外 : 세상 물정의 바깥.
• 창수唱隨 : 부창부수夫唱婦隨의 준말. 남편이 주장하고 아내가 잘 따르는 것이 부부 사이의 도리라는 뜻.
• 경연輕軟 : 가볍고 부드러움.
• 황궁皇宮 : 황제의 궁궐.
• 요산樂山 : 요산요수樂山樂水의 약칭. 산수의 자연을 즐김.
• 황진黃塵 : 속진俗塵. 속세의 티끌, 곧 세상의 번잡한 사물.

三伏炎熱鎔大地 삼복의 심한 더위 대지를 녹아내지만,
泉石送風林下起 자연이 보내는 시원한 바람 숲 속에서 이는구나.
松芬葛香滿胸次 소나무와 칡덩굴의 향내 가슴 속에 가득하고,
衆籟令吾忘我醉 산천의 온갖 소리 망아지경에서 취케 하네.
眼前綠峰連重疊 눈앞의 푸른 봉우리도 연이어 중첩해 있어,
洞天仙境亦可知 신선이 산다는 신비한 경지 가히 알만하여라.
瑞石山情一簾到 무등산의 정취 구슬처럼 꿰어 줄지어 이르니,
不得不借琅玕智 아름다운 글 짓는 지혜 빌지 않을 수 없구나.

- 삼복三伏 : 삼경三庚. 초복·중복·말복의 총칭. 여름철의 몹시 더운 기간.
- 염열炎熱 : 염서炎暑. 몹시 심한 더위.
- 천석泉石 : 수석水石. 주로 물과 돌로 이루어진 자연의 경치.
- 芬 : 향기로울 분.
- 흉차胸次 : 흉금胸襟. 속마음. 가슴속에 품은 생각
- 중뢰衆籟 : 만뢰萬籟. 자연의 만물이 내는 온갖 소리.
- 망아忘我 : 몰아沒我. 자기를 잊고 있는 상태.
- 동천洞天 : 산천으로 둘러싸인 경치가 좋은 곳.
- 선경仙境 : 신선이 산다는 곳. 경치가 신비스럽고 그윽한 곳.
- 일렴一簾 : 구슬 등이 연이어 내리는 모양. 또는, 비가 오는 모양.
- 낭간琅玕 : 아름다운 돌이라는 뜻으로 아름다운 문장의 비유. (琅 : 옥소리 랑)

★ 聞蟬吟[77] 매미 우는 소리를 듣고서

百蟬競鳴嘈嘈嘍 온갖 매미들 다투어 울어대니 시끌벅적한데,
人世難解嘒嘒嘔 인세에선 알아듣기 어려운 매미의 노래로다.

---

77) 2002年8月15日 龍鳳東山蟬吟所懷也 全南大學校(光州直轄市北區龍鳳洞所在)第一學生會館後有樹林丘 是爲散策且林浴適地 間或登之人無不多 比較的多年老者又女子矣 我亦與妻同伴行于此東山而歸 今聞衆蟬吟 酷似銅鼓轟烈 疑是與野黨間極限相爭之政爭聲也 然天地籟與人喉聲有異 此是警世之音 不必輕視也

嘶噪雖似政爭聲　그 시끄러움은 비록 정쟁 소리와도 같다지만,
音像幸別相殘喉　다행히 음상만은 헐뜯는 사람 목청과 다르구나.
孰貶一時季節歌　그 누가 한때의 계절 노래라고 깎아보랴.
實是自然交響奏　실은 사심 없는 자연의 교향곡 연주가 아닌가.
胡爲輕負蟬蛻義　세속을 초탈한 그 뜻 어찌하여 가볍게 저버리랴.
天成蟲籟托高樹　천연의 곤충 노래 높직한 나무에 의지해 듣노라.

- 선음蟬吟 : 매미의 울음소리.
- 조조嘈嘈 : 소리가 시끄러운 모양.
- 螻 : 번거로울 루
- 혜혜嘒嘒 : 매미의 울음소리. (嘒 : 매미소리 혜)
- 嘔 : 노래할 구.
- 시조嘶噪 : 매미 등이 시끄럽게 우는 소리. (噪 : 떠들썩할, 시끄러울 조)
- 정쟁政爭 : 정전政戰. 정치상의 싸움.
- 음상音像 : 소리를 들어서 머리에 떠오르는 영상.
- 상잔相殘 : 서로 싸우고 해치는 것.
- 교향주交響奏 : 교향곡交響曲. 관현악을 위해 만든 음악 중 가장 규모가 큰 악곡, 또는 그 연주.
- 선세蟬蛻 : 매미 허물. 깨끗이 벗어남. 세속을 초탈함. (蛻 : 허물 세, 허물 벗을 세)

★ 瑞石映像[78] 서석대의 영상

翠微煙雲鎖靈山　산허리에 자욱한 연운 신령한 산을 뒤덮더니,
忽忽被捲顯正顔　어느새 걷히어 영산의 참모습 나타내는구나.

---

78) 2002年10月2日 遐望瑞石臺之所懷也 午後3時頃 於韓國歌辭文學館(全南潭陽郡南面芝谷里所在)執務中 無等山瑞石臺上閒雲影像顯於卓上琉璃 此盍靈山之情訪吾房乎 乃開窓而眺望無等山 則瑞石巖臺笑以依然寄山情 故我亦揮手而送信也

卓上琉璃映奇峰　그 기이한 봉우리 탁상 유리에까지 비춰줌에,
悠悠入室傳何信　유유히 실내에 들어와선 무슨 희소식 전하려나.

무등산의 서석대

- 서석瑞石 : 서석대의 약칭. 앞에 든 제1부 하편의 시 〈문야무등산수問也無等山水〉의 주 참조.
- 영상映像 : 영상影像. 광선의 굴절이나 반사에 의해 물체의 상이 비추어진 것.
- 취미翠微 : 산의 중허리. 또는 먼 산에 엷게 낀 푸른 빛깔의 기운. 산 기운이 푸르러서 아롱아롱하게 보이는 빛.
- 연운煙雲 : 운연雲煙. 연기와 구름. 연기와 같은 구름. 또는 구름처럼 피어오르는 연기.
- 홀홀忽忽 : 동작이나 태도가 갑작스럽게 급함.
- 정안正顔 : 정색正色. 얼굴빛을 바꾸어 엄정한 빛을 보이는 것.
- 유리琉璃 : 전남 담양군에 있는 한국가사문학관 관장실 내의 탁상 유리를 가리킴.
- 유유悠悠 : 여유가 있고 태연함. 멀고 아득함.

★ 對中籠球競技決勝戰[79]　중국과의 농구경기 결승전

亞洲籠球競　아세아주 나라들이 겨루는 농구 경기에
奮鬪劇的勝　분투 끝에 극적인 승리라네.
期必占頂上　기필코 정상을 차지했으니,
二十年來榮　농구 경기사상 20년래의 영광이로다.

---

79) 2002年10月14日 對中國籠球競技觀戰所懷也 觀覽電視 乃接運動競技勝戰消息矣 我國籠球對中國決勝戰 莫上莫下而延長戰 終以102對100辛勝 20年來始奪亞洲籠球頂上而感激不已 以一言不勝形言 而作詩如是矣

• 결승決勝 : 마지막 승부를 가리는 것. 또는, 그 경기.
• 아주亞洲 : 아세아주의 약칭임
• 분투奮鬪 : 있는 힘을 다하여 싸우거나 노력하는 것.
• 극적劇的 : 어떤 사태가 갑작스럽거나 놀라운 데가 있으면서 감동적이거나 인상적임.
• 정상頂上 : 산의 꼭대기. 최고 상태의 비유.

無勝負後臨決戰 무승부 끝에 다시 치른 결승전이라서,
全國喚呼尤熱援 온 국민은 환호하며 더욱 열광적 응원이었네.
終得球技金字塔 마침내 농구경기의 금자탑을 쌓았으니,
報答七千萬民願 칠천만 동포의 소원에 크게 보답함이로다.

• 무승부無勝負 : 운동 경기 등에서 승부가 없이 비기는 것.
• 결전決戰 : 승부나 흥망이 결정 나는 싸움.
• 열원熱援 : 열렬히 응원하는 것. 또는 그러한 응원.
• 구기球技 : 공을 사용하는 운동경기. 곧, 농구·배구·야구·탁구·축구 등.
• 금자답金字塔 : '金'자 모양의 탑. 곧 피라미드 같은 것. 후세에 남을 뛰어난 업적을 비유적으로 이르는 말.
• 칠천만민七千萬民 : 남북한의 우리 동포를 통틀어 이르는 말.

★ 亞洲力走競技[80] 아세아주 역주 경기

沿道釜民熱援勢 연도의 부산 시민들 열렬한 응원의 기세로세.
鳳柱竭力獲連霸 이봉주 힘을 다해 지난 대회에 이은 연패로다.
快擧韓國自尊心 한국의 자존심을 장하게 이루면서,
男兒氣概振四海 남아 대장부의 기개 온 세계에 떨치도다.

80) 2002年10月14日 marathon競技觀戰所懷也 釜山亞細亞陸上競技最終日 我國李鳳柱選手出戰競技而擧揚一位 日本選手占二位矣 此種競技中韓國四連勝 李選手遂二連勝以快擧韓國marathon實力也 參照當日作詩〈亞細亞陸上競技〉

• 아주亞洲 : 아세아주의 약칭임
• 역주力走 : 힘껏 달리는 것.
• 연도沿道 : 연로沿路. 큰길의 좌우 근처.
• 부민釜民 : 경상남도 부산시의 시민들.
• 열원熱援 : 열렬히 응원하는 것. 또는, 그런 응원.
• 봉주鳳柱 : 올림픽 성화聖火의 봉송주자奉送走者가 되었던 육상경기선수 이봉주의 이름을 표기하는데, 이의 약칭으로서 취한 표현구임.
• 갈력竭力 : 있는 힘을 다하는 것.
• 연패連霸 : 잇달아 우승하는 것. 또는 계속하여 패권을 잡는 것.
• 쾌거快擧 : 통쾌할 만큼 장한 행위.
• 자존심自尊心 : 남에게 굽히지 않고 스스로의 품위를 지키려는 마음.
• 사해四海 : 온 세상.

★ 亞世亞陸上競技[81] 아세아 육상 경기

體力伸張制亞洲 체력이 크게 신장하여 아세아의 제패로다.
史上成績未曾有 경기사상 일찍이 없었던 훌륭한 성적이 아닌가.
獲得金牌揚國威 금메달 획득하여 한국 위세 만방에 떨쳤으니,
今世霸氣將不休 금세에 발휘한 패기 내내 그치지 아니하리.

• 제制 : 제패制霸, 또는 제압制壓.
• 제패制霸 : 패권을 잡는 것. 또는 경기 따위에서 우승하는 것.
• 아주亞洲 : 아세아주의 준말.
• 미증유未曾有 : 아직까지 한 번도 있어 본 적이 없는 것.
• 금패金牌 : 금으로 만든 상패賞牌. 금메달.
• 국위國威 : 나라의 위력 또는 위신.
• 패기霸氣 : 어떤 어려운 일이라도 해내겠다는 자신을 보이는 기백.

---

81) 2002年10月14日 亞洲人運動競技所懷也 第14回亞細亞陸上競技開催於釜山 已經16日以至最終日矣 亞洲44個國九千餘選手參與之 37億亞細亞人競技中最大盛況也 綜合成績乃韓國獲金牌96以達二位 中國金牌150而点一位 日本金牌44而至三位 北韓金牌9而止9位順矣 我選手發揮民族魂 擧揚優秀體力 鬪魂實壯快也

★ 瑞石臺落照[82)] 서석대에 비치는 낙조

西天落影照萬里 서쪽 하늘에 지는 해 만리까지 비춰주어
無等山色皆新異 무등산 경치 모두가 신비롭고도 기이하여라.
瑞石秀麗似水晶 서석대의 수려함은 흡사 아름다운 수정이라,
臺名由來亦有以 대의 그 이름 역시 까닭이 있었구나.

- 서석대瑞石臺 : 무등산의 절승으로 손꼽는 암석대巖石臺의 이름. 앞에 든 제1부 하편의 시 〈문야무등산수問也無等山水〉의 주 참조.
- 낙영落影 : 낙일落日. 납일納日. 지는 해.
- 무등無等 : 무등산의 약칭. 앞에 든 제1부 하편의 시 〈무등산세無等山勢〉의 주 참조.
- 신이新異 : 신비롭고도 기이함.
- 휘광輝光 : 빛나는 것. 또는 찬란한 빛.
- 수정水晶 : 보배의 한 종류. 무색투명한 석영. 이 시에서는 서석대의 승경을 형용한 수정병풍水晶屛風을 반영한 시어임. 앞에 든 서석대의 주 참조.
- 유이有以 : 까닭이 있음.

★ 瑞石臺落日遺憾[83)] 서석대의 지는 해의 아쉬움

紫光漫漫流 자줏빛 빛깔 곱게도 흘러 퍼져,
雲彩疊疊染 채색된 구름 첩첩이도 물들었구나.
巖面落影秀 바위에 비추는 낙조 훌륭하기는 하지만,
反愁殘光斂 남아있는 햇빛이 거칠까 걱정이어라.

---

82) 2002年10月22日 無等山瑞石臺下夕暉之懷也 登無等山上後 歸路擇瑞石臺下石逕 豫想日沒而催下行矣 午後5時30分頃 遐望庚方 納日盤桓於西天 彩雲長流而瞻仰石臺 則巖面照光壯觀 此焉非洞天別有風景乎 山行中千載一遇之多幸也

83) 2002年10月22日 無等山瑞石臺下納日之遺憾也 無等山下行中 遠望瑞石臺夕照巖景秀麗 瑞石其名亦因此由來矣 暫時後夕曛襲 則水晶屛風隱迹 惜情不可避也 造次之間 自吟詠曰 日出將歿自然理 不可逆之乃可知 抱餘暉而欲逸遊 驟得偶其亦難期 不勝遺憾 描出腦裏實像以述懷矣 參考當日作詩〈瑞石臺落照〉

• 서석대瑞石臺 : 무등산의 절승인 병풍바위를 두고 이름. 앞에 든 제1부 하편의 시 〈문야무등산수問也無等山水〉의 주 참조.
• 낙일落日: 납일納日. 낙영落影. 지는 해.
• 만만漫漫 : 구름 빛 아름다운 모양,
• 운채雲彩 : 구름의 색채, 또는 물든 구름.
• 낙영落影 : 앞에 든 낙일落日의 주 참조.
• 잔광殘光 : 해가 질 무렵의 약한 햇빛.

天中長存億萬載 하늘에서 오래도록 장존함이 억만년이건만,
朝生暮沒無可奈 아침에 나와 저녁에 지는 해 어찌할 수 없다네.
今世誰得魯陽戟 금세에 누가 해 머물게 할 위세 발휘 수 있을런고.
瑞石常懸納日曖 서석대는 매양 지는 해의 흐려짐이 걱정이라오.

• 장존長存 : 장생長生. 오래도록 사는 것.
• 억만億萬 : 억億을 강조하여 이르는 말.
• 조생모몰朝生暮沒 : 조출석몰朝出夕沒. 아침에 나타났다가 저녁에 사라짐.
• 무가내無可奈 : 무가내하無可奈何. 막가내하莫可奈何. 어찌할 수 없이 됨.
• 노양극魯陽戟 : 노양과魯陽戈. 위세가 당당함. 앞에 든 상편의 시 〈승부축勝負蹴〉의 주 참조.
• 납일納日 : 앞에 든 시의 낙일落日 참조.

★ 瑞石臺雪景[84] 무등산 서석대의 설경

無等兀兀峉 웅장한 무등산 우뚝 서있구나.
玉巖着縞衣 구슬 같은 절벽은 비단결 흰옷을 입었는가.
午年戴初雪 말해를 맞이해 머리엔 첫눈을 이고 있어,

84) 2002年10月27日 無等山瑞石臺雪景也 立冬十餘日前 節氣上霜降節矣 然降雪於光州無等山上 今年初雪以若對瑞石臺白馬圖 詩材上絶景也 故於韓國歌辭文學館長室眺望瑞石臺 而卽興以連作如是也

若取白馬儀 흡사 백마의 거동을 취하고 있는 듯.

- 서석대瑞石臺 : 무등산의 명승인 병풍바위를 두고 이름. 앞에 든 제1부 하편의 시 〈문야무등산수問也無等山水〉의 주 참조.
- 설경雪景 : 설광雪光. 눈이 내리거나 눈이 쌓인 경치.
- 무등無等 : 무등산의 약칭. 앞에 든 제1부 하편의 시 〈무등산세無等山勢〉의 주 참조.
- 올올兀兀 : 솟은 모양이 우뚝하다.
- 峉 : 산이 높고 웅장할 액
- 옥암玉巖 : 아름다운 절벽. 비탈 또는 절벽의 미칭. 아름다운 절벽으로 두르고 있는 무등산 정상 가까이의 서석대瑞石臺 바위를 가리킴.
- 호의縞衣 : 희고 고운 명주옷.
- 오년午年 : 말해. 태세의 지지地支가 오午인 해. 즉 임오년壬午年인 금년을 두고 이름.

季秋金氣催霜降 늦가을의 금기는 상강절의 재촉인데,
遠山萬木冒雪氷 먼 산 나무들은 빙설마저 덮어썼네.
水晶臺誇天花開 수정병풍바위는 만발한 눈꽃의 자랑이라,
芳歲東君莫猜謗 봄철의 동군이여! 굳이 시샘을 마오.

- 계추季秋 : 음력 9월 늦가을.
- 금기金氣 : 가을철의 기운. 오행五行으로 사시절계四時節季를 가리킬 때에 금金은 가을에 해당하므로 가을의 기운을 이름.
- 상강霜降 : 24절기의 하나. 아침과 저녁의 기온이 내려가고, 서리가 내리기 시작할 무렵.
- 설빙雪氷 : 빙설氷雪. 어름과 눈.
- 수정대水晶臺 : 아름다운 절벽으로 두르고 있는 무등산 정상 가까이의 병풍바위, 즉 서석대瑞石臺 바위를 두고 이름. 예부터 수정병풍水晶屛風이라고 일러왔다는 데서 취한 조사措辭임. 앞에 든 제1부 하편의 시 〈문야무등산수問也無等山水〉의 주 참조.

- 천화天花 : 하늘에서 내리는 꽃이라는 뜻으로 눈(설雪)을 일컫는 말.
- 방세芳歲 : 봄철. 또는 젊은 나이, 청춘.
- 동군東君 : 동제東帝. 청제靑帝. 태양의 이칭. 또는 봄을 맡은 동쪽의 신.
- 시방猜謗 : 시기하여 비방하는 것.

★ 季秋雪寒[85] 늦가을의 추위

節序循環未入冬 절서의 순환은 아직 겨울철에 들지도 않았는데,
造物好事送雪英 조물주는 일 벌리기 좋아하여 눈꽃을 보내오네.
瑞石丹楓奈之何 서석산에 곱게 물든 단풍잎 이를 어찌하리오.
寒冷掩襲難勘當 갑자기 엄습하는 추위라, 당해내기 어려우리.
突然變異逆順理 돌연한 변이는 자연의 도리에도 어긋나는데,
一時作亂亦無常 한때의 장난인가 세상 덧없기는 마찬가지로세.
麓臺秋波尚有動 산기슭 언덕에는 아직도 가을 물결 감돌건마는,
乃覺萬事不如情 인간만사 뜻만 같지 아니함을 이로써 깨닫노라

- 계추季秋 : 음력 9월 늦가을.
- 설한雪寒 : 눈이 내릴 때나 내리고 난 뒤의 추위.
- 설영雪英 : 눈꽃.
- 서석瑞石 : 무등산의 이칭으로 일컫는 서석산의 약칭. 앞에 든 제1부 하편의 시 〈무등산세無等山勢〉의 주 참조.
- 한랭寒冷 : 춥고 참.
- 엄습掩襲 : 갑작스레 습격하는 것.
- 순리順理 : 도리에 순종하는 것. 순한 이치나 도리.
- 녹대麓臺 : 산기슭의 언덕.
- 추파秋波 : 가을철의 잔잔하고 맑은 물결.

---

85) 2002年10月27日 無等山下殘秋之所懷也 霜降晩秋節 寒氣掩襲 降雪於光州無等山矣 山上秋景當奈何 如怨如訴 若聽其聲而使心索寞也 然自然必有生生之理 松柏能克而常綠 則心自慰以述懷矣

★ 山行爲樂[86] 산행을 즐기면서

日常樂山水 평소 산수 자연을 좋아했나니,

自述其有解 거기엔 해답이 있음을 말하리라.

首位愛天然 첫째는 천연함을 사랑한 까닭이지만,

內心貪詩材 내심으론 시의 소재가 탐이 나서라네.

- 산행山行 : 산길을 걸어가는 것. 운동 삼아 산에 가는 것.
- 요산수樂山水 : 요산요수樂山樂水의 준말. 산과 물의 자연을 즐김.
- 수위首位 ; 으뜸. 등급 직위 등의 첫째가는 자리.
- 천연天然 : 사람의 힘을 가하지 않은 저절로 이루어진 상태.

已悟駒過隙 세월이 덧없이 빠름을 이미 깨달았지만,

登山忘望八 등산에는 망팔의 나이도 잊어버린다네.

雖未熟藻思 비록 글 짓는 재주 미숙하지만,

興到則忽忽 즐거운 흥이 나면 곧 마음이 바쁘다오.

- 구과극駒過隙 : 백구과극白駒過隙의 준말. 흰 망아지가 빨리 지나가는 것을 문틈으로 본다는 뜻으로, 세월과 인생이 덧없이 짧음의 비유.
- 망팔望八 : 여든을 바라본다는 뜻으로 일흔 한 살, 또는 71세로부터 79세까지의 통칭.
- 조사藻思 : 글을 잘 짓는 재주. (藻 : 글 조)
- 홀홀忽忽 : 급하고 바쁘게.

---

86) 2002年11月6日 山行中樂水之辯也 我落地于壬申年(1932)陰曆10月2日 今日是望八紀念日矣 與全木會員(全南大學校名譽教授木曜日山岳會)向無等山澄心溪谷也 天高之際山紫水明 若受落地記念之賀 不能堪詩興 而作紀念詩如此矣

★ 溪邊銀杏樹葉[87] 시냇가 은행나무 이파리

樹葉正眞黃 은행 나뭇잎 누렇게 물들어 정말 곱구나.
鴨脚燿枝間 오리 물갈퀴를 닮은 잎 나뭇가지 사이에서 빛나네.
爛漫勝芳華 한창 흐드러진 이파리 향긋한 꽃보다도 훌륭해,
迷惑步行人 오고가는 사람들의 정신을 홀리게 하네.

- 압각鴨脚 : 압각수엽鴨脚樹葉의 약칭. 은행나무 잎이 오리발의 물갈퀴를 닮았다는 데서 은행나무를 압각수라고 이르는데, 여기서는 그 잎을 두고 이름.
- 燿 : 빛날 요(요요燿燿 : 환하게 빛나는 모양).
- 난만爛漫 : 꽃이 만발하여 한창 흐드러짐.
- 방화芳華 : 꽃답고 환함.
- 미혹迷惑 : 무엇에 흐려서 정신을 차리지 못하는 것.

緋緞風飛散 곱고 고운 비단이 바람에 날려 흩어지네.
溪邊蕭蕭轉 시냇가에 깔려서는 쓸쓸하게 뒹구는가.
本是公孫樹 본디 오래도록 키워온 귀염둥이 나무이건만,
華麗須臾盡 어느 사이 다해버렸나, 그 화려함은 잠시로구나.

- 비단緋緞 : 명주실로 광택이 나게 짠 피륙.
- 비산飛散 : 날아서 흩어지는 것.
- 소소蕭蕭 : 바람이나 빗소리가 쓸쓸함.
- 공손수公孫樹 : 은행나무. 어느 선비가 씨를 심었더니 그 손자에 이르러 따먹었다는 데서 이르게 된 은행나무의 별칭.
- 수유須臾 : 잠시.

---

87) 2002年11月13日 無等山證心溪谷銀杏樹所懷也 與全水會(全南大學校停年退任敎授水曜山行會)員登行無等山而向證心寺矣 銀杏樹列立於其下溪邊 華麗黃金緞而風飛于證心溪谷 則如耀如麗而誘引遊目 如怨如訴而使人傷心 令心切感人世興亡盛衰亦如此也

★ 於茂朱雪川[88] 무주의 설천에서

樹林蒙密盈麓間	나무숲 무성하여 산기슭에 빽빽이 들어섰는데,
路邊高松皆長竿	길가의 높다란 소나무는 모두가 긴 장대로다.
枝葉截斷誰爲之	무참하게 꺾인 나뭇가지는 누구의 짓이던고.
無風幽谷纔得安	바람도 없는 그윽한 골짜기에서 겨우 살아있구나.
滿船仙童避何處	배에 가득 했던 만선봉의 선동들은 어디로 피해갔나.
勝地開發多所論	명승지의 개발에는 이처럼 의론이 다양하다네.
今世文明固如此	금세기에 추진하는 삶의 문명 실로 이와 같거니,
盍惜人事輕天然	사람일로서 천연을 가벼이 함은 어찌 아쉽지 않으리.

- 무주茂朱 : 전라북도 무주군의 한 읍邑. 군청 소재지임.
- 설천雪川 : 전라북도 무주군茂州郡 설천면 심곡리深谷里에 있는 지명.
- 몽밀蒙密 : 초목 등이 빽빽이 들어서 무성함.
- 장간長竿 : 장대. 대나무 따위로 다듬은 통대. 긴 막대.
- 지엽枝葉 : 나무의 가지와 잎.
- 유곡幽谷 : 그윽하고 깊은 산골.
- 만선滿船 : 여객이나 짐을 가득히 실은 배. 여기서는 설천봉(해발 1,522m)에 있는 만선봉(해발 1,215m)의 약칭으로서 이를 아울러 연상케 한 시구임.
- 선동仙童 : 금동金童. 신선의 시중을 든다는 아이.
- 승지勝地 : 명승지. 경치가 좋은 이름난 곳.
- 개발開發 : 토지나 천연자원을 개척하여 유용하게 만드는 것.
- 인사人事 : 사람의 일. 또는, 사람이 해야 할 일.

---

88) 2002年11月24日 深谷里滿船峰下所懷也 全北茂朱郡雪川面深谷里所在雪川峰滿船峰(海拔1215m)雪川湖等是此地天然名所 依古來傳說 仙童滿船來往雪川峯以遊覽勝地也 參照當日作詩 〈登雪川峰〉(第2部上篇)

제3부

(2003～2004) 상편

보성 녹차 밭

★ 白雪頌[1] 백설을 기리며

萬嶽千林天花開 이산 저산 온갖 나무들 눈꽃이 만발,
森羅一色銀世界 삼라만상이 은세계 일색이로다.
盤古神秘今再現 아주 먼 옛날의 신비 이제 다시 나타나는지,
造物奇觀無限計 조물주의 기이한 풍경 헤아리기 끝이 없구나.

- 백설白雪 : 소설素雪. 흰 눈.
- 만악萬嶽 : 천산만악千山萬嶽. 많고 많은 산.
- 천림千林 : 많고 많은 나무들.
- 천화天花 : 하늘에서 내리는 꽃이라는 뜻으로, 눈을 일컫는 말.
- 삼라森羅 : 벌여 있는 현상이 숲의 나무처럼 많음.
- 은세계銀世界 : 사방에 눈이 희게 쌓인 곳을 아름답게 일컫는 말.
- 반고盤古 : 중국의 전설에 나오는 천지개벽 후의 첫 임금으로, 아주 먼 옛날, 곧 태고를 뜻함.

大地玉塵千里繡 대지에 깔린 눈 천리의 비단이요,
天國仙童高空舞 천국의 선동들 하늘 높이 춤을 추네.
終日降福惠無量 진종일 내려주는 복 그 은혜 한이 없지만,
但怕烈寒猜此富 이 부귀를 시새워 강추위 몰아칠까 두려워라.

- 옥진玉塵 : 아름다운 먼지라는 뜻으로 백설白雪의 딴 이름.
- 천국天國 : 하늘나라. 하늘에 있다고 믿어지는 세계. 또는 하느님이 영적으로 지배하는 은총과 축복의 나라.
- 선동仙童 : 금동金童. 신선의 시중을 든다는 아이. 여기서는 하늘에 휘날리는 눈을 두고 비유적으로 취한 말임.

---

1) 2003年1月5日 新年白雪禮讚也 朝得聞氣像發表 去夜積雪20.8cm 六年來酷寒矣 今終日降雪不知止 白雪滿空而高空舞 觀景漸益逸興 且盍玉粉飛散也 白雪可謂玉塵 酷似白花亂麻飛 誰敢云其花片是六葉乎 鈍才難得其理 自古謂雪曰六花 又六出花 假想此稱頌有妙味矣 陰曆今日卽癸未12月3日而小寒前日也

• 강복降福 : 하느님이 인간에게 복을 내리는 것.
• 열한烈寒 : 혹한酷寒. 호한冱寒. 극한極寒. 된추위. 몹시 심한 추위.

無貴無賤授銀繒 귀천을 가리지 않고 은빛 비단 내려주니,
古來天意亦公平 예로부터 하느님의 뜻 역시 공평하구나.
靜中動者其何也 조용한 가운데 움직이는 게 그 무엇일고,
風輪微動欣禮頌 바람도 미동하되 예의 지켜 기꺼이 기리는구나.

• 무귀무천無貴無賤 : 귀하고 천함을 가리지 않음.
• 은증銀繒 : 은빛 비단.
• 繒 : 비단 증(명주, 견직물의 총칭)
• 정중동靜中動 : 조용히 있는 가운데 어떠한 움직임이 있음.
• 풍륜風輪 : 풍신風神. 풍백風伯. 바람을 주관하는 신.
• 미동微動 : 약간 움직이는 것.
• 예송禮頌 : 예의를 지켜 칭송하는 것.

★ 息影亭閒遊[2] 식영정에서의 한유

星山隨處勝 정자가 있는 별뫼 가는 곳마다 이름난 승지로다.
世傳仙遊洞 세상엔 신선들이 오고간 선유동 소식도 전한다네.
登樓暫息影 누정에 올라 잠시 그림자도 함께 쉬고 있노라면,
已忘塵衢風 속세에서 이는 바람기 어느새 잊어 버린다오.

• 식영정息影亭 : 담양군 남면 지곡리芝谷里 별뫼(성산星山) 마을의 산언덕에 있는 정자. 조선조 명종 15년(1560)에 김성원金成遠(1525~1597)이 장인

2) 2003年3月16日 無等山下息影亭閒遊之懷也 往者著述湖南詩壇研究(1998年2月出刊)時 我重視詩文學史上息影亭詩壇活動矣 自古名人出入於此而成玉屑 當時星山四仙各各作息影亭二十詠 鄭澈又詠星山別曲而先導我國歌辭文學發展也 今閒遊勝地 使心起脫俗之感以作詩如是矣

식영정 오르는 계단 맨 위에 자리한 낙락장송

임억령林億齡(1496~1568)의 휴식처로 창건했다는 누정으로서 지방기념물 제1호로 지정되어 있다. 이곳의 출입으로 임억령 등 당시의 성산 4선과 송순은 〈식영정이십영息影亭二十詠〉을 이루고, 정철鄭澈은 또 〈성산별곡星山別曲〉을 제작하여 시가문학권의 승지로 이름나 있다.

- 한유閒遊 : 한가하게 노니는 것.
- 성산星山 : 전라남도 담양군 지곡리에 있는 식영정 아래의 마을. 또는 그 뒤의 산 이름. 종래에 별뫼라 불렀으며, 그 산 기슭에 사선四仙들이 출입하며 놀았다고 전하는 선유동이 있다.
- 선유동仙遊洞 : 임억령을 중심으로 한 사선들이 선유仙遊하던 별뫼의 고을 이름.
- 식영息影 : 그림자를 쉬게 함. 머물러 휴식하는 것. 한거閑居함.

- 진구塵衢 : 먼지와 티끌로 더럽혀진 거리. 곧 속세를 이름.

長松四時綠 훤칠한 큰 소나무 춘하추동 사시에 푸르고,
樓前光湖清 정자 앞의 광주호도 맑기만 해라.
四仙何處隱 신선처럼 노닐던 네 시인들 어디에 숨어버렸나.
人世亦無常 인간 세상은 역시 덧없기만 하여라.

- 장송長松 : 훤칠하게 자란 큰 소나무.
- 광호光湖 : 식영정 아래에 넓게 펼쳐진 광주호光州湖를 가리킴. 식영정 아래에 넓게 펼쳐진 호수. 주로 무등산의 서북부에 흐르는 물이 모아 형성된 호수. 앞에 든 제1부 하편의 시 〈광주호상光州湖上〉의 주 참조.
- 사선四仙 : 네 신선. 식영정이 건립되던 당시 별뫼에서 신선처럼 지내며 시흥을 나누며, 〈식영정이십영息影亭二十影〉을 제작하였던 임억령林億齡(1496~1568)·김성원金成遠(1525~1597)·고경명高敬命(1533~1592)·정철鄭澈(1536~1593) 등의 네 사람을 두고 이름.

★ 過月出山下[3] 월출산 아래 지나면서

月出本像岏岏秘 월출산은 본디 뾰쪽뾰쪽해 신비하다는데,
奇巖潛跡煙霞裏 기이한 봉우리들 안개 속에 자취 감추었네.
磨崖佛身坐何處 바위에 새긴 마애부처 어디에 앉아있을꼬,
九井峯顯但暫時 구정봉도 모양을 나타냈지만 단지 잠간이로세.
衆人稱頌遠景秀 뭇사람들 월출산은 원경이 빼어나다는 칭송이지만,
好事逢魔謂如是 좋은 일에 방해를 당함은 이를 두고 이름인가.
回憶天王眞面目 천왕봉의 참모습을 회상하니,
曷不哀惜日數異 어찌 오늘의 운수 이상함을 애석해 하지 않으랴.

영암 월출산(동구림리 왕인박사 유적지 가는 길에서)

- 월출산月出山 : 전라남도 영암군과 강진 군계에 있는 산 이름. 높이 808.7m 이곳 시에서는 해남읍에서 광주로 가는 국도에서 영암에 이르러 보는 월출산을 두고 이름.
- 본상本像 : 본래의 생김새. 본색本色.
- 완완岏岏 : 산이 뾰쪽이 솟은 모양. (岏 : 가파를 완)
- 잠적潛跡 : 잠종비적潛蹤秘跡의 준말. 종적을 아주 감춤.
- 연하煙霞 : 안개와 노을. 고요한 산수의 경치.
- 마애불磨崖佛 : 자연의 암석을 이용하여 그 바위 면에 조각된 부처나 보살상. 여기서는 구정봉의 바로 밑에 있는 바위에 조각된 마애여래상磨崖如來像을 두고 이름. 영암군 영암읍 회문리會門里에 위치한 이 마애불은

---

3) 2003년3月29日 靈岩月出山下惜情也 於海南搭乘光州行車歸光 過靈巖郡月出山下國道以望山勢矣 遠近煙霞濛濛而難分別大小巖群 天王峯潛蹤祕跡也 輒想起孤山遺稿所傳尹善道作朝霧謠 則如下 月出山이 놉더니마는 믜운거시 안개로다／天王第一峯을 一時예 ᄀ리와다／두어라 ᄒ퍼딘휘면 안개아니 거드랴. 況今日煙霧太甚 回想十數年前登行九井峯以目擊磨崖如來坐像 則不可禁惜情矣

고려시대 유적으로서 국보 제144호로 지정되어 있다.

- 구정봉九井峯 : 월출산의 약 600m고지에 있는 봉우리 이름.
- 호사봉마好事逢魔 : 호사다마好事多魔를 두고 이르는 말. 좋은 일에는 흔히 방해되는 일이 많다는 뜻.
- 천왕天王 : 월출산의 최고봉인 천왕봉을 두고 이름.
- 회억回憶 : 돌이켜 추억하는 것.
- 진면목眞面目 : 사물이나 사람이 본래 가지고 있는 훌륭하거나 좋은 점으로서의 진짜 모습. 참모습.
- 일수日數 : 날수. 날성수星數. 그 날의 운수.

★ 黃砂嘆[4] 황사를 탄하며

黃塵亂充天 누런 흙먼지 어지럽게 온 천지를 뒤덮는구나.
走車濛濛裏 달리는 차도 자욱한 황사 먼지 속이로세.
春來不似春 때는 봄이지만 봄만 같지 아니하네.
此是風伯猜 이는 곧 풍백이 부리는 시샘 때문이 아닌가.

- 황사黃砂 : 누런 모래. 매년 봄이면 중국 대륙에서 바람을 타고 몰려오는 누런 모래.
- 황진黃塵 : 누런 흙먼지.
- 몽몽濛濛 : 비나 안개 같은 것이 내려 자욱한 모양. (濛 : 비 부슬부슬 올 몽)
- 춘래불사춘春來不似春 : 봄은 왔지만 봄만 같지 않음. 때의 자연스러움에 어우르지 않게 일어나는 현상을 두고 이름.
- 풍백風伯 : 풍신風神. 풍륜風輪. 바람을 주관하는 신.

---

4) 2003年3月29日 歸路黃砂怨望之懷也 昨日夜間 未來新聞社金相喆社長開催孤山文學學術講演會於海南邑(海南郡內孤山尹善道緣故地) 應招請以講演發表尹善道의海洋文學矣 行事後投宿海南觀光호텔 今日朝搭乘光州行共用車而歸家也 春日氣不順 大陸黃砂風飛來 車道濛濛難分揀 仍不能拂拭遺憾矣

★ 仲春過無等山路[5] 중춘에 무등산 길을 지나며

路邊連翹皆爲黃 길가의 개나리꽃 모두가 누런 황금빛이라,
乘車疾走探春情 차 몰고 달려가며 봄 정취에 흠뻑 빠졌노라.
昨年有故痕何許 작년에 사고가 난 곳 그 자취 어디쯤인고.
人世無常唯逸興 인간 세상 무상하여 이젠 봄의 흥취뿐이로세.

- 중춘仲春 : 봄이 한창인 때. 음력 2월을 일컫는 말.
- 무등산로無等山路 : 무등산으로 오르는 길. 여기서는 광주시 북구 청풍동清風洞의 청풍쉼터(광주 제4수원지 옆)을 지나 화암동花岩洞에 있는 충민사忠愍祠 옆을 지나 김덕령 장군을 기리는 충장사忠壯祠로 가는 길을 말함.
- 연교連翹 : 개나리꽃. 개나리. 잎은 마주 나며, 이른 봄에 잎에 앞서 노란 꽃이 피고 9월에 열매를 맺음.
- 탐춘探春 : 봄의 경치를 찾아다니며 구경하는 것.
- 춘정春情 : 봄의 정취.
- 유고有故 : 특별힌 사정이나 사고가 있는 것.
- 흔痕: 자취. 작년 3월 22일 승용차를 몰고 극심한 황사黃砂를 무릅쓰고 무등산길을 지나다가 사고 난 곳. 충민사 정문 앞을 지나서 충장사로 향하여 오르는 길. 약 300m 지점 심한 곡경曲徑을 돌다가 왼편 낭떠러지로 전복된 일을 두고 이름.
- 일흥逸興 : 아주 흥미 있는 것. 또는 세속을 떠난 풍류스러운 흥미.

喚友追徑登無等 친구를 불러 산길 좇아 무등산에 올라보니,
隨處花爛香浮動 가는 곳마다 흐드러진 꽃향기 그윽하여라.
芳春探勝値千金 꽃이 한창인 봄철의 탐승 천금의 값이러니,
望八頹齡謝天幸 망팔의 고령이라, 하늘이 내린 행운에 감사하노라.

---

5) 2003年3月31日 仲春無等山路所懷也 仲陽之節運轉乘用車 過無等山忠愍祠而向忠壯祠矣 輒回憶一年前交通事故於此途 臨百尺竿頭以僅脫出 平生不能忘千萬多幸之事也 然今不知中深醉目前芳春景 與路邊連翹交驩 此亦豈非天幸乎 又難禁嘆老之懷耳

- 무등無等 : 무등산의 약칭. 앞에 든 제1부 하편下篇의 시 〈무등산세無等山勢〉의 주 참조.
- 수처隨處 : 어디든지. 닿는 곳마다.
- 화란花爛 : 화난만花爛漫. 꽃이 만발하여 한창 흐드러짐.
- 부동浮動 : 떠서 움직이는 것.
- 방춘芳春 : 꽃이 한창 핀 봄.
- 탐승探勝 : 경치가 좋은 곳을 찾아다니는 것.
- 망팔望八 : 여든을 바라본다는 뜻으로 71세를 이르는 말.
- 퇴령頹齡 : 고령高齡. 노쇠한 연령.
- 천행天幸 : 하늘이 내린 큰 행운.

★ 於慶山慶南大[6] 경산의 경남대에서

慶大聖巖相對面 경남대와 성암산 서로 바라보며 마주하였네.
禮度有緣豈偶然 예의와 법도에 연이 있음은 어찌 우연이랴.
其下谿流稱南川 그 아래 흐르는 계곡 남천이라 이른다는데,
古今由來尚喧傳 고금의 유래 뭇사람의 입에 퍼져 왁자하구나.

- 경산慶山 : 경상북도의 중앙에 있는 시市. 옛 이름은 옥산玉山, 또는 옥산동玉山洞이라 일렀다고 전함.
- 경남대慶南大 : 경상북도 경산시에 있는 경남대학교의 약칭.
- 성암聖巖 : 성암산聖巖山의 약칭. 경남대학교의 건너편에 보이는 산.
- 경대慶大 : 경남대학교의 약칭.
- 예도禮度 : 예의와 법도.
- 남천南川 : 성암산 아래 경남대 사이에 흐르는 시내의 이름.
- 훤전喧傳 : 훤자喧藉. 여러 사람의 입에 퍼져서 왁자하게 되는 것.

---

6) 2003年4月5日 慶山聖巖山前所懷也 禮訪慶山市(慶尙北道中心部所在) 參席當地慶山大學校慶山文化研究所開催李輝女史歌辭作品出版記念式而祝辭此典後 慶大趙春浩教授案內周邊名所而探訪 不能抑遊覽感懷矣 參照當日作詩〈過顧母嶺〉等五篇 又聽玄仁唱〈비 내리는 고모령〉由來 起興漢譯之 參照別槁漢譯詩也

★ 過顧母嶺[7] 고모령을 지나면서

忽然想起玄仁唱 현인이 불렀던 옛 노래 홀연히 떠오르는구나.
陵道是謂顧母嶺 고갯길을 넘어가는데 이를 일러 고모령이라 하네.
桑田碧海跡漸變 세상일은 상전벽해라, 삶의 발자취 거의 변했지만,
若聽遺音哀切響 남긴 목소리 애절하게 울려 귀에 들려오는 듯.

- 고모령顧母嶺 : 경상북도 경남시 소재 남천南川 가까이에 있는 고개로서, 호동아 작사, 현인의 노래인 〈비내리는 고모령〉의 연고지.
- 현인玄仁 : 1990년대의 가수 이름.
- 상전벽해桑田碧海 : 뽕나무밭이 변하여 푸른 바다가 된다는 뜻으로, 세상일의 변천이 심함을 비유.
- 유음遺音 : 남긴 목소리.

望鄕歌曲若斷腸 고향 그리는 노래 창자를 끊는 듯 서글퍼서,
可想別離顧母情 고모령 이별의 정취 가히 상상할 만하여라.
南川流聲與鴟和 남천의 물소리도 부엉이 우는 소리와 어울렸다는데,
主逝已久世無常 임 떠난 지 오래 되어 세상일 덧없기만 하구나.

- 망향가望鄕歌 : 고향을 그리는 노래. 즉 현인이 노래한 〈비 내리는 고모령〉을 두고 이름.
- 단장斷腸 : 몹시 슬퍼 창자가 끊어지는 듯함.
- 고모정顧母情 : 어머니를 이별하고 돌아보던 고모령에서의 정취.
- 남천南川 : 앞에 든 시 〈어경산경남대於慶山慶南大〉 참조.
- 주主 : 주인공. 가수 현인을 두고 이름.

---

7) 2003年4月5日慶山顧母嶺上所懷也 禮訪慶山市 參席當地慶山大慶山文化研究所行事之後 趙春浩教授案內顧母嶺 且說明玄仁唱〈비내리는 고모령〉由來 興起以漢譯之 如別槁(漢譯詩參照)矣 乃作此7言詩2首 參照當日作〈於慶山慶南大〉·〈石井浴〉·〈過墻峙〉等

★ 過墻峙[8] 장치고개를 넘으며

乘車駛走墻峙嶺 차에 몸을 싣고 장치고개 질주해 넘노라니,
顔前萬象起逸興 눈앞의 온갖 형상 세속 벗는 흥미로세.
杜鵑麗容芳春使 진달래꽃 고운 모습 방춘의 사신인가.
遊目騁懷心難靜 보는 대로 흉금을 터놓으니 마음 진정키 어려워라.

- 장치墻峙 : 경상북도 경산시에 있는 장치고개를 두고 이름.
- 사주駛走 : 질주疾走. 신주迅走. 빨리 달리는 것.
- 일흥逸興 : 세속을 떠난 풍류스러운 흥미.
- 방춘芳春 : 꽃이 한창 핀 봄.
- 유목遊目 : 눈을 움직여 보는 것. 여기저기 보는 것.
- 빙회騁懷 : 흉금을 열어놓는 것. 마음에 생각한 바를 충분히 말함.

★ 石井浴[9] 석정에서의 목욕

麥飯溫水石井源 맥반석의 온수는 돌샘물의 근원이라네.
天錫熱泉足灑身 하늘이 내려준 온천수 몸을 시원히 씻을 수 있네.
古云新沐必彈冠 예부터 신목자는 의관의 먼지 털고 써야한다 하니,
今世治者當爲訓 오늘의 치자들이어 마땅히 교훈으로 삼을지어다.

- 석정石井 : 돌우물. 벽을 돌로 쌓은 우물. 여기서는 돌에서 솟아난다는

8) 2003年4月5日慶山墻峙上所懷也 參席于慶山大主催李輝女史歌辭作品出版記念行事 式典後趙教授案內周邊名所 探訪顧母嶺與墻峙(장치고개) 到墻峙而瞻望嶺上矣 遂搭乘迅走中 春容可觀 尤杜鵑花滿發也 參照當時作〈杜鵑花傳說〉·〈過顧母嶺〉等

9) 2003年4月5日慶山市觀光中石井浴所懷也 昨日參席李暉女史歌辭作品出版記念會 今日慶山大趙教授案內郊外觀光 顧母岺等勝地巡訪直後 沐浴於麥飯石溫泉心身爽快不已 以此述懷如是 參照當時連作〈於慶山慶南大〉·〈過顧母嶺〉等也

우물을 말함.

- 맥반麥飯 : 맥반석麥飯石. 산 속 계곡에 있는 황백색의 천연석. 예로부터 정수淨水 작용이 있는 돌로 알려져 있음.
- 천석天錫 : 하늘이 내려줌. 또는 내려준 것.
- 열천熱泉 : 온천溫泉.
- 쇄신灑身 : 몸을 시원스럽게 씻음.
- 고운古云 : 예로부터 일러옴. 여기서는 중국 전국시대의 정치가이며 시인인 굴평屈平 이 그의 〈어부사漁父辭〉에서 일러온 것을 말함.
- 신목新沐 : 신목자新沐者. 새로이 머리감은 사람. 굴평이 지은 〈어부사漁父辭〉 참조.
- 치자治者 : 치인治人. 한 나라를 다스리는 사람. 권력을 가진 사람.

★ 杜鵑花傳說[10)] 진달래꽃 전설

山嶝花田芳春景　산비탈의 꽃밭은 한창 무르익은 봄 경치로다.
東君何以如此忙　봄철 동군이여 어찌해 이처럼 바쁘기만 하는고.
不如歸聲啼血作　애절한 소쩍새 소리 피 토하고 운다더니,
望帝淚痕變爲紅　망제의 눈물이 꽃으로 변했는지 붉기도 해라.

- 두견화杜鵑花 : 진달래꽃.
- 방춘芳春 : 꽃이 한창 핀 봄.
- 동군東君 : 동제東帝. 청제青帝. 태양의 이칭. 또는 봄을 맡은 동쪽의 신.
- 불여귀不如歸 : 두견이, 즉 두견새의 이칭. 중국의 촉왕蜀王이었던 두우杜宇(호는 망제望帝)가 선위하고 도망해 다닐 때에 두견이 우는 소리가 불여귀거不如歸去(돌아가는 것만 같지 못하다)라 하며 울었다는 데에 연유하여

10) 2003年4月5日 慶山墻峙上杜鵑花感懷也 參席慶山大學校行事 式後觀光周邊勝地 墻峙杜鵑極絢爛 不知中溺逸興矣 乃想起望帝與不如歸傳說 參考例示蜀王本紀 則如下也 蜀望帝淫其臣鼈靈妻 乃禪位亡去 時此鳥鳴 故蜀人聞杜鵑鳴而悲望帝 其鳴如曰不如歸去也 參照當日遊覽時所作〈過墻峙〉 墻峙指慶山市장티고개也.

붙여진 이름. 이로 인해 불여귀에는 또 촉혼·촉혼조·촉백·두우·두백·귀촉조·망제·망제혼 등의 이칭이 생겼음. 또한 옛 시가에서는 흔히 소쩍새를 가리키는 말로도 쓰여 왔는데, 그 소리가 애절하여 피를 토하여 운다하고, 봄철의 두견화는 그 피에 물들어 붉어졌다는 전설도 전한다. 두우가 죽어서 두견새가 되었다는 전설은 〈촉왕본기蜀王本紀〉 참조.

- 제혈啼血 : 피를 토하고 울음. 두견새의 애절한 울음소리.
- 망제望帝 : 두견새의 이칭. 중국의 촉왕蜀王이었던 두우杜宇의 호를 망제望帝라 한데서 연유함. 앞에 든 주 '불여귀不如歸' 참조.

★ 春園喜信[11) 봄날 정원의 기쁜 소식

堂前柿木得東風　집 앞 감나무 봄바람에 생기를 얻고,
綠葉茁長方春景　푸른 잎 눈터서 자라 한창 봄철 경치로다.
越冬忍苦應有意　괴로움 견뎌온 겨우살이 응당 뜻이 있으려니,
秋實豊盛已想像　가을 열매 푸짐함을 벌써 상상하겠노라.

- 희신喜信 : 기쁜 소식. 희소식.
- 시목柿木 : 감나무
- 동풍東風 : 동쪽에서 부는 바람. 또는 봄바람(춘풍春風)
- 줄장茁長 : 초목이 눈터서 자라는 것.
- 방춘方春 : 바야흐로 무르익어가는 봄.
- 월동越冬 : 겨울을 나는 것. 겨우살이.
- 인고忍苦 : 괴로움을 참고 견디는 것.
- 추실秋實 : 가을에 맺는 과일 열매.

枝上雙鵲囀門前　나무 위 한 쌍의 까치 문 앞에서 지저귀며,
翩翩飛翔傳芳信　가볍게 날면서 봄철의 꽃 소식 전해주네.

---

11) 2003年4月10日 南畊園春信之懷也 中興洞堂前庭園有柿木2株 20年前朴同壻植栽苗木 今爲大樹勢矣 當秋可採赤實果 其是大於拳 吾家園中貴物也 今春園亦以芳信召我 又喜鵲間間來 而傳春信 實感慨無量耳

含笑歡迎又一喜　웃음 머금고 환영하니 또 한 기쁨이라,
園中風物豐美新　정원의 경치는 풍미하고 새롭기만 하여라.

- 쌍작雙鵲 : 두 마리의 까치. 또는 암수의 까치.
- 편편翩翩 : 나는 형세가 가볍고 날랜 모양.
- 비상飛翔 : 공중을 날아다니는 것.
- 방신芳信 : 꽃이 피는 소식. 꽃 소식(화신花信). 또는 봄소식.
- 함소含笑 : 웃음을 머금는 것.
- 풍미豐美 : 풍만하고 아름다움.

★ 園中花讚[12] 정원의 봄꽃 예찬

嘉月映山紅　춘삼월에 곱게도 피는 영산홍,
點點笑字開　송이송이 笑자 모양으로 피는구나.
可謂春容圖　가히 봄 경치의 그림이라 이르리니,
擬是佳賓來　흡사 반가운 손님 찾아온 듯하여라.

- 가월嘉月 : 희월喜月. 음력 3월의 미칭.
- 점점點點 : 영산홍에 꽃이 송이송이 피어있는 것을 두고 이름.
- 笑 : 꽃필 소. 꽃이 활짝 핀 모양을 형용한 것을 두고 이름.
- 춘용春容 : 춘경春景. 봄의 경치.
- 가빈佳賓 : 가객佳客. 가빈嘉賓. 반가운 손님.

蜂蝶何處客　벌과 나비들 어디서 찾아온 손님인고.
探蘂頌花笑　꽃술을 즐기며 피는 꽃 기리는구나.
芳信溢堂前　집 앞 동산엔 꽃 소식이 가득하여,
視聽無不娛　보고 듣는 게 즐겁지 아니함이 없네.

---

12) 2003年4月10日 南畊書齋庭園花信所懷也 至嘉月堂前庭園(光州直轄市北區中興2洞所在) 亦花信歷然矣 園裏草木方得意 其中映山紅益艷麗 而醉春興也

- 봉접蜂蝶 : 벌과 나비.
- 탐예探蘂 : 꽃술을 찾아 즐기는 것.
- 방신芳信 : 화신花信. 꽃이 피는 소식. 꽃 소식. 또는 봄소식.
- 당전堂前 : 대청의 앞.

★ 晩峙路躑躅[13] 무등산 늦재 길가의 철쭉

路邊芳樹十里達 노변의 고운 꽃나무 십리에 이어있어,
群花灼熱紅鮮血 뭇 철쭉꽃 불타듯 피어 선혈보다도 붉구나.
自然珍景別世界 자연의 진귀한 경치 바로 별세계이러니,
山客滿喫溺喜悅 산객도 흡족해 하며 희열에 잠기노라.

무등산 늦재에서 바람재로 가는 길가의 철쭉

- 만치晩峙 : 무등산의 늦재. 고개 이름의 뜻을 좇아 한자어로 전환시킨 차자표기借字表記임. 광주시 북구 금곡동金谷洞에 있는 원효사元曉寺에서 그 뒤 산을 오르는 고갯길의 늦재 삼거리와 바람재 사이에 위치한 재. 동화사터를 향해 올라가는 길목이기도 하다. 높이 해발 490m.
- 척촉躑躅 : 철쭉.
- 방수芳樹 : 꽃이 한창 피어있는 나무.
- 십리달十里達 : 십리에 이른다는 뜻으로, 길게 잇대어 있음을 비유한 말. 여기서는 무등산의 늦재로부터 바람재를 넘어 토끼등 가까이에 이르는 노변 철쭉이 약 1km의 길이로 훌륭함을 과장해서 이르는 표현임.
- 군화群花 : 군방群芳. 많은 꽃.
- 작열灼熱 : 불 따위가 새빨갛게 달거나 뜨겁게 타오르는 것.
- 선혈鮮血 : 몸에서 막 흘러나온 붉은 피.

---

13) 2003年4月27日 無等山路躑躅所懷也 與妻無等山行 自晩峙(늦재)至風峙(바람재)又兎脊(토끼등)之間 路邊躑躅滿發矣 特爲別天地非塵間 而遊目敍懷 則使人極觀景之娛 感歎不已以文述懷也

• 만긱滿喫 : 마음껏 욕망을 채우는 것.
• 희열喜悅 : 어떤 일에 만족하여 기쁨이나 즐거움을 느끼는 상태.

山麓玉支笑顔迎 산기슭의 철쭉꽃 활짝 피어 반겨주네.
晩峙風嶺總爲紅 늦재와 바람재 모두 붉게 물들었구나.
我與爾亦芳歲客 너나 나나 역시 봄철의 산객이 아니냐.
無等秀色東君功 무등산의 빼어난 경치 모두 동군의 공이로세.

• 옥지玉支 : 척촉躑躅. 산객山客. 철쭉의 이칭.
• 소안笑顔 : 웃는 얼굴. 시에서는 활짝 핀 꽃 모양의 비유.
• 풍령風嶺 : 무등산의 바람재(풍치風峙)를 가리킴. 앞에 든 제2부 하편의 시 〈풍치설경風峙雪景〉의 주 참조.
• 방세芳歲 : 봄철. 방신芳辰(꽃다운 봄).
• 객客 : 손. 여기서는 산객山客의 약칭. 등산하는 사람, 또는 철쭉.
• 수색秀色 : 산천의 빼어나게 좋은 경치.
• 무등無等 : 무등산無等山의 약칭. 앞에 든 제1부 하편下篇의 시 〈무등산세無等山勢〉의 주 참조.
• 동군東君 : 동제東帝. 청제靑帝. 태양의 이칭. 또는 봄을 맡은 동쪽의 신.

牡丹或對躑躅朶 모란이 혹시 철쭉꽃 너를 대한다면,
花王威勢當奈何 화왕으로서의 위세 당장 어찌하리오.
牽牛老翁若視之 옛적 소 끌고 가던 노인 만약 이를 보았다면,
獻華慾心敢不辭 꽃 꺾어 바치고자 하던 욕심 버리지 못했으리.

• 척촉타躑躅朶 : 철쭉의 꽃떨기.
• 화왕花王 : 화중왕花中王의 준말. 꽃 중의 왕이라는 뜻으로, 예로부터 모란을 일러왔다.
• 내하奈何 : 어찌함.
• 견우노옹牽牛老翁 : 신라 향가의 하나인 〈헌화가獻花歌〉 제작 동기를 전하는 설화에 등장하는 노인. 신라 성덕왕聖德王 때에 그는 소를 끌고 가다가 수로부인水路夫人에게 철쭉꽃을 꺾어 바치며 〈헌화가〉를 불렀다고 전함.

• 헌화獻華 : 헌화獻花. 꽃을 바치는 것. 또는, 그 꽃.

★ 鄕校一松禮讚[14] 창평 향교의 한 그루 소나무 예찬

牆外長松凜 담 밖의 낙락장송 의젓하구나.
標榜儒者道 유생들이 닦을 도를 표방함이로다.
只有四時綠 사시사철 변함없이 푸를 따름이니,
可謂遺世高 가히 속세를 떨치고 우뚝하다 이르리.

• 향교鄕校 : 고려시대부터 시작되어 조선시대에 계승된 지방 교육기관. 여기서는 담양군 고서면 교산리校山里에 있는 창평향교를 두고 이름.
• 예찬禮讚 : 훌륭한 것, 좋은 것, 아름다운 것을 높이고 기리는 것.
• 장송長松 : 낙락장송의 약칭. 훤칠하게 자란 큰 나무.
• 유자儒者 : 유생儒生. 유학을 고부하는 선비.
• 유세遺世 : 세속의 일을 잊어버림.

★ 昌平鄕校銀杏樹[15] 창평 향교의 은행나무

半千年齒公孫樹 반천년 오랜 동안 살아온 은행나무,
世稱鄕校守護主 흔히 향교를 수호해온 주인이라 이른다네.
兩株作配落落盛 두 그루가 짝지어 축축 늘어져 무성하니,
儒林春秋期萬壽 이곳 유림들의 춘추도 장수를 기약하리.

---

14) 2003年5月3日 無等山下昌平鄕校孤松所懷也 探訪次向潭陽郡古西面校山里所在昌平鄕校 無人以鎖門 不能入校內矣 校外周圍長長牆屋而有長松 若教示儒道之修行訓 使我注目騁懷也

15) 2003年5月3日 無等山下鄕校銀杏樹所懷也 今尋訪昌平鄕校 欲尋幽昌平鄕校之由來 然因鎖門躊躇而察四圍 發見牆垣外孤松與校門前銀杏樹二株 此卽千萬多幸之事矣 銀杏樹別稱公孫樹 尤現場銀杏樹可謂守護鄕校之巨樹 故騁懷如此矣 參考當日所懷詩〈鄕校一松禮讚〉

• 창평향교昌平鄕校 : 담양군 고서면 교산리校山里 소재. 1985년 2월 25일 전라남도유형문화재 제104호로 지정된 문화유산임.
• 연치年齒 : 나이를 이르는 말.
• 공손수公孫樹 : 은행나무. 어느 선비가 은행의 씨를 심었더니 그 손자에 이르러 따먹었다는 데서 연유한 이름임.
• 낙락落落 : 주로 노송의 가지가 축축 늘어진 모양.
• 춘추春秋 : 어른의 나이를 높여 이르는 말.
• 만수萬壽 : 오래오래 삶.

★ 雪嶽山鑄錢谷勝致[16] 설악산 주전골의 빼어난 경치

樹陰隱然葉靑靑 숲 속 그늘은 은은한데 푸른 나뭇잎 싱싱하고,
奇巖聳立貌形形 기이한 바위들 높이 솟아 갖가지 모양이로다.
飛泉溆流聲活活 날리는 폭포수 철철 흘러 그 소리 콸콸거리고,
石逕廻折苔蒼蒼 꾸불꾸불한 돌길에 계곡의 이끼 더더욱 푸르러라.

• 설악산雪嶽山 : 태백산맥 중의 명산으로서 강원도 인제군麟蹄郡·양양군襄陽郡·속초시束草市의 사이에 있는 산. 주봉은 대청봉大靑峯으로 해발 1,708m. 설악산 국립공원이 형성되어 있다.
• 주전곡鑄錢谷 : 주전골. 설악산에 있는 큰 골짜기의 이름.
• 승치勝致 : 좋은 경치나 흥치.
• 은연隱然 : 겉으로 뚜렷하게 드러나지 않고 아슴푸레하게 내비쳐 있는 것.
• 용립聳立 : 우뚝 솟음. 산 따위가 높이 솟은 모양.
• 유류溆流 : 유유히 흐르는 물줄기.
• 괄괄活活 : 물이 기운차게 흐르는 소리.
• 석경石逕 : 돌이 많은 좁은 길. 또는 돌사닥다리.

---

16) 2003年5月11日 雪嶽山鑄錢谷山行所懷也 與金云在會長夫婦兩家族4人觀光旅行 向江原道雪嶽山國立公園 而山行鑄錢谷矣 午前10時15分到着龍沼瀑布 於10時40分經由仙女湯(海拔400m)也 依案內板里程標 自此龍沼瀑布1.3km五色藥水場1.9km十二瀑布1.3km也 隨處天下名勝 不能抑感慨無量矣

• 회절廻折 : 꾸부러짐. 휘어 꺾임.
• 창창蒼蒼 : 매우 푸르다.

★ 東海波濤聲[17] 동해의 파도소리

千里遠洋漁船浮 천리 머나먼 원양에는 어선이 두둥실 떠 있지만,
眼前滄海白波舞 눈앞의 넓은 창해에선 거센 흰 물결이 춤을 추네.
終日聞來濤澎聲 진종일 들리는 게 파도 부딪치는 소리이러니,
或不怒鯨警世吼 혹시 성난 고래가 세상을 깨우치는 소리 아닌지.

• 동해東海 : 우리나라 동쪽의 바다.
• 원양遠洋 : 육지에서 멀리 떨어진 넓은 바다.
• 창해滄海 : 넓은 바다. 넓고 큰 바다.
• 백파白波 : 흰 거품이 이는 물결.
• 도팽濤澎 : 파도가 부딪치는 소리.
• 팽팽澎澎 : 물이나 물결이 부딪치는 소리.
• 경후鯨吼 : 고래가 우는 것. 고래가 크게 소리 지름.
• 경세警世 : 세상 사람들을 깨우치는 것.

★ 老年覺悟[18] 노년의 각오

望八人生不必欺 여든 바라보는 인생 굳이 속일 것만은 아니요,
忘年追究琢大器 나이를 잊고 오히려 큰 그릇 닦기를 추구한다오.
壯志未衰如瑞石 장한 뜻은 아직도 쇠하지 않고 서석대와도 같으니,

17) 2003年5月12日 東海波濤聲所懷也 昨日與金云在會長夫婦兩家族山行鑄錢谷之後 投宿於東海비취호텔矣 望東海而聞波濤聲 目擊漁船浮千里之外水平線上若海不揚波以上向龍宮也 然近海波濤甚 疑鯨吼而欲警人世惛矣

18) 2003年7月17日 無等山下望八所懷也 午後散策光州湖畔而登觀水亭(全南潭陽郡古西面分香里所在) 遐望瑞石臺 則遠近周邊樹林鬱蒼 使人衝動老年奮發矣 歸路晩餐於빛고을飮食店 飮酒2.3杯後自省七十有二年之往事 有感以述懷如此也.

何爲但怨春難企 어찌해 인생의 봄 기대하기 어려움만을 원망하랴.

- 망팔望八 : 여든을 바라본다는 뜻으로 일흔 한 살. 또는 71세로부터 79세까지를 통칭해서도 이름.
- 망년忘年 : 나이를 잊음.
- 대기大器 : 큰 그릇. 큰일을 할만한 인재의 비유. 여기서는 대기만성大器晩成(크게 될 사람은 오랫동안 공적을 쌓아 늦게 이루어짐)을 염두한 표현구임.
- 장지壯志 : 마음속에 품은 장하고 큰 뜻.
- 서석瑞石 : 무등산의 서석대 약칭. 광주호 호반의 관수정觀水亭에서 멀리 바라보이는 무등산의 서석대를 두고 이름. 앞에 든 제1부 하편의 시 〈문야무등산수問也無等山水〉의 주 참조.

★ 於三人山下[19] 담양의 삼인산 아래에서

巖上白玉流無量 바위 위에 쏟아지는 흰 구슬 한없이 흐르고,
松間禽聲盡囀鳴 소나무 사이에서 우는 새소리 마음껏 지저귀네.
山客探勝已下午 등산객의 탐승은 이미 오후가 되었건만,
樂水逸興食時忘 산수를 즐기는 흥취로 끼니때마저 잊었다오.

- 삼인산三人山 : 담양군의 수북면 오정리梧亭里와 대전면 행성리杏城里에 접해 있는 산. 그 형상이 사람 인(人)자가 세 개 겹친 듯이 보인다는 데서 연유한 이름이라 전함. 몽선산夢仙山, 또는 몽불산夢佛山 등의 별칭이 있음.
- 백옥白玉 : 흰 빛깔의 옥. 또는 흰 구슬. 여기서는 산골에 흐르는 4단 폭포의 물이 백

담양의 삼인산

19) 2003年7月20日 潭陽三人山下述懷也 與文瓊圭前潭陽郡守與朴幸甫畵家崔漢善潭陽大教授 登攀潭陽郡大田面所在三人山矣 集合於山下文郡守別莊 午前11時頃自杏城里出發 山禽與白水瀑誘惑山行中吾等 午後1時50分頃下山 到着其別莊而取午餐也 乃酒興中抒懷歡談不絶以申時頃歸家矣

옥처럼 보임을 두고 비유적으로 이르는 말.
- 금성禽聲 : 조어鳥語. 새가 지저귀는 소리.
- 전명囀鳴 : 새의 지저귐. (囀 : 새 지저귈 전)
- 탐승探勝 : 경치 좋은 곳을 찾아다니는 것.
- 요수樂水 : 요산요수樂山樂水의 약칭. 산수의 자연을 즐김.
- 식시食時 : 끼니때.

★ 夢仙山行[20] 몽선산 등산길에서

林間細徑攀筆峰　숲 사이 좁은 길을 따라 붓바위에 오르고 보니,
山下黃雲作萬頃　산 아래 누런 벼는 널따란 들을 이루고 있네.
天高爽氣灑全身　드높은 하늘에 시원한 기운이 온몸을 씻겨줌에,
欲收囊中藏不能　그 기운 주머니에 거두고 싶으나 담을 수는 없구나.

- 몽선산夢仙山 : 담양군에 있는 삼인산三人山의 이칭. 앞에 든 시 〈어삼인산하於三人山下〉의 주 참조.
- 세경細徑 : 소로小路. 작은 길.
- 필봉筆峰 : 붓처럼 뾰쪽하게 솟은 산봉우리. 몽선산에 있는 산봉우리의 하나.
- 황운黃雲 : 들에 가득한 누런 벼. 몽선산 아래의 넓은 들에 가득한 가을의 누런 벼를 두고 이름.
- 천고天高 : 가을 하늘이 드높다는 뜻. 천고마비天高馬肥(하늘이 높고 말이 살찐다.)를 염두하고 이른 말임.
- 만경萬頃 : 지면이나 수면이 아주 넓은 것을 이르는 말. 경頃은 면적의 단위로 밭 100묘畝의 넓이를 말함.
- 상기爽氣 : 상쾌한 기분.

---

20) 2003年9月28日 潭陽郡夢仙山行之懷也 成均館大學校金學成教授與其弟子學生來光 我同伴金教授一行與文瓊圭前郡守・朴幸甫畵家・李敦興書藝家等 登攀潭陽郡大田面所在夢仙山矣 季節是天高馬肥秋分節 稻作豐登 黃雲英英 可謂晩秋佳節也 登筆峯(붓바위) 則數三農人往來於山下耕作地 是謂寸馬斗人 實感上喬陟矣

• 낭중囊中 : 주머니 속.

山客蒙霞登孱顔 안개 무릅쓴 산객 높직이 올라와보니,
龍龜佛臺皆不遠 용구산과 불대산이 모두 가까이 있는 듯.
金衣公子吐惺惺 우짖는 꾀꼬리도 아름다운 소리 토해내는가.
協律地籟頌自然 땅 울림에 반주 맞추어 자연의 찬송이로다.

• 산객山客 : 등산객登山客. 등산하는 사람.
• 잔안孱顔 : 산의 준엄한 모양. (孱 : 산이 높이 솟은 모양 잔)
• 용구龍龜 : 삼인산의 가까이에 있는 용구산을 두고 이름.
• 불대佛臺 : 삼인산의 가까이 있는 불대산을 두고 이름.
• 금의공자金衣公子 : 꾀꼬리의 딴 이름.
• 성성惺惺 : 꾀꼬리 우는 소리. (惺 : 꾀꼬리 울음소리 성)
• 지뢰地籟 : 땅이 울리는 갖가지 소리.
• 협률協律 : 고대 중국에서 시를 음악적 반주에 맞추던 일.

金風退暑山氣清 갈바람은 더위를 물리치고 산기운도 맑구나.
深谷玉溪作琤琤 깊은 골짜기 맑은 계곡에선 옥 굴리는 소리로다.
遠邇秋波無不誘 원근의 가을 물결이 유혹하지 아니함이 없어,
託情流水歸路輕 유수에 정 붙이고 돌아오니 발길 또한 가벼워라.

• 금풍金風 : 오행五行에서 가을은 금金에 해당한 데서 가을바람을 이름.
• 옥계玉溪 : 옥같이 맑은 물이 흐르는 계곡.
• 쟁쟁琤琤 : 맑은 물소리의 형용. (琤 : 옥 소리 쟁)
• 원이遠邇 : 하이遐邇. 원근遠近. 먼 곳과 가까운 곳. 또는 그 곳의 사람.
• 탁정託情 : 정을 붙이는 것.
• 귀로歸路 : 귀도歸途. 귀정歸程. 돌아가거나 돌아오는 길.

★ 手術臺上[21] 수술대 위에서

遑遑手術中 갈팡질팡하며 수술 중이러니,

嘔吐兼腹痛 구토에 복통까지 겹치는구나.

天地飜且覆 천지가 엎어지고 뒤집어지는데,

與誰問死生 죽고 삶을 누구에게 물어야 하나.

- 황황遑遑 : 갈팡질팡 어쩔 줄 모르게 급함.
- 구토嘔吐 : 위 속의 음식물이 통제할 수 없이 입 밖으로 나오는 일.
- 번차복飜且覆 : 번복飜覆(뒤엎다. 이리저리 뒤쳐 고치는 것)의 연속을 이름.

痲醉下半身 하반신을 마취했지만,

精神猶生生 정신은 오히려 또렷또렷.

妻子待室外 처자들은 밖에서 기다리고 있는데,

手術何時終 이 수술 언제 마치려는고.

- 마취痲醉 : 몽혼曚昏. 외과 수술 등을 할 때 아픔을 없애기 위해 약재·침 등을 신경에 작용시켜 일정한 시간 동안 무통·반사 상실 상태를 만들어 내는 방법.
- 하반신下半身 : 하반체下半體. 몸의 허리 아래 부분.
- 생생生生 : 시들거나 상하지 않고 성함. 눈앞에 보는 것같이 또렷함.
- 실외室外 : 방의 밖. 여기서는 수술실 밖, 처妻와 자식들이 수술 마치기를 기다리고 있는 대기실.

21) 2003年12月9日 南畊堂療養中回想腸手術也 4日前全南大學校和順病院(全羅南道和順邑所在)胸腸外科金永珍教授擔當我內臟手術 焦燥緊張中除去腸內腫瘍矣 多幸逢扁鵲 斟酌手術良好 眞心感謝于金教授 聯想其手術當時狀況 人生則悲劇耳 又無常也 不禁衝擊以有感如此矣 參照同日連作詩〈手術室光景〉

一刻如十年 일각이 십 년처럼 길기도 하네.
誰知焦燥狀 이 초조한 상황 그 누가 알리오.
生死託單刀 사람의 생사 한 자루의 칼에 맡겼으니,
不必信體强 육체 강건함을 믿을 것만이 아니로세.

- 일각여십년一刻如十年 : 일각여삼추一刻如三秋와 비슷한 말. 기다리는 마음이 간절하여 아주 짧은 시간도 십 년같이 길게 느껴진다는 말.
- 초조焦燥 : 애를 태워서 몹시 마음 조리는 것.
- 단도單刀 : 한 자루의 칼.

★ 手術室光景[22) 수술실 광경

切除內臟床上棄 내장을 절제하여 상 위에 버렸구나.
治病如此慘酷耳 병 다스리는데 이처럼 참혹할 따름인가.
紅片正似廚房肉 붉은 살 조각 마치 주방에서 보는 식육이라,
人體安與禽獸異 사람 몸이 어찌 짐승의 그것과 다름 있으랴.

- 홍편紅片 : 붉은 조각. 여기서는 사람의 내장을 수술하면서 잘라낸 사람의 살덩이를 두고 비유적으로 이름.
- 주방육廚房肉 : 음식을 만드는 주방(부엌)에서 다루는 고기. 곧, 쇠고기·돼지고기 등을 이름.
- 금수禽獸 : 짐승. 날짐승과 길짐승. 곧, 모든 짐승.

---

22) 2003年12月9日 南畊堂療養中回想病院腸手術臺也 4日前入院于全南大學校和順病院而手術內臟 當時目擊室內光景而不知中驚愕矣 人體赤色內臟羅列於手術臺上 或弗一般動物之腸 云直前患者之臟器也 但慘酷耳 參照當日連作詩〈手術臺上〉

★ 於歌辭文學館[23] 한국가사문학관에서

隆冬雪寒裏 눈 내리는 엄동의 추위 속에
出勤文學館 가사문학관에 출근하였노라.
洗心遊魚羣 세심지 연못의 고기떼들
作隊以禮獻 무리지어 예를 갖추고 반겨 주네.

한국가사문학관의 연못(세심지)

- 문학관文學館 : 담양군 남면 芝谷里(지실)에 건립된 한국가사문학관을 두고 이름. 앞에 든 제2부 상편의 시 〈제가사문학관題歌辭文學館〉의 주 참조.
- 융동隆冬 : 엄동嚴冬. 몹시 추운 겨울.
- 설한雪寒 : 눈이 내릴 때나 내리고 난 뒤의 추위.
- 세심洗心 : 세심지洗心池의 약칭. 가사문학관의 앞 정원에 세워있는, 세심정洗心亭 바로 앞에 내려 보이는 연못. 세심정洗心亭은 마음을 깨끗하게 한다는 세심洗心의 뜻을 반영하여 명명한 이곳 정자의 이름임.
- 유어遊魚 : 물 속에서 노는 고기.
- 예헌禮獻 : 예를 갖추고 받드는 것. 여기서는 사람이 못가에 이르면 물속 고기들이 모이 주기를 바라고 모여드는 것을 예禮 드리려는 일로 비유하여 이르는 말임.

開土四年餘 문학관의 터 닦기는 4년 너머로세.
聲聞傳八方 그 명성 천지 팔방에 알려졌다네.
任期十日限 관장직의 임기는 열흘이면 끝이라서,

---

23) 2003年12月21日 無等山下韓國歌辭文學館所懷也 現在所任雖是文學館名譽館長 日常出勤而遂行所管業務矣 昨年春寄贈我所藏圖書中4600餘種于歌辭文學館 以是兼研究次近來逐日出勤 文學館着工以來已過4週年 而館長任期限不過十日也 現地品物皆託情 洗心池中養魚特吐情 誘我詩情 此或爲後日回憶之事矣 參考2001年11月13日作詩〈題歌辭文學館〉

品物益有情　온갖 물건들 더더욱 정겹구나.

- 개토開土 : 집을 짓기 위해 땅을 파고 시작하는 것.
- 성문聲聞 : 명성名聲. 세상에 널리 퍼져 평판 높은 이름. 또는 그 소문.
- 팔방八方 : 모든 방면 또는 방향.
- 품물品物 : 형체가 있는 온갖 물건.

回顧古今事　고금의 일들을 회고해 보자.
何處謂三勝　어느 곳을 일동 삼승이라 일렀던고.
四傑仙遊跡　훌륭한 네 시인들이 선유하던 발자취
館內展示頌　문학관 안에서도 전시하여 기린다네.

- 삼승三勝 : 세 곳 명승지. 송순宋純(1493~1583)이 그의 시 〈차김상사성원식영정이운次金上舍成遠息影亭二韻〉의 주註에서 말한 일동삼승一洞三勝을 두고 이름. 즉, 한국가사문학관 가까이에 있는 소쇄원瀟灑園・식영정息影亭・환벽당環碧堂 등을 지칭함.
- 사걸四傑 : 뛰어난 네 사람. 이곳 시에서는 식영정에 출입하여 시적 교우를 가졌던 조선시대의 명류시인 4인을 가리킴. 앞에 든 시 〈식영정한유息影亭閒遊〉의 주 참조.
- 선유仙遊 : 선경仙境에서 노는 것. 이 시에서 이르는 사선들의 발자취는 일동삼승을 비롯해 창계蒼溪・선유동仙遊洞 등 곳곳에 유적으로 남아 전한다.

★ 愛妻臥病[24]　사랑하는 아내의 와병

宇宙秩序決無跦　우주 질서는 결단코 머뭇거림이 없건만,
人事難當意外懼　사람 일에는 뜻밖의 두려움 당해내기 어렵구나.

---

24) 2004年1月1日 入院中妻危急之際也 昨日午前11時頃妻感知健康異狀 入院全南大學校附屬病院神經科(光州市東區鶴洞所在)矣 午後3時頃2回服用處方藥 其後精神昏懜 喪失正常的意識也 自此始作人間苦惱 遑忙中在京末子修永君急來然妻不能識別對面 對話東問西答 此悲劇莫無奈何 痛歎不已之境也

一時得病不相識　일시에 병이 든 아내 서로 알아보지도 못하니,
窮冬迎新祈逐憂　그믐 지난 영신에 근심걱정 물러하기만 비노라.

- 와병臥病 : 병으로 자리에 눕는 것.
- 우주宇宙 : 대기권 외의 공간. 온갖 사물을 포괄하는 공간. 무한한 공관과 유한한 시간.
- 난당難當 : 당해내기 어려움.
- 궁동窮冬 : 궁음窮陰. 겨울의 마지막. 곧 음력 섣달.
- 영신迎新 : 신년을 맞이하는 것.

徹曉持續頭痛患　밤새도록 계속되는 두통의 걱정,
誰問可解此受難　누구에게 물어야 이 수난 풀 수 있으리.
最新醫術雖謂優　최신의 의술 비록 뛰어나다고 하지만,
不可不嘆尚有限　아직 한계가 있음을 통탄치 않을 수 없네.

- 철효徹曉 : 철야徹夜. 철소徹宵. 잠을 자지 않고 밤을 새는 것.
- 수난受難 : 겪어내기 어려운 일을 당하는 것.
- 유한有限 : 일정한 한도나 한계가 있는 것.

★ 入院中愛妻[25)] 병원 입원 중의 아내

自然有常恒依然　자연은 영구불변하여 항시 의연한데,
人世無時當異變　인간 세상에선 무시로 이변이구나.
青天霹靂誰作亂　이같은 청천벽력은 누구의 장난인고.
猝地臥病昏懵間　갑작스런 와병 정신이 흐릿한 사이였네.

---

25) 2004年1月1日　入院中妻危急之狀也　妻入院全南大病院　而從看護師指示　服用藥2回之後　當昏懵之慘狀矣　欲治病來以招青天霹靂　世上萬事是瑤池鏡也　左往右往不安席　乃痛嘆如是　左思右量而不能解此悲劇也　欲究明其原因　而無可奈何　唯作望洋之嘆耳　參照當日作詩〈愛妻臥病〉

左支右吾乃終宵 겨우 지탱해 가면서 마침내 밤을 새우니,
欲脫此境何處問 이 지경 벗으려면 어디에 문의할꼬.
俗間治療亦疑訝 속세에서의 치료 역시 의아할 뿐이요,
或拜扁鵲足免難 혹시 편작을 만나야 어려움 면할 수 있을는지.

- 유상有常 : 유항有恒. 변함이 없음. 영구불변永久不變.
- 무시無時 : 무상시無常時의 준말. 일정한 때가 없는 것.
- 이변異變 : 괴이한 변고. 또는, 여상하지 못한 사태. 변이變異.
- 청천벽력靑天霹靂 : 맑게 갠 하늘에서 치르는 벼락이라는 뜻으로, 뜻밖에 일어나 는 큰 변고.
- 와병臥病 : 병으로 자리에 눕는 것.
- 혼몽昏懜 : 정신 흐릿해 가물가물 함.
- 좌지우오左支右吾 : 이리저리 버텨서 겨우 지탱하여 나감.
- 종소終宵 : 종야終夜. 밤새도록. 하룻밤 동안.
- 편작扁鵲 : 중국 전국시대의 명의. 성은 진秦, 이름은 월인越人. 은사隱士로부터 의술을 배워 오장五臟을 투사하는 경지에 이르렀다 전함.

★ 立春瑞雪[26] 입춘의 서설

立春吉祥昨日禱 경사스런 입춘의 조짐 어제부터 빌었더니,
去夜徹曉降雪報 간밤은 날 새도록 내리는 눈 소식이어라.
天地銀色今朝景 온 천지의 밝은 은빛 오늘 아침의 경치이러니.
人生歡悅自此高 우리 인생의 환희 이로부터 고조된다네.

- 입춘立春 : 1년 24절기의 첫째. 양력으로 2월 4일경임.
- 서설瑞雪 : 상서로운 눈.

---

26) 2004年2月5日 立春節所願述懷也 時序上昨日是立春 雖降雪如冬 立春大吉之感歷歷 白雪無異立春祝矣 日氣尙薰薰 迎新萬感交叉 不能抑瑞雪之感 而抒懷如是也

• 길상吉祥 : 상서祥瑞. 길서吉瑞. 경사스러운 일이 일어날 조짐.
• 철효徹曉 : 철야徹夜. 철소徹宵. 잠을 자지 않고 밤을 새는 것.
• 환열歡悅 : 환희歡喜. 즐겁고 기쁨.

高空六花雲裏轉 고공에 날리는 눈은 구름 속에서 춤을 추고,
千枝雪華滿玉山 나뭇가지마다 피어있는 눈꽃 옥산에 가득.
切願辟邪又進慶 원컨대 사악은 물러가고 경사만 나아오소서.
往歲陰氣應消盡 지난해의 흉측한 기운 응당 사라져 없어지리라.

풍암제 호안의 산책로 설경

• 육화六花 : 육출화六出花. 눈을 달리 이르는 말.
• 천지千枝 : 천지만엽千枝萬葉의 준말. 무성한 나무의 가지와 잎.
• 설화雪華 : 설화雪花. 나뭇가지에 꽃처럼 붙은 눈발. 또는 눈송이.
• 옥산玉山 : 설산雪山(눈이 쌓인 산)을 말함.
• 벽사辟邪 : 사귀邪鬼(요사스러운 귀신)를 물리치는 것.
• 진경進慶 : 벽사진경辟邪進慶에서의 진경進慶. 곧, 경사스러움에 나아가는 것.
• 왕세往歲 : 지나간 해. 곧, 과거. 왕년. 한때. 지난날. 왕전往前.
• 음기陰氣 : 음침한 기운.
• 소진消盡 : 사라져 다 없어지는 일.

★ 白頭山行回想[27] 백두산 기행의 회상

仰觀白頭壯 백두산의 장대함을 우러러보면
都是神妙像 모두가 신묘한 모습이었네.

---

27) 2004年3月9日 白頭山行回憶之懷也 取中飯於全南大學校正門前朝鮮會館 室內揭示白頭山天池寫眞 而回想十三年前白頭山紀行矣(參照1991年8月14日所作〈白頭山紀行〉238句) 當時雖經由中國延邊以向白頭山 生生想起往事追憶 而探勝感懷再流露如此也

深藏太古秘　태고적 신비 깊이 간직하고 있어,
興懷起無窮　감개무량한 감회 끝없이 일었다오.

- 백두산白頭山 : 함경 남북도와 만주와의 사이에 있는 우리나라 제일의 산. 앞에 든 제1부 상편上篇의 시 〈백두산기행白頭山紀行〉 참조.
- 앙관仰觀 : 앙첨仰瞻. 우러러보는 것.
- 백두장白頭壯 : 백두산장관白頭山壯觀을 줄여서 이른 말. 이곳의 장관은 훌륭한 광경. 또는, 훌륭하고 장대壯大한 경관을 뜻함.
- 신묘神妙 : 신기하고 묘함.
- 심장深藏 : 물건을 깊이 감추어 두는 것.
- 흥회興懷 : 감개感慨가 이는 것. 또는 흥을 돋우는 것.

山精連千里　백두산의 정기 천리에 이어 있고,
池湧萬斛水　천지에선 한없는 물 솟아나온다오.
此是何邦景　이곳은 곧 어느 나라의 경관이던고.
客情難敢收　나그네의 정 감히 걷잡을 수 없었네.

- 산정山精 : 산의 정기精氣(천지 만물을 생성하는 근원이 되는 기운).
- 지용池湧 : 백두산 천지 못에서 솟아나오는 물을 두고 이름.
- 만곡萬斛 : 아주 많은 분량.
- 하방何邦 : 어느 나라. 비록 중국을 통한 기행이었지만 우리나라 국토임을 강조하기 위해 취한 시구임.
- 객정客情 : 객회客懷. 객의客意. 나그네 길에 느끼는 마음.

靈巖環天池　신령스러운 바위들 천지를 두르고 있어
山影丹丘圖　산 그림자는 선계의 그림이었네.
奇觀測無限　기이한 경관들 헤아리기 한이 없었으니,
回憶不勝道　회상되는 추억 말로다 이를 수 없구나.

- 천지天池 : 백두산 꼭대기에 있는 못. 앞에 든 제1부 상편上篇의 시 〈백두산기행白頭山紀行〉 연작 제5 참조.
- 단구丹丘 : 선향仙鄕. 선경仙境. 선계仙界. 선인이 산다는 곳. 또는, 경치가 신비스럽고 그윽한 곳.
- 회억回憶 : 돌이켜 추억하는 것.

★ 春日興[28] 봄날 흥취

木蓮櫻花相爭姸 목련과 벚꽃 서로 아름다움을 다투지만,
芳辰王者分別難 봄철의 왕자 분별하기 어렵구나.
群蜂紛紛何處尋 벌의 무리들 어수선하게 어느 곳을 찾아드는고.
行吟春情頌東君 걷는 길에 춘정을 읊으며 동군을 기리노라.

- 춘흥春興 : 봄이 되어 마음에 절로 일어나는 흥겨움.
- 목련木蓮 : 목련꽃. 백목련白木蓮 자목련紫木蓮 등의 총칭.
- 앵화櫻花 : 벚꽃. 벚나무의 꽃.
- 쟁연爭姸 : 아름다움을 다툼.
- 방신芳辰 : 꽃다운 봄철.
- 봉군群蜂 : 무리 짓고 날아다니는 벌들.
- 분분紛紛 : 흩날리는 모양이 뒤섞여 어수선함.
- 행음行吟 : 거닐면서 글을 읊는 것.
- 동군東君 : 동제東帝. 청제青帝. 태양의 이칭. 또는 봄을 맡은 동쪽의 신.

---

28) 2004年3月30日 카톨릭大東山春景吟也 散策大學校平生敎育院(光州市西區尙武洞所在)境內園林矣 院裏花木當春 得生生之理 春氣充溢 園涉以招逸興 自得探賞春意而敍懷也

★ 尋春遺憾[29] 봄 구경의 아쉬움

生生之理遂盛春 자연의 생생지리로 봄은 한창이라,
木蓮與櫻共誘引 목련과 벚꽃 다함께 발길을 유인하구나.
目前標幟出入禁 목전의 푯말 출입금지라 하였으되,
芳樹興感奚能斷 꽃나무로 이는 흥감 어이 끊을 수 있으랴.

- 유감遺憾 : 생각한 대로 되지 않아 아쉽거나 한스러운 것.
- 심춘尋春 : 봄을 찾는 것.
- 생생지리生生之理 : 모든 생물이 생기고 퍼지는 자연의 이치.
- 성춘盛春 : 봄철이 한창인 때.
- 표치標幟 : 표지標識. 푯말. 다른 것과 구별하기 위한 표시나 특징. 이 시에서는 현지에 출입금지라고 써놓은 푯말을 가리킴.
- 방수芳樹 : 방향이 있는 나무. 꽃이 피는 나무.
- 흥감興感 : 마음이 움직여 느끼는 것. 또는, 흥겹게 느끼는 것.

★ 孟夏之際[30] 초여름에 즈음하여

時序立夏際 절서는 입하의 계절이라.
娥歌花滿開 아까시아나무꽃 만발이구나.
胸宇藏濃香 그 향기 가슴 속에 간직하고 나니,
錯認戀人來 연인을 맞이한 듯 착각이이로다.

- 맹하孟夏 : 초여름. 음력 4월을 달리 이르는 말.

---

29) 2004年3月30日 카톨릭大東山春景吟也 今大學內園林散策中先作7言詩 歸路行吟中目擊出入禁止標幟矣 花樹滿開 難堪訪花之情 然自解尋春之興 則惜情不過一時遺憾耳 參照當日作〈春日興〉也

30) 2004年5月6日 龍鳳東山散策所懷也 昨日乃立夏 遊步于全南大學生會館後山得聞穀穀矣 到處有花木 尤娥歌花(아까시아나무꽃)滿發. 一便接喜信 然不能堪惜春之感 始終不能脫花落之嘆 乃遺憾而敍情也 參照當日作〈初夏有感〉

• 시서時序 : 돌아가는 시절의 순서.
• 입하立夏 : 1년 24절기의 일곱째. 양력 5월 6일경임.
• 아가화娥歌花 : 아까시아나무꽃이라 한 말을 한자의 음훈차音訓借에 의해 취한 표기임. 아름다운 노래 저절로 나오게 하는 꽃이라는 감회에서 취한 조사措辭임.
• 흉우胸宇 : 흉중胸中. 흉리胸裏. 흉곡胸曲. 가슴속. 또는, 마음.
• 착인錯認 : 오인誤認. 잘못하여 다른 것을 그것으로 아는 것.

花樹新錄盛 꽃나무엔 초여름의 신록이 무성하여라.
造物備珍羞 조물주는 진수성찬을 갖추었도다.
惜春不能抑 가는 봄의 아쉬움만은 억제할 수 없으니,
焉無心所追 마음속엔 어찌 추구하는 바가 없으랴.

• 화수花樹 : 화목花木. 꽃나무.
• 신록新錄 : 늦봄이나 초여름에 새로 나온 잎의 푸른 잎.
• 진수珍羞 : 진귀한 음식이나, 가장 맛좋은 음식. 이곳 시에서는 자연 경치의 비유임.
• 석춘惜春 : 가는 봄을 아쉬워함.

喜鵲鳴花木 꽃나무에선 까치 우는 소리 들려오고,
有時香風飛 때때로 꽃향기도 바람에 날려드네.
蕾情難堪當 꽃봉오리에 끌리는 정 감당하기 어렵지만,
可惜瓣轉地 땅에 떨어져 뒹구는 꽃잎이 아쉽기만 해라.

• 희작喜鵲 : 까치. 이 새가 울면 반가운 손님이 온다하여 길조吉鳥라 이름.
• 화목花木 : 화수花樹. 꽃이 피는 나무.
• 향풍香風 : 향기로운 바람.
• 풍비風飛 : 바람을 타고 흩날리는 것.
• 뇌정蕾情 : 화뢰花蕾(꽃봉오리)에 끌리는 정.
• 판瓣 : 꽃잎. 화순花脣. 화판花瓣. 꽃부리를 이루고 있는 낱낱의 조각.
• 전지轉地 : 있는 곳을 바꾸어 옮기는 것.

★ 初夏有感[31] 초여름의 감회

野禽穀穀何處琅 지저귀는 들새 어디서 옥 소리를 울리는고.
暫醉花蜜不能靜 잠시 화밀에 취해서 진정하지 못하는가.
間間送風香滿身 간간이 부는 바람에 꽃향기는 온몸에 가득,
肇夏欣感忘春容 초여름의 기쁜 감회엔 봄의 경치도 잊어버린다네.

- 야금野禽 : 야조野鳥. 들새. 산이나 들에 사는 새.
- 곡곡穀穀 : 새 우는 소리의 형용. 이 시에서는 춘경을 재촉한다는 초여름의 뻐꾸기를 염두하고 취한 표현구임.
- 琅 : 옥 소리 랑. 여기서는 낭랑琅琅(새가 지저귀는 맑은 소리)의 준말로 취한 시어임.
- 화밀花蜜 : 꽃 속에 생기는 꿀.
- 조하肇夏 : 수하首夏. 초하初夏. 초여름.
- 흔감欣感 : 매우 기쁘게 느끼는 것.
- 춘용春容 : 춘경春景. 봄의 경치.

★ 顧菴集祝刊[32] 고암집의 간행을 축하하며

儒家鴻業興海東 유가의 대업은 해동을 흥성시키고,
禮教振作盡誠忠 예교의 진작에 정성을 다했도다.
倫理恢復今課題 도덕 윤리의 회복 오늘의 당면 과제이러니,

---

31) 2004年5月6日 龍鳳東山散策之懷也 立夏之際 遊步于全南大東山 有感而先作5言詩3首矣 又聞喜鵲鳴 雖非布穀鳥聲 輒想起中國詩人歐陽脩作戴勝穀穀催春耕之句 再編7言詩如此也 參照當日作〈孟夏之際〉3首

32) 詩集刊行祝意也 光州鄕校(光州市南區龜洞所在) 有聖慕會 而顧菴李洪柱會長積極的推進斯文振興 兼平素留念漢詩文製作矣 今般李會長欲出刊漢詩集 要請紀念詩 提示忠·風·崇·通之韻字 我受諾而作祝刊詩 乃2004年5月10日傳達于顧菴矣

顧菴先唱良俗風　고암께서는 미풍양속의 감화에 앞장섰노라.
慕聖爲範百年志　모성에 모범을 보인 평생의 고귀한 뜻,
斯文後生應尊崇　유학하는 후생들 응당 존경하고 숭상하리라.
傘壽積善何不丕　팔십 평생 쌓은 덕 어찌 크지 않으랴!
流芳綿延將亨通　꽃다운 명예 계속 이어져 만사형통하리로다.

- 고암顧菴 : 광주 향교光州鄕校(광주시 남구 구동 소재)의 모성회慕聖會 이홍주李洪柱 회장의 호.
- 축간祝刊 : 인쇄물의 간행을 축하하는 일.
- 유가儒家 : 공자의 학설·학풍 등을 신봉하고 연구하는 학자나 학파.
- 홍업鴻業 : 비업丕業. 비구丕構. 대업大業. 나라를 세우는 큰 사업.
- 해동海東 : 발해渤海의 동쪽이라는 뜻으로, 예로부터 우리나라를 이르던 이름.
- 예교禮敎 : 예의禮儀에 관한 가르침.
- 진작振作 : 진기振起. 자극을 주어 활기 있게 하거나 굳세어지게 히는 것.
- 성충誠忠 : 충성忠誠. 참마음에서 우러나는 정성. 특히, 나라에 몸과 마음을 다하여 헌신하는 것.
- 모성慕聖 : 성인 곧 공자를 기리며 사모하는 것.
- 백년百年 : 일평생. 썩 오랜 세월이나 해.
- 사문斯文 : 유교에서, 유교의 도의 또는 그 문화를 이르는 말. 또는, 유학자儒學者를 높이어 이르는 말.
- 존숭尊崇 : 존상尊尙. 존경하고 숭상하는 것.
- 산수傘壽 : 한자 傘의 약체略體로서 '八十'을 세로로도 쓴다는 데서 80세를 이르는 말.
- 적선積善 : 착한 일을 많이 하는 것.
- 유방流芳 : 유방遺芳. 꽃다운 명예를 후세에 남김. 또는 그 명예.
- 면연綿延 : 끊임없이 이어 늘이는 것.

★ 淸溪水[33] 청계산의 맑은 시냇물

山間幽谷綿綿走 산간 깊은 골짜기 잇달아 달리듯 뻗어 내리고,
林下澗谿渫渫舞 숲 속 산골의 물은 출렁이며 춤추듯 흘러대네.
觀水自適醉玲瓏 물을 보며 걷다가 옥 굴리는 소리에 취하노라니,
淸流灑心忘塵衢 맑은 물 마음을 씻겨주어 속세를 잊어버리도다.

- 청계수淸溪水 : 맑은 시냇물. 여기서는 경기도 의왕시儀旺市에 있는 청계산淸溪山의 시냇물을 두고 이름.
- 면면綿綿 : 끊어지지 않고 죽 잇달아 있음.
- 간계澗谿 : 계류溪流. 산골에 흐르는 물.
- 접접渫渫 : 물결이 잇대어 출렁이는 모양. (渫 : 물결 출렁출렁할 접)
- 관수觀水 : 물을 보고 그 모양을 살핌.
- 영롱玲瓏 : 금옥이 울리는 소리가 맑고 산뜻함. 또는, 광채가 찬란함.
- 진구塵衢 : 먼지와 티끌로 더럽혀진 거리. 곧 속세를 이름.

★ 淸溪山藥水場[34] 청계산의 약수터에서

樹綠水綠行路輿 푸른 나무 퍼런 물 수럭수럭 가는 길이 흥겹고,
視淸聞淸天地淨 보고 듣는 것이 맑고 맑아 천지가 깨끗하구나.
誰豈不顧溪山情 어느 누가 자연 산수의 정을 불고하랴.
一掬一飮胸次爽 한 움큼의 물 단 한 번 마시고도 가슴속이 시원해라.

---

33) 2004年6月22日 淸溪山幽谷谿流所懷也 登京畿道果川所在淸溪山 而向儀旺市鷹峯(海拔369.3m)中下山矣 伴淸流而山行 已忘塵世雜事 卽吟5言句如是也 幽谷綿綿走 澗谿渙渙舞 自適得玲瓏 淸流遠塵區 然欲推敲時 前瞻後顧之際 7言句動口中 而移記如下

34) 2004年6月22日 淸溪山藥水場所懷也 於京畿道果川次男家 向淸溪山 到着藥水場5·6號之後 有感以作7言詩一首矣 作詩不顧新體詩原則 以取措辭反復而强調詩趣也 故詩詞中固取綠·淸字而重用之 但重視脚韻也 參照當日作詩〈淸溪水〉及1981年作〈作詩韻遺憾〉(第1部下篇之詩)

• 청계산清溪山 : 경기도 의왕시儀旺市에 있는 산.
• 약수장藥水場 : 약물터. 약수가 나는 곳. 여기서는 청계산 약수터 5·6호를 두고 이름.
• 수록수록樹綠水綠 : 나무숲이 푸르니 그 아래 흐르는 물도 푸르다는 것. '수럭수럭'은 또 씩씩하고 시원시원한 모양을 뜻하는 방언인데, 시에서는 이의 음차 표기音借表記를 겸한 조사措辭이기도 함.
• 계산溪山 : 계산谿山. 산과 계곡. 즉 자연 산수를 가리킴.
• 일국一掬 : 한 움큼의 적은 물.
• 흉차胸次 : 가슴속. (次 : 속, 가슴 차)

★ 孟秋之際[35] 초가을에 즈음하여

蟋蟀斷腸啾 창자를 끊는 듯 찍찍대는 귀뚜라미,
瑟瑟終宵鳴 쓸쓸한 그 소리 밤새도록 울어대네.
尙有伏中暑 아직도 복 더위는 남아있다지만,
昨已立秋情 어제부터 이미 쓸쓸한 입추의 정이로세.

• 맹추孟秋 : 초가을. 음력 7월을 달리 이르는 말.
• 실솔蟋蟀 : 귀뚜라미.
• 啾 : 찍찍거릴 추. (추추啾啾 : 벌레의 우는 소리)
• 슬슬瑟瑟 : 매우 쓸쓸함. 적막함. 바람이 솔솔 부는 소리의 형용
• 종소終宵 : 종야終夜. 밤새도록. 하룻밤 동안.
• 복중伏中 : 복일중伏日中. 초복·중복·말복이 드는 무더운 복날 중에.
• 입추立秋 : 1년 24 절기의 열 셋째. 태양력으로 8월 8일경임.
• 추정秋情 : 가을철에 느끼는 쓸쓸한 생각.

---

35) 2004年8月8日 中興洞南畔園迎秋之懷也 昨日立秋 來日是末伏矣 日氣攝氏34度而十年來酷暑 然夜中秋氣宛然 園裏蟋蟀徹曉啾啾 則不可拒秋情孤懷也

★ 望甫吉島[36] 완도의 보길도를 바라보며

土末山上点点雲 땅끝 마을 산 위엔 뜬구름이 점점이요.
水平天際浮行船 멀리 수평선 하늘 끝엔 떠가는 행선이라.
甫吉相距千里外 보길도와의 거리는 천리 밖이지만,
南向必臻孤山村 남쪽을 향해 가면 반드시 고산촌에 이르리라.

해남의 땅끝 선착장

- 보길도甫吉島 : 전라남도 완도군 노화읍蘆花邑에 위치한 섬. 조선조 인조 때의 고산孤山 윤선도尹善道(1587~1671)가 원림생활을 유지하며, 국문학상 유명한 〈어부사시사漁父四時詞〉를 제작하였던 곳.
- 토말土末 : 땅끝 마을. 전남 해남군 송호리松湖里의 갈두葛頭 마을은 우리나라 한반도의 최남단이라 하여 흔히 토말 또는 땅끝이라 일러왔다. 해남에서 완도의 보길도를 가려면 이곳에서 승선한다.
- 산상山上 : 산 위. 해남군 토말의 갈두산 사자봉에 오르면 남쪽으로 멀리 완도의 노화도와 보길도를 조망할 수 있어, 이 시에서는 이를 전제한 표현구이다.
- 수평水平 : 水平線의 약칭. 하늘과 바다가 멀리 맞닿아 경계를 이루는 선.
- 천제天際 : 천말天末. 하늘의 끝.
- 상거相距 : 서로 떨어져 있는 것. 또는, 떨어져 있는 두 곳의 거리.
- 고산촌孤山村 : 고산 윤선도가 보길도에서 세연정洗然亭 · 낙서재樂書齋 · 동천석실洞天石室 등의 원림을 조영하며 지내던 고산 유적지 마을.

---

36) 2004年8月22日 土末海上所懷也 全南海南郡松湖里土末(땅끝)所謂陸地最南端 乘船向南行 可以至孤山尹善道幽棲地矣 今旅行中到着土末 想起孤山詩歌生活 遐望莞島甫吉島也 孤山造營洗然亭於此而製作漁父四時詞 則吾探訪南海之時 每想像孤山之詩歌生活 故不能抑探勝之慾矣

★ 楓巖堤即吟[37] 무등산 풍암제에서 읊다

澗谿盈盈渟 산골 물 넘쳐흘러 가득히 고였구나.
潺波起秋情 잔잔한 물결 쓸쓸한 추정秋情을 일으키네.
忽逢姜太公 갑자기 낚시하는 강태공을 만나고보니,
心慮釣山影 물에 잠긴 산영마저 낚을까 걱정이어라.

충효동의 풍암제와 멀리 바라보이는 무등산 영봉

- 풍암제楓巖堤 : 무등산 아래 원효계곡元曉溪谷이 흘러내리는 곳의 방죽. 앞에 든 제1부 하편의 시 〈楓巖堤秋情〉의 주 참조.
- 즉음卽吟 : 즉영卽詠. 즉석에서 시가를 짓거나 음영하는 것.
- 간계澗谿 : 산골에 흐르는 물.
- 영영盈盈 : 물이 가득 차서 찰랑찰랑 함.
- 잔파潺波 : 잔잔한 물결.
- 추정秋情 : 가을에 느끼는 쓸쓸한 생각.
- 강태공姜太公 : 중국의 강태공이 때를 기다리며 낚시질을 했다는 고사에서, 낚시꾼을 이르는 말.

---

37) 2004年9月13日 無等山楓巖堤探勝之懷也 樓亭調查次探訪金谷洞所在無等山下楓巖亭矣 整理林億齡及高敬命作楓巖亭題詠 歸路休息於楓巖堤上 忽逢釣師 與他對話中 付託釣秋情而莫釣秋景也

★ 訪寶城茶園[38] 보성의 차밭을 찾아서

杉松樹海鬱蒼蒼 수해를 이룬 삼나무 우거져 울울창창하고,
綠原茶香溢百頃 푸른 들 널찍한 밭엔 차 향기가 가득.
爲業聲聞由此高 생업의 명성 이로부터 훌륭하게 떨쳤다는데,
井中玄魚不得惺 우물 안 올챙이는 깨우칠 수가 없으리.

- 보성寶城 : 전라남도 남부 중앙에 있는 보성군을 가리킴. 홍차紅茶 생산의 명승지로 유명함.
- 다원茶園 : 차를 재배하는 밭.
- 삼송杉松 : 삼나무.
- 수해樹海 : 울창한 산림의 광대함을 바다에 비유한 말.
- 울창鬱蒼 : 울울창창鬱鬱蒼蒼의 준말. 큰 나무들이 빽빽하게 들어서 우거진 모양이 푸르다.
- 백경百頃 : 지면이나 수면이 아주 넓은 것을 이름.
- 위업爲業 : 생업으로 삼는 것.
- 성문聲聞 : 명성名聲. 세상에 널리 퍼져 평판 높은 이름.
- 현어玄魚 : 과두蝌蚪. 올챙이

山斜茗園廣 산비탈의 차밭이 넓기도 하다.
綠雲英英盛 푸른 잎이 뭉게뭉게 무성하여라.
可譽寶香秀 보성 차 향기 훌륭함은 기릴만하니,
無異尋芳興 꽃구경이나 다름없어 흥이 나구나.

- 산사山斜 : 산비탈. 산기슭의 비탈진 땅.

---

38) 2004年10月28日 寶城茶園探訪之懷也 全南大學校姜正彩總長招請大學名譽教授 集合於校內國際會議棟 聽取姜總長之歡迎人事譚矣 全員畢午餐直後 向寶城茶園 而經由得糧面之後 到着大韓茶園 探訪寶城第1茶園也 綠茶圃廣闊而若視大花園 細察茗樹之茶旗茶槍 則時時有興難抑矣

• 명원茗園 : 다원茶園. (茗 : 차 싹 명). 차를 재배하는 밭.
• 녹운綠雲 : 푸른 잎이 무성함을 이름.
• 영영英英 : 구름이 아름답고 맑은 모양.
• 보향寶香 : 보성향다寶城香茶의 약칭. 보배로운 차 향기, 또는 보성의 향기로운 차 등 중의적인 표현구임.
• 심방尋芳 : 꽃을 찾아가는 것.

★ 勸勉詩[39] 평소의 노력을 권하는 시

流水不舍長川淨 흐르는 물 그치지 않으면 언제나 깨끗하고,
林樹常綠山氣旺 나무숲 늘 푸르면 산의 기세 왕성하다네.
豹死留皮豈偶然 후세에 큰 명예 남기는 일 어찌 우연이리오.
得志道在恒自彊 뜻을 이루는 길 항시 자강하는 데에 있노라.

• 권면勸勉 : 권력勸力. 알아듣도록 타일러서 힘쓰게 하는 것.
• 불사不舍 : 쉬지 않는 것. (舍 : 쉴 사)
• 장천長川 : 주야장천(晝夜長川)의 준말. 밤낮으로 쉬지 않고 연달아, 언제나, 늘.
• 산기山氣 : 씩씩하고도 빼어난 산의 기세. 또는, 산속 특유의 깨끗한 공기.
• 임수林樹 : 수림樹林(목본 식물이 밀집하여 자라고 있는 군락)의 나무들.
• 표사유피豹死留皮 : 호사유피虎死留皮. 중국 송나라의 문인 구양수(歐陽脩)가 지은 〈신오대사新五代史〉의 〈사절전死節傳〉에 나오는 말로서, 표범은 죽어서 가죽을 남긴다, 즉 사람은 후세에 명예를 남겨야 한다 함을 뜻함.
• 자강自彊 : 자강(自强). 스스로 힘쓰는 것. (彊 : 힘쓸 강). 자강불식(自彊不息).

39) 2004年12月2日 南畊書齋讀書中勸孫子勉學也 長孫子朴城吾君準備大學進學不撤晝夜盡誠努力中 今來家 激勵以稱頌其努力 而祝願廟廊之壯志矣 又當付健康 而同時希願養成大丈夫之雄志 以作詩勸勉之 反映所望如此也

제3부

(2003～2004) 하편

★ 新年壯雪[40] 새해의 대설

院中白帽隊 눈이 내린 정원엔 흰 모자를 쓴 백모부대들,
咸奉新年賀 모두 함께 받드는 새해의 축하 인사로다.
使我作歡聲 나로 하여 기뻐하는 환호성 짓게 해,
門前迎祝嘏 문 앞에서 새해의 축복 인사 맞이하노라.

금호동 마재 근린공원의 설경

- 장설壯雪 : 대설大雪. 많이 오는 눈.
- 백모白帽 : 흰 모자. 여기서는 흰 눈이 내려 이를 둘러쓰고 있는 정원 나무들의 모양을 두고 이름.
- 연하年賀 : 새해를 축하함.
- 환성歡聲 : 기쁘거나 즐거워 지르는 소리.
- 축하祝嘏 : 축하祝賀. 남의 좋은 일을 기뻐하고 즐거워 한다는 뜻으로 인사하는 것. 또는 그러한 인사. (嘏 : 복, 축복할 하)

六花滿天舞 꽃과 같은 눈 하늘에 가득하여 춤을 추고,
銀粉亂風飛 은가루 뿌리듯 어지럽게 바람에 흩날리네.
積而已尺雪 쌓이고 쌓여서 이미 잣눈이 되었는가,
禱祝年豊期 금년의 농사 풍년 기약을 기원하노라.

- 육화六花 : 육출화六出花. 눈을 달리 이르는 말.
- 만춘滿天 : 온 하늘.
- 은분銀粉 : 은가루.
- 풍비風飛 : 바람을 타고 흩날리는 것.
- 척설尺雪 : 잣눈. 많이 쌓인 눈.

---

40) 2003年1月4日 南畊堂庭園新年雪所懷也 去夜降雪滿堂前庭園 大小樹木戴白雪帽以可觀矣 來6日卽小寒 陽曆新年初雪 不能禁迎瑞雪景祚之感 而作詩吟詠矣.

- 도축禱祝 : 기원祈願. 바라는 일이 이루어지기를 비는 것.
- 연풍年豊 : 연등年登. 풍년이 듦.

★ 對梅花盆[41] 매화분을 대하고서

室內對玉骨 실내에서 야생 매화를 마주하고 보니,
移植亦有休 옮겨 심었지만 역시 아름답기만 해라.
論者曰君子 논자들은 흔히 군자라고 이른다더니
琪樹芳薰浮 옥같은 나무에 꽃다운 향기 떠도는구나.

- 매화분梅花盆 : 매화를 심어 키우는 화분.
- 옥골玉骨 : 매화를 달리 이르는 말.
- 군자君子 : 학식이 높고 어진 사람. 예로부터 매梅는 난蘭 · 국菊 · 죽竹과 함께 사군자四君子의 하나로 칭송되어 왔음.
- 기수琪樹 : 옥처럼 아름다운 나무.
- 방훈芳薰 : 방향芳香. 꽃다운 향기, 또는 좋은 냄새.

★ 春日敍懷[42] 봄날에 펴는 회포

仲陽薔薇伴香蘭 중춘의 장미 향긋한 난을 짝하는 봄,
春分和色臨堂前 춘분의 온화한 기색 집 앞에 다가오구나.
松柏過冬尤生綠 소나무와 잣나무도 겨울나며 더욱 푸르러,
院中景物逐年新 정원의 경치 해마다 한결 새로워라.

---

41) 2003年3月11日 韓國歌辭文學館梅花盆所懷也 館內各種花盆櫛比于玄關 梅花生生以氣淸 而獨占嘉賞 雖無夜月 戀戀梅園 則芳樹中逸隱者矣 有感以頌之矣

42) 2003年3月21日 南畊堂庭園仲春所懷也 中國晋時陶潛作歸去來辭 云眄庭柯以怡顔 乃於大廳觀庭園樹 則實感此情也 今日是如月中旬 季節上春分矣 園中春色宛然 春情起興 而衝動詩心矣.

• 중양仲陽 : 음력 2월. 중춘仲春.
• 춘분春分 : 24절기의 하나. 양력으로 3월 21일 경임.
• 송백松柏 : 소나무와 잣나무.
• 과동過冬 : 월동越冬. 겨울을 나는 것.
• 경물景物 : 계절에 따라 달라지는 경치.

★ 花信[43] 꽃 소식

梅花五瓣馨　매화는 다섯 꽃잎으로 향기 그윽하고,
連翹四出笑　개나리는 네 꽃잎으로 피며 웃음을 짓네.
春氣腹中溢　무르익은 봄기운 배속까지 스며 넘쳐,
已忘望八老　이미 잊었다네, 팔십 바라보며 늙는 줄조차.

전남대학교 대강당 옆 매화

• 화신花信 : 방신芳信. 꽃 소식.
• 오판五瓣 : 꽃잎이 다섯으로 나와 하나의 꽃송이를 이룬 오판화五瓣花를 가리킴. (瓣 : 꽃잎 판)
• 연교連翹 : 연교화連翹花(개나리꽃)의 약칭. 개나리 잎은 마주 나며, 이른 봄 잎에 앞서 네 꽃잎의 노란 꽃이 피고 9월에 열매를 맺는다.
• 사출四出 : 사출화四出花의 약칭. 꽃잎이 넷으로 나와서 하나의 꽃송이를 이룬다는 데서 이른 말임.
• 망팔望八 : 여든을 바라본다는 뜻으로 일흔 한 살, 또는 71세로부터 79세까지의 통칭.

43) 2003年3月29日 龍鳳東山花信之懷也 已過春分 萬花方暢 當日自海南歸家而午後與妻散策於全南大學校後側東山 至大講堂前面 則花園內梅花與連翹花春容第一 往來者戀戀以探賞 每稱頌不辭矣

★ 木蓮花[44] 목련꽃

白燈架枝上 나뭇가지 위엔 흰 등을 가설해 놓은 듯,
晝夜麗不變 그 꽃 밤낮으로 변함없이 아름다워라.
暗香又誰爲 그윽한 향기는 또 누구를 위함인고.
間懼靑帝隱 간혹 두렵기는 봄철의 동군 자취 감출까 싶네.

- 목련木蓮 : 봄에 잎이 돋기 전 크고 향기가 진한 꽃이 피는 낙엽 교목.
- 백등白燈 : 불이 밝아서 훤히 보이는 등. 여기서는 백목련을 비유적으로 이르는 말임.
- 암향暗香 : 그윽하게 풍기는 향기.
- 청제靑帝 : 동군東君. 태양의 이칭, 봄을 맡았다고 하는 가상적인 신.

전남대학교 동산의 목련

花葉不相見 꽃과 나무 이파리 서로 보지를 못했어도,
春馫已滿庭 봄 향내는 정원에 이미 가득하구나.
素英散散飛 하얀 비단 꽃잎마저 산산이 떨어져 흩날리니,
若聞怨風聲 마치 바람을 원망하는 소리 듣는 듯해라.

- 춘흥春馫 : 봄의 향기
- 소영素英 : 하얀 비단 꽃잎. 또는 중국산 비단의 한 가지.
- 산산散散 : 단단한 물체가 조각조각 깨어지거나 부서지거나, 기대나 꿈 등이 여지없이 무너진 모양.

---

44) 2003年3月29日 龍鳳東山木蓮所懷也 午後流憩於全南大學校後東山(光州市北區龍鳳洞所在)至大學講堂矣 周邊白木蓮當春滿發以成趣 且落花飛散 使人不能禁感懷也

★ 湖畔連翹花[45] 광주호 물가의 개나리꽃

黃枝搖漾笑 노란 꽃가지 물위에 흔들리며 피어오르네.
旋律作金波 부드러운 선율은 황금물결이로다.
若似羽客舞 마치 나래를 편 선녀가 춤을 추는 듯,
東君極豪奢 동군이 누리는 사치 호화롭기 그지없구나.

- 호반湖畔 : 호수의 가. 여기서는 광주호光州湖의 물가를 가리킴.
- 연교화連翹花 : 개나리꽃.
- 요양搖漾 : 흔들려 움직임. 물 위에 떠오름. 날아다니는 모양.
- 선율旋律 : 가락.
- 금파金波 : 금물결. 금빛으로 빛나는 물결.
- 우객羽客 : 선인仙人. 날개가 달린 사람.
- 동군東君 : 청제青帝. 태양의 이칭, 또는 봄을 맡았다고 하는 동쪽의 신.
- 호사豪奢 : 호화롭게 사치하는 것. 또는 그 사치.

連翹滿發面湖渚 개나리꽃 만발하여 광주호 물가를 마주하니,
形象影水迷江魚 그 형상 물에 비추어 물고기를 반하게 하네.
黃金花枝誰之珍 황금빛 꽃가지는 그 누구의 보배이런고.
谿山豐美不可去 산과 계곡 너무 아름다워 떨치고 떠날 수 없네.

- 호저湖渚 : 호수 물가. 이 시에서는 광주호光州湖의 물가를 말함.
- 화지花枝 : 꽃과 포엽苞葉만이 달린 가지.
- 계산谿山 : 산과 계곡. 즉 자연 산수를 가리킴.
- 풍미豐美 : 풍만하고 아름다움.

---

45) 2003年4月2日 光州湖畔連翹花探勝之懷也 韓國歌辭文學館退勤時 以乘用車至無等山下光州湖堤下矣 豫定觀水亭與桐江釣臺(潭陽郡古西面分香里所在)探訪經由光州湖岸 而求景水邊連翹花影像 所視騁懷良有以也

★ 桃花讚[46] 도화 예찬

三色桃花紅白紫 삼색의 도화 붉고 희고 자색의 세 가지라.
天生佳麗使人賀 천생 아름다워 사람들로 하여 예찬케 하네.
或慮最上却須臾 절정이 되면 잠시에 사라질까 걱정되어서인지.
賞客爭先寫眞姿 구경하는 사람들 참모습 촬영에 앞 다투는구나.

- 도화桃花 : 복숭아꽃.
- 삼색도三色桃 : 한 나무에서 세 가지 꽃이 피는 복숭아나무.
- 천생天生 : 타고난 본바탕. 또는 하늘로부터 타고남.
- 가려佳麗 : 미려美麗. 모양이나 경치 따위가 아름답고 새뜻함.
- 수유須臾 : 잠시.
- 상객賞客 : 구경하며 즐기는 사람들.

下自成蹊本有理 나무 아래에 절로 길이 남은 까닭이 있어서라.
桃花不言今可知 복숭아나무 말이 없어도 이제 그 연유를 알겠노라.
遠邇老少欣自適 원근의 노소가 기꺼이 스스로 찾아들어,
賞心談笑稱其美 상심으로 담소 나누며 그 아름다움을 칭송하네.

- 하자성혜下自成蹊 : 〈사기史記〉의 이장전李將傳에 나오는 말로서 도리불언하자성혜桃李不言下自成蹊에서 취한 시구임. 복숭아나 자두는 그 과일이 익게 되면 부르지 않아도 사람들이 그 아래에 모여 자연히 길이 생기게 된다는 뜻으로, 덕과 학식이 있는 사람은 자랑을 하지 않아도 그를 따르는 사람들이 자연히 그에게 모여듦을 비유한 말.
- 원이遠邇 : 원근遠近.
- 자적自適 : 스스로 나아감. 무엇에 속박됨이 없이 마음이 내키는 대로 즐

---

46) 2003年4月5日 龍鳳花園桃花禮讚也 午後遊步於全南大農大花園路 岸上數株桃花滿發矣 尋芳者不少 皆讚其美麗 此安非李將傳所謂桃李不言下自成蹊乎 又韓詩外傳曰樹桃李者夏得休息秋得食焉也 於大學敎育之現場須重視如此名言而學習上必垂範之事也

기는 것.
• 상심賞心 : 경치를 즐기는 마음. 또는 즐겁고 기쁜 마음.

★ 春日漫興[47] 봄날의 흥취

春容遠近新 봄철의 경치 원근이 다 새로운데,
車窓映寫眞 차창엔 사진으로 비쳐 오네.
霧中紅白彩 안개 속에 홍백으로 고운 빛깔
俗人難形言 속인으론 말로다 이르기 어려워라.
山峽杜鵑笑 산골짜기엔 진달래꽃 피어있고,
原頭梨花滿 들판에는 배꽃이 가득하구나.
或浮三更月 혹여 한밤중에 달이 떠오른다면,
欲與望帝伴 울어대는 소쩍새와도 벗하고 싶어라.

• 만흥漫興 : 저절로 일어나는 흥취.
• 춘용春容 : 춘경春景. 봄의 경치.
• 차창車窓 : 차의 창문. 여기서는 광주光州에서 상경하면서 탑승하였던 무궁화호 열차의 유리창을 두고 이름.
• 영사映寫 : 원도原圖와 같이 정밀하게 옮겨 그리는 것.
• 홍백채紅白彩 : 홍백색의 고운 빛깔.
• 산협山峽 : 산속의 골짜기. 또는 두메.
• 두견杜鵑 : 진달래. 또는 두견이.
• 원두原頭 : 들판의 언저리.
• 삼경三更 : 한 밤중. 하룻밤을 다섯으로 나눈 셋째의 시각. 밤 11시부터 새벽 1시까지의 동안.
• 망제望帝 : 소쩍새의 이칭. 중국의 촉왕蜀王이었던 두우杜宇의 호를 망제望

47) 2003年4月23日 列車中鳥致院春景之懷也 弟漢圭女結婚式擧行於漢城新羅館參席次2日前上京 與妻同行 搭乘無窮花號特室矣 近到忠南鳥致院 可觀窓外自然春景 山中杜鵑花與園頭梨花出衆而令人惑也 又想起高麗末李兆年時調 此詩念誦中着想而漫興矣

帝라 하였는데, 그가 죽어서 소쩍새가 되었다는 전설로 이렇게 이름.

誰求白雲香 그 누가 이화주를 찾았던고.
輒想獨酌詩 문득 이백의 〈독작獨酌〉 시가 생각나구나.
有餘釀酒材 술빚을 재료도 이처럼 풍성한데,
焉負心所嗜 마음속에 좋아함을 어찌 저버리리오.

• 백운향白雲香 : 이화주梨花酒. 배꽃을 넣어 빚은 술. 이 시에서는 타고 가는 차 안에서 멀리보이는 이화원을 보고 떠오른 착상의 표현임.
• 독작獨酌 : 혼자서 술을 따라 마시는 것.
• 독작시獨酌詩 : 중국 당나라 시선詩仙으로 일컫던 이백李白(701~762)이 5언으로 제작하여 남긴 유명한 작시 〈獨酌〉을 두고 이름.
• 유여有餘 : 남을 만큼 넉넉함.
• 양주釀酒 : 술을 빚어서 담그는 것. 여기서는 이화주梨花酒의 재료가 되는 배꽃, 또는 두견주杜鵑酒의 재료가 되는 진달래를 두고 양주재라 하였음.

★ 訪梨花東山回顧[48] 배꽃 동산의 방문을 회고하며

梨雪爛漫醉素色 배꽃 만발하여 순결한 흰빛에 취했는데,
時鳥何處無消息 두견이는 어디를 가고 소식도 없는고.
不勝春恨夜輾轉 봄의 정한에 겨워 잠 못 이루고 뒤척이노라니,
人生如此戀難克 인생은 이처럼 그리움만은 이겨내기 어렵다오.

• 이설梨雪 : 배꽃을 흰눈에 비유한 말.
• 난만爛漫 : 꽃이 만발하여 한창 흐드러짐.

---

48) 2003年4月24日 過忠孝洞梨花東山之懷也 午後夕陽自韓國歌辭文學館(潭陽郡南面所在)歸家時運轉乘用車而經由光州市北區忠孝洞矣 節序則穀雨好時節 東山野田梨花滿發 暫想起往年與故友(任・柳・趙教授等)山行於隣近元曉溪谷也 然彼已他界而在彼岸 難禁生存時交友之情 夜中不能消歸路之懷 輾轉不寐中 吟詠李兆年作梨花月白五更天之詩 仍作詩述懷矣

• 소색素色 : 백색白色. 눈이나 우유와 같은 빛깔의 흰색.
• 시조時鳥 : 시금時禽. 철따라 우는 새. 또는 두견이.
• 춘한春恨 : 봄날의 경치에 끌려 마음속에 일어나는 정한情恨.
• 전전輾轉 : 누워서 이리저리 몸을 뒤척이는 것.

★ 風峙路躑躅[49] 무등산 바람재 길가의 철쭉

蒼天羅星群 푸른 하늘 나성의 무리들이어.
密集地上現 지상에 밀집하여 나타났는가.
個個五瓣花 꽃 봉우리마다 별을 닮은 다섯 꽃잎으로
堵列遂壯觀 죽 늘어서 있어 장관을 이루는구나.

무등산 바람재의 길가 철쭉

• 풍치風峙 : 무등산의 늦재 삼거리에서 토끼등으로 이어지는 무등산 길 중간에 있는 바람재. 앞에 든 제2부 상편의 시 〈무등산행음無等山行吟〉의 주 참조.
• 창천蒼天 : 창궁蒼穹. 푸른 하늘.
• 나성羅星 : 죽 늘어선 별.
• 오판화五瓣花 : 꽃잎이 다섯인 꽃. 이곳 시에서는 하늘의 별 형상으로 다섯 꽃잎인 철쭉꽃을 두고 이름.
• 도열堵列 : 죽 늘어서는 것. 또는, 그 늘어선 대열.
• 장관壯觀 : 훌륭한 광경. 또는, 훌륭하고 장대壯大한 경관.

花冠方奇麗 한창 피어오른 꽃부리 너무도 아름다워,
山麓染眞紅 산기슭이 온통 새빨갛게 물들었네.

---

49) 2003年5月4日 無等山路躑躅所懷也 與金云載會長夫婦同行無等山 自晩峙(늦재)至風峙(바람재)又兎脊(토끼등)路邊躑躅花滿發 如前週山行時也 本山路元是車道 各種車輛隨時往來矣 批判輿論沸騰以今嚴禁車輛接近 千萬多幸之事 遂爲仙譚中武陵之路也

大地燒盡勢　크나큰 대지도 다 태워버릴 이 기세,
焉非自然能　어찌 자연의 능력이라 아니하랴.

• 화관花冠 : 꽃부리. 꽃 한 송이의 꽃잎 전체를 이르는 말.
• 기려奇麗 : 뛰어나게 아름다운 것.
• 대지大地 : 대자연의 넓고 큰 땅.
• 진홍眞紅 : 진홍색眞紅色. 짙게 붉은 색깔.
• 소진燒盡 : 다 타서 없어지는 것.

車道本是俗人夢　찻길은 본래 속인들이 바라던 꿈이건만,
今覺終爲武陵景　마침내 선경이 되었음을 이제야 깨달노라.
但恐達作不能久　걸작이기에 오래갈 수 없을까 두렵기는 하나,
謝後葉盛安吝頌　꽃 시들면 잎 무성하리니 어찌 칭송에 인색하랴.

• 차도車道 : 차가 다닐 수 있게 만든 길. 이곳 무등산로는 당초에 차가 다닐 수 있게 만든 차도였지만 지금은 차의 진입을 일체 금하고 있다.
• 무릉武陵 : 무릉도원武陵桃源의 약칭. 중국 도연명陶淵明의 〈도화원기桃花源記〉에 기술된 선경仙境. 세상과 따로 떨어진 별천지를 비유하여 이르는 말.
• 달작達作 : 걸작傑作. 뛰어난 작품.

★ 風峙路邊藤[50] 무등산 바람재의 노변 등나무

花莖垂下向　꽃줄기는 아래를 향해 드리워서,
儘是列懸燈　모두가 열 지어 등불을 매달은 듯.
時候釋誕節　절후는 석가모니 탄신한 때이러니,
草木儕祝頌　초목들도 다함께 명절을 축송하구나.

---

50) 2003年5月4日 無等山路邊藤所懷也 風峙(바람재)路邊處處有藤花滿開 其或是燃燈乎 與躑躅相誇香雲之美矣 來8日卽陰曆4月8日燃燈節 行處目見花枝上懸燈 亦可信無等山燃燈祝祭也 參照當日所懷詩〈風峙路躑躅〉

- 풍치風峙 : 무등산의 바람재. 앞에 든 제2부 상편의 시 〈무등산행음無等山行吟〉의 주 참조.
- 화경花莖 : 꽃줄기. (花梗 : 꽃자루)
- 수하垂下 : 아래로 늘어지거나 늘어뜨리는 것.
- 현등懸燈 : 등불을 높이 매다는 일.
- 시후時候 : 사철의 절후.
- 석탄절釋誕節 : 석가모니釋迦牟尼가 출생한 명절이라는 뜻으로 음력 사월 초파일.

萬蕾方綻秘　수많은 꽃봉오리들 비밀을 곧 터뜨리려는가.
總狀花序形　피는 그 모양 줄줄이 잇는 총상꽃차례로다.
直面乃紫藤　마주보고 대하니 바로 보랏빛 등꽃이라.
許聞華笑聲　날날이 피는 그 소리까지 들려주는 듯.

- 蕾 : 꽃잎 방긋할, 꽃봉오리 뢰.
- 화서총상花序總狀 : 총상꽃차례. 긴 꽃대에 꽃자루가 있는 여러 개의 꽃이 어긋나게 붙어서 밑에서부터 피기 시작하여 끝까지 미치어 핌. 총상화서.
- 자등紫藤 : 보랏빛 꽃이 피는 등의 한 가지.
- 화소華笑 : 화소花笑. 화개花開. 꽃이 핌.

★ 於全南大龍池[51)] 전남대학교의 용지에서

池中綠樹影　연못엔 푸른 녹수의 그림자가 비치는데,
舒鳧相伴應　짝지은 집오리 서로 어울려 함께하네.
蓮房方笑顔　연꽃 봉오리 한창 웃음 짓는 얼굴이라.

---

51) 2003年5月19日 全南大龍池散策所懷也 吾全南大所在北區龍鳳洞 自中興洞家近距離矣 大學東門便有龍池 親自然的造成而平素大學人愛護之 當余月尤散策人不絶 我有時訪此勝所也 今亦豫感池畔綠樹與家鴨之誘惑 遊步於此矣 乃詩語大部分內包象徵的意味 故企待讀詩中留念時可解作者之詩趣耳

潛龍將得夢　물에 잠긴 용도 장차 큰 꿈을 이루리라.
微風動水面　수면에는 미풍이 살랑거리니,
開花必有香　꽃이 피면 반드시 그윽한 향기 풍기리라.
唯願大學人　오직 바라건대 전남대학교 대학인이여
無限藏淸興　한없이 맑은 흥치만을 간직하소서.

전남대학교의 용지

- 전남대全南大 : 광주시 북구 용봉동龍鳳洞에 위치한 전남대학교의 약칭
- 용지龍池 : 전남대학교 내에 있는 대형 연못의 이름. 대학 본부의 앞 운동장 동문 쪽에 있는 연못.
- 서부舒鳧 : 집오리. 가압家鴨.
- 상반응相伴應 : 상반상응相伴相應의 줄인 말. 상반相伴은 서로 짝이 되는 것, 또는 서로 함께 함을 뜻하고, 상응相應은 서로 응하거나 기맥을 통하는 것, 또는 서로 맞아 어울림을 뜻함.
- 연방蓮房 : 연밥이 들어있는 송이.
- 잠룡潛龍 : 물속에 잠겨있어, 아직 하늘에 오르지 않은 용. 앞으로의 기회를 바라며 물에 잠겨있는 용처럼 뜻을 닦고 있는 인물의 비유. 이곳 시에서는 용지가 있는 용봉동에서 뜻을 기르는 용봉가족을 상징적으로 이르는 표현구임.
- 득몽得夢 : 꿈을 얻는 것. 큰 뜻을 이루는 상황의 비유.

★ 池上興致[52] 연못 위에서의 흥치

絲柳舞岸上　물가 언덕 위에선 수양버들 늘어져 춤을 추고,
睡蓮浮水面　연못 안 물에선 수련이 둥실둥실 떠 움직이네.

---

52) 2003年5月19日 全南大龍池散策所懷也 今立夏之節 往見大學校龍池域 則楊柳・睡蓮・家鴨等三者相伴 可得生生之理矣 有感以先作5言律 而餘興兼5言絶句如下矣 參照先作5言律〈於全南大龍池〉

家鴨雙雙遊 집오리도 짝을 짓고 쌍쌍이 노니는지라,
龍池景可觀 용지의 경관 가히 볼만하여라.

• 사류絲柳 : 수양버들. 수양垂楊.
• 수련睡蓮 : 연못이나 늪에 자라는 수련과의 여러해살이풀.
• 가압家鴨 : 집오리.
• 용지龍池 : 전남대학교에 있는 연못의 이름. 앞에 든 시 〈어전남대용지於全南大龍池〉의 주 참조.

★ 登夢仙山[53] 몽선산에 올라서

碧山行處每有興 푸른 청산은 가는 곳마다 매양 자연의 흥치요,
白水飛流又珍景 폭포처럼 흐르는 백수 또한 진귀한 경치로세.
天與地籟皆神秘 천지자연의 소리 모두가 신비하여,
反慮此情傳塵中 이 정경 속세에 소문날까 되레 걱정이어라.

• 몽선산夢仙山 : 삼인산三人山 별칭. 앞에 든 상편上篇의 시 〈어삼인산하於三人山下〉의 주 참조.
• 벽산碧山 : 청산靑山. 풀・나무가 무성한 푸른 산.
• 행처行處 : 수처隨處. 어디든지. 가는 곳마다.
• 백수白水 : 깨끗하고 맑은 물. 삼인산 골짜기에 흰빛으로 흐르는 폭포수를 두고 이름.
• 비류飛流 : 세차게 흐르는 것. 또는 폭포.
• 천뢰天籟 : 천연・자연의 소리. 바람 소리・비 소리 따위.
• 지뢰地籟 : 땅이 울리는 갖가지 소리.
• 진중塵中 : 진속塵俗. 지저분한 속세.

---

53) 2003年8月31日 潭陽三人山行中所懷也 會同文瓊圭・朴幸甫・李敦興・崔漢善教授等五常會員而登行三人山. 文會員別莊在此山麓 參照去7月20日作〈於三人山下〉(第3部上篇)註.

深壑綠水琤琤浲 깊은 골짜기 맑은 물은 철철 흘러 소리 내고,
林間山禽衎衎鳴 숲 속 산새는 마냥 즐거워 우짖는구나.
夢仙秋容形形奇 몽선산의 가을 경치 모양마다 기이하여,
掃雲探賞箇箇情 구름 헤치고 탐상하노라니 날날이 정겨워라.

- 심학深壑 : 심곡深谷. 깊은 골짜기.
- 녹수綠水 : 벽수碧水. 푸른빛이 나는 깊고 맑은 물.
- 쟁쟁琤琤 : 맑은 물소리의 형용. (琤 : 옥 소리 쟁)
- 浲 : 물 벅차게 흐를 홍.
- 간간衎衎 : 기쁘고 즐거운 모양.
- 추용秋容 : 추경秋景. 가을의 모습이나 경치.
- 몽선夢仙 : 몽선산의 약칭. 앞에 든 몽선산夢仙山의 주 참조.
- 탐상探賞 : 경치 좋은 곳을 찾아서 구경하며 즐기는 것.

★ 登池上軒[54] 연못 위의 명옥헌에 올라서

琤琤鳴玉流 옥을 굴리는 듯 소리 내며 흐르는 물,
錯覺關關聲 맑게 우짖는 새 울음인가 착각되어라.
双禽已松隱 한 쌍의 들새 이미 소나무 사이로 숨어버렸지만,
軒下谷水潢 정자 아래엔 맑은 산골물이 고인 연못이로다.

- 지상헌池上軒 : 연못 위에 세워있는 명옥헌을 가리킴.
- 명옥헌鳴玉軒 : 담양군 고서면 산덕리山德里 후산後山마을 도장곡道藏谷에 있는 정자. 앞에 든 제1부 상편上篇의 시 〈명옥헌수상鳴玉軒隨想〉의 주 참조.

---

54) 2003年10月24日 無等山下鳴玉軒探訪之懷也 與遺蹟地解說師探勝樓亭名勝 而當到鳴玉軒(潭陽郡古西面山德里所在) 解讀亭子柱聯詩後 點檢周圍勝致 則軒在道藏谷 其下溪流如鳴玉 可以類推軒名也 參考1984年8月15日所懷詩〈鳴玉軒隨想〉(第1部上篇)

숲 속에 명옥헌과 연못이 자리하고 있다.

• 쟁쟁琤琤 : 맑은 물소리의 형용. (琤 : 옥 소리 쟁)
• 명옥鳴玉 : 옥을 울려 소리가 나게 하는 것.
• 관관關關 : 새가 온화하고 맑게 우는 소리의 형용.
• 潢 : 웅덩이 황. 은하수 황.

★ 松山雪景[55] 소나무 우거진 산의 설경

樹林戴銀緞 수림의 나무들 은빛 비단을 이고 있네.
枝間積玉屑 가지마다 사이엔 옥가루를 쌓았구나.
天公此富貴 하느님께서 내려주신 이 부귀,
或慮風飛撒 혹시나 바람에 휘날려 흩어질까 걱정이어라.

• 송산松山 : 소나무가 무성하게 우거진 산. 여기서는 광주시 서구 매월동梅月洞과 사동寺洞 뒤에 있는 송학산松鶴山(해발 208m)을 염두한 시구이기도 함.
• 수림樹林 : 목본 식물이 밀집하여 자라고 있는 군락.
• 은단銀緞 : 은빛 비단. 여기서는 나무 위를 덮고 있는 흰 비단 같은 고운 눈의 비유임.
• 옥설玉屑 : 옥을 바수어 만든 가루라는 뜻으로, 눈(설雪)의 미칭. 또는 썩 잘 지은 글.
• 천공天公 : 하느님.
• 풍비風飛 : 바람을 타고 흩날리는 것.

55) 2003年12月20日 松鶴山雪景所懷也 自昨降雪繼續 天地爲銀世界 衝動踏雪山行以外出矣 遂向光州市西區梅月洞與寺洞間所在松鶴山麓 實感大雪節風景也 明後日卽冬至 則念慮短日中取雪山道 然雪景有興 不可不起浩然之氣 欲消日常之塵垢 敢登雪山而歸家矣

★ 山林雪景[56) 산림의 설경

千樹冒銀冠 많은 나무들 화려한 은관을 썼는데,
萬枝爲玉龍 나뭇가지마다 눈이 쌓인 옥룡이 되었구나.
天花舞其上 하늘에서 내리는 눈꽃 그 위에서 춤을 추니,
果是神術景 과연 신묘한 재주로 이루는 겨울 경치로다.

- 천수千樹 : 천 그루의 수목. 또는 많은 나무.
- 은관銀冠 : 은빛 나는 화려하고 깨끗한 갓. 여기서는 나무 위에 쌓여있는 은빛 나는 하얀 눈의 비유.
- 만지萬枝 : 많은 나뭇가지.
- 옥룡玉龍 : 눈이 쌓인 나뭇가지.
- 천화天花 : 하늘에서 내리는 꽃이라는 뜻으로, 눈(설雪)을 일컫는 말.
- 신술神術 : 매우 뛰어난 재주. 불가사의한 재주.

★ 雪天邂遇[57) 눈 내리는 날 우연한 만남

與君相逢天花裨 그대와의 만남은 천화의 덕이지만,
教學常情非一時 교학으로 맺은 정은 일시적이 아니라네.
携手悅樂奚偶然 손잡고 기뻐함이 어찌 우연이랴.
後日有意不必遲 다음날 뜻이 있거든 늦어질 필요 없다오.

- 설천雪天 : 눈이 내리는 날.

---

56) 2003年12月20日 松鶴山雪景所懷也 參照當日作詩〈松山雪景〉

57) 2003年12月26日 雪天下邂遇之懷也 今降雪之午後 觀光客十餘名來於韓國歌辭文學館(潭陽郡南面芝谷里所在) 而周回洗心池周邊矣 館長職務中 迎天花之心以散策于洗心亭下 意外相面知人 則彼卒業1998年儒教大學之第1期生也 回想補任大學長時節 雖已忘姓名 然如前記憶舊顔故情 不能抑千載一遇之感 而相歡談矣

- 해후邂逅 : 오랫동안 헤어졌다가 우연히 만나는 것. 또는, 뜻밖에 만나는 것.
- 천화天花 : 하늘에서 내리는 꽃이라는 뜻으로, 눈(설雪)을 일컫는 말.
- 교학敎學 : 가르치는 일과 배우는 일
- 상정常情 : 사람에게 공통적으로 있는 보통의 인정이아 본성.
- 휴수携手 : 손을 맞잡는 것. 또는 데리고 가는 것.
- 열락悅樂 : 기뻐하고 즐거워하는 것.

★ 當春所願[58] 봄맞이 소원

當今時序孟春節 지금의 절서 이미 초봄의 시작인데,
山川天花尚滿發 산천엔 오히려 눈꽃이 만발하구나.
雪夜萬想焉能堪 눈 오는 밤 온갖 생각 어찌 감당하랴 만은
愛妻快癒尤懇切 사랑하는 처의 쾌유만은 더욱 간절하여라.

- 당춘迎春 : 봄을 맞는 것. 또는 봄이 되는 것.
- 시서時序 : 돌아가는 시절의 순서.
- 맹춘孟春 : 초봄. 음력 정월을 달리 이르는 말.
- 천화天花 : 하늘에서 내리는 꽃이라는 뜻으로, 눈(설雪)을 일컫는 말.
- 만발滿發 : 만개滿開. 전개全開. 한꺼번에 활짝 피는 것.
- 설야雪夜 : 눈 내리는 밤.
- 만상萬想 : 갖가지 상상(생각)
- 쾌유快癒 : 쾌차快差. 병이 완전히 낫는 것.

無等山色總白銀 무등산 산의 경치 온통 은빛이라,
待春瑞氣堂中滿 기다리던 상서로운 봄기운 온 집안에 가득.

58) 2004年1月25日 肇歲迎新之懷也 時下舊正4日次 昨夜降大雪 天地變銀世界矣 光州無等山爲玉山 此所謂新年瑞雪 年初祈願萬事亨通 不能禁送舊迎新之懷也 去1月1日 妻入院全南大病院而退院後 至今始消憂 拂拭戰戰兢兢之心 乃述懷以作詩如此也

朝起歡呼逐邪氣　아침의 환호성으로 잡된 기운 쫓아버렸으니,
玉貌病勢亦好轉　소중한 아내 또한 시달리던 병세 호전하리라.

- 무등산無等山 : 앞에 든 제1부 하편下篇의 시 〈무등산세無等山勢〉의 주 참조.
- 백은白銀 : 은銀.
- 대춘待春 : 봄을 기다리는 것.
- 사기邪氣 : 요망스럽고 간악한 기운. 몸을 해치고 병이 나게 하는 나쁜 기운.
- 玉貌 : 아름다운 용모. 또는 남의 용모의 미칭. 여기서는 아내가 건강할 때 평소에 갖추었던 옥모를 생각하여 아내의 지칭으로 취한 표현구임.

★ 雪光所懷[59] 설경의 소회

乾坤銀一色　세상천지가 온통 은빛 일색이러니,
園內雪英盛　정원에도 눈꽃이 한창이로다.
昨夜天公術　간밤에 베풀어준 조물주의 묘술.
使心作歡聲　마음속 깊이 환호성을 짓게 하네.

- 설광雪光 : 설경雪景. 설색雪色. 눈이 내리거나 눈이 쌓인 경치.
- 건곤乾坤 : 하늘과 땅. 천지天地.
- 설영雪英 : 눈꽃
- 천공天公 : 하느님.
- 환성歡聲 : 기쁘거나 즐거워 지르는 소리.

전남대학교 숲길의 설경

堂前瑞雪景　집 앞엔 상서로운 눈의 경치,
特爲南畊園　특별히 남경원을 위함이로다.

---

59) 2004年1月25日 肇歲雪景之懷也 今朝作詩〈當春所願〉2首後 連作此詩4首 則今勝事是謂希願開門萬福來之抒懷矣 又想像吾大學園林景以登校 滿喫雪色興致後歸家也 參照當日作詩2首

感謝天惠事 하느님의 은혜로운 일에 감사하고,
胸次刻喜信 가슴속엔 이 기쁜 소식을 새겨 두노라.

- 서설瑞雪 : 상서로운 눈.
- 남경南畊 : 작시자인 본인의 별호別號. 앞에 든 제2부 하편下篇의 시 〈南畊夢〉의 주 참조. 남경원南畊園(광주시 북구 중흥동 소재)은 지금 거주하는 집 앞의 정원을 두고 이름.
- 천혜天惠 : 하늘이 베푼 은혜.
- 흉차胸次 : 가슴속. (次 : 속, 가슴 차)

達夜玉塵舞 바람에 날리는 백설 밤새도록 춤을 추어,
山川乃雪原 세상 산천은 어느새 설원이 되었구나.
朝欲盡視娛 아침부터 눈 구경의 즐거움 다하려함에,
祥氣待開門 상서로운 기운은 문 열어주기를 기다리네.

- 달야達夜 : 종야終夜. 밤새도록. 하룻밤 동안.
- 옥진玉塵 : 아름다운 먼지라는 뜻으로 백설白雪의 딴 이름.
- 설원雪原 : 설전雪田. 눈밭.
- 상기祥氣 : 상서로운 기운.

積雪一尺餘 쌓인 눈은 한 자를 넘어,
康衢人蹤斷 큰 거리엔 사람의 왕래도 끊기었네.
但有騷客動 단지 시흥을 참지 못한 소객이 동했는지.
白原留詩痕 눈 덮인 들엔 시인의 발자취 남기는구나.

- 강구康衢 : 여러 곳으로 통한 큰 길거리.
- 인종人蹤 : 사람의 발자취.
- 소객騷客 : 소인騷人. 시인과 문사.
- 백원白原 : 이곳 시에서는 흰 눈으로 덮인 설원雪原을 두고 비유적으로 이름.

- 시흔詩痕 : 눈밭을 걸으며 남긴 시인의 발자취. 시의 작자 자신을 염두한 비유적인 표현구임.

★ 到泉巖貯水池[60] 천암저수지에 이르러

池畔氷花灼灼映 연못 물가의 빙화 화려하게 비쳐오네.
夫妻同坐實多幸 처와 함께 자리 같이하여 실로 다행이로다.
遠山倒影水中畵 먼 산의 물속 그림자 한 폭의 그림이라,
遠郊散策亦有情 원교에서의 산책 또한 정겹구나.

- 천암저수지泉巖貯水池 : 전남 화순군 도곡면 천암리 도곡온천道谷溫泉의 뒷산 입구에 있는 저수지.
- 지반池畔 : 지변池邊. 연못의 변두리.
- 빙화氷花 : 식물 따위에 수분이 빙결하여 흰 꽃처럼 되는 현상.
- 작작灼灼 : 꽃의 핀 모양이 화려하고 찬란함.
- 도영倒影 : 거꾸로 비친 그림자. 또는 해질 무렵의 그림자.
- 원교遠郊 : 도시에서 멀리 떨어진 들이나 마을.

★ 園林梅花[61] 원림에 핀 매화

暗香何處浮 그윽한 매화 향기 어디에서 떠도는고.
蜂群已得心 벌의 무리들도 이미 득의하였구나.

---

60) 2004年2月24日 和順道谷泉巖貯水池所懷也 向全南和順郡道谷面泉巖里溫泉地帶矣 此乃平素往來處 與妻登行溫泉後山 妻退院全南大病院直後 始出入外方 別有意之行也 又欲溫泉浴以出行道谷溫泉 兼郊外散策 總退治都中塵垢矣

61) 2004年3月16日카톨릭大梅花園探訪之懷也 午後訪問光州카톨릭大學校平生教育院(光州直轄市西區尙武2洞所在) 附屬園林造成親環境的 可謂都心中仙園也 園裏梅花數株百花滿發以誘訪花者 而起芳春情恨 則此園雖與中國西湖異 或逢風流者 欲與之閑談林逋矣

若逢梅妻者 만약 풍류생활 누리는 자를 만난다면
欲聞高臥談 세속을 벗는 삶의 이야기 듣고 싶어라.

망월마을 매원의 매화

• 원림園林 : 집터에 딸린 숲. 공원의 숲. 원園자로 끝나는 기관에서 관리 소유하는 숲. 여기서는 광주광역시 서구 상무동에 있는 카톨릭대학교 평생교육원에 딸린 숲을 이름.
• 암향暗香 : 그윽하게 풍기는 향기.
• 봉군蜂群 : 벌의 무리.
• 득심得心 : 득의得意(뜻한 바가 이루어져 만족해하는 것. 또는, 이를 뽐내는 것)한 마음. 또는 민심을 얻는 것.
• 매처자梅妻者 : 매처학자梅妻鶴子의 삶을 누리는 사람.
• 매처학자梅妻鶴子 : 중국의 송宋나라 임포林逋가 서호西湖에 은둔하여 다만 매화와 학만을 길었다는 고사에서, 유유자적한 풍류생활을 비유하여 일컫는 말.
• 고와高臥 : 베개를 높이고 편히 눕는다는 뜻으로, 벼슬을 하지 않고 은거하여 세속을 벗어난 생활을 하는 것.

裸枝負白英 맨몸 가지마다 흰 꽃부리를 업고 있어,
風動瓣紛紛 바람 불면 꽃잎이 어지럽게 날리네.
爭寵是亂舞 사랑 다툼은 이처럼 날뛴다 하지만,
何以滌春恨 봄날에 이는 정한 어찌 씻어버리랴.

• 瓣 : 꽃잎 판.
• 분분紛紛 : 흩날리는 모양이 뒤섞여 어수선함.
• 난무亂舞 : 어지럽게 춤을 추는 것. 또는, 함부로 나서서 마구 날뛰는 것.
• 춘한春恨 : 봄날의 경치에 끌려 마음속에 일어나는 정한情恨.

★ 於花園[62] 꽃동산에서

梅花已謝去 매화꽃 이미 시들어 사라져 버렸으되,
蓮蕾今滿發 목련의 꽃망울 지금 한창 만발이구나.
甲乙生同處 갑과 을 같은 곳에서 자라고 있으면서,
乘時如此別 때를 얻기는 이처럼 서로 다른가보다.

- 화원花園 : 방원芳園. 꽃을 심은 동산.
- 사거謝去 : 작별하고 떠나가는 것.
- 연뢰蓮蕾 : 목련 봉우리.
- 승시乘時 : 때를 타는 것.

★ 園庭即吟[63] 정원에서 즉흥으로 읊다

芳樹茂盛香滿園 방수가 무성하니 정원엔 향기가 가득,
綠白珍羞喜月宴 녹백의 진수성찬이라, 춘삼월의 잔치로세.
蜂蝶相聚誰之役 벌과 나비들 서로 모여듦은 누구의 시킴인고.
生生化育依自然 생생화육하니 바로 자연의 이치를 따름이로다.

- 원정園庭 : 정원庭園.
- 즉음卽吟 : 즉영卽詠. 즉석에서 시가를 짓거나 음영하는 것. 또는 그 시가.

---

62) 2004年3月23日 카톨릭大園林訪花之懷也 與妻同行大學平生教育院 妻受講神父講義 其間我散策學內梅花東山矣 木蓮方開花 使人感歎而與梅花對照的 一週日前尋訪時唯梅信極盛 然今判異 則此亦與世浮沈矣 參照去3月16日作詩〈園林梅花〉

63) 2004年3月31日 南畊園春景之懷也 時下春分之節 經數日則清明佳節矣 春氣已十分 中興洞家內庭樹嘉賞 中國晋陶潛之歸去來辭云園日涉以成趣 其情實感矣 沒入自然之理以述懷也

• 방수芳樹 : 방향이 있는 나무. 꽃이 피는 나무.
• 녹백綠白 : 푸른 나뭇잎과 흰 꽃을 두고 이름.
• 진수珍羞 : 진귀한 음식이나, 가장 맛좋은 음식. 여기서는 자연 경치의 비유.
• 희월喜月 : 가월嘉月. 음력 3월의 미칭.
• 生生化育 : 만물을 육성하여 우주를 경영하는 것.

★ 任女史獨奏會[64] 임여사의 독주회에서

或也感得天地籟 혹여 천지자연의 소리에 감득되었는지,
聽衆同好咸洗惱 청중들 다함께 좋아해 괴로움을 씻어버린 듯.
喜怒哀樂在律裏 희로애락이 모두 연주 가락에 녹아져 있어,
今宵一時招萬懷 오늘밤 이 한때 갖가지 회포에 잠기는구나.

• 임여사任女史 : 광주시 남구 주월동 소재 콘서트 하우스 레머니스에서 피아노 독주회를 가졌던 임미정任美貞 여사를 두고 이름.
• 감득感得 : 느껴서 깨달아 아는 것. 또는, 영감으로 깨달아 아는 것.
• 천지뢰天地籟 : 천뢰天籟(천연 자연의 소리. 바람 소리 · 빗소리 따위)와 지뢰地籟(땅이 울리는 갖가지 소리)의 약칭.
• 청중聽衆 : 어떤 장소에 모여 강연 · 연설 · 연주 · 노래 등을 듣는 많은 사람들.
• 희로애락喜怒哀樂 : 기쁨과 노여움과 슬픔과 즐거움. 인간의 모든 감정.
• 만회萬懷 : 여러 가지 회포, 또는 생각.

---

64) 2004年5月7日 任美貞女史熱演奏之懷也 午後7時30分任女史피아노獨奏於光州市南區珠月洞所在콘서트하우스 레머니스 同伴妻等家族 參席獨奏會 聽衆滿堂而大盛況矣 平素別無演奏會參與 今女息勸之 同行而切感人情醇化莫大焉

★ 朝霧謠[65] 아침 안개의 노래

冠岳曉霧呑群峰 관악산 새벽안개 뭇 산봉우리를 삼켜버렸네.
遠近綠樹猶夢中 원근에 푸른 나무들 아직은 꿈속이어라.
曩者淸容何處隱 접때의 깨끗한 모습은 어디로 숨어버렸나.
東天旭日將原狀 동쪽 하늘에 아침 해가 떠오면 원상이 되리라.

- 조무朝霧 : 아침에 끼는 안개.
- 관악冠岳 : 관악산冠岳山 약칭. 서울과 경기도 안양시·과천시 경계에 있는 산. 해발 629m.
- 효무曉霧 : 새벽녘에 끼는 안개.
- 낭자曩者 : 낭일曩日. 지난번. 접때.
- 청용淸容 : 깨끗한 모습.
- 욱일旭日 : 아침에 돋는 해.
- 원상原狀 : 본디의 상태. 원래 상태.

★ 登細楊山路[66] 세양산 등산길에 올라

洞天林道與妻登 경치 좋은 산길 처와 함께 올랐더니,
行路玉房皆有情 행로에 고운 꽃송이 모두가 정겨워라.
四圍靑山綠無限 사방으로 둘러싸인 청산 짙푸르기 한이 없고,

---

65) 2004年6月22日 遐望冠岳山所懷也 昨日與妻上京 留宿於次男倫秀君宅(京畿道果川市별양洞住公아파트506洞1008號)矣 後面冠岳山雄壯 遠望群峰佳景 可謂名山也 今曉晨起床觀景 曉霧濛濛大小群峰 而朝日上東天 霧氣漸漸消 因有感以敍懷也

66) 2004年7月16日 和順邑細良里後山林道上所懷也 與妻同行全南和順郡道谷面所在道谷溫泉矣 歸路右便有和順邑細良里入口 路邊目擊細楊洞天石碑(1999年1月1日竪)也 村後山亦有林道 山行次登之 則眼下展望可觀 可謂畵境 令山客興佳意矣 多幸與妻同伴 造次想起詩經之句 而心中暗誦 自樂如此也 詩句中一部例示如是矣 關關雎鳩在河之洲 窈窕淑女君子好逑

眺望遐邇尤佳興　원근을 조망하니 산행의 흥취 더욱 하구나.
澗谷蜿蜒斷疑連　산골짜기는 길게 뻗어 끊기는 듯 이어지고,
峰巒重疊緩又長　봉우리들 중첩하여 완만하면서 길기도 하다.
拂衣盡洗紅塵務　옷자락을 날리며 속세의 일들을 씻고 남에,
擬是伴仙遊覽中　마치 신선을 짝하여 자연을 유람하는가 싶네.

- 세양산細楊山 : 화순군 화순읍 세량리細良里를 둘러싸고 있는 산을 두고 이름.
- 동천洞天 : 산천으로 둘러싸인 경치가 좋은 곳.
- 임도林道 : 수림이 있는 곳에 내놓은 길.
- 옥방玉房 : 아름다운 꽃송이.
- 조망眺望 : 먼 곳을 바라보는 것. 또는 그 경치.
- 하이遐邇 : 원이遠邇. 원근遠近. 먼 곳과 가까운 곳. 또는 그 곳의 사람.
- 가흥佳興 : 가의佳意. 썩 좋은 취미 또는 흥취.
- 완연蜿蜒 : 산맥 따위가 길게 뻗어있는 모양. (蜿 : 꿈틀거릴 완. 蜒 : 꿈틀거릴 연)
- 봉만峰巒 : 봉장峰嶂. 꼭대기가 뾰족뾰족하게 솟은 산봉우리.
- 불의拂衣 : 옷자락을 걷어 올림. 힘차게 일어나는 모양. 또는 옷의 먼지를 떨음.
- 홍진紅塵 : 번거롭고 속된 세상.
- 진무塵務 : 진사塵事. 속세의 어려운 일.

★ 林地鳥聲[67] 임지의 새우는 소리

雲樹綠葉蔽天空　드높은 나무의 푸른 잎 하늘을 가렸는데,
林間鳴禽相爭衡　숲 속의 새소리 서로 다투어 우짖는구나.

---

67) 2004年8月8日 카톨릭大學東山散策之懷也 與妻同行光州카톨릭大學校平生教育院(光州市西區尙武2洞所在) 遊步于附屬園林矣 綠林茂盛 數鳥爭歌 可謂市中佳境 仍有感而抒懷也

朗吟玉聲何處來 시를 읊는 듯한 옥성 어디서 들려오는고.
自然麗容足嘉賞 자연의 고운 모습 기릴만하여라.
作伴往來交驩樂 짝지어 왕래하며 서로 함께 즐기는지.
難解送信端傾聽 보내는 소리 해득키 어려우나 오로지 경청이라네.
雖云人智最明哲 비록 사람의 지혜 가장 명석하다고들 이르지만,
猶恨今無公也長 금세에 새소리 알아들을 공야장이 없어 한스러워라.

카톨릭대학교 평생교육원 원림의 숲

- 임지林地 : 수목이 많이 자라고 있는 땅.
- 운수雲樹 : 구름이 걸릴 만한 썩 높은 나무.
- 명금鳴禽 : 잘 지저귀는 새.
- 쟁형爭衡 : 우열・경중을 서로 다투는 것.
- 낭음朗吟 : 낭영朗詠. 시 따위를 소리를 높여 읊는 것.
- 옥성玉聲 : 구슬끼리 맞닿아 나는 소리. 아름다운 소리의 비유. 또는, 타인의 말이나 시구 등의 경칭.
- 여용麗容 : 아름다운 얼굴.
- 작반作伴 : 작려作侶. 길을 가는데 동무를 삼는 것.
- 교환交驩 : 교환交歡. 사람들이 모여서 함께 즐기는 것. 서로 허물없이 즐기는 것.
- 환락歡樂 : 환락驩樂. 기뻐하고 즐거워하는 것.
- 端 : 오로지 단.
- 공야장公也長 : 중국 춘추시대의 사상가인 공자(552~479.BC.)의 사위. 새가 지저귀는 소리 즉 조어鳥語를 능히 알아들었다고 함.

★ 秋夕明月[68] 추석의 밝은 달

仲秋嘉排日 8월 중추의 한가윗날
桂男伴姮娥 달 속의 호남자는 선녀와 짝을 지었나.
銀蟾已皓來 은빛 금 두꺼비 휘영청 밝히며 이미 떠올랐네.
月光萬里羅 그 달빛 만리까지 펼치는 비단이구나.

- 추석秋夕 : 음력 8월 15일. 한가위. 중추中秋.
- 중추仲秋 : 가을이 한창인 때. 곧 음력 8월.
- 가배일嘉俳日 : 가윗날.
- 계남桂男 : 달 속에 있다는 선인仙人. 달의 이칭. 호남자好男子(호걸풍이 있고 남성다운 풍채 좋은 사나이)를 비유한 말.
- 항아姮娥 : 달 속에 있다는 전설상의 선녀.
- 은섬銀蟾 : 달의 이칭. 달 속에 금두꺼비가 있다는 전설에서 연유한 말이다.

秋高馬肥節 가을 하늘 드높고 말이 살찌는 계절,
玉輪懸中天 휘영청 밝은 달이 중천에 떠있노라.
金鏡灑染心 거울같이 밝은 달 번뇌에 찬 마음을 씻어주고,
蟾免照銀盤 추석의 음식 쟁반까지 훤히 비춰주는 섬토로구나.

- 추고마비秋高馬肥 : 천고마비天高馬肥. 하늘은 높고 말은 살찐다는 뜻을 담아, 가을 특성을 들어 형용한 말.
- 옥륜玉輪 : 밝은 달의 이칭.
- 금경金鏡 : 금으로 장식한 거울이라는 뜻으로, 달을 비유적으로 이르는 말.
- 염심染心 : 번뇌로 말미암아 더럽혀진 마음.

---

68) 2004年9月28日 秋夕明月之懷也 時下陰曆8月15日嘉俳節矣 玉盤藏萬斛秋意 蒼空銀波達萬里 衝動修玉屑 如詩不成 安伸雅懷乎 秋夕特有明月 萬人吐歲時情 因之自古多月之異稱譬喻辭 大略聚之則桂男・金鏡・蟾免・蟾魄・纖月・纖魄・月球・月輪・玉免・玉盤・玉輪・銀蟾・銀盤・銀兎等多樣矣 今作詩爲主如此辭 難免重複感 而又有興感 故活用月傳說上成語爲主也

• 섬토蟾兎 : 달 속에 있다는 금두꺼비와 옥토끼. 곧 달의 별칭.
• 은반銀盤 : 은으로 만든 쟁반이라는 뜻으로, 달을 아름답게 이르는 말. 여기서는 추석음식을 담아 상에 올려놓은 은쟁반을 두고 이름.

★ 讀雲崖時調[69] 운애의 시조를 읽고서

探花風流郎 꽃을 찾는 풍류랑이여,
戀戀想思中 애틋하게 임을 그리워하는 중이구나.
終爲蟋蟀魂 끝내는 귀뚜라미의 넋이 되어
切切斷腸鳴 창자를 끊는 듯 간절하게 울어대는가.
耽惑獨宿房 혼자 자는 임의 방에 탐혹된들,
已沒三更夢 이미 한밤중의 깊은 꿈에 잠겼다오.
金風剪剪襲 갈바람만 솔솔 불어 스며드니,
何堪秋夜情 가을밤 이는 정을 어찌 감당하려는고.

• 운애雲崖 : 조선 고종 때의 가객 박효관朴孝寬의 호.
• 탐화探花 : 꽃을 찾아 즐기는 것. 여자의 미모를 엿보는 것.
• 풍류랑風流郎 : 풍치가 있고 멋진 젊은 남자.
• 연연戀戀 : 애틋하게 그리워 함. 그리워서 애태움. 집착하여 미련을 둠.
• 실솔蟋蟀 : 귀뚜라미
• 절절切切 : 매우 간절함.
• 단장斷腸 : 몹시 슬퍼 창자가 끊어지는 듯함.
• 탐혹耽惑 : 마음이 빠져 정신이 흐려지는 것.
• 독숙獨宿 : 독수獨守. 독침獨寢. 혼자서 자는 것.

---

69) 2004年10月3日 雲崖時調讀後之懷也 不遠寒露節 氣溫漸漸降 秋情已宛然矣 偶然讀雲崖朴孝寬時調 則可知相思夢之懇切情 又感文學形象性也 乃想起親舊中獨身者文先生 嘗聞彼之所懷 云已過古稀 焉有春情乎 然不可輕人生孤獨 近來欲作配 是益難也 尤今秋夜琴瑟聲哀切 則比擬親舊立場 而作句如是矣 兼例示雲崖時調如下也 님글인 相思夢이 蟋蟀의 넉시되야／秋夜長 깁픈밤에 님의房에 드렷다가／날닛고 깁히든좀을 씨와볼ㄱ가 ᄒᆞ노라

• 독숙방獨宿房 : 독수공방獨守空房을 이름.
• 삼경三更 : 한 밤중. 하룻밤을 다섯으로 나눈 셋째의 시각. 밤 11시부터 새벽 1시까지의 동안.
• 금풍金風 : 오행五行에서 가을은 금金에 해당한 데서 가을바람을 이름.
• 전전剪剪 : 바람이 솔솔 부는 모양.

★ 晩秋山行[70] 늦가을의 산행 중에

天高馬肥風剪剪 천고마비의 계절 갈바람은 솔솔 불고,
樹海秋波麗綵緞 수해에 이는 가을 물결 비단보다도 곱구나.
與妻携手登山行 처와 함께 손잡고 산에 오르노라니,
泉巖楓葉照面丹 천암의 단풍잎이 얼굴에 비춰 더욱 고와라.

• 만추晩秋 : 늦가을.
• 천고마비天高馬肥 : 추고마비秋高馬肥. 중국 당나라 두보杜甫의 증조부인 두심언杜審言이 북쪽 변방을 지키러나간 친구 소미도蘇味道에게 보낸 편지에서, 하늘은 높고 말은 살찐다는 뜻을 담아, 가을의 특성을 들어 형용한 말.
• 전전剪剪 : 바람이 솔솔 부는 모양.
• 수해樹海 : 울창한 산림의 광대함을 바다에 비유한 말.
• 추파秋波 : 가을철의 잔잔하고 맑은 물결. 또는, 여자의 맑고 고운 눈길.
• 천암泉巖 : 전남 화순군 도곡면道谷面 천암리泉巖里의 온천溫泉 마을 뒷산을 가리킴.

---

70) 2004年11月6日 泉巖里後山登行之懷也 今立冬前日 秋氣尙存 天高馬肥而丹楓秀麗 山行適期之際也 登陟和順郡道谷面泉岩里所在溫泉後山 與妻同伴別有義滿喫丹楓之情 乃述懷如是矣

★ 泉巖貯水池上[71] 천암리의 저수지 위에서

萬樹紅綠連遠近 나무마다 울긋불긋 원근에 이었는데,
山腰楓葉濃色緞 산중턱의 단풍잎 채색 비단보다도 고와라.
與妻探賞坐池上 아내와 함께 경치를 즐기며 못 위에 앉았으니,
禽聲琅琅轉水面 새소리 옥을 굴리는 듯 수면 위에 들려라.

- 천암저수지泉巖貯水池 : 도곡온천의 뒷산 입구에 있는 저수지. 앞에 든 시 〈도천암저수지到泉巖貯水池〉의 주 참조.
- 색단色緞 : 색색으로 짜여진 비단. 색깔이 고운 비단.
- 탐상探賞 : 경치가 좋은 곳을 찾아서 구경하며 즐기는 것.
- 지상池上 : 못 위. 천암저수지 가의 언덕을 두고 이름.
- 금성禽聲 : 새 우는 소리.
- 낭랑琅琅 : 옥이 서로 부딪치는 것처럼 울리는 소리가 썩 맑음.
- 수면水面 : 물의 표면. 물면. 여기서는 천암저수지 연못에 담긴 물의 표면을 두고 이름.

천암리 뒷산 산골짜기의 홍단풍

71) 2004年11月13日 道谷泉巖貯水池上所懷也 欲溫泉浴 而出行和順郡道谷面泉巖里矣 平素溫泉浴前依例山行溫泉之後山 山麓有泉巖貯水池 歸路暫時休憩於此池岸 則孟冬之際丹楓秀麗 山鳥聲琅琅 若轉水面而來鳴於耳也 參照2月24日作詩〈到泉巖貯水池〉

제4부

(2005～2006) 상편

5·18기념공원의 5월루

★ 庭園紫山紅[1] 정원에 핀 자산홍

庚申移植堂前樹 경신년 집 앞에 옮겨 심은 자산홍,
群英爭羨園中首 정원에선 으뜸이라, 뭇 꽃들 앞 다투어 부러워하네.
今日賞美別有懷 오늘의 칭송 유별난 감회가 있어서라.
麗容花信洗心垢 고운 모습의 꽃 소식 마음의 번뇌를 씻어준다오.

- 자산홍紫山紅 : 영산홍映山紅 중의 한 가지. 자줏빛 꽃이 피는 진달랫과의 상록常綠 관목灌木.
- 경신庚申 : 1980년의 간지干支.
- 군영群英 : 군방群芳. 군화群花. 많은 향기로운 꽃.
- 상미賞美 : 칭찬하는 것.
- 여용麗容 : 아름다운 얼굴.
- 심구心垢 : 마음을 더럽히는 때. 곧, 번뇌煩惱.

晩春淡紅彩 늦봄에 핀 담홍색 빛깔,
焉非辟邪樹 어찌 잡귀 쫓는 벽사 나무가 아니랴.
二十五年情 이십 오년 동안 키워온 정,
今見園裏求 오늘 집 앞 정원에서 다시 찾는구나.

- 만춘晩春 : 늦봄.
- 담홍淡紅 : 담홍색. 엷은 홍색.
- 벽사辟邪 : 사귀邪鬼(요사스러운 귀신)를 물리치는 것.

---

1) 2005年4月22日 庭園紫山紅所懷也 1980年春建築北區中興洞現家屋 竝形成庭園以植栽多數庭園樹 此中紫山紅是哲學科成晋基敎授寄贈者也 往時我訪問全北高敞所在成敎授故土之時 其父親贈此以唯感謝耳 今當春開花以回顧往事矣 庭中群花爭衡麗態 特浮上紫山紅狀而別有情感也

★ 窓前山茶[2] 창문 앞의 동백나무

堂前百花各爭名 집 앞 정원의 온갖 꽃들 서로 명성을 다투는데,
茶梅青青特有情 동백나무는 더더욱 푸르러서 유별난 정을 주네.
移徙豫定雖別爾 이사할 예정임에 비록 너와 작별한들
常綠警世何以忘 변함없는 상록 사람 깨우침을 어찌 잊으랴.

- 산다山茶 : 동백나무의 이칭. 차나뭇과의 상록 활엽闊葉 교목喬木.
- 백화百花 : 온갖 꽃.
- 쟁명爭名 : 명성을 다툼.
- 다매茶梅 : 동백나무의 이칭. 산다山茶.
- 상록常綠 : 나뭇잎이 일 년 내내 늘 푸름. 또는 변함없음의 비유.
- 경세警世 : 세상 사람을 깨우치는 것.

★ 巨文島行船上[3] 거문도 가는 배 위에서

龍王青緞無盡布 용왕의 푸른 비단 한없이 깔려있어
三湖防波海上搖 삼호 마을 방파제도 바다 위에서 흔들흔들.
快速疾走數百里 쾌속으로 수백 리를 질주하고 나니,
絶海秘境是仙島 절해의 비경이 바로 신선 사는 선도로다.

---

2) 2005年4月22日 庭園冬柏所懷也 25年前北區中興洞現庭園形成時植栽冬柏數株 目擊自然生生之理於窓前 多年情熟者不可易離矣 然來5月豫定移徙於西區金湖洞共同住宅 不能同件樹 當奈爾何乎 遺憾以敍情也 參照今日作詩〈庭園紫山紅〉脚註

3) 2005年8月21日 巨文島行船上所懷也 昨日與妻全南麗水行 參席韓國言語文學會學術大會 今日朝餐于當地世宗閣 直後麗水大學校金準玉教授案內乘船 自麗水港疾走約300里 而到着三山面所在絶海孤島巨文里 然妻船醉甚 而不可不離脫一行 下船於巨文島(孤島)船着場 惜情不可拒 但想像海上光景 遐望白島名勝耳 參照金準玉著『거문도와 백도』(2005年發行)

- 거문도巨文島 : 전남 여수시 삼산면의 서도西島 · 동도東島 · 고도孤島 세 섬을 통칭하여 말함. 이로 인해 삼호三湖 또는 삼주三洲라고 별칭하기도 한다.
- 용왕龍王 : 바다나 큰 호수 깊은 곳에 용궁龍宮이 있고, 그곳에 용왕이 산다고 하는 전설에서 연유한 말.
- 청단靑緞 : 푸른 비단. 여기서는 바다의 물결을 두고 이름.
- 삼호三湖 : 거문도에 있는 삼호마을의 약칭. 앞에 든 '거문도巨文島'의 주 참조.
- 방파防波 : 방파제防波堤의 약칭. 밀려드는 파도를 막기 위하여 항만에 쌓은 둑.
- 절해絶海 : 육지에서 아주 멀리 떨어진 바다.
- 선도仙島 : 신선이 산다는 경치 좋은 섬.

巨文橘士何處嘯 거문도의 귤은은 어느 곳에서 노닐었던고.
水平遠線爲旅途 저 멀리 수평선이 바로 그의 여로였던가.
船尾白波千態象 배 끝에서 이는 흰 물결 천태만상이니,
人生行路安無濤 인생의 행로에도 어찌 파도가 없으리오.

- 거문율사巨文橘士 : 거문도가 배출한 대문장가 귤은橘隱 김류金瀏(1814~1884)를 말함. 이곳에는 그의 사당이 세워 있음.
- 여도旅途 : 여로旅路. 여행하는 길. 객로客路.
- 천태상千態象 : 천태만상千態萬象. 천상만태. 온갖 천 가지 모습과 만 가지 현상이라는 뜻으로, 세상 만물이 한결같지 아니함을 강조하는 말.
- 인생행로人生行路 : 사람이 살아가는 한평생을 나그네 길에 비유한 말.

鯨群作浪何爲亂 고래는 어찌해 물결을 이는 심한 작란인고.
船體搖蕩安靜難 선체는 심히 흔들려 안정하기 어렵구나.
妻已船暈嘔吐耳 아내는 이미 뱃멀미로 구토하고 있을 따름이니,
海不揚波唯祈願 바다여 기원컨대 심한 물결 일으키지 마옵소서.

- 경군鯨群 : 고래의 때.

- 요탕搖蕩 : 요동搖動. 흔들려 움직이는 것. 또는 흔드는 것.
- 선훈船暈 : 선취船醉. 수질水疾. 뱃멀미.
- 해불양파海不揚波 : 바다에 파도가 일지 않음.

★ 望白島[4] 멀리 백도를 바라보며

茫茫大海望無限 망망대해라 바라볼수록 끝이 없고,
雲裏天際水平線 구름 속 하늘 끝은 수평선이로다.
浪上奇巖誰命白 물결 위의 바위를 누가 白이라 명했던고.
天作遐景分別難 본디부터 이루어진 하경 분별키 어렵구나.

- 백도白島 : 거문도 동쪽 28km 내외의 바다에 자리한 39개의 무인도. 상백도와 하백도로 나누어 있는데, 전라남도 여수시 삼산면에 속한다. 섬마다 기암괴석의 모양이 특이하여, 거기엔 서방바위 · 각시바위 · 신선바위 · 매바위 · 도끼바위 · 형제바위 등 여러 이름이 붙어있는 절승으로 명승 제7호로 지정되어 있다. 여러 섬들을 세다보면 그 수가 백에서 하나가 모자란 아흔 아홉이라는 데서, 한자 百에서 한 획을 제외한 白 자의 표기를 취했다는 등 그 전설은 몇 가지로 전한다.
- 망망대해茫茫大海 : 무변대해無邊大海. 넓고 큰 바다.
- 천제天際 : 천말天末. 하늘의 끝.
- 수평선水平線 : 하늘과 바다가 멀리 맞닿아 경계를 이루는 선.
- 천작天作 : 저절로 이루어짐. 또는 그 물건.
- 하경遐景 : 원경遠景. 멀리 보이는 경치.

---

4) 2005年8月21日 巨文島望白島所懷也 於麗水港與韓國古詩歌文學會員一同合乘巨文島行旅客船矣 巨文島別稱三島 又通稱三湖 · 三洲 此所以有孤島西島東島等三個島也 航海途中妻起水疾 故與我下船於孤島所在旅客船着場 而他會員如前觀光遊覽遠海上白島矣 乃吾等休息于孤島 而遐望海上白島浮水 不可數水上島 或百乎未達乎 難定其數 乃覺天作神秘 陶醉白島遠景也 參考當日所懷詩 〈巨文島行船上〉脚註

★ 觀白亭上[5)] 관백정 위에서

近望水月海蝕崖　가까이는 수월산 해안 침식의 절경인데,
遠浮白島上下海　멀리는 상하 바다 위에 떠있는 백도로다.
奇巖形形總爲素　기이한 바위들 모양마다 모두 희다하는데,
咸池妙工僅可解　신령님의 교묘한 재주 조금은 알듯하여라.

- 관백정觀白亭 : 여수시 삼산면 거문도의 서도西島 남단에 있는 정자. 동양 최대의 등대로 손꼽는 거문도 등대 앞에 자리한 육모정 정자로서, 멀리 백도를 바라볼 수 있다 하여 그 이름이 붙여졌다 한다.
- 수월水月 : 관백정觀白亭 근거리에 위치한 수월산의 약칭. 가까이에 있는 동백나무 터널과 아울러 동백나무숲으로 유명하고, 산의 해안에 생긴 낭떠러지의 생김새는 이름난 절경으로 칭송되고 있다.
- 해식애海蝕崖 : 해식과 풍화작용에 의해 해안에 생긴 낭떠러지.
- 해식海蝕 : 해안침식海岸侵蝕. 해안이 파도나 연안류沿岸流에 의해 침식되는 현상.
- 백도상하해白島上下海 : 백도는 상백도와 하백도로 나누고 있는데, 이를 가리켜 백도가 상하의 바다에 떠있다는 뜻으로 이른 말임.
- 함지咸池 : 천신天神. 하늘에 있는 신령.
- 묘공妙工 : 묘기妙技. 교묘한 기술과 재주.

百島計量難爲算　백 개의 섬 세려한들 헤아리기 어렵다네.
三四五六處處散　삼·사·오륙으로 곳곳에 흩어져 있어서라.
白嶼呼稱今可知　백도白島의 그 호칭 이제 겨우 알만하니,
怒鯨已呑一玉山　성난 파도가 옥산 하나를 삼켜버렸나 보다

---

5) 2005年8月21日 巨文島觀白亭上所懷也 朝餐後向巨文島 航海途中妻不能克船暈 下船於巨文島中孤島矣 暫時安靜後 遊步三湖橋 而到着西島南端冬柏隧道(tunnel) 從水月山下路 僅登觀白亭也 日氣清明 可觀遠海茫茫無際 四方絶景難形言 天神妙技神秘 唯感歎耳 參考當日所懷詩 〈巨文島行船上〉及〈望白島〉脚註

- 백도百島 : 헤아릴 수 없이 많은 수의 섬이라는 뜻. 이곳 삼산면의 백도白島는 원래 백도百島로부터 연유했다고도 한다.
- 백서白嶼 : 백도白島의 별칭. 전라남도 여수시 삼산면에 속한 섬. 앞에 든 시 〈망백도望白島〉의 주 참조.
- 노경怒鯨 : 성난 고래. 성난 파도의 비유.
- 옥산玉山 : 신선이 사는 곳.

★ 遠山白雲[6] 먼 산에 흐르는 백운

雲蒸高長山上起 뭉게구름 높고도 길어 산 위에서 일더니,
英英流布呑綠峙 아름답게 흘러 퍼져 푸른 산고개를 삼키네.
青白交替使心惑 청백이 교체하면서 이 마음 유혹케 하며,
變化無雙作勝致 변화무쌍하여 뛰어난 승치를 이루는구나.

- 운증雲蒸 : 뭉게뭉게 피어오르는 구름. 또는 그처럼 사물의 기세가 융성한 것.
- 영영英英 : 구름이 아름답고 밝은 모양.
- 청백青白 : 푸른 산과 흰 구름을 두고 이름.
- 무쌍無雙 : 견줄 만한 데가 없을 만큼 뛰어남.
- 승치勝致 : 좋은 경치나 흥치.

---

6) 2005年9月18日 遠山白雲感懷也 與妻搭乘長子益秀運轉乘用車 而向忠南天安市旅行中 休憩於全南長城所在白羊寺休憩所矣 今秋夕名節日氣清明 遠近山色秀麗 以遐望眼前高山白雲 則實可觀也 興起以得句曰 天高山高流雲高 雲白山白吾心白 又卽吟5言詩曰 雲濤高柱聳 果是白頭峯 若望無等岳 其勢情相通 隨處山色秀 焉否槿域統 雲蒸霎時相 腦裏長存想 連而感興不絶 以7言再整理詩想如此矣

★ 高速道路上[7] 고속도로 위에서

歲時遺風古來傳 절기 따라 끼쳐온 풍속 예로부터 전하여서
京鄉行路混且難 경향에 오가는 길 혼잡하고도 어렵구나.
車外隨處省墓客 차밖엔 가는 곳마다 성묘하는 길손이라,
俗節龜步不必嘆 속절의 거북걸음 반드시 탄할 것만은 아니로세.

• 세시歲時 : 한 해의 절기나 달이나 계절에 따른 때.
• 유풍遺風 : 유속遺俗. 지금까지 남아 있는 옛날의 풍속.
• 수처隨處 : 어디든지. 닿는 곳마다.
• 성묘省墓 : 참묘參墓. 조상의 산소를 찾아 돌보는 것. 또는 그 일. 주로 설・한식・추석날에 행함.
• 귀보龜步 : 거북이걸음. 아주 느리게 걷는 걸음.

★ 天安街路上[8] 천안의 가로 위에서

所謂天下第一安 이른바 천하에 가장 편안하다는 곳이로다.
果是行路使人便 과연 시내 행로는 사람으로 하여 마음 편케 하네.
或慮雲霧蔽秋空 혹시는 운무가 가을하늘 내내 가릴까 걱정이니,
旅情得意不常滿 여정의 득의만은 항상 가득한 것이 아니로세.

• 천안天安 : 충청남도에 있는 도시. 광덕산廣德山・독립기념관 등 명승고적

---

7) 2005年9月18日 秋夕省墓客目擊之懷也 依長男益秀運轉向忠南天安途中 因車輛暴注 交通痲痺以各車龜步行矣 乃發見秋夕參墓客 多數往來於道路邊野山麓而展墓也 歲時風俗上舊正寒食秋夕等歲時看山先祖墓 此遺俗是追遠報本之美風良俗矣 昨日我往務安所在先山以已畢省墓 心中再想起此美風以感懷如前矣

8) 2005年9月19日 天安行路上所懷也 昨日秋夕名節之際 在京及光州居住全家族(我夫婦及諸子夫婦)相逢於天安 投宿天安常綠hotel 朝餐後與妻同伴而散策觀光地 到處感得便安之懷 則行路中易接街路邊標識板 亦謂天下第一安之五字 令步行者安靜矣 然今日旅心不必如此 朝雲霧上昇 而心慮晝間天氣也 參照昨日作詩〈高速道路上〉脚註

이 있는 곳.

• 천하제일天下第一 : 세상에서 견줄 만한 것이 없음을 이르는 말.
• 운무雲霧 : 구름과 안개.
• 여정旅情 : 여심旅心. 여행할 때에 우러나오는 마음의 회포.
• 득의得意 : 뜻한 바가 이루어져 만족해하는 것. 또는 이를 뽐내는 것.

★ 高射噴水[9) 높이 쏘아 오르는 분수

水柱十丈高 쏘아 오르는 물기둥 열 길의 높이로세.
電光盡絢爛 전광도 현란하게 비치어 눈부시어라.
總爲造形景 모두가 미를 추구하는 조형의 경관이건만,
無異天成觀 천연의 볼품과 조금도 다름이 없네.

• 분수噴水 : 공원이나 광장 한가운데에 물을 뿜어 내도도록 만든 설비. 또는 그 물줄기.
• 수주水柱 : 물기둥. 기둥처럼 공중에 솟구쳐 오르는 물줄기.
• 전광電光 : 전등의 불빛.
• 현란絢爛 : 눈이 부시도록 찬란함.
• 조형造形 : 형태를 이루어 만드는 것. 또는, 만든 그 형태.

★ 楓巖堤散策[10) 풍암제의 산책에서

林裏野禽浪浪歌 숲 속에선 들새들의 노래 낭랑하게 들리는데,

---

9) 2005年9月19日 天安街路上噴水之懷也 日氣漸次快晴 遠山透明眼中 實感天高馬肥之節也 遂至芳園內人工瀑布及噴水臺 噴水向天聳出而飛散 亦壯觀矣 固推論之 則於天安觀覽者箇箇有緣 天候無碍尤多幸矣 參照當日作詩〈天安街路上〉

10) 2005年9月21日 楓岩洞楓岩堤岸上之懷也 金塘山鸛鳥峯(황새머리)下有楓岩亭 亭前楓岩堤水廣闊矣 周邊大小青山臨堤以環匝 堤上幽谷有茂林 雲樹脩竹參天多數山禽相從自樂 可謂山水佳景也 然山峽與路邊到處有飮食店 飼育鴨犬 則其中狗吠脅人 使人驚愕以唐慌矣

山家飼犬吐威嚇　사육하는 산가의 개 으르렁거리며 짖어대네.
兩者原是造物産　두 가지 다 원래 조물주의 산물이건만,
鳴吠對照異如此　노래하고 짖어댐이 대조되어 이처럼 다르구나.

풍암제의 북쪽 호안 가까이에
우거진 메타세콰이어 숲

- 풍암제楓巖堤 : 광주시 서구 풍암동에 위치한 풍암저수지. 금당산金塘山의 황새봉(황새머리) 산기슭에 풍암정楓巖亭(1999년 12월 31일 준공)이 있는데, 여기에서 북쪽으로 내려다보이는 산 아래의 호수. 저수된 물이 질펀하게 넘치고, 주변의 산언덕과 골짜기에는 수목이 무성하여 백로 등 철새가 모여 드는 곳. 나무다리로 설치된 풍암목교와 아치교雅致橋로 이어지는 수변 도로는 주위 주민들이 즐겨 찾는 산책로가 되어 있다. 무등산 원효계곡元曉溪谷(광주시 금곡동 소재) 아래에 있는 풍암제와 그 이름이 같다.
- 야금野禽 : 야조野鳥. 들새. 산이나 들에 사는 새.
- 낭랑浪浪 : 옥이 서로 부딪치는 것처럼 소리가 썩 맑다.
- 산가山家 : 산 속에 있는 집. 산집.
- 위하威嚇 : 위협威脅. 위력으로 으르고 협박하는 것.

湖渟翅鳥何處饗　호수 물가 나는 새들 어디서의 잔치인고.
青山四圍隔塵風　청산이 사방으로 둘러있어 속세를 멀리했네.
竹田幽深有歸巢　큰 대밭도 깊숙하여 돌아갈 둥지 있으려니,
今夜幸得樂園夢　오늘밤은 다행히 낙원의 꿈을 꾸리라.

- 호정湖渟 : 호수 물가.
- 시조翅鳥 : 하늘을 날아다니는 새. (翅 : 날개, 날 시)
- 饗 : 잔치할 향.
- 사위四圍 : 사방의 둘레.
- 진풍塵風 : 먼지 섞인 바람. 또는 속세에 부는 티끌 바람.

• 죽전竹田 : 대밭. 대를 심은 밭. 또는 대가 많이 자라고 있는 곳.
• 유심幽深 : 깊숙하고 그윽함.
• 귀소歸巢 : 둥지나 서식처에 돌아가서 마음 놓고 쉬는 것. 또는 그러할 곳.

★ 過元曉寺[11] 무등산의 원효사를 지나며

瑞石臺巖眼前畵 눈앞의 서석대 바위 한 폭의 그림이요,
綠中古寺毅然坐 숲 속에 자리한 옛 절 의연하기만 해라.
旦明念佛猶歷歷 새벽의 염불 소리는 더더욱 역력하고,
修道三昧燒香火 수도 삼매경에 향불은 줄곧 타오르도다.

• 원효사元曉寺 : 광주시 북구 금곡동金谷洞에 있는 절. 무등산의 북쪽 기슭에 흐르는 원효계곡의 위쪽 산언덕에 위치해 있다. 절 뒤 산언덕에는 늦재로 오르는 무등산 길이 산행에 편리하도록 닦아 있다. 『조선사찰사료朝鮮寺刹史料』에 의하면 이 절은 신라 법흥왕·지증왕 때의 창건설과 원효국사의 창건설이 있다. 그러나 1980연도에 추진한 유적 발굴 조사에서는 신라 말의 창건으로 추정하였다. 그 후 조선시대의 정유재란 때에 회신灰燼되자 여러 차례의 중창을 거쳐 현재의 건물은 주로 1980년 전후에 이루어졌다 한다.
• 서석대瑞石臺 : 무등산의 원효사에서 멀리 바라보이는 거대하고 장엄한 병풍바위. (천연기념물 제465호) 앞에 든 제1부 하편의 시 〈문야무등산수問也無等山水〉의 주 참조.
• 단명旦明 : 갓밝이. 여명黎明.
• 삼매三昧 : 잡념을 떠나서 한 가지 대상에만 정신을 집중시키는 경지.

---

11) 2005年10月3日 無等山下金谷洞元曉寺經由之懷也 取朝飯後向元曉寺(光州市北區金谷洞所在) 運轉乘用車 而到着元曉寺矣 乃目擊山寺朝禮 則可聽法鼓念佛聲也 周圍山樹皆參與此儀禮 我亦不知中自肅以同參 而始目睹山寺禮佛俗 山行中興趣亦多様多感也

無等翠微積雲長 무등산 중허리엔 솜구름이 길게도 깔려 있고,
枝間飛禽吐天性 나뭇가지 사이의 산새 천성을 토하며 우짖는구나.
釋迦手印示眞如 부처님의 수인은 진여의 가르침 내보이고 있어,
山客歸家迺現夢 등산하는 나그네 귀가하면 곧 현몽하리로다.

- 무등無等 : 무등산의 약칭. 앞에 든 제1부 하편下篇의 시 〈무등산세無等山勢〉 주 참조.
- 취미翠微 : 산의 중허리. 먼 산에 엷게 낀 푸른 빛깔의 기운.
- 적운積雲 : 솜구름. 뭉게구름. 산봉우리구름.
- 비금飛禽 : 날짐승.
- 수인手印 : 제불보살諸佛菩薩과 제천선신諸天善神이 그 깨달음의 내용을 두 손으로 나타내는 모양.
- 진여眞如 : 승의勝義, 일실一實. 현실적이며 절대 무차별한 진리.
- 현몽現夢 : 죽은 사람이나 신령이 꿈에 나타나는 것.

步步想像鹿野苑 걷는 걸음마다 옛날 녹야원을 상상해 보네.
元曉尊者何處見 원효 스님은 어디에 가야 뵐 수 있으려나.
指呼間有義湘峯 부르면 들을 수 있는 거리엔 의상봉이니,
念佛朗聲非偶然 낭랑한 염불소리는 우연함이 아니로구나.

- 녹야원鹿野苑 : 인도 중부에 있는 동산. 석가모니가 비구를 위해 처음 창설한 곳.
- 녹야綠野 : 풀이 가득한 들.
- 원효元曉 : 신라 때의 중(617~686). 설총薛聰의 아버지. 해동종海東宗의 시조로, 신라 10성 중의 한 사람으로 손꼽는다.
- 존자尊者 : 학문과 덕행이 높은 부처의 제자.
- 지호간指呼間 : 지호지간指呼之間. 손짓하여 부를 만한 가까운 거리.
- 의상봉義湘峯 : 신라 때의 중 의상義湘(625~702)과의 관계로 호칭된 산봉우리. 원효사에서 원효계곡을 사이에 두고 바로 앞에 건너 내려다보이는 봉우리를 이름.

• 염불念佛 : 부처의 모습과 공덕을 생각하면서 나무아미타불을 외거나 불명佛名을 부르는 일. 또는, 소리를 내어 경經을 외우는 것.

遂作一聲乃呼朋 마침내 한 소리 외쳐서 벗을 불렀더니,
內外響應令心爽 내외로 마주쳐 마음속까지 시원하구나.
萬樹忻着無垢衣 온갖 나무들 흔연히 스님의 가사를 입었는 듯.
山禽相和念佛鳴 산새들도 서로 어울려 지저귀되 염불소리로다.

• 呼朋 : 친구를 부르는 것.
• 향응響應 : 소리에 따라 마주쳐 그 소리와 같이 울리는 것.
• 무구의無垢衣 : 가사袈裟. 중이 장삼 위에, 왼쪽 어깨에서 오른쪽 겨드랑이 밑으로 걸쳐 입는 법의法衣.
• 산금山禽 : 산조山鳥. 산새.
• 상화相和 : 서로 고르게 어울리는 것.

★ 水中雲影[12] 물속의 구름 그림자

湖心映像千尋空 호수에 비친 영상 천 길 깊은 창공이라,
天高水深兩相應 하늘이 높고 물도 깊어 서로 어울리는구나.
楓巖淸淨自何時 풍암 저수지의 물 깨끗함은 언제부터던고,
彩雲反影助秋興 물속의 고운 구름 그림자 가을 흥취를 돕네.

• 호심湖心 : 호수의 한가운데.
• 영상映像 : 영상影像. 광선의 굴절이나 반사에 의해 물체의 상이 비추어진 것.

---

12) 2005年10月5日 楓岩堤水中雲影之懷也 去五月七日移徙於西區金湖洞南洋아파트 近距離有楓岩洞楓岩堤 區廳指定西區五景中其一矣 近來午後近每日散策堤周圍 從前此堤不可云淸淨 當今亦不無汚水流入而水邊雜草繁殖也 然今日午後可謂淸流湖水 蒼空流雲反影深水 感賞水中秋景畵 不能禁晩秋之佳懷矣 參考9月28日所懷詩〈楓巖堤散策〉

• 천심千尋 : 매우 높거나 깊은 것을 이르는 말. 尋은 길이를 잴 때 두 팔을 펴서 벌린 길이를 말함.
• 풍암楓巖 : 풍암제楓巖堤의 약칭. 광주시 서구 풍암동에 있는 풍암 저수지를 이름. 앞에 든 시 〈풍암제산책楓巖堤散策〉의 주 참조.
• 채운彩雲 : 여러 빛깔로 아롱진 고운 구름.
• 추흥秋興 : 가을에 일어나는 흥취.

★ 湖中影像[13] 호수에 비친 영상

西天落燈水中懸 서쪽 하늘 지는 해를 물 속에 매달아놓고,
龍王宮苑宴夕餐 용왕은 궁원에서 저녁 잔치 차리나보다.
游魚作客已參拜 고기들도 손님으로 이미 참배하러 갔는데,
湖底山影待桂輪 물에 비친 산영은 달 떠오기만을 기다리네.

• 영상影像 : 앞에 든 시 〈수중운영水中雲影〉의 주 참조.
• 낙등落燈 : 지는 해의 비유임.
• 궁원宮苑 : 궁중의 정원.
• 석찬夕餐 : 만찬晩餐. 저녁 식사.
• 유어遊魚 : 물 속에서 노는 고기.
• 작객作客 : 자기 집을 떠나 객지나 남의 집에서 손님 노릇을 하는 것.
• 산영山影 : 산의 그림자.
• 계륜桂輪 : 달(월月)을 달리 이르는 말.

풍암동 풍암제의 석양 승경

13) 2005年10月5日 楓岩洞楓岩堤所懷也 午後登金塘山鸛鳥峯(황새봉)下楓巖亭 亭北向以左便遐觀蓋甘山 而前面直下楓岩堤貯水若琉璃矣 水面廣闊以無異湖水或是潛龍守湖之處 區廳稱區內五景中其一也 夕陽裏水上倒影亦是名家山水圖誘心各種想像 遂登高以舒嘯 俯瞰水面畵而述懷矣 參考9月28日所懷詩〈楓巖堤散策〉與今日作詩〈水中雲影〉

★ 市中青丘禮讚[14] 도시 속 청구를 예찬하며

瑞石山下藝鄕市 서석산 아래에 이루어진 예향의 도시.
凹凸造形幾十里 오목볼록의 조형건물이 몇 십리로다.
大小青丘其中玉 대소의 푸른 구릉은 그중의 소중한 옥이러니,
登陟眺覽尤絶技 고대에 올라 전망하니 더더욱 훌륭한 솜씨로세.

- 청구青丘 : 중국에서 우리나라를 일컫던 말인데, 여기서는 광주 도시 안에 산재해서 푸르게 보이는 원림과 공원 등을 두고 이름.
- 예찬禮讚 : 훌륭한 것, 아름다운 것, 좋은 것을 높이고 기리는 것.
- 서석산瑞石山 : 무등산無等山의 별칭. 위에 든 제1부 하편의 시 〈무등산세無等山勢〉의 주 참조.
- 요철凹凸 : 오목과 볼록. 오목볼록.
- 조형造形 : 형태를 이루어 만드는 것. 또는, 만든 그 형태.
- 등척登陟 : 등고登高. 높은 곳에 오르는 것. 여기서는 무등산의 잣고개(광주시 동구 산수동山水洞에서 무등산의 원효사를 향해 가는 곳)에서 멀리 광주 시가지가 바라보이는 전망대에 오르는 것을 말함.
- 조람眺覽 : 전망展望. 멀리 바라보는 것.
- 절기絶技 : 아주 뛰어난 솜씨.

★ 池畔孤鷺[15] 풍암제 못 가의 외짝 해오라기

青天片舟潛水泳 푸른 하늘의 조각배 물에 잠겨 떠가는데,

---

14) 2005年10月12日 無等山展望臺上眺望光州市中青丘之懷也 自山水洞無等山入口登元曉寺行路 山中壯元峰與中軍峯間有城峙(잣고개) 峙上有展望臺 向南西方則能眺望遠近景矣 乃上臺而遐望光州市街地 則市中大小公園尤起興 可謂市街中仙苑也

15) 2005年10月13日 楓岩堤上孤鷺所懷也 光州市北區金谷洞所在馬首山下有元曉溪谷流 其下貯水池稱曰楓岩堤也 楓與巖之景觀秀麗 今我無等山行中臨於此目擊堤上孤鷺 而難禁錯雜心懷矣 又回想去80年10月作詩〈愛惜孤鳥〉 同一詩情浮上 取用類似措辭以述懷也

群鷺合奏已盡亡 백로 떼의 울음도 이미 다해버렸구나.
孤鳥蹭蹬與誰伴 외짝 새 어정거리며 누구와 짝하려는고.
今宵應夢釣月興 오늘 밤은 응당 달을 낚는 흥 꿈꾸어야 하리.

- 지반池畔 : 지변池邊. 연못의 변두리. 여기서는 무등산의 풍암계곡 아래에 있는 풍암제楓岩堤(광주시 북구 금곡동 소재) 저수지를 두고 이름.
- 고로孤鷺 : 외롭게 홀로 있는 해오라기.
- 청천편주靑天片舟 : 푸른 하늘에 떠가는 달을 두고 이름.
- 잠수潛水 : 몸 전체가 잠기도록 물 속에 들어가는 것.
- 합주合奏 : 두 개 이상의 악기로 동시에 연주하는 일.
- 층등蹭蹬 : 길 걷기에 피로해서 어정거리는 모양. 발을 끌며 걸음.

★ 晩秋秋情[16] 늦가을의 추정

金風蕭蕭聲 갈바람이 쓸쓸하게 들리는 소리.
霜葉散萬山 온 산엔 서리 맞은 단풍잎 휘날려라.
蟋蟀終夜鳴 귀뚜라미는 밤새도록 울어대는가,
可惜忘來寒 가엾어라 다가오는 추위를 잊고 있는 듯.

- 만추晩秋 : 늦가을.
- 추정秋情 : 가을철에 느끼는 쓸쓸한 생각.
- 금풍金風 : 오행五行에서 가을은 금金에 해당한 데서 가을바람을 이름.
- 소소蕭蕭 : 바람이나 빗소리가 쓸쓸한 것.
- 상엽霜葉 : 서리를 맞아 단풍이 든 잎.
- 실솔蟋蟀 : 귀뚜라미.

---

16) 2005年10月16日 光州中央公園淸風亭上所懷也 所謂光州西區地域大公園 則稱中央公園也 位置於金湖洞與花亭洞及楓岩洞之間 接近路四通五達也 今散策次自金湖洞行 而向淸風亭 登公園頂上矣 寒露之節秋情宛然 蕭蕭之感上昇 落葉與蟋蟀聲催促對備冬寒 夜中下山而不能免虛脫感矣

★ 登五月樓[17] 5월루에 올라서

遠眺雄姿是無等 웅장한 모습 멀리서 바라보니 바로 무등산이요,
瑞臺立石千古領 서석대와 입석대는 천고에 거리리라.
巋然堂堂不知屈 규연하고 당당하여 굽힐 줄을 모르니,
五月義氣如此壯 5월의 의기 또한 이처럼 장하였다오.

5·18기념공원의 5월루

- 오월루五月樓 : 광주시 서구 쌍촌동 소재 5·18기념공원에 있는 3층 누각. 1980년 5월에 있었던 광주 시민의 민주화운동을 기념하여 세운 누각. 1999년 12월 30일 착공하여 2000년 8월 17일 개막.
- 무등無等 : 무등산無等山의 약칭. 앞에 든 제1부 하편下篇의 시 〈무등산세無等山勢〉의 주 참조.
- 원조遠眺 : 원망遠望. 아득하게 먼 곳을 바라보는 것.
- 웅자雄姿 : 웅장한 모습.
- 서대瑞臺 : 상스러운 대. 이 시에서는 서석대의 약칭. 앞에 든 제1부 하편의 시〈문야무등산수問也無等山水〉의 주 참조.
- 입석立石 : 선돌. 여기서는 무등산 입석대立石臺의 약칭. 앞에 든 제2부 상편의 시 〈방입석대訪立石臺〉의 주 참조.
- 천고千古 : 영원한 세월. 언제까지나.
- 규연巋然 : 높고 크고 견고한 모습.
- 당당堂堂 : 꿀리거나 거리낌 없이 버젓함. 또는, 남들을 제압할 만큼 강한 상태에 있음.
- 의기義氣 : 정의감에서 우러나오는 기개.

---

17) 2005年10月16日 五月樓上眺望無等山之懷也 光州市西區双村洞與治平洞間有如意山 頂上有奉安檀君王儉之檀聖殿也 其南便有大刹無覺寺而五·一八紀念公園形成於其北便也 五月樓建立於公園內喬陟 毅然表象民主市民之氣 仍回想1980年5月民主化運動 而登此高樓 遠望無等山勢 則令人感得無等精爽以述如是也 參照2001年10月16日作詩〈訪五·一八紀念公園〉(第2部上篇)

★ 車中珍風景[18] 차내에서의 진풍경

山外白雲流漫漫 산밖에 멀리 흐르는 흰 구름 아름답기만 한데,
車內熱唱招狂瀾 차 안에서의 열창은 미친 듯 광란이어라.
男女歡娛焉無禮 남녀가 어울려 즐기되 어찌 예의도 없는고.
師者誡之幸爲先 스승은 다행히 이의 경계에 앞장서는구나.

- 진풍경珍風景 : 구경거리라 할 만한 희한한 광경.
- 운류雲流 : 유운流雲. 흘러가는 구름.
- 만만漫漫 : 구름 빛이 아름다운 모양. (漫 : 구름 빛 만).
- 광란狂瀾 : 광도狂濤, 광랑狂浪. 미친 듯이 날뛰는 물결.
- 환오歡娛 : 환락歡樂. 기뻐하고 즐거워하는 것.
- 사자師者 : 스승. 이 시에서는 사범학교 출신으로서 교육현장에 나아가 스승의 경험을 가진 목육회木六回 회원(목포사범학교 제6회 졸업생들이 가진 모임)을 두고 이름. 합승한 여객 중에는 그 일부가 목육회 회원들이기 때문에 거론한 것임.

旅客混成醉競唱 여객들은 뒤섞여 노래 경쟁에 취했으되,
技士不安超緊張 운전기사는 불안하여 초긴장이로다.
近者觀光風俗圖 근래에 유행한 관광차의 풍속도라 하니,
豈非世故瑤池鏡 어찌 속세의 되어가는 일 요지경이 아니냐.

- 여객旅客 : 정인征人. 비행기 · 배 · 열차 · 버스 등을 타고 여행하는 사람.
- 혼성混成 : 서로 혼합되어 이루어지는 것. 또는 한데 섞여서 만드는 것.
- 기사技士 : 운전기사. 직업적으로 차를 운전하는 운전사運轉士의 미칭.

---

18) 2005年10月22日 旅客車內所懷也 木六會員(木浦師範學校第六回卒業生中在光會員)17名 大芚山旅行次搭乘一般觀光旅行團車 今日一行向金山寺(全北金堤郡金山面母岳山所在)及大芚山公園(全北完州郡所在)矣 男女乘客總43名 其中他征人一行以輪唱追求逸樂 車內極混亂 深慮技士運轉被害 然莫無可奈 此實近者之世態珍風景而反影車內瑤池鏡矣

• 풍속도風俗圖 : 세태화世態畵. 그 시대의 세정世情과 풍습을 그린 그림.
• 세고世故 : 세상의 이러저러한 일. 또는 속세의 일.
• 요지경瑤池鏡 : 확대경이 달린 조그만 구멍을 통하여 속에 들어있는 여러 가지 그림을 돌리면서 들여다보는 장난감. 알쏭달쏭하고 묘한 세상일을 비유하는 말.

★ 金山寺遺址即事[19] 금산사의 옛 절터에서

母岳名所古刹趾 모악산의 명소로 알려진 오랜 옛날의 절터,
已歷千載猶有基 천년이 지났으되 지금도 터만은 남았구나.
甄萱雄據完山州 견훤은 완산 고을에 웅거하였다가,
寺內被拉奪鴻志 금산사에 피랍되어 그 큰 뜻을 빼앗겼다네.
春花秋實自然理 봄엔 꽃피고 가을에 열매 맺는 게 자연의 이치거늘,
人世無常亦相異 인간 세상은 무상하여 역시 이와 달랐다네.
西天斜日促歸家 서쪽 하늘의 지는 해 귀가 길의 재촉인데,
遺事興趣不可離 옛 사적의 흥취만은 떨쳐버릴 수 없구나.

• 금산사金山寺 : 전라북도 김제시 금산면 모악산에 자리한 절. 백제 법왕 원년(599)에 창건, 신라 혜공왕 2년(766)에 중창한 사찰로, 국보 1점과 보물 10점이 있는 유적지이다. 후백제의 시조 견훤甄萱(?~936)이 그의 후계자 양위 문제로 갇혀 비운을 겪은 곳이기도 하다.
• 유지遺址 : 건축물 등이 있었던 터.
• 즉사卽事 : 즉석에서의 일. 또는 그 일에 관계하는 것.
• 모악산母岳山 : 전라북도 김제시 금산면과 완주군 구이면의 경계를 이루고 있는 산. 1971년 12월에 도립공원으로 지정. 높이는 해발 793.5m. 이

19) 2005年10月22日 全北金山寺探訪之懷也 吾等在光木六會員一同觀光全北金堤郡金山面母岳山下金山寺遺址矣 靈柱・幢竿支柱・彌勒殿・石蓮臺・石鐘等國寶所在於此 尤以後百濟始祖甄萱被拉之地有名也 晩秋霜葉若愧甄萱之家庭悲劇而反芻過去歷史 含紅淚而作紅面 葉葉風飛散 似諷刺人世無常矣 參考同日所懷詩 〈過金山寺一柱門〉

곳 금산면에 있는 금산사金山寺는 대표적인 문화유산으로 손꼽는다.

- 천재千載 : 천세千歲. 천년이나 되는 세월.
- 견훤甄萱 : 후백제의 시조로 재위는 892~936. 본래 신라의 비장裨將이었던 그가 진성여왕 때에 반기를 들고 일어나 효공왕 때 완산完山(지금의 전주全州)에 후백제를 세우고, 한때는 후삼국 가운데 가장 큰 세력을 누리기도 했다. 그러나 종말에는 넷째 아들 금강金剛에게 양위하려 하다가 맏아들 신검神劍의 반대에 의해 금산사에 갇혔는데, 그는 몰래 도망하여 고려에 항복하였다.
- 웅거雄據 : 어떤 곳에 굳세게 자리 잡고 버티는 것.
- 완산完山 : 전주全州의 백제百濟 때 이름.
- 피랍被拉 : 납치를 당하는 것.
- 홍지鴻志 : 대지大志. 마음에 품은 큰 뜻.
- 춘화추실春華秋實 : 봄철의 꽃과 가을철의 열매라는 뜻으로 자연의 이치를 말함.
- 사일斜日 : 석양夕陽. 저녁때의 해. 또는, 그 햇빛.
- 유사遺事 : 예로부터 전하여 오는 사적事蹟.

★ 金山寺一柱門前[20] 금산사의 일주문 앞에서

二柱足以撑千年 두 기둥으로 천년을 버틸 수 있었구나.
已接往來幾萬人 이미 왕래한 사람들 몇 만을 접했던고.
鶴林唯勸通此路 절에선 오직 이 길만의 통과를 권하노니,
禪心追求脫惱煩 선심으로 세속의 번뇌 벗기를 추구함이로다.

- 금산사金山寺 : 금산면 모악산母岳山에 있는 절. 앞에 든 시 〈금산사유지

20) 2005年10月22日 金山寺一柱門前所懷也 吾等木六會員(木浦師範學校第6回卒業生在光同門)一同觀光母岳山下金山寺 臨梵刹一柱門前 淨宮之感歷然矣 嘗聞一柱門是俗界與眞界間境界 故入門時須確約一心歸依佛也 然又霜辰之際 秋意滿山 造次之間不能自制感歎聲 不顧直前有寺門 但交換歡談矣 我亦乘秋波以舒懷 而心中自省自重也 參考當日作詩〈金山寺遺址卽事〉

즉사金山寺遺址卽事〉의 주 참조.

- 일주문一柱門 : 절 등의 입구에 두 개 또는 네 개의 기둥을 옆으로 나란히 세워 만든 문. 주로 사찰 입구의 첫 문으로서 불교의 일심, 즉 모든 진리는 하나로 돌아감을 뜻 한다고 함.
- 학림鶴林 : 사라쌍수림沙羅雙樹林의 별명. 석가釋迦가 입적할 때 주위에 있던 사라쌍수의 숲이 학과 같이 흰색으로 변하였다는 고사로 연유하여 절, 즉 사찰寺刹을 뜻함.
- 선심禪心 : 선정禪定의 마음. 마음을 한 가지 대상에 집중하여 흐트러지지 않는 상태를 이름.
- 뇌번惱煩 : 번뇌惱煩를 이름.

悠悠自在各有緣 유유히 자재함은 각기 까닭이 있어서라.
門外出入何必嘆 문밖의 출입을 어찌 꼭 탄할 필요 있으랴.
深山秋意使人惑 심산의 가을다운 멋 사람으로 하여 혹되게 하니,
探勝雅趣實無限 승경 찾는 아취 실로 한이 없다네.

- 유유悠悠 : 여유가 있고 태연함.
- 자재自在 : 저절로 있는 것. 속박이나 장애가 없이 마음대로인 것.
- 추의秋意 : 가을다운 기분이나 멋.
- 탐승探勝 : 경치가 좋은 곳을 찾아다니는 것.
- 아취雅趣 : 아담한 정취. 또는 그러한 취미.

★ 大芚山奇巖[21] 대둔산의 기암

後聳壯巖爲將星 뒤로는 장엄한 바위 장군의 모습이요,
前衛立石擬哨兵 앞엔 호위하듯 서있는 선돌 보초병을 닮았네.

---

21) 2005年10月22日 大芚山下所懷也 經由全北完州郡 到着大芚山懸垂鐵道搭乘場入口 遂至所謂湖南金剛又南韓小金剛之勝地矣 奇巖絶壁使聯想天下萬物相以可謂絶境 嗟歎不已也 搭乘懸垂鐵道前觀景前面 則大小奇巖亦可觀 可數前列九後列四峯 如人如神 無不仙術誘惑矣

靈峯屹然尤凜然　신령스런 봉오리 우뚝이 솟아 더욱 의젓하니,
形形奇異誇景勝　모양마다 기이해 뛰어난 경치의 자랑이구나.

- 대둔산大芚山 : 충청남도 금산군과 논산군, 그리고 전라북도 완주군 운주면에 걸쳐 있는 산. 기암절벽이 단애를 이루어 남한의 소금강小金剛이라 이르는 이 산은 경치가 아름다워 관광지의 명소로 알려져 있다. 높이 787m.
- 기암奇巖 : 기이하게 생긴 바위.
- 장성將星 : 장군將軍의 이칭.
- 초병哨兵 : 보초병步哨兵. 보초 선 병사.
- 흘연屹然 : 높게 우뚝 솟은 모양.
- 늠연凜然 : 위엄 있고 당당함.
- 경승景勝 : 경치가 좋은 것.

★ 白石山行[22] 백석산 산길에서

雲泉寺後登山行　운천사 뒤로 산행에 올랐더니,
楓葉照面如劍光　단풍잎 얼굴에 비추어 검광과도 같구나.
石徑日暮身不安　좁은 돌길에 해도 저물어 불안했지만,
法鼓鳴聲心自定　법고 울리는 소리에 마음 절로 안정되어라.

- 백석산白石山 : 광주광역시 서구 금호동金湖洞과 치평동治平洞, 그리고 마륵동馬勒洞에 걸쳐있는 산. 그렇게 높지 않은 구릉형丘陵形의 야산으로 산책로가 형성되어 있고, 그 산록에 운천사雲泉寺·향림사香林寺·금광사金光寺 등이 있다.
- 운천사雲泉寺 : 치평동의 백석산 기슭에 위치한 한국불교 태고종 사찰로서, 종래에는 백석사白石寺 또는 정토사淨土寺라고도 호칭되었다. 여기에

22) 2005年10月31日 白石山行中所懷也 光州市西區金湖洞內晩湖里與金湖里間 有白石山入口山路 自此若700m有白石亭矣 再登行雲泉寺與尙武初校後山嶝 則草木茂盛以別無山客往來 霜降節丹楓方紅 有感而作七言詩 以此改作 五言絶句如下也 寺後登山行 楓葉如劍光 日暮身不安 鼓聲心自定

는 돌출한 높이 4m, 길이 5.6m 정도의 암반에 높이 2.1m 크기의 마애여래좌상磨崖如來坐像이 새겨져 있는데, 이는 광주시 유형문화재 제4호로 지정되어 있다. 대웅전大雄殿 앞에서는 멀리 무등산無等山 상봉이 바라보여 그 전망이 뛰어나다.

- 산행山行 : 산길을 걸어가는 것. 운동 삼아 산에 가는 것.
- 검광劍光 : 칼날의 번쩍거리는 빛.
- 석경石徑 : 돌이 많은 좁은 산길.
- 법고法鼓 : 불교의식 때에 부처 앞에서 치는 작은 북.

★ 尋雲泉寺[23] 운천사 절을 찾아서

登丘下谷行路端 언덕을 올라 골짜기에 내리면 가는 길 끝이로다.
巨巖磨崖佛毅然 거대한 암벽엔 부처가 새겨 있어 의연하다네.
本是現身誰隱之 본래 밖으로 드러낸 몸을 누가 가려놓았는고.
松禽竹鳥問不關 소나무와 대숲 산새들 물어도 상관치 않네.

운천사 아래의 숲길

- 운천사雲泉寺 : 백석산 기슭에 있는 절. 앞에 든 시〈백석산행白石山行〉의 주 참조.
- 마애磨崖 : 석벽石壁에 글자·그림·불상 등을 새기는 것.
- 의연毅然 : 의지가 굳세어서 끄떡없다.
- 현신現身 : 부처를 모시는 집을 두지 않고 노출된 마애불 그대로인 것을 말함.

---

23) 2005年10月31日 白石山下雲泉寺所懷也 光州市西區治平洞白石山麓有大形花崗巖壁 陽刻東北向面 彫刻磨崖佛 此卽高麗時代遺物 而光州市指定有形文化財第4號也 本磨崖如來坐像是巖面露出 後代築造梵宇 而形成寺院域 終爲名刹矣 又臨於大雄殿前而東向 則能展望遠近無等山形勝矣 乃綠樹翠竹秀麗而茂盛於周圍 可謂都心勝地院矣 且古來聯關無等山而傳言曰元曉大師滯留無等山時 瑞氣浮上於西天 使弟子實査 保光和尙枉臨此處 山斜巨岩方發光輝煌矣 大師接報告而命刻佛像以頌之 然傳言難考證 以心思鬱鬱耳 參考當日作詩〈白石山行〉

• 송금 죽조松禽竹鳥 : 소나무와 대나무를 찾아 날아다니는 자연 속의 새들.

無等遙矚每存問 무등산도 멀리서 내려보며 매양 안부를 묻고.
松竹鬱鬱護寺院 울울창창한 송죽은 이곳 절을 지켜주도다.
磨崖如來何處坐 마애여래는 지금 어디에 앉아계시는고.
大雄殿聽歡開門 대웅전 이 소리 들었는지 기꺼이 문열어주네.

• 무등無等 : 무등산의 약칭. 앞에 든 제1부 하편下篇의 시 〈무등산세無等山勢〉 주 참조.
• 요촉遙矚 : 멀리서 바라보는 것.
• 존문存問 : 안부를 묻는 것.
• 울울鬱鬱 : 나무가 무성함.
• 마애여래磨崖如來 : 석벽石壁에 새겨놓은 석가모니여래.
• 여래如來 : 석가모니여래의 준말.
• 대웅전大雄殿 : 대웅보전大雄寶殿. 본존 불상本尊佛像을 모신 법당의 이름.

★ 次韻雲泉寺柱聯[24] 운천사의 주련에 차운하다

郊外山麓磨崖佛 교외의 산기슭 암벽에 새긴 마애불이여,
無念無想決無比 무념무상함이 결코 견줄 데가 없구나.
燭前禪僧今又見 촛불 앞에서 참선하는 중 이제 다시 보니,
誓願安養往生者 극락에 왕생하기를 서원하는 스님이로다.

---

24) 2005年10月31日 雲泉寺柱聯所懷也 雲泉寺築造山麓高臺 欲拜佛則應登數十階矣 臺下仰觀 則足以讀法棟四柱楹聯 其具現唯我獨尊之意 此是釋迦牟尼豪言之句也 今固次韻以作詩矣 又添記柱聯如是 天上天下無如佛 十方世界亦無比 世間所有我盡見 一切無有如佛者 乃臨大雄殿前 室內具備祈禱席而嚴肅矣 參考當日所懷詩 〈白石山行〉 及 〈尋雲泉寺〉

- 운천사雲泉寺 : 백석산 기슭에 있는 절. 앞에 든 시〈백석산행白石山行〉의 주 참조.
- 차운次韻 : 남이 지은 시의 운자韻字를 따서 시를 지음. 또는 그 시詩.
- 주련柱聯 : 영련楹聯. 기둥이나 벽 따위에 장식으로 써서 붙이는 연구聯句.
- 교외郊外 : 들이나 논밭이 비교적 많은 도시의 주변.
- 마애불磨崖佛 : 자연의 암벽을 이용하여 그 바위 면에 조각된 부처나 보살상. 인도에서 발생하여 전해 왔음. 여기서는 운천사의 마애여래좌상磨崖如來坐像을 두고 이름.
- 무념무상無念無想 : 무아無我의 경지에 이르러 일체의 상념을 떠나 담담함.
- 무비無比 : 아주 뛰어나서 견줄 데가 없는 것.
- 선승禪僧 : 참선하는 중.
- 안양安養 : 안양정토安養淨土의 준말. 극락極樂
- 왕생往生 : 이 세상을 떠나 정토에 가 태어나는 일.
- 서원誓願 : 자기 마음속에 맹세하여 소원을 세우는 것. 또는, 그러한 마음. 보살이 수행의 목적·원망願望을 밝히고, 달성을 서약하는 일.

★ 楓巖谷即景[25] 무등산 풍암 계곡의 경치

秋波浮水碧溪間 푸른 시내 흐르는 산골 물위엔 온통 추파로세.
澗谷霜葉麗仙緞 골짜기의 단풍잎은 선녀의 비단보다도 고와라.
山禽一띠紅淚落 산새 단 한번 우짖어도 고운 눈물이 쏟아질 듯,
寢臺回憶不能眠 침대에 들어 회상하니 잠을 이룰 수 없구나.

- 풍암곡楓巖谷 : 풍암계곡楓巖溪谷의 준말. 무등산의 원효계곡元曉溪谷이 흐르는 풍암제楓巖堤 위의 계곡을 가리킴.
- 즉경卽景 : 바로 그 자리에서 보는 광경이나 경치.

25) 2005年11月1日 無等山下楓巖溪谷所懷也 散策光州湖周邊後歸路中 向楓巖堤而駐車于山徑入口 以遊步至楓巖亭下溪谷 則無異洞天碧溪水矣 巖間丹楓紅葉酷似緋緞 衝動山情滿喫以暫時探勝 乃經由忠壯祠而歸家也

- 추파秋波 : 가을철의 잔잔하고 맑은 물결.
- 벽계간碧溪間 : 벽계산간碧溪山間의 약칭. 푸른 시내가 흐르는 산골.
- 간곡澗谷 : 산골짜기.
- 상엽霜葉 : 서리를 맞아 단풍이 든 잎.
- 선단仙緞 : 선녀의 옷감으로 삼는 고운 비단.
- 홍루紅淚 : 피눈물. 미인의 눈물.
- 회억回憶 : 돌이켜 추억하는 것.

★ 尋桐江釣臺[26] 동강조대를 찾아서

山綠水清古今同 푸른 산 맑은 물은 예와 같이 여전하고,
鶴巖臺是釣魚場 호숫가 학바위는 바로 고기 낚던 곳이로다.
光州湖岸隨處興 광주호 주변은 곳곳마다 흥미로운데,
可惜不見簑笠翁 삿갓 쓴 낚시꾼이 보이지 않아 아쉬워라.

광주호 제방 왼편 호수 가에 있는 동강조대

- 동강조대桐江釣臺 : 전남 담양군 고서면 분향리分香里에 있는 정자. 광주호 긴 제방 끝자락의 호숫가 언덕에 위치한 이 정자는 옛날 김인후金麟厚 · 고경명高敬命 등과 교유가 깊었던 동강桐江 조국간曺國幹이 그의 형 매사梅史 조국성曺國成과 양친을 위해 낚시하던 조대로서, 원래는 증암甑巖(시루바위)의 가까이에 있는 낚시터인 것으로 전한다.
- 학암대鶴巖臺 : 광주호 제방에 있는 학바위. 동강조대가 지금의 자리 이전에 위치하였던 곳, 증암 가까이에 있는 낚시터 바위를 두고 이름.

---

26) 2005年11月1日 光州湖岸桐江釣臺探訪之懷也 散策於光州湖長堤 東面而遐望 則無等山瑞石臺毅然 湖水歡迎以其山影令客路盤桓矣 至湖堤端 而向左行路 則有桐江釣臺 臨亭以讀釣臺記及多數釣臺韻懸板 湖岸上感懷無量也

• 조어釣魚 : 물고기를 낚는 것.
• 광주호光州湖 : 광주광역시 북구 흥효동과 담양군의 고서면과 남면 사이에 위치한 호수. 앞에 든 제2부 하편下篇의 시 〈광주호상光州湖上〉의 주 참조.
• 호안湖岸 : 호수의 기슭.
• 수처隨處 : 도처到處. 이르는 곳마다의 여러 곳.
• 사립옹蓑笠翁 : 사립(도롱이와 삿갓)을 쓴 늙은이. 지난날 조수釣叟(낚시질하는 늙은이)에게서 흔히 보는 모습.

★ 憂時之嘆[27] 시국을 걱정하는 소리

與野政爭日益亂 여야간의 정치싸움 날로 더욱 어지럽네.
左眄右顧共失信 이리저리 돌아보아도 다같이 실신이로다.
唯望追求正道耳 오직 정도를 추구하기만을 바랄 따름이니,
海不揚波是民願 바른 정치로 나라 태평함이 국민들 소원이라오.

• 우시憂時 : 우세憂世. 시국을 근심하는 것. 또는 그 근심.
• 여야與野 : 여당과 야당.
• 좌면우고左眄右顧 : 좌우고면左右顧眄. 이리저리 돌아봄.
• 실신失信 : 신용을 잃는 것.
• 추구追求 : 어떤 일이나 대상을 이루거나 얻기 위하여 노력하여 구하는 것.
• 해불양파海不揚波 : 바다에 파도가 일지 않는다는 뜻으로 나라의 선정善政으로 국민이 편안함을 이르는 말.

---

27) 2005年11月3日 近來時局之歎也 今日是光州學生獨立運動紀念日 然記念行事不誠實 太極旗揭揚亦不實 則可歎矣 況現政局何如乎 深慮政戰極甚 與野間溺挺爭 左顧右視 則民心所在知之乎不顧乎難判斷也 不能禁憂世之感矣 勸傾聽民聲之願唯雨順風調 促求順道 尤指彈挺爭耳

★ 丹楓偶吟[28] 단풍을 두고 읊다

山腹楓葉獨鮮光 산허리의 단풍 나뭇잎 유독 깨끗한 빛이로다.
行人指目皆稱頌 행인들마다 지목하며 모두들 칭송이구나.
秋風颼颼當奈何 갈바람 썰렁썰렁 불어오니 이를 어찌하랴.
日月駒隙因此恐 세월이 덧없이 빠름은 이로 인해 두렵다오.

- 우음偶吟 : 우영偶詠. 얼핏 떠오르는 생각을 시가로 읊는 것.
- 산복山腹 : 산요山腰. 산허리.
- 지목指目 : 사람·사물 등이 어떠하다고 가리켜 정하는 것.
- 수수颼颼 : 바람소리 모양, 설렁한 모양, 추워하는 모양. (颼 : 바람소리 수)
- 구극駒隙 : 백구과극白駒過隙의 준말. 흰 망아지가 빨리 지나가는 것을 문틈으로 본다는 뜻으로, 세월과 인생이 덧없이 짧음.
- 일월日月 : 날과 달이라는 뜻으로, 세월을 두고 이름.

★ 秋日偶詠[29] 가을날에 읊다

杏葉亂風飛 은행잎 바람에 날려 어지러운데,
山陵遍是綺 산과 언덕이 온통 비단이로다.
行路豈避踏 오가는 길에 어찌 밟지 않을 수 있으리오.
不可離秋氣 완연한 가을 기운 마냥 떨칠 수 없구나.

- 추일秋日 : 가을날

---

28) 2005年11月5日 山腰紅丹楓有感也 晩秋之際 暫望馬峙初校前東山(光州市西區金湖洞所在 마재초등학교앞동산) 則山腰丹楓方染紫紅 而秋色極致矣 然數日後節序當立冬 安無心慮冬寒掩襲也 自古美人薄命 秋色焉長久乎 四時秩序嚴然 不問可知冬節落紅 但詩情自乘耳

29) 2005年11月7日 山麓銀杏樹下有感也 登陟光州市西區所在中央公園後 自山陵上中央亭向花亭洞下山矣 秋色異昨日以和暢 心醉金風玉露之氣 臨山麓下山徑 則鴨脚樹葉紛紛 以演出黃金世界 不可拒秋思 而抒情矣

• 우영偶詠 : 우음偶吟. 얼핏 떠오르는 생각을 시가로 읊는 것.
• 풍비風飛 : 바람을 타고 흩날리는 것.
• 산릉山陵 : 산과 언덕.
• 추기秋氣 : 가을의 기운.

★ 題萬化樓[30] 만화루를 두고 짓다

大成殿前聳崇樓 향교의 대성전 앞엔 높다란 누각이 솟았구나.
巨閣其名來已久 커다란 만화루의 그 이름 유래된 지 오래라네.
亂中燒失安無恨 전란 중의 소실 어찌 한스러움이 없으랴 만은,
幸得復元願長壽 다행히 복원되었으니 장수하기만 바라노라.

• 만화루萬化樓 : 전라남도 화순군 화순읍 교리橋里에 있는 화순향교의 문루 이름임. 문화재 자료 60호로 지정되었음. 조선시대 세종 15년(1433)에 건립, 정유재란丁酉再亂 때에 소실되었다가 인조 25년(1647)에 중수하여 지금까지 남아 있는 문화재임.
• 대성전大成殿 : 공자孔子의 위패를 모신, 향교 내에 있는 전각殿閣.
• 숭루崇樓 : 고루高樓. 높은 전각.
• 거각巨閣 : 크고 높은 웅장한 집.
• 난중亂中 : 난리가 한창 벌어지는 동안. 여기서는 조선 선조 30년에 있었던 정유재란의 난리를 두고 이름.
• 소실燒失 : 불에 타서 잃어버리는 것.

---

30) 2005年11月8日 和順鄉校萬化樓所懷也 診療次行全南和順邑所在全南大學校醫大附屬病院 又訪問邑內和順鄉校矣 此建立於朝鮮朝世宗時 因丁酉再亂燒失後仁祖25年重修之 一見得感古校之遺痕也 列擧主要建物 則大成殿・明倫堂・萬化樓・東齋・西齋・內三門・外三門・典祀廳・校直舍等矣 其中萬化樓遺蹟證明和順鄉校歷史性 尤所重視之也

★ 於果川次男家[31] 과천의 차남 집에서

冠岳烟霧中 관악산이 자욱한 연무 속에 잠겼는데,
紅顔昇東天 동쪽 하늘에선 아침 해가 붉게 솟아오르네.
景雲浮嶺上 경사스런 구름 산 고개 위에 떠있어
勝氣登果川 뛰어난 기상 과천으로 올라오네.

- 과천果川 : 경기도의 중남부에 있는 과천시를 두고 이름. 서울과 경기도 안양시·과천시의 경계에 있는 관악산冠岳山(높이 629m)에서 내려다보이는 곳. 정부 제2청사와 서울 대공원이 자리하고 있어 더욱 명소로 알려져 있다.
- 차남次男 : 둘째 아들. 박윤수朴倫秀군을 두고 이름.
- 관악冠岳 : 서울대학교 뒷산인 관악산을 두고 이름.
- 연무烟霧 : 연기와 안개.
- 홍안紅顔 : 붉은 얼굴이라는 뜻으로, 여기서는 아침에 동쪽 하늘에서 붉게 떠오르는 해를 두고 비유적으로 이름.
- 경운景雲 : 서운瑞雲. 상서로운 구름.
- 승기勝氣 : 뛰어난 기상.

★ 百濟金銅大香爐[32] 백제의 금동대향로

百世濟民遺藝技 오랜 세월 백성 다스리며 끼쳐준 예술의 재주,
歷千年而溢神秘 천년이 지나서인지 신비감이 넘치는구나.

---

31) 2005年11月11日 望冠岳山之所懷也 昨日上京 投宿於果川市별양동所在次男家矣 建物後便下有果川中央公園 欲公園散策而日出前起床 於建物10層開後門窓 而遐望서울冠岳山 則朝霧裏群峰面曙光而壯觀也 早晩間朝暉滿天 山上彩雲流果川上空 不能抑遊目憑懷 以企待都市發展 又祈願次子前途日益洋洋矣

32) 2005年11月11日 國立中央博物館內百濟金銅大香爐觀覽之所懷也 昨日上京而今携妻搭乘次男乘用車 觀覽龍山區龍山洞所在國立中央博物館矣 館內展示考古館·歷史館·美術館·寄贈館·亞細亞館等多様 主關心前三者也 特注目金銅大香爐之造形 其所懷難勘當 再感銘人生七十古來稀而藝術之長久又其偉大性矣 參考當日所懷詩 〈於果川次男家〉

水面蟠龍長項頭 수면에 서린 용은 목과 머리를 길게 빼고,
回曲悠然兼雄氣 유연하게 회곡하며 씩씩한 기운을 겸하였네.
仰蓮臺上構仙鄕 앙련대 위에는 신선 사는 선향을 이루어,
丘丘谷谷具幽美 언덕과 골짜기마다 그윽한 아름다움이로다.
天帝所寵鳳凰鳥 천제께서 사랑하는 봉황새이런가,
欲圖地界太平戱 지계에 태평스런 춤 보이고자 하는구나.
全身精工集深趣 향로 전신의 공작 정교하여 깊은 아취가 가득,
調和一體得妙理 조화 일체로 오묘한 이치를 터득하였나보다.

- 백제百濟 : 한반도의 남서부에 있었던 고대 국가의 하나(18B.C~A.D.660). 시조는 온조왕溫祚王. 고구려·신라와 함께 고대 3국의 하나로서 한강 유역을 중심으로 주로 호남권에서 발전하다가 의자왕 20년(660)에 나당羅唐 연합군에 의해 멸망함.
- 금동대향로金銅大香爐 : 향불을 피우는 큰 화로라는 뜻으로 금동으로 만든 초대형의 화로. 국립중앙박물관에 보존되어 전시되고 있다.
- 백세제민百世濟民 : 오랜 세대를 두고 도탄에서 허덕이는 백성들을 구제한다는 뜻으로, 백제百濟라 한 나라 이름은 이에서 연유하였다고 전함.
- 반룡蟠龍 : 하늘에 오르기 전에 땅에서 서리고 있는 용.
- 항두項頭 : 인체의 목과 머리.
- 회곡回曲 : 휘어서 굽음.
- 유연悠然 : 침착하고 여유가 있음.
- 앙련대仰蓮臺 : 앙련이 새겨진 대. 이곳 금동대향로金銅大香爐 조형의 한 부분임.
- 앙련仰蓮 : 꽃부리가 위로 향한 연꽃 모양의 무늬.
- 선향仙鄕 : 선경仙境. 선계仙界. 단구丹丘. 선인이 산다는 곳. 또는, 경치가 신비스럽고 그윽한 곳.
- 유미幽美 : 그윽한 아름다움.
- 지계地界 : 천天·지地·인人의 삼계중의 하나. 즉 땅의 경계.
- 태평희太平戱 : 태평함을 주제로 한 춤. 또는, 태평할 때에 추는 춤.
- 정공精工 : 정밀하고 교묘하게 공작하는 것. 또는, 그 공작물.

- 심취深趣 : 깊은 아취雅趣.
- 묘리妙理 : 오묘한 이치.

鳳凰奉天意 봉황은 하느님의 뜻을 받들고,
龍作蟠踞勢 용은 반거하는 기세 이루고 있네.
其間理想鄕 그 사이는 모두 우리 인간의 이상향이요,
三界期一體 천·지·인 삼계의 조화일체를 기하였도다.

- 봉황鳳凰 : 예로부터 중국 전설에 나오는 상상의 새. 기린·거북·용과 함께 사령四靈 또는 사서四瑞로 불린다. 성천자聖天子의 정치의 징조로 나타난다고 함. 수컷을 봉, 암컷을 황이라고 한다.
- 천의天意 : 하늘의 뜻. 또는, 임금의 뜻.
- 반거蟠踞 : 서리서리 걸침, 넓은 땅을 차지하고 세력을 펼침.
- 이상향理想鄕 : 인간이 생각할 수 있는 최선의 상태를 갖춘 완벽한 사회.
- 삼계三界 : 천天·지地·인人의 세계. 즉 천계天界·지계地界·인계人界를 말함.

★ 瀟灑園銀杏樹[33] 소쇄원의 은행나무

松與竹間瀟灑溪 솔밭과 대숲 사이에 흐르는 소쇄원 시내.
黃緞浮水布脩階 황금빛 비단은 물위에 떠서 긴 섬돌까지 뒤덮네.
故園鴨脚伴玉流 옛 정원의 은행나무 맑은 물과도 어울려 있어,
別有勝地非塵世 별세계의 승지로세, 속세는 아니로구나.

- 소쇄원瀟灑園 : 조선조 중종 때에 소쇄처사瀟灑處士 양산보梁山甫(1503~1557)가 담양군 남면 지석支石 마을에서 조영한 원림으로서 우리나라 대표적

33) 2005年11月14日 無等山下瀟灑園銀杏樹有感也 依梁敬之所述〈謹次仲父家山三十詠韻〉 頻出瀟灑園之外園遺蹟 固選瀟灑園後側三四例 則莊子潭·寒碧山·甕井峯·鼓巖洞等也 近來瀟灑園佳境形成其外苑 今良月遊步此勝地 發見溪邊鴨脚樹數株 可謂探訪武陵也 參照月初作詩〈瀟灑園散策〉(第4部下篇)

인 민간정원으로 손꼽는다. 이곳에는 당대의 많은 명류들이 출입하여 시적 교유를 이루고, 특히 하서河西 김인후金麟厚(1510~1560)는 〈소쇄원 사십팔영瀟灑園四十八詠〉을 이루어 명원名園으로 더욱 알려졌으며, 양산보의 5대손인 방암方菴 양경지梁敬之(1662~1734)는 소쇄원의 30경시를 짓기도 하였다. 전라남도 지방 문화재 제39호, 또는 사적 제303호로 지정되어 보존되고 있다.

- 소쇄계瀟灑溪 : 소쇄원 뒤에 솟아있는 옹정봉甕井峯 아래 여러 골짜기의 물은 소쇄원 외원의 장자담莊子潭 등을 거쳐 내원으로 흘러들면서 소쇄계를 이룬다. 내원에서는 원규투류垣竅透流·행음곡류杏陰曲流·위암전류危巖展流 등을 이루면서 소쇄원 입구로 흘러 내려 환벽당環碧堂 아래의 환벽계와 합류하여 광주호로 흘러든다.
- 황단黃緞 : 누런 황금빛 비단. 누렇게 물든 은행잎을 두고 이른 말임.
- 수계脩階 : 길게 쌓은 섬돌.
- 압각鴨脚 : 압각수鴨脚樹의 약칭. 은행나무. 그 잎의 모양이 오리의 발바닥과 비슷하다고 해서 이렇게 일렀다고 전한다.
- 옥류玉流 : 아름다운 옥과 같이 맑게 흐르는 물. 소쇄원의 뒤 산골에서 맑게 흐르는 소쇄계를 가리킴.
- 승지勝地 : 명승지. 경치가 좋은 이름난 곳.
- 진세塵世 : 티끌세상.

★ 環碧溪隨想[34] 환벽계에서의 수상

堂下蒼溪漲 환벽당 아래에는 창계가 넘쳐흐르고,
臺近五龍松 조대 가까이엔 다섯 그루의 소나무로다.
故事尚膾炙 옛 일들은 아직도 널리 칭송되어,
咳唾亦有名 선인들이 남긴 말씀 또한 유명하여라.

34) 2005年11月14日 無等山下環碧溪尋訪所懷也 中食後迎觀光客數人於韓國歌辭文學館 與之行近距離所在光州忠孝洞環碧堂矣 其下流滄溪一名環碧溪 往者林億齡等星山四仙所遊處 至今傳當時名勝題詠 古名人所作息影亭二十詠中 釣臺雙松環碧龍湫松潭泛舟等也 想像其內容 則不能禁所懷無窮 誘我述懷如是也

• 환벽계環碧溪 : 환벽당環碧堂(광주시 북구 충효동忠孝洞 환벽마을에 있는 정자) 아래 흐르는 시내. 일명 창계蒼溪라고도 일러 왔음. 광주호光州湖 바로 위에서 흐르는 물임.

• 수상隨想 : 그때그때 일어나는 생각이나 느낌. 또는 그것을 적은 글.

충효동의 환벽당

• 당하堂下 : 환벽당環碧堂 아래.

• 창계蒼溪 : 푸른 시내. 환벽계의 별칭이기도 함.

• 漲 : 물 많을, 넘칠 창.

• 대근臺近 : 대 가까운 곳. 여기서는 김덕령金德齡(1567~1596) 장군이 낚시하던 곳으로 알려진 창계의 조대釣臺에서 가까운 곳을 이름.

• 오룡五龍 : 다섯 마리의 용. 오래된 소나무는 마치 기어오르는 용이 꿈틀거리는 느낌을 주어 예부터 소나무를 흔히 용으로 비유한 데서, 여기서는 조대釣臺 가까이의 언덕에 있는 다섯 그루의 소나무를 두고 이름.

• 고사故事 : 옛날부터 전하여 내려오는 유서 깊은 일. 여기서는 용추龍湫・사선四仙・조대釣臺 등에 대한 고사를 두고 이름.

• 회자膾炙 : 널리 상찬되어 사람의 입에 오르내리는 것.

• 해타咳唾 : 기침과 침이라는 뜻으로 어른의 말씀을 이름. 여기서는 林億齡(1496~1568) 등의 성산 4선들이 남겼다는 시 〈息影亭二十詠〉를 두고 이름.

★ 參觀沈菜祝祭[35] 김치축제에 참관하고서

自古沈菜固有樂 예로부터 김치는 우리 고유의 즐거움이었는데,
今爲人類選好食 이젠 온 인류가 선호하는 음식이 되었구나.
展示製品多其種 전시된 제품은 그 종류도 많아서

---

35) 2005年11月19日 沈菜祝祭參觀所懷也 光州市主催沈菜大祝祭於念珠洞綜合體育館 隣接吾家所在金湖洞 其間不過散策路矣 所謂韓國代表的傳統飮食 則指目沈菜(김치) 自古韓國人食事用主饌愛護沈菜 故其始原悠久 而自三國時代說可考也 吾南道中光州名聲卽味鄕 固推進飮食祝祭之由有妥當之理 故興味津津也

傳統料理尤浮刻 우리의 전통 요리가 더욱 부각되는구나.
手才能爛別有趣 손재주 능란하여 특별한 정취를 갖추었기에,
觀客盤桓流涎抑 관객들 그 앞에선 서성거리며 군침의 억제로세.
味鄕本是何處謂 본디 맛의 고장이라 하면 어디를 일렀던고.
自他咸稱南道脈 자타가 모두 남도의 맥을 들어 일컫는다오.

- 침채沈菜 : 구어로는 김치.
- 선호選好 : 여럿 중에서 가려서 좋아하는 것.
- 부각浮刻 : 드러남. 사물의 특징을 두드러지게 나타내는 것.
- 수재手才 : 손재주. 손으로 무엇을 만드는 재주.
- 반환盤桓 : 머뭇거리며 그 자리를 멀리 떠나지 않는 것.
- 유연流涎 : 부러워하여 침을 흘리는 것. 또는 먹고 싶어하여 침을 흘리는 것.
- 남도南道 : 남도南路. 경기도 이남의 땅을 이르는 말. 특히 전라남도와 광주시를 두고 일컫는 말.

★ 題來蘇寺[36] 내소사를 두고 짓다

深山秘藏楞伽寶 깊은 산에 능가보를 소중히 간직하였다네.
百濟開創古淨土 백제 때에 개창한 옛날 절이로구나.
天王門面觀音峯 천왕문은 능가산 관음봉을 맞바라보고 있어
妙手借景達作圖 묘수로 경치를 빌려온 걸작의 그림이로다.

- 내소사來蘇寺 : 전라북도 부안군 진서면鎭西面 석포리石浦里에 있는 절. 능

36) 2005年11月23日 扶安郡來蘇寺探訪所懷也 全南大學校總長招請停年退任名譽教授而觀光全北邊山半島國立公園 主探訪楞伽山下來蘇寺矣 寺內大雄寶殿及銅鐘是國寶也 臨天王門則指國天王・廣目天王・增長天王・多聞天王等四天王監視四方以守護佛法也 遂感得四天王直面楞伽山第一觀音峯 而暫時沈潛窮理 則其緣由奚偶然乎 乃自問自答而反映作詩矣

가산楞伽山 관음봉 기슭에 자리하고 있다. 백제 무왕 때(633) 혜구惠丘 두타가 큰 절 대소래사와 작은 절 소소래사를 세웠는데, 큰 절은 불타 없어지고, 작은 절만이 남아 지금의 내소사로 전한다고 함. 조선조 인조 때에 청영대사淸映大師가 세운 이곳 대웅전은 조선 중기 사찰 건축의 대표작으로 손꼽는다.

- 비장秘藏 : 아무도 모르게 감추어 소중히 간직하는 것.
- 능가보楞伽寶 : 능가경楞伽經을 두고 이름. 대승경전大乘經典의 하나. 부처가 능가산에서 대혜보살을 위하여 말한 가르침을 모은 책.
- 백제百濟 : 한반도의 남서부에 있던 고대 국가의 하나. 앞에 든 시 〈백제금동대향로百濟金銅大香爐〉의 주 참조.
- 개창開創 : 새로 시작하거나 세우는 것. 이 시에서 이르는 내소사는 백제의 30대 왕 무왕武王 34년(633)에 개창한 절이다.
- 정토淨土 : 정찰淨刹. 사원寺院. 절.
- 천왕문天王門 : 절의 입구에 있는 사천왕四天王을 모신 집의 문.
- 면面 : 어떤 방향이나 대상을 정면으로 향함.
- 관음봉觀音峯 : 능가산의 봉우리 가운데 가장 으뜸인 산봉우리의 이름. 높이 424.5m.
- 묘수妙手 : 뛰어난 솜씨나 교묘한 재주. 또는 그런 것을 가진 사람.
- 달작達作 : 걸작傑作. 뛰어난 작품.

★ 冬天之訓[37] 겨울철의 가르침

乾坤閉塞盡終日 천지가 얼어붙어 폐색함이 온종일이라.
巨樹所折因暴雪 큰 나무 꺾기기도 폭설 때문이라.
天怒何以免叱咤 하느님이 화를 내면 그 질타 어찌 면하랴.
人間推勢應正律 인간이 세력을 좇는 데도 정률이어야 한다오.

---

37) 2005年12月22日 冬至日暴雪有感也 今亞歲日氣最惡 午後6時30分現在光州地域積雪32cm 1939年氣象廳觀測以來其量最多矣 因此500餘小學校休校 然時下政街消息如何乎 政治人中政略輩不顧正道 能權謀術數 而不絶政爭 則慨嘆不已耳 應自省日氣不順或天所憎也 故欲忠告而提示冬天之訓 而雪天慨世矣.

• 건곤乾坤 : 하늘과 땅. 天地.
• 폐색閉塞 : 겨울에 천지가 얼어붙어서 생기가 막히는 것.
• 진종일盡終日 : 하루가 다 가도록 계속. 온종일.
• 거수巨樹 : 썩 큰 나무.
• 질타叱咤 : 성내어 크게 꾸짖는 것.
• 추세推勢 : 세력을 받드는 것. 세력을 좇는 것.
• 정률正律 : 바른 규율.

昨夜積雪六尺矣 간밤 세차게 내린 눈이 여섯 자라네.
七十年來初有咿 칠십년 만에 처음 겪는 탄식이로다.
安以輕視天所訓 하느님의 가르침을 어찌하여 가벼이 하는고.
政爭逆理自招疑 정쟁에도 도리를 어기면 의혹을 자초한다네.

• 의咿 : 탄식할, 신음할 의.
• 역리逆理 : 배리背理. 반리反理. 도리에 어긋난 일.
• 정쟁政爭 : 정전政戰. 정치상의 싸움.
• 자초自招 : 가져옴. 제 스스로 끌어들이는 것.

★ 雪天慨世[38] 눈 내리는 날 이는 세상 탄식

今世惡天候 금세의 험난한 날씨,
七十年來事 칠십년만의 일이런가.
紛風兼雪異 어지럽게 부는 바람에 많은 눈을 겸하였네.
束手當奈何 속수무책이니 이를 당장 어찌하리오.

38) 2005年12月22日 冬至日雪天有感也 1年24節氣中冬至別稱亞歲 歲時風俗上名節也 傳聞政略輩橫行於政界 豫感不祥矣 今日當惡天候 暫心中想像 則神靈或欲使人間覺醒邪心 以暴雪强打之矣 雖不問曲折 如此雪天不能禁慨世之感也 先作〈冬天之訓〉之緣由在於是也 參照當日作詩脚註也

• 설천雪天 : 눈이 내리는 날. 또는 그 날씨.
• 개세慨世 : 세상의 되어가는 형편을 염려하여 한숨을 쉬는 것.
• 악천후惡天候 : 몹시 나쁜 날씨. 거친 날씨.
• 설이雪異 : 엄청나게 많이 오는 눈이나 때 아닌 때에 오는 눈.
• 속수束手 : 속수무책束手無策의 준말. 해볼 도리 없음. 어찌할 도리가 없어 손을 묶은 듯이 꼼짝 못함.

降雪尺餘高 내린 눈은 자가 넘는 높이로세.
屋外人蹤滅 집밖엔 사람들의 발자취도 끊기었네.
被害無限量 눈의 피해 한량없이 많을 터인데,
茫洋但自失 갈피를 잡을 수 없어 자실할 뿐이로다.

• 인종人蹤 : 사람의 발자취.
• 망양茫洋 : 넓어서 갈피를 잡을 수 없음.
• 자실自失 : 자기 자신을 잊고 멍하니 있는 것.

눈에 덮인 인도와 처마의 고드름

政海多相殘 정계에도 서로들 싸우고 해치는 일이 많아서,
吁哉亂如霏 아 ! 어지럽기가 날리는 눈과 같구나.
或謂暴雪勢 혹시 폭설의 형세라고나 할까,
與野須自卑 여야는 모두 자신을 스스로 낮추어야 하리로다.

• 정해政海 : 정계政界. 정치에 관계하는 사람들의 사회적인 분야.
• 상잔相殘 : 서로 싸우고 해치는 것.
• 우재吁哉 : 아! 슬프다!
• 霏 : 눈 펄펄 날릴 비.
• 자비自卑 : 스스로 자기 자신을 낮추는 것.

★ 年末納日期約[39] 세밑에 지는 해와의 기약

西天落陽如火爐 서쪽 하늘 지는 해 화로 불처럼 타오르면서
一年災異方焚燒 한해의 재앙을 한창 불태우는구나.
丙戌開拓大課題 병술년에는 새로운 대과제를 개척하리니,
送迎之際企瑞兆 송구영신을 즈음하여 상서로움만 바라노라.

- 납일納日 : 지는 해. 낙일.
- 낙양落陽 : 석양夕陽. 저녁때의 해. 또는, 그 햇빛.
- 재이災異 : 재앙이 되는 괴이한 일.
- 분소焚燒 : 불태우는 일.
- 병술丙戌 : 2006년의 간지干支.
- 개척開拓 : 새로운 영역이나 운명, 진로 등을 열어 나가는 것.
- 송영送迎 : 송구영신送舊迎新의 준말. 묵은해를 보내고 새해를 맞음.
- 서조瑞兆 : 서상瑞相. 상서로운 조짐.

★ 除日登高[40] 섣달그믐 높은 곳에 올라

蜡月窮臘登山亭 섣달 세밑에 높다란 산 위 정자에 올랐더니,
落照紅焰燒塵情 낙조의 불꽃은 세상의 진정을 불사르는구나.

---

39) 2005年12月31日 年末期約所懷也 送乙酉年之歲暮 欲觀年終落照 經由楓岩洞楓岩堤 登金塘山鸛鳥峯(황새봉)下所在楓岩亭也 數日前降雪以殘雪猶存 然不顧危險以踏從雪程 遂臨亭子 至午後4時50分 西方遠山落陽亦可觀矣 於午後5時15分頃落日徐徐潛跡遠境雲裏 歡送之而企待丙戌年之希望 抒送舊迎新之感懷也

40) 2006年1月29日 除日登陟祈願也 在京孫子孫女(泰玩泰健株賢栽賢)及光州居住孫子(城吾潤眞)來於吾家矣 午後5時半頃引率孫子一同 經由金湖洞金夫初校側路而向中央公園頂上 登第2八角亭上 遠望落照而送迎之際懇願丙戌年大吉 齊唱萬萬歲也 又祈願諸孫安康 而如是抒年末之懷也 又換韻而作之如此矣 極月宿歲登高臺 落照紅燄方燒災 多事之年已過隙 送舊迎新期大賽

多事之秋已陳跡　일도 많던 지난 때는 이미 옛 자취가 되었으니,
送舊迎新唯祈康　새해맞이에 가족들의 안강만을 기원하노라.

- 제일除日 : 섣달그믐.
- 등고登高 : 등척登陟. 높은 곳에 오르는 것.
- 사월蜡月 : 섣달. 극월極月. 음력 12월.
- 궁랍窮臘 : 세밑. 한 해의 마지막 때.
- 산정山亭 : 산 속에 지은 정자. 이곳 시에서는 광주시 서구에 위치한 중앙공원中央公園의 제2 팔각정(청풍정淸風亭)을 두고 이름.
- 홍염紅焰 : 붉은 불꽃.
- 진정塵情 : 깨끗하지 못한 마음.
- 진적陳跡 : 지난날의 묵은 자취.
- 송구영신送舊迎新 : 송영送迎. 묵은해를 보내고 새해를 맞음.
- 기강祈康 : 안강安康을 기원한다는 뜻. 이 시에서는 섣달그믐의 산행에 동참했던 손자 손녀들의 새해 안강을 기원하는 뜻에서 취한 시구임.

★ 郊外迎春[41] 교외에서 봄을 맞이하며

白馬山下湖水淸　백마산 아래의 호수 물도 맑아서
前坪堤防行步輕　전평제 언덕의 보행 한결 가벼워라.
葉落木裸雖爲索　잎이 떨어져 발가벗은 나무들 삭막하기는 하나,
立春不遠已脫冷　입춘이 멀지 않아 쌀쌀함을 이미 벗었나 보다.

- 교외郊外 : 들이나 논밭이 비교적 많은 도시의 주변.
- 백마산白馬山 : 광주시의 서구와 광산구 사이에 위치한 산. 그 모습이 곁에 새끼 말을 데리고 풀을 뜯고 있는 형상이라 하여 불려진 이름임. 높

41) 2006年1月30日 前坪堤迎春所懷也 舊正之際全家族相逢於家 吾一同夫婦同伴向西區梅月洞所在前坪堤以春遊矣 地自体追求貯水池周邊環境管理良好 此隣接於白馬山及蓋甘山也 又位置於歷史的遺蹟地懷山前 可謂勝地 多數市民愛好遊步之名所矣 吾曹亦近時間餘周回水邊路 以滿喫迎春之懷矣

이 134m. 이곳 수련골은 조선시대에 임진왜란이 일자 의병장 김세근金世斤(1550~1592)이 왜적에게 항전하기 위해 장정들을 모아 군사 훈련시키던 곳으로 알려져 있다.

- 전평제前坪堤 : 광주광역시 서구 매월동梅月洞의 회산懷山마을과 개산介山마을 사이에 있는 저수지. 옛날 수월당水月堂 앞에 있는 방죽이 이렇게 호수처럼 확대되었다 함. 옛 기록에서 죽산제竹山堤, 개산방죽, 또는 매월방죽으로 알려오던 것 임. 조선시대 회산마을에서 출생한 회재懷齋 박광옥朴光玉(1526~1593)이 이곳 고향에 수월당이라 한 정자를 짓고, 김천일金千鎰·고경명高敬命 등 당시 명사들과 교유하면서 임진왜란 때에는 나라를 걱정하며 거의擧義를 논하던 곳이다. 개감산蓋甘山 아래 이 저수지 곁에는 문화재로 알려진 흥성 장씨興城張氏 문중의 제각인 영식재永式齋가 있고, 회산 마을 입구의 호반에는 2004년에 세운 〈회재박선생유허비懷齋朴先生遺墟碑〉가 있다.
- 제방堤防 : 하천이나 호수의 범람, 바닷물의 침입을 막기 위해 축조한 둑.
- 입춘立春 : 1년 24절기의 첫째. 양력으로 2월 4일경임.

★ 雪山聞鵲語[42] 설산에서 까치 우는 소리를 듣고

望月後嶝都銀白 망월 마을 뒤 산비탈이 온통 은백색인데,
縞衣玉龍枝上伏 나뭇가지엔 흰옷 입은 옥룡이 엎드렸구나.
翩翩雙鵲雌雄鳴 가볍게 나는 까치 암수가 서로 울어대니,
喜聞雪中春信曲 기꺼이 듣노라, 눈 속에서 들리는 봄노래를.

- 설산雪山 : 눈이 쌓인 산. 설산성도雪山成道, 또는 설산수도雪山修道에서 의미하는 바와 같이 고생한 끝에 도道를 이루는 곳을 뜻하기도 함.
- 작어鵲語 : 길조吉鳥라고 이르는 까치의 우는 소리.
- 망월望月 : 광주시 서구 금호동의 망월마을을 두고 이름. 북구에 있는 망

---

42) 2006年2月9日 雪山喜鵲所懷也 去2月4日立春之節 金湖洞望月村東山雪景可觀矣 玉龍搭乘樹木 山中喜鵲往來雪上 以誘惑山行人 我登山徑後 不知中吟詠如此也 昨夜夢鵲聲 今日行雪山 乃與喜鵲語 追念望月魂 北區又有望月洞 1980年5月民主抗爭英靈墓域在於此 因此追念而述懷今日山行之所感矣

월동은 1980년 5월 민주화운동에 헌신하다가 작고한 영령들의 묘지가 있어 유명하다.

- 은백銀白 : 은백색銀白色의 줄인 말. 은과 같은 흰빛.
- 호의縞衣 : 희고 고운 명주옷.
- 옥룡玉龍 : 눈이 쌓인 나뭇가지.
- 편편翩翩 : 나는 모양이 가볍고 날램.
- 쌍작雙鵲 : 두 마리 까치.

눈에 덮인 산길

昨夜睡中與誰遊　간밤 잠결에는 누구와 놀았던고.
雪山喜鵲迎春舞　설산에선 지저귀는 까치 봄맞이 춤이로다.
白晝吐情非無意　대낮에 우짖는 소리 뜻 없지도 아니하니,
豫感今宵夢故友　오늘밤엔 다정한 친구 꿈꾸리라 예감되네.

- 수중睡中 : 잠든 동안.
- 희작喜鵲 : 까치. 이 새가 울면 반가운 손님이 온다하여 길조吉鳥라 이름.
- 토정吐情 : 마음속에 있는 사정을 솔직하게 말하는 것. 이곳 시에서는 까치 우는 소리를 연상하여 이르는 조사구助辭句임.
- 금소今宵 : 금야今夜. 오늘 밤.
- 고우故友 : 사귄지 오래된 친구. 또는 세상을 떠난 친구.

★ 鸛鳥峯上嘆[43] 황새봉 위에서의 탄식

負金峯上尋鸛鳥　황새봉에 올라 황새를 찾았더니,
禽逝峯空但山道　황새 간곳없고 봉우리엔 허황하게 산길뿐이로다.

---

43) 2006年2月17日 金塘山鸛鳥峯上所懷也 楓巖洞金塘山脊稜有楓巖亭 楓巖堤在其前面下矣 自亭欲向鸛鳥峯(황새봉) 則從亭後側上山途以登矣 再明日是雨水節 然山氣尙冷冷以春來不似春 山無負金而索漠 若對政局無情矣 近來吾政局與野相爭 當場難期待解冬 若似含血噴人 不能禁深慮 痛嘆不已耳

雨水難免花妬娟　절서는 곧 우수인대도 꽃샘만은 피할 수 없으니,
或似政局相殘高　갈수록 고조되는 정국의 상잔과 같다고나 할까.

- 관조봉鸛鳥峯 : 황새봉. 구어로 전하는 산봉우리 이름을 한자어로 전환한 차자표기借字表記임. 광주시 서구 풍암동에 있는 금당산金塘山 산봉우리의 하나. 높이는 187.5m. 그 아래 풍암제楓岩堤 쪽으로 내리는 산길에는 풍암정楓岩亭이 있다.
- 부금봉負金峯 : 부금 역시 황새의 이칭이므로 위에 든 관조봉을 달리 이른 표기임.
- 우수雨水 : 1년 중 24절기의 하나. 입춘과 경칩 사이에 있는 절기로서, 2월 19일 경임.
- 화투연花妬娟 : 꽃샘. 꽃이 필 때에 추워지는 일. 또는, 그 추위.
- 정국政局 : 정치의 국면이나 정계政界의 정세.
- 상잔相殘 : 서로 싸우고 해치는 것.

★ 鸛鳥峯上眺望[44] 황새봉 위에서의 조망

駕鸛乘峯如登樓　황새봉을 타고 정상에 이르니 마치 누각에 오른 듯,
遐邇四方一望透　원근 사방이 한눈에 훤히 보이는구나.
無等靈氣達千里　무등산의 신령스런 기운은 천리까지 뻗쳐 있고,
白馬蹄下馬峙州　백마산 말굽 아래에는 마재 마을이로다.
雲裏村中崇義門　운리 마을에는 회재를 기린 숭의문이 세워있고,
心谷古祠亦名區　심실의 옛 사당 역시 이름난 명구로다.
抗倭忠跡傳永世　왜구를 이겨낸 충성스런 발자취 길이 전하여

---

44) 2006年2月27日金塘山鸛鳥峯上眺望之懷也 今山行經由楓岩亭以到着金塘山鸛鳥峯(황새봉)矣 十日前登此之時 日氣不順而兼花妬娟 吟詠鸛鳥峯上歎也 然驚蟄不遠以春氣宛然 山行適期矣 今牛步漫行以登高 亦出汗不少 乃坐高陟以暫曬風 心身安定而遐望遠近 則無等山出貌於遠天 眼下勝地送喜信 可測各洞山水之形 想像古來遺蹟之秘 乃探索興趣高調 不忍拒腦裏列擧 以作詩反映如此矣

烈士流芳青史休 열사들의 꽃다운 명예 청사에 남아 빛나리라.

겨울 풍암제의 물새와 황새봉의 산영

• 관조봉鸛鳥峯 : 황새봉. 앞에 든 시 〈관조봉상탄鸛鳥峯上嘆〉의 주 참조.
• 하이遐邇 : 원이遠邇. 원근遠近. 먼 곳과 가까운 곳. 또는 그 곳의 사람.
• 무등無等 : 무등산의 약칭. 앞에 든 제1부 하편의 시 〈무등산세無等山勢〉의 주 참조.
• 백마白馬 : 백마산白馬山의 약칭. 광주시의 서구와 광산구 사이에 위치한 산. 앞에 든 시 〈교외영춘郊外迎春〉의 주 참조.
• 마치馬峙 : 광주시 서구 금호동金湖洞에 있는 마을 마재에 대한 차자표기借字表記임.
• 운리雲裏 : 광주시 서구 풍암동楓岩洞에 있는 마을 이름.
• 숭의문崇義門 : 회재懷齋 박광옥朴光玉(1526~1593)의 충의를 기리기 위해 운리 마을에 세운 사당의 문 이름.
• 심곡心谷 : 광주시 서구 금호동에 있는 심실마을에 대한 차자표기임. 이 마을에는 문화유적으로 병천사秉天祠가 있다.
• 고사古祠 : 옛 사당. 앞에 든 병천사를 두고 이름. 1924년에 건립한 사우祠宇로서 포은圃隱 정몽주鄭夢周·의재毅齋 지용기池湧奇·금남錦南 정충신鄭忠信·철산鐵山 지여해池汝海·표곡豹谷 지계최池繼漼 등 다섯 분을 제향하는 유형문화재 제11호임. 사우의 입구에는 이를 축조할 때에 공이 컸던 지응현池應鉉의 시혜불망비施惠不忘碑 등 10여 기가 건립되어 있다.
• 항왜抗倭 : 일본 왜적에 대한 항거.
• 열사烈士 : 나라를 위하여 맨몸으로 저항하다가 죽음으로써 높은 지조를 나타낸 사람.
• 유방流芳 : 유방遺芳. 꽃다운 명예를 후세에 남김. 또는 그 명예.
• 청사靑史 : 역사상의 기록.
• 休 : 아름다울 휴.

★ 登蓋甘山[45] 개금산에 올라서

出塵向名所 세상의 번뇌 털어버리고 명소를 찾았네.
上峰若懸空 산 정상에 오르니 공중에 매달려 떠있는 듯.
翠微亦嘉賞 아롱아롱 푸른 산기운 역시 기릴만한데,
或慮呑山精 혹시 산의 정기까지 삼켜버릴까 걱정이로다.

매월동 전평제에서 바라본 개금산

- 개감산蓋甘山 : 광주시 서구 매월동에 있는 산으로 높이 142m. 속칭 개금산. 화개花開 마을과 접해 있어 화개산이라고도 부름. 산 동쪽 자락에 문관으로 이름 있는 회재懷齋 박광옥朴光玉(1526~1593)의 출생지인 회산마을이 있고, 그 앞에 전평제前坪堤가 있다. 이 저수지 가까이에 문화재로 알려진 흥성 장씨興城張氏 문중의 향제소享祭所로 영식재永式齋(1929년 건립)가 있는데, 그 왼편에 등산로 입구가 있다. 그 곳 푯말엔 "개금산 산책로 정상 0.8km"라 하였다.
- 출진出塵 : 불교에서 세상의 번뇌를 버리고 해탈하는 것을 이름.
- 현공懸空 : 가공架空. 공중에 걸치는 것.
- 취미翠微 : 먼 산에 엷게 낀 푸른 빛깔의 기운. 또는 산기운이 푸르러서 아롱아롱하게 보이는 빛.
- 가상嘉賞 : 가상佳賞. 칭찬하여 기리는 것.

45) 2006年3月1日 梅月洞蓋甘山上所懷也 光州市西區所在蓋甘山(개금산)突出市中矣 登山頂則尺吳寸楚 遐望無等山 而周圍有白馬山・八鶴山・釋迦山・花房山・金塘山・前坪堤・楓岩堤・極樂江等大小山川 又山下貯水池周邊有懷齋故土懷山與永式齋等名人遺蹟 可謂勝地也 兼山行路上八角亭 依案內板距離標識 則頂上0.2km 山下健康院1km 頂上高142m 如登高空展望臺 目下四方萬物可省高低山川 心懷無障以豁然矣

尺山尺水良有興　척산척수의 광경 참으로 흥겹기만 한데,
一望千里得萬狀　한눈에 천리를 볼 수 있어 만상이어라.
前坪黃龍起錦波　전평제와 황룡강은 비단물결을 일으키고,
無等白馬綠樹岡　무등산과 백마산은 푸른 숲 청산이로다.
市民活氣振四海　시민들의 활기찬 기운도 온 세상에 떨치리니,
雄都躍進期將榮　웅도의 약진 장래의 번영을 기약하구나.
花妬娟甚不似春　꽃샘이 심하여 봄만 같지 않다지만,
浩然之氣使心康　호연지기는 마음으로 하여 더욱 편안케 하네.

- 척산척수尺山尺水 : 높은 곳에서 멀리 산수를 바라볼 때 작게 보임을 이르는 말. 척오촌초尺吳寸楚. (중국의 오吳·초楚가 다같이 큰 나라이나 높은 데서 내려다보면 아주 작게 보인다는 뜻).
- 만상萬狀 : 온갖 모양.
- 전평前坪 : 전평제前坪堤의 약칭. 광주광역시 서구 매월동에 있는 회산懷山과 개산介山의 두 마을 사이에 있는 저수지. 앞에 든 시 〈교외영춘郊外迎春〉의 주 참조.
- 황룡黃龍 : 황룡강의 약칭. 장성군 북하면에서부터 시작하여 광주광역시 광산구로 흘러내리는 총 91.9km의 긴 강. 흔히, 광산구에 자리하고 있는 호남대학교 앞을 지나 평동 송촌마을을 감돌며, 동쪽에 송정시가를 두고 장록다리를 거쳐 남쪽으로 흐르는 물을 두고 말함.
- 무등無等 : 무등산의 약칭. 일명 서석산瑞石山. 앞에 든 제1부 하편의 시 〈무등산세無等山勢〉의 주 참조.
- 백마白馬 : 광주시의 서구와 광산구 사이에 위치한 백마산의 약칭. 앞에 든 시 〈교외영춘郊外迎春〉의 주 참조.
- 사해四海 : 사방의 바다. 또는, 온 세상.
- 웅도雄都 : 웅도거읍雄都巨邑의 약칭. 웅장한 도시와 큰 읍. 또는, 큰 도회지.
- 화투연花妬娟 : 꽃샘. 꽃이 필 때에 추워지는 일. 또는, 그 추위.
- 호연지기浩然之氣 : 사람의 마음에 차있는 너르고 크고 올바른 기운.

★ 紅梅可愛[46] 홍매여 사랑스럽구나

笑顏勝紅緞 활짝 피어서 그 꽃 비단보다도 고와라.
春寒送梅信 추위 속에서도 봄소식 알리는 매화로구나.
千葉使人惑 겹꽃의 아름다움 사람들을 매혹시키지만,
莫詑香隱隱 향기 은은한 것만은 자랑을 마오.

- 홍매紅梅 : 붉은 빛의 매화.
- 소안笑顏 : 웃는 얼굴. 여기서는 활짝 피어있는 홍매를 두고 이름.
- 홍단紅緞 : 붉은 비단.
- 춘한春寒 : 봄추위.
- 매신梅信 : 매화꽃이 피기 시작한 시기. 봄소식.
- 천엽千葉 : 겹꽃잎.
- 은은隱隱 : 겉으로 뚜렷하게 드러나지 않고 아슴푸레하게 내비쳐 있음.

★ 坐亭吟詠[47] 식영정에 올라앉아서 읊다

嶝有林亭暫息影 산등성이에 정자가 있어 잠간 쉬고 있었더니,
水鳥浮遊湖送情 물새는 물위에 떠다니고 호수도 정겨워 하네.
四仙玉屑尚扁題 네 신선들의 글 아직도 편액으로 걸렸는데,
羽蓋畵舫誰所稱 누가 일렀던고, 식영정을 수레와 같은 그림배라고.

---

46) 2006年3月9日 路邊紅梅之感懷也 我所居南陽아파트105洞與101洞間 駐車場邊形成造園以切感親自然的環境矣 今午後遊步於白石山 而歸路到着101洞前 共同住宅路邊紅梅2株滿發 甚佳麗以令行人環視 我亦感動玉骨之美 卽興詩情而作如此矣

47) 2006年3月18日 潭陽星山息影亭所懷也 自星山所在韓國歌辭文學館 歸家道中登息影亭而暫流憩矣 坐亭以閱讀扁額 則林億齡所製息影亭記特興味 可得理解息影之由來也 營建當時亭前有蒼溪流 石川稱息影亭爲羽蓋畵舫 只今亭前流大湖 其所命尤實感 此奚非豫言乎 參考1991年10月19日述懷詩〈登息影亭〉(第1部下篇) 及2003年3月16日作詩〈息影亭閒遊〉(第3部上篇)

• 嶝 : 산비탈 등. 여기서는 식영정이 서있는 별뫼(성산星山)의 산비탈을 가리킴.
• 임정林亭 : 산정山亭. 산 속에 지은 정자. 이에서는 전남 담양군 남면 지곡리芝谷里 별뫼에 있는 식영정息影亭을 두고 이름. 앞에 든 제3부 상편의 시 〈식영정한유息影亭閑遊〉의 주 참조.
• 식영息影 : 그림자를 쉬게 함. 햇빛 아래 걷던 사람이 쉬고자 하여 나무 아래나 건물로 들어서면 그림자가 보이지 않음을 이름. 벼슬하던 사람이 치사致仕하고 자연에 은둔하는 것의 비유. 임억령의 〈식영정기息影亭記〉 참조.
• 부유浮遊 : 물이나 공중을 떠다니는 일.
• 호湖 : 이곳 시에서는 식영정 앞에 널따랗게 펼쳐진 광주호光州湖를 두고 이름.
• 사선四仙 : 네 신선. 여기서는 조선시대에 식영정을 중심으로 시가활동을 하던 네 시인을 두고 이름. 앞에 든 제3부 상편上篇의 시 〈식영정한유息影亭閑遊〉의 주 참조.
• 옥설玉屑 : 썩 잘 지은 글. 이곳 시에서는 사선들이 수창하며 남긴 〈식영정이십영息影亭二十詠〉을 두고 이름.
• 편제扁題 : 편액扁額. 비단이나 널빤지 따위에 그림을 그리거나 글씨를 써서 건물 안이나 문 위에 걸어 놓는 액자.
• 우개화방羽蓋畵舫 : 임억령이 그의 〈식영정기〉에서 식영정을 두고 이른 말임.
• 우개羽蓋 : 우개지륜羽蓋之輪. 옛날 왕후王侯의 수레에 덮던, 녹색의 새 깃털로 된 수레의 덮개. 또는 그 수레.
• 화방畵舫 : 그림배. 그림을 그려서 아름답게 장식한 놀잇배.

★ 梅田即興[48] 매화나무 밭에서의 흥취

納日梅園花方盛 석양의 매화동산에 매화꽃이 한창 무성하구나.

---

48) 2006年3月28日 望月村梅園感懷也 丙戌年令月晦日 向金湖洞望月村梅花園 自吾共同住宅近距離也 雖非指呼之間而5分內到着當地矣 目擊梅花海以感歎不已 可謂玉骨一枝值千兩 不禁欲切而逘知音者之衝動矣 十五日前春寒苦吟而今日自由自在口吟也 況春氣溫和 不能勘當芬芳襲衣 情感噴出而逑懷如此矣 但今時晦間不能企待月出 不可拒惜情耳 參照去3月13日作詩〈詠梅〉及今日作〈梅園遺憾〉(第4部下篇)

非白非藍近軟紅　희거나 남빛도 아닌 연분홍에 가까운 꽃이로세.
晦間月出不可望　그믐께라, 달떠오기는 기대할 수 없지만은,
玉骨芳香挽人踪　매화의 꽃다운 향기 사람의 발자취 끌어당기네.

망월마을 매원의 매화

- 매원梅園 : 매화나무 밭. 여기서는 광주시 서구 금호동의 망월望月마을 뒤에 위치한 대형 구릉丘陵의 매화동산을 두고 이름.
- 즉흥卽興 : 좌흥座興. 바로 그 자리에서 일어나는 흥취.
- 납일納日 : 낙영落影. 낙일落日. 지는 해.
- 연홍軟紅 : 엷게 붉은 색.
- 회간晦間 : 그믐께.
- 옥골玉骨 : 매화梅花를 달리 이르는 말.
- 방향芳香 : 방훈芳薰. 분방芬芳, 꽃다운 향기. 또는 좋은 냄새.

玉房滿發非塵間　꽃송이 만발하여 티끌세상이 아니로세.
梅下騷客爲仙人　매화나무 아래 시인은 신선이 되었는가.
欲速歸家與妻談　속히 귀가해 이 즐거움 처와도 말하고 싶은데,
香魂浮動便作韻　꽃향기 떠돌아 문득 시 한 수 지어 보노라.

- 옥방玉房 : 아름다운 꽃송이.
- 진간塵間 : 진경塵境. 티끌세상.
- 소객騷客 : 소인騷人. 시인과 문사.
- 향혼香魂 : 꽃의 향기.
- 부동浮動 : 떠서 움직이는 것.

向者孤吟雪中秘　접때는 홀로 눈 속 매화의 신비를 읊었는데,
今園夕陽別天地　오늘의 석양 매화동산은 별천지로세.
望月村綾似蓬萊　망월마을의 언덕은 신선 사는 봉래와도 같아서,
千辛後榮亦可知　천신만고 끝에 영광이 있음을 또한 알겠구나.

- 향자向者 : 접때. 지난 13일을 두고 이름. 다음에 드는 하편下篇의 시 〈영매詠梅〉의 주 참조.
- 고음孤吟 : 홀로 읊는 것.
- 설중비雪中秘 : 눈 속에서도 꽃을 피우는 설중매雪中梅의 신비함을 두고 이름.
- 별천지別天地 : 별다르게 특별히 경치가 좋거나 분위기가 좋은 곳. 별세계別世界.
- 망월望月 : 매화 농원이 있는 이곳 금호동 망월 마을을 두고 이름.
- 촌릉村陵 : 마을을 향해 넘어드는 언덕 또는 고개.
- 봉래蓬萊 : 봉래산蓬萊山의 약칭. 중국 전설에서 이르는 삼신산三神山의 하나. 우리나라에서는 봄철의 금강산을 이렇게 이르기도 한다.
- 천신千辛 : 천신만고千辛萬苦의 줄인 말. 온갖 고생. 갖은 고생을 하는 것.

★ 訪吳之浩畵伯故宅[49] 오지호 화백의 고택을 찾아서

高地宅前老巨杏　높은 곳 집 앞에는 오래된 은행나무로다.
鳥巢懸空使人仰　새집이 공중에 매달려 사람들 쳐다보게 하네.
鵲聲咬咬幾百年　까치 지저귀며 오고감이 몇 백 년이던고.
必有得見古今情　필시 고금의 정황을 다 알고 있으리라.

---

49) 2006年4月5日　吳之浩畵伯故土訪問之懷也　今日向全南和順郡同福面獨上里所在吳畵伯生家及紀念館矣　館內展示其遺品　又揭示吳畵伯大遺像　而歡迎來客也　近距離又有畵伯之生家　然鎖門以不能出入　不可避於牆外窺之　庭內公孫樹及樹上喜鵲歡迎耳　吳畵伯本是西洋畵家　自1955年以後經營畵室於光州市東區芝山洞　而草屋內展開本格的創作活動　而名聲喧傳於四海也　其草屋指定光州市記念物第6號矣

독상리 오지호 화가의 생가

• 오지호吳之浩 : 서양화가(1905~1982). 전라남도 화순군 동복면同福面 독상리獨上里에서 태어나서 1926년 일본 동경미술학교에 유학. 그가 출생한 생가는 화순군 향토문화유산 제13호로 지정되었고, 그 이웃에는 오지호화백기념관吳之浩畵伯紀念館이 있어 관광지로 알려 있다. 1955년에는 또 광주시 동구 지산동芝山洞에 초옥을 두고 화실을 마련하여 본격적인 창작활동에 돌입. 이 집은 광주시 기념물 제6호로 지정되었다. 1949년 이후 10여 년간 조선대학교 미술학과 교수를 역임.
• 고택古宅 : 구택舊宅. 예전에 살던 집. 여기서는 화순군 동복면 독상리에 있는 오지호 화백의 생가를 가리킴.
• 노거老巨 : 노거수老巨樹를 두고 이름. 거목巨木. 수령이 많고 커다란 나무.
• 교교咬咬 : 새가 지저귀는 소리.

借問畵伯何處長　굳이 묻건대 오 화백은 어디에서 잘았던고.
紀念館內但遺像　기념관 내에는 단지 남겨진 초상화뿐이로다.
生家鎖門人不見　태어난 집은 문이 잠겨있어 사람 보이지 않고,
蒼空流雲無心動　창공에는 흐르는 구름만이 무심히 떠다니네.

• 차문借問 : 남에게 묻는 일.
• 기념관紀念館 : 어떠한 뜻 깊은 사적이나 위인 등을 기념하기 위하여 지은 집. 여러 가지 자료나 유품 따위를 진열하여 둠. 여기서는 오지호화백기념관을 두고 이름.
• 유상遺像 : 죽은 사람의 초상.
• 쇄문鎖門 : 문을 걸어 잠그는 것.
• 유운流雲 : 흘러가는 구름.

★ 楡谷春興[50] 유곡 마을의 봄 흥치

深山川水濃綠草 깊은 산 시냇물은 푸른 녹초보다도 짙어라.
兩岸碧峯相面笑 양편 강 언덕의 산봉우리 마주하고 웃는 듯.
沿道香雲幾十里 길가에 만발한 흰 꽃은 몇 십리에 뻗혔는고.
松下遊客連歡呼 소나무 아래의 길손 즐거워 환호를 연거푸 하네.

- 유곡리楡谷里 : 누룩실. 전남 구례군 구례읍求禮邑 계산리桂山里에 있는 마을.
- 춘흥春興 : 봄이 되어 마음에 절로 일어나는 흥겨움.
- 양안兩岸 : 강・하천 등의 양쪽 기슭. 시에서는 섬진강蟾津江 강가의 양쪽 산언덕을 두고 이름.
- 벽봉碧峯 : 푸른 산봉우리.
- 연도沿道 : 큰길의 좌우 근처.
- 향운香雲 : 향기로운 구름이라는 뜻으로, 한창 만발한 흰 꽃을 이르는 말.
- 유객遊客 : 유람하고 다니는 사람.
- 환호歡呼 : 기쁘거나 감격하여 부르짖는 것.

岸柳枝枝綠 강가의 수양버들 가지마다 푸르고,
櫻花片片縞 떨어지는 벚꽃 꽃잎마다 희구나.
落英舞川上 낙화는 흐르는 시냇물 위에서 춤을 추며,
教人忘世故 사람으로 하여 속세의 일들을 잊도록 하네.

- 안류岸柳 : 강 언덕의 수양버들.
- 앵화櫻花 : 벚꽃.

---

50) 2006年4月8日 蟾津江邊楡谷所懷也 搭乘長男益秀乘用車 同伴賢妻及長孫城吾母子 經由鴨綠而向求禮華嚴寺行矣 然交通量極甚 變更行先地 歸路至求禮邑桂山里也 暫時踏査洞內楡谷橋周圍後 再歸蟾津江邊楡谷亭 發見江岸上孤松下有一遊客 或爲洞里人乎 似而非山人 休憩中醉滿花之春興 輒忘登歸路矣 參考當日所懷詩〈蟾津江春信〉及〈蟾津江春容〉

• 편편片片 : 조각조각으로. 조각조각마다.
• 화편花片 : 낱개의 꽃잎. 떨어진 꽃잎.
• 낙영落英 : 낙홍落紅. 낙화落花. 꽃이 떨어지는 것. 또는, 떨어진 꽃.
• 세고世故 : 세사世事, 세상의 이러저러한 일, 속세의 일.

★ 蟾津江春信[51] 섬진강의 봄소식

櫻道和風興津津 벚꽃 길 화창한 바람에 흥치가 진진한데,
岸邊生草色新新 언덕 가 생풀도 그 빛깔이 싱싱하여라.
江村數屋疑仙居 강촌의 집들은 혹시 신선 사는 곳이 아닌지,
借問船夫醉芳信 뱃사공에게 물자하니 꽃 소식에 취해있구나.

• 섬진강蟾津江 : 전라북도 진안군에서 발원하여 경상남도 하동河東과 전라남도 광양光陽으로 흘러 남해로 흘러드는 강. 섬진은 광양군 다압면多鴨面 도사리道士里에 있는 마을 이름임.
• 화풍和風 : 화창한 바람.
• 진진津津 : 흥미가 매우 깊음. 풍성하게 많음.
• 생초生草 : 생풀. 마르지 않은 싱싱한 풀.
• 신신新新 : 아주 신선함.
• 선거仙居 : 신선이 사는 곳. 곧, 속세를 떠난 조용한 곳.
• 차문借問 : 남에게 묻는 일.
• 선부船夫 : 뱃사람. 배를 부리거나 배에서 일하는 사람.
• 방신芳信 : 화신花信. 꽃 소식. 꽃이 피는 소식.

---

51) 2006年4月8日 探訪蟾津江邊之懷也 時下淸明嘉節 山川萬化方暢 所聞蟾津江邊櫻花消息特壯觀 花海春信傳光州矣 長男勸春出行 故同伴妻與子婦而遊覽江邊花界也 行吟陶潛歸去來辭中木欣欣以向榮 泉涓涓以始流之句 偶然目擊一船夫醉眠於船上 我亦醉春容以述懷矣

★ 蟾津江春容[52] 섬진강의 봄 경치

江魚汕汕誘遊人 물고기 헤엄쳐 놀며 유람객을 유혹하고,
櫻英灼灼遂花天 벚꽃은 화려하게 만발하여 하늘에 가득.
賞春行列爲長蛇 봄 경치 즐기는 행렬 길게도 뻗쳐있어
男女吐聲稱香魂 남녀가 소리 지르되 향혼을 칭송하는 듯.

- 섬진강蟾津江 : 위에 든 시 〈섬진강춘신蟾津江春信〉의 주 참조.
- 춘용春容 : 춘경春景. 봄의 경치.
- 산산汕汕 : 고기가 헤엄침. (汕 : 물고기 자맥질할 산)
- 유인遊人 : 유람객遊覽客. 돌아다니며 구경하는 사람.
- 작작灼灼 : 꽃이 핀 모양이 화려하고 찬란함.
- 화천花天 : 꽃이 하늘 가득하게 피는 것.
- 상춘賞春 : 봄 경치를 구경하며 즐기는 것.
- 장사長蛇 : 긴 뱀. 열차나 긴 행렬의 비유.
- 향혼香魂 : 꽃의 정기精氣.

白鷺翩翩舞烟中 백로는 가볍게 날며 안개 속 춤이로세.
遊客衎衎相呼朋 유람객들은 즐거워하며 서로 벗을 부르네.
幽谷澄水織緋緞 유곡의 맑은 물은 고운 비단결을 이루면서,
晝夜長流歌春情 밤낮으로 마냥 흘러 흥취 겨운 봄노래로다.

- 편편翩翩 : 나는 모양이 가볍고 날램.
- 유객遊客 : 유람遊覽하고 돌아다니는 사람.
- 간간衎衎 : 기쁘고 즐거운 모양.

---

52) 2006年4月8日 蟾津江岸遊覽之懷也 清明嘉時 同伴家屬以出行 一行搭乘長子益秀君乘用車 而走行江邊 車中想像蟾津江由來傳說中蟾蜍之獻身譚矣 遂江岸上櫻花路本格的展開 芳樹堵列十里許 感賞車外別有天地仙界也 然遊覽客遝至以駐車混雜 不可避左往右往 又有多少黃紗風 此焉以非好事多魔乎 或慮得句逃亡 而暫休息中造次之間大綱整理矣 參考當日所懷詩〈蟾津江春信〉

- 유곡幽谷 : 궁곡窮谷. 그윽하고 깊은 산골.
- 징수澄水 : 맑은 물.
- 장류長流 : 길게 흐르는 것. 또는 그 흐름.
- 춘정春情 : 봄의 정취.

芳樹壯觀幾十里　꽃나무의 훌륭한 경관 몇 십 리를 이었는고.
好事多魔黃砂飛　호사다마라드니 누런 황사가 날려드네.
淸明佳節眞可惜　청명 가절에 참으로 애틋하기만 하여,
鶴望山水天然耳　간절히 바라건대 자연 산수여 천연 그대로소서.

- 방수芳樹 : 방향芳香이 있는 나무. 또는 꽃이 피는 나무.
- 장관壯觀 : 훌륭한 경관. 또는, 훌륭하고 장대한 경관.
- 호사다마好事多魔 : 좋은 일에는 흔히 방해되는 일이 많음.
- 황사黃砂 : 누른 모래. 매년 봄철이면 중국 대륙에서 바람을 타고 몰려오는 누런 모래.
- 청명淸明 : 만물이 맑은 양기陽氣가 되는 시기라는 뜻으로, 일년 24절기의 하나. 춘분春分과 곡우穀雨 사이에 있음. 양력으로 4월 5일 경에 해당함.
- 가석可惜 : 애틋하게 아깝고 가엾음.
- 학망鶴望 : 학기鶴企. 학처럼 고개를 길게 빼고 바라본다는 뜻으로, 간절히 바라는 일.

★ 聞鳥聲[53] 새들의 우는 소리를 듣고

野禽翩翩醉山情　산새들 가볍게 날며 산정에 취해있고,
水鳥雙雙前後從　물새는 쌍쌍이 짝을 지어 앞뒤로 좇네.

---

53) 2006年5月3日 楓岩堤上鳥獸聲有感也 午後5時斜陽之際 遊步於楓岩洞楓岩堤湖東北域連接樹林與竹林而鬱鬱蒼蒼矣 數十雲樹列立而成光域樹林 數百長竹密植以造成竹田 落影裏山鳥野禽叢集 而嚶喔不絶也 湖上魚狗等水鳥競爭水泳滑走 瓦雀等野禽呼應地籟 可謂別世界也 然湖畔有數三商家 以飼育吠犬 使我衝動不安耳

雌雄求愛輒奇鳴 암수가 구애하면 문득 기묘하게 우짖는 소리요,
小鷄疾走浴波中 물병아리는 질주하며 물속에 들어 멱을 감네.
枝間鵲噪傳喜聞 나뭇가지 사이 까치 우는 소리는 기쁜 소식이요,
布穀見身催春耕 뻐꾹새도 나타나서 봄 농사를 재촉하구나.
人家犬公何吠嘷 인가의 개는 어찌 그리 무섭게 짖어대는고.
其是時下相殘聲 그게 곧 요즈음 다투는 상잔의 목소리 아닌가.

- 야금野禽 : 산새, 들새.
- 편편翩翩 : 나는 모양이 가볍고 날램.
- 산정山情 : 산에서 느끼는 정취. 산의 정경情景.
- 수조水鳥 : 물새.
- 자웅雌雄 : 암수. 암컷과 수컷.
- 기명奇鳴 : 기묘한 울음소리.
- 소계小鷄 : 호수에서 물살을 가르며 달리는 물 병아리 새.
- 작조鵲噪 : 작어鵲語. 작희鵲喜. 까치 짓는 소리.
- 포곡布穀 : 포곡조布穀鳥. 뻐꾸기.
- 견공犬公 : 개를 의인화하여 일컫는 말.
- 폐호吠嘷 : 짖어댐.
- 시하時下 : 이 때. 요즈음.
- 상잔相殘 : 서로 싸우고 해치는 것.

湖邊王雎關關伉 호숫가 물수리는 암수가 정답게 짝을 짓고,
竹裡賓雀嚶嚶應 대숲 속의 참새도 서로 우짖으며 호응하네.
自然羽屬皆嘔嘔 자연의 날짐승 모두가 즐거워 노래하니,
落陽盤桓醉交響 지는 해도 서성거리며 어울리는 소리에 취하는 듯.

- 왕저王雎 : 물수리. 저구雎鳩.
- 관관關關 : 새가 온화하고 맑게 우는 소리의 형용.

• 빈작賓雀 : 참새. 황작黃雀. 와작瓦雀.
• 앵앵嚶嚶 : 앵명嚶鳴. 새가 서로 응하여 우는 소리. (嚶 : 새소리, 꾀꼬리소리 앵)
• 우속羽屬 : 우류羽類. 날짐승에 속하는 무리.
• 구구嘔嘔 : 즐거워하는 모양. 부드러운 말의 형용. (嘔 : 노래할 구)
• 낙양落陽 : 석양夕陽. 저녁때의 해. 또는 그 햇빛.
• 반환盤桓 : 머뭇거리며 그 자리를 멀리 떠나지 않는 것.

★ 晩峙路邊躑[54] 무등산 늦재 길가의 철쭉

山客樹海波無盡 철쭉의 바다인 듯 그 물결 한이 없어라.
玉房滿發惑衆人 고운 꽃송이 만발해 뭇사람을 매혹케 하네.
天孫紅錦爲誰寶 직녀성의 붉은 비단은 누굴 위한 보배이련고.
欲折數枝作妻裙 몇 가지 꺾어다가 아내의 옷 지어주고 싶구나.

• 만치晩峙 : 무등산의 늦재. 고개 이름의 뜻을 좇아 한자어로 전환시킨 차자표기借字表記임. 앞에 든 제3부 상편上篇의 시 〈만치로척촉晩峙路躑躅〉의 주 참조.
• 躑 : 철쭉꽃 척.
• 산객山客 : 철쭉. 척촉躑躅. 옥지玉支.
• 수해樹海 : 울창한 산림의 광대함을 바다에 비유한 말.
• 옥방玉房 : 아름다운 꽃송이.
• 천손天孫 : 직녀성을 이름.
• 홍금紅錦 : 붉은 비단.

---

54) 2006年5月8日無等山晩峙路躑躅所懷也 駐車於金谷洞元曉寺前庭 行晩峙(늦재)與風峙(바람재)之間無等山路矣 路邊山客滿發 香雲連十里許 可謂天下第一景也 乃自述如此 我是塵界客 爾卽武陵客 兩爲無等客 有別相似客

★ 世態有感[55) 요즈음 세태의 느낌

民生住居雜木森 백성들이 사는 곳에 잡목이 빽빽하여,
政經癒着心火焱 정치 경제 유착은 우리 마음을 불꽃 튀기네.
奚不能治犯人㐺 어찌 범인들이 많음을 다스리지 못하는고.
唯恨對策纔二三 한스럽기는 그 대책 겨우 두세 가지뿐이로세.

- 잡목雜木 : 긴하게 쓰이지 못할 여러 가지 나무.
- 森 : 나무 빽빽할 삼.
- 정경政經 : 정치와 경제.
- 유착癒着 : 어떤 사물이 서로 깊은 관계를 가지고 결합되어 있는 일.
- 심화心火 : 마음속에 일정하게 일어나는 화.
- 焱 : 불꽃 염.
- 㐺 : 많을, 무리 중. (衆의 본자)

★ 綠樹白花頌[56) 푸른 산딸나무의 흰 꽃을 기리며

時序循環仲夏時 절서는 돌고 돌아 때는 한여름이로다.
亭前芳樹各得志 정자 앞의 꽃핀 나무들 각각 제대로구나.
數十英冠架葉上 수십 꽃송이 나뭇잎 위에 얹혀 피었으되,

---

55) 2006年5月24日 新聞報道上世態有感也 近者讀新聞報道 則世上事可觀也 大宇group等國內大企業追求秘資金之事擡頭主話題也 從來國內不少政商輩 今亦如前而惹起國民憂慮 不能抑當惑之心矣 企業正道應當正正白白 又國家施政亦醇白 要講究多樣政策 然過化存神不在 奈之何乎 乃作詩抒情 各詩行取合成三字爲一字形 各詩行中第6.7字卽以同形字取4回而兼脚韻也

56) 2006年5月24日 中央公園淸風亭前所懷也 午後5時頃散策於中央公園內大丘陵上矣 西區金湖洞與雙村洞間有野山中大丘陵 淸風亭建立於其頂上 山客隨時登陟往來不絕也 今遊步次向此丘陵而登行 亭前綠樹所謂산딸나무頭狀花方滿發 以登客耳目集中於此矣 我亦訪花之際有感以作詩如是也

四瓣素型示一技　네 꽃잎의 흰 모양 하나의 재주 보인 거라네.
雖云訪花食後事　비록 꽃구경도 식후의 흥취라고 하지만,
山客無時欲貪嗜　산에 오른 사람들 무시로 즐기고자 하구나.
綠白爭艶豈優劣　녹엽과 백화 예쁨을 다투되 우열이 있으랴.
造物神術心自迷　조물주의 신술에 마음이 절로 미혹되구나.

- 녹수綠樹 : 푸른 나무. 여기서는 푸른 녹엽의 산딸나무(층층나뭇과의 낙엽 교목. 6월에 두상화頭狀花가 모여 달림. 열매는 취과聚果로 딸기처럼 생겼음)를 두고 이름.
- 백화白花 : 흰 꽃. 푸른 녹엽과 대조적으로 허옇게 핀 산딸나무의 꽃을 두고 이름.
- 중하仲夏 : 여름의 한창때. 음력 5월을 일컫는 말.
- 정亭 : 정자를 뜻함. 시에서는 광주시 서구의 중앙공원 야산에 있는, 큰 구릉 위의 청풍정淸風亭을 두고 이름.
- 방수芳樹 : 꽃이 한창 피어 있는 나무.
- 득지得志 : 뜻한 바를 이루는 것.
- 영관英冠 : 화관花冠. 꽃부리. 꽃 한 송이의 꽃잎 전체를 이르는 말.
- 사판소형四瓣素型 : 네 꽃잎으로 된 흰 꽃 모양을 두고 이름.
- 瓣 : 꽃잎 판. 화판花瓣. 화순花脣.
- 방화訪花 : 꽃을 찾아 구경하는 것.
- 방화식후사訪花食後事 : 꽃구경도 식후의 일이라는 것. 먹는 것이 제일 중요하다는 뜻.
- 무시無時 : 무상시無常時의 준말. 일정한 때가 없는 것.
- 탐기貪嗜 : 탐내어 즐기는 일.
- 녹백綠白 : 푸른 녹색과 흰 백색. 여기서는 푸른 나뭇잎(녹엽)과 대조적으로 흰 꽃(백화)을 두고 이름.
- 조물造物 : 조물주의 준말. 우주의 만물을 만든 신. 조화옹造化翁.
- 신술神術 : 신기한 재주.

★ 驚歎世相[57] 세태를 경탄하며

血以洗血戾於狼 피로써 피를 씻는 일 이리보다 더 사나운데,
甲乙政爭日益矜 갑과 을의 정치 싸움 날로 더욱 민망해라.
過化存神何世望 과화존신의 덕화 어느 세상에야 바라리오.
和合相生待河淸 화합하여 상생하기는 기대하기 어렵구나.

- 경탄驚歎 : 놀라 탄식하는 것.
- 세상世相 : 세태世態. 세상의 형편.
- 낭려狼戾 : 이리와 같이 마음이 비틀어져서 도리에 어긋남, 어지럽게 흩어져있음.
- 혈이세혈血以洗血 : 이혈세혈以血洗血. 피로써 피를 씻는다는 뜻으로, 악은 악으로써 갚거나 거듭거듭 나쁜 일을 함을 두고 이름.
- 정쟁政爭 : 정전政戰. 정치상의 싸움.
- 矜 : 민망할, 불쌍할 긍.
- 과화존신過化存神 : 성인이 지나는 곳에는 그곳 백성이 그 덕으로 교화되고, 성인이 머물러 있는 곳에는 그 덕화가 한량이 없음을 이르는 말.
- 하청河淸 : 중국 황하黃河의 강물이 맑아진다는 뜻으로, 도저히 실현할 수 없거나 기대할 수 없는 일의 비유. 황하의 강물은 언제나 누렇고 탁하지만 천년에 한번은 맑아진다는 속설이 있어 이르는 말.

以長補短修道程 장점을 보고 단점 고치는 일 도를 닦는 길인데,
曰可曰否是非荒 옳다느니 그르다느니 시비가 황당하구나.
濟世之才每高言 재주 좋은 제세재는 매양 장담하여 이른다네.
世上萬事必歸正 세상의 모든 일은 반드시 바른 데로 돌아간다고.

57) 2006年5月24日 政爭所懷也 地方自治團體長及地方議員選擧迫頭於來31日 與野間選擧戰熾烈矣 勿論政黨政治上追求甲乙相爭不可避 然爲主誹謗告訴非難辱說 而沒覺公明正大 遂陷骨肉相殘 終不能脫以血洗血 則可歎且可矜耳 政字所謂攵正 卽追求正道之意也 故政治人應覺之而力棄浮雲之志矣 勸自反以自省出乎爾者反乎爾 乃待望濟時才出現 以詩情抒懷矣

- 이장보단以長補短 : 남의 장점을 보고서 나의 단점을 고치는 것.
- 도정道程 : 어떤 곳이나 상태에 이르기까지의 과정.
- 왈가왈부曰可曰否 : 어떤 일에 대하여 옳거니 그르거니 말함.
- 시비是非 : 잘잘못. 또는 옳으니 그르니 하는 말다툼.
- 荒 : 거칠, 황당할 황.
- 제세지재濟世之才 : 제세재濟世才. 제시재濟時才. 세상을 구제할 만한 뛰어난 재주와 역량. 또는 그러한 사람.
- 고언高言 : 장담하는 말.
- 사필귀정事必歸正 : 모든 일은 반드시 바른 데로 돌아감.

★ 尹奉吉義士偉績頌[58] 윤봉길 의사의 공적을 기리며

國權侵漁徹天慨 국권이 침탈됨은 하늘에 사무칠 개탄이었네.
壬申義擧眞偉大 임신년의 의거는 참으로 위대하였도다.
日帝計議苛且酷 일본 제국의 계략은 몹시도 가혹하였으니,
猛打野慾痛快哉 그 부당한 욕심의 맹타 크게 통쾌하였노라.

- 윤봉길尹奉吉 : 우리나라 한말韓末의 의사(1908~1932). 충청남도 예산군 덕산면德山面 시량리柿梁里에서 출생. 23세 때에 중국으로 망명, 25세 때 상해上海의 홍구공원虹口公園에서 개최한 일본 천황의 생일을 기념하는 천장절天長節 축하 식장에서 폭탄을 던져 일본군의 대장 백천白川과 거류민단장인 하단河端 등을 사망케 하고, 그 밖의 일본 요인에게도 부상을 입혀 붙잡혔다가 사형 선고를 받고 일본 대판大阪에서 순국殉國하였다. 그의 고향에 세워진 충의사忠義祠는 사적 제229호로 지정되어 나라 위해 세운 공을 기리고 있다.

---

58) 2006年6月5日 尹奉吉義士遺蹟地探訪之懷也 昨日留宿德山溫泉觀光地 今朝食事于스파캐슬一層矣 食後8時頃向禮山郡德山面柿梁里所在尹奉吉義士史蹟地參觀尹義士紀念館·光顯堂·抯韓堂·復興院·忠義祠也 紀念館入口兩便竪大形長柱 擬是木柱聯而曰 抯韓天下大將軍 光顯天下大將軍 而若洞觀義士之雄志 感慨無量矣 參照昨日所懷詩〈過西海大橋〉(第4部下篇)

• 위적偉績 : 위공偉功. 위대한 공적.
• 침어侵漁 : 침탈侵奪. 침범하여 빼앗는 일.
• 철천개徹天慨 : 하늘에 사무치는 크나큰 개탄.
• 임신壬申 : 1932년. 윤봉길 의사가 중국 상해의 홍구공원에서 거사하던 해의 간지干支.
• 의거義擧 : 의를 위하여 일어나는 것. 또는 그러한 거사.
• 계의計議 : 계략計略. 어떤 일을 이루기 위한 꾀나 수단.
• 맹타猛打 : 맹렬하게 때리거나 공격하는 것. 임신년 4월 29일 중국 상해의 홍구공원에서 일본의 천장절天長節 행사 때에 윤의사가 폭탄을 던지던 일을 두고 이름.
• 쾌재快哉 : 마음먹은 대로 잘되어 만족스럽게 여김.

爲國致命盡忠情 나라 위해 목숨을 바쳐 충성된 뜻 다하였네.
虹口地籟且稱功 홍구공원의 땅울림 또한 그 큰 공을 기렸다오.
白川河端可憐耳 백천과 하단 등 현장의 장성들 가련할 뿐이요,
抗日鬪魂萬人仰 일본에 항거한 투혼만은 만인이 우러러본다네.

• 치명致命 : 신명身命을 바치는 것. 또는, 목숨이 끊어질 지경에 이르는 것.
• 충정忠情 : 충성스러운 정의情意.
• 홍구虹口 : 중국 상해에 있는 공원 이름. 윤봉길 의사가 나라를 위해 거사했던 곳의 이름.
• 지뢰地籟 : 땅이 울리는 갖가지의 소리.
• 백천白川 : 1932년 4월 29일 중국 상해의 홍구공원虹口公園에서 윤봉길 의사가 던진 폭탄에 의해 사망한 일본 파견군 사령관의 이름.
• 하단河端 : 윤봉길 의사가 던진 폭탄에 의해 백천白川과 함께 사망한 일본 거류민단장의 이름.
• 투혼鬪魂 : 끝까지 투쟁하려는 기백.

壯哉丈夫備志氣 장하도다, 장부로서 의지와 기개 갖추었으니.
垂範行誼極叡智 모범을 보인 행실 뛰어난 지혜를 다하였네.

先見主張脫封建 선견지명으로 봉건성의 탈피도 주장하였다오.
人生夭折甚憤悱 인생으로 태어나 요절한 것만이 원통하구나.

- 장재壯哉 : 장하도다.
- 지기志氣 : 어떤 일을 이루려는 의지와 기개.
- 수범垂範 : 모범을 보이는 것.
- 행의行誼 : 올바른 행실. 바른 길을 취하여 행함.
- 예지叡智 : 사물의 도리를 꿰뚫어 보는 뛰어난 지혜.
- 선견先見 : 닥쳐올 일을 미리 내다보고 아는 것.
- 봉건封建 : 봉토封土를 나누어 제후諸侯를 세운다는 뜻으로, 여기서는 봉건 사상을 이름. 즉, 옛날의 폐쇄적 · 인습적 · 가족적인 사상을 고집하는 일.
- 요절夭折 : 나이 젊어서 죽는 것.
- 분비憤悱 : 분분忿憤. 분하고 원통하게 여기는 것.

文盲退治先頭唱 문맹퇴치를 앞장서서 부르짖었으니,
教化讀本公所獎 백성들 교화시킨 독본 공이 권면한 책이로다.
兩班農者何有異 양반과 농민이 어찌 다름이 있으리오.
日常力說人平等 사람은 모두 평등하다고 평소에 역설하였다오.

- 문맹文盲 : 무식하여 글을 읽거나 쓸 줄을 모름. 또는, 그러한 사람.
- 교화독본教化讀本 : 가르치고 이끌어서 정신적으로 깨우치게 하기위해 읽어서 익힐 책. 여기서는 윤봉길 의사가 농민들을 가르치며 읽게 한 농민독본農民讀本을 말함.
- 양반兩班 : 조선시대 문반文班과 무반武班을 아울러 이르던 말. 또는, 과거급제여부에 상관없이 모든 사족士族을 이르게 되기도 하였음.
- 일상日常 : 평소. 날마다.

島中島有光顯堂 도중도엔 공이 생존하던 광현당이 있어,
青春氣養拯韓情 청춘의 기개로 나라 구할 큰 뜻을 길렀다오.
月進夜學期復興 월진회는 야학으로 나라 부흥을 기약했으니,

到處史蹟敎人敬 도처의 사적들 우리로 하여 공경토록 하구나.

- 도중도島中島 : 사방으로 물이 흘러 한반도 가운데 있는 섬이라는 뜻으로, 윤봉길 의사가 출생하여 4세까지 생존하던 광현당이 있는 곳.
- 광현당光顯堂 : 충청남도 예산군 덕산면德山面 시량리柿梁里에서 출생한 윤봉길 의사가 4세까지 생존하던 집.
- 저한狙韓 : 일제日帝로부터 우리 한국을 건져낸다는 뜻. 저한당狙韓堂은 이같은 뜻을 담아 명명한 집으로, 윤봉길 의사가 4세에 이사 와서 성장한 곳, 망명길에 오르기 전에 민족운동을 펼치던 유서 깊은 유적지임.
- 월진月進 : 월진회의 약칭. 윤봉길 의사가 이끌던 야학회夜學會 이름.
- 야학夜學 : 밤에 공부한다는 뜻으로 야간학교의 준말이기도 함. 윤봉길 의사가 이끌던 야학회夜學會를 염두한 말임.
- 부흥復興 : 나라를 다시 일어나게 한다는 뜻. 윤봉길 의사가 야학회와 월진회를 추진하던 곳을 또 부흥원復興院이라고도 칭하였던 바, 위의 시에서는 이같은 일을 염두하고 취한 표현구임.
- 사적史蹟 : 역사상 중대한 사건이나 시설의 자취.

挺身愛國揚忠義 앞장서서 애국하며 충의를 다했으니,
膚公偉如頌禱矣 그 큰 공훈 위대하여 기리며 송축하노라.
參拜祠堂祈冥福 사당에 참배하고 명복 누리기를 비나니,
殺身遺功永傳熙 희생하며 남긴 공 길이 전하여 빛나리라.

- 정신挺身 : 어떤 일에 앞장서서 나아가는 것.
- 충의忠義 : 충성과 절의.
- 부공膚公 : 큰 공훈. 큰 공적. (公 : 공功과 같은 뜻임)
- 위여偉如 : 위대偉大. 뛰어나고 훌륭함. 또는 거룩하고 큼.
- 송도頌禱 : 송축頌祝. 경사를 기리고 축하하는 것.
- 사당祠堂 : 사우祠宇. 조상의 신주를 모셔 놓은 집. 여기서는 윤봉길 의사의 영정影幀을 모신 충의사忠義祠를 두고 이름.
- 살신殺身 : 살신성인殺身成仁을 두고 이름. 자기 몸을 희생하여 인仁을 이룸.
- 유공遺功 : 죽은 뒤까지 남는 공적.

★ 息影亭長松[59] 식영정의 장송

星山老松伴古亭 별뫼 언덕의 노송 옛 정자를 벗하고서,
龍鱗落落迎鶴鳴 그 줄기 훤칠하게 자라서 학의 울음을 반기네.
騷客與談幾百年 시인들과 함께 말 나누던 일 몇 백 년이던고.
樹皮豹紋成詩行 나무껍질 얼룩무늬는 글귀로 된 시행이구나.

식영정 오르는 계단 맨 위에 자리한 낙락장송

- 식영정息影亭 : 담양군 남면 지곡리芝谷里 별뫼(성산星山) 마을에 있는 정자. 앞에 든 제3부 상편上篇의 시 〈식영정한유息影亭閒遊〉의 주 참조.
- 장송長松 : 훤칠하게 자란 큰 소나무. 시에서는 식영정에 오르는 계단의 상단, 정자 가까이에 서있는 대형의 노거송老巨松을 두고 이름.
- 성산星山 : 별뫼. 전라남도 담양군 지곡리芝谷里에 있는 마을. 또는 그 뒤의 산 이름. 그 산 언덕에 식영정息影亭이 세워있다.
- 고정古亭 : 오래된 정자. 식영정을 가리킴.
- 용린龍鱗 : 용의 비늘. 노송의 줄기의 비유.
- 낙락落落 : 노송의 가지가 축축 늘어진 모양. 낙락장송落落長松(훤칠하게 자란 큰 나무)를 두고 이름.
- 학명鶴鳴 : 학려鶴唳. 학의 울음소리. 다음에 드는 소객들의 시를 연상하여 시인들의 작시 음영을 비유적으로 가리킨 표현구임.
- 소객騷客 : 소인騷人. 시인과 문사. 여기서는 옛날 〈식영정이십영息影亭二十影〉을 제작하였던 임억령林億齡(1496~1568)·김성원金成遠(1525~1597)·

59) 2006年6月23日 星山臺上長松所懷也 潭陽郡南面芝谷里星山(지실별뫼)有息影亭 此是光州湖上古亭也 自古名人騷客出入處 左便丘上立大形老松 落落乎如遺世獨立 觀龍鱗則欲問其生涯 使行人盤桓瞻視之老巨樹也 參考當日所懷詩〈星山祠偶吟〉

고경명高敬命(1533~1592)・정철鄭澈(1536~1593) 등 성산 4선들을 염두한 표현임.

• 표문豹紋 : 표범의 가죽에 있는 얼룩무늬.

★ 星山祠偶吟[60] 별뫼의 성산사에서 읊다

瑞石巖嶂毅然高 서석대의 바위봉우리 의연하고도 드높구나.
光州湖上遊鳥噭 광주호 위에서는 놀고 있는 새 우짖어대네.
壯元峯下松林鬱 장원봉 아래엔 소나무 숲이 울창한데,
息影亭界鶴作巢 식영정 경계에선 학이 둥지를 틀었구나.
星山祠裡誰之居 성산사 안은 누구를 모실 거처인고.
仙洞石川若顯貌 선유동의 임억령 그 모습을 나타낼 듯싶어라.
二十題詠是玉屑 식영정 20영은 곧 훌륭한 글 솜씨이러니,
流雲風聲誦遺調 흐르는 구름 부는 바람도 그 가락 외고 있는 듯.

• 성산星山 : 별뫼. 앞에 든 시의 주 '성산星山' 참조.
• 성산사星山祠 : 담양군 남면 지곡리芝谷里 별뫼(성산星山)의 산기슭에 자리하고 있는 임억령林億齡(1496~1568)의 신주를 모신 사당.
• 우음偶吟 : 우영偶詠. 얼핏 떠오르는 생각을 시가로 읊는 것.
• 서석瑞石 : 서석대의 약칭. 앞에 든 제1부 하편下篇의 시 〈문야무등산수問也無等山水〉의 주 참조.
• 암장巖嶂 : 암석의 봉우리.
• 의연毅然 : 의지가 굳세어서 끄떡없다.
• 광주호光州湖 : 성산의 식영정 앞에 넓게 펼쳐진 호수. 앞에 든 제1부 상편上篇의 시 〈광주호상즉음光州湖上卽吟〉의 주 참조.

---

60) 2006年6月23日 無等山下星山祠所懷也 從來星山(별뫼)山麓有星山祠 奉祀林億齡神主 而隱迹已久矣 今探査詩歌遺痕中 目見新築星山祠(潭陽郡南面芝谷里星山所在) 自息影亭近距離 未開門以閑寂 此幽深處亦詩歌遺蹟地也 乃追究壯元峯下林億齡杖屨 有感以賦詩矣

- 嗷 : 부르짖을, 울 교.
- 장원봉壯元峯 : 담양군 남면의 학선리鶴仙里와 고서면의 고읍리古邑里 경계에 있는 산. 산의 남서쪽 아래에 광주호가 넓게 펼쳐 있다.
- 식영정息影亭 : 담양군 남면 지곡리芝谷里 별뫼(성산星山) 마을에 있는 정자. 앞에 든 제3부 상편上篇의 시 〈식영정한유息影亭閒遊〉의 주 참조.
- 선동仙洞 : 선원仙院. 신선이 산다는 산골. 이곳 시에서는 임억령이 머물러 지냈다는 지곡리 별뫼의 산기슭에 자리하고 있다는 선유동仙遊洞을 두고 이름.
- 석천石川 : 조선 명종 때의 문신 임억령林億齡(1496~1568)의 호. 그가 담양의 남면에 있는 식영정息影亭을 출입할 때에 지은 〈식영정이십영〉은 누정제영의 대표작으로 알려져 있다.
- 이십제영二十題詠 : 식영정 주변의 원근 경치 20경景을 시제로 하여 지은 5언 절구絶句 20수를 가리킴. 당시의 성산 4선과 송순宋純(1493~1582)이 각각 〈식영정시십영息影亭二十詠〉을 제작하여 인구에 회자되어 왔다.
- 제영題詠 : 제목을 붙여 시를 읊는 것. 또는, 그 시.
- 옥설玉屑 : 썩 잘 지은 글.
- 유조遺調 : 끼쳐온 노랫가락, 또는, 에로부터 끼쳐온 노래.

★ 登白馬山遮日峯[61] 백마산의 차일봉에 올라서

蒼穹多雲峰 하늘에는 구름 봉오리도 많은데,
綠樹參天榮 푸른 숲의 나무들 높이 솟아 무성하구나.
乘馬汗洗顔 백마산 오르는데 땀으로 얼굴 씻기는 했지만,
堤水起松風 전평제의 물은 솔바람을 일으켜 시원하여라.

61) 2006年7月12日 白馬山遮日峯上所懷也 從梅月洞所在前坪堤向白馬山 已造成登山路 而須過遮日峯急傾斜路矣 自堤側幽谷向峯有數十階段 無脚力者不可攀 我膝關節虛弱 發揮勇力以油汗達峯也 尤山下堤水送涼風 松風不絶 流汗雲時消 今日登山疊風將以爲追憶談 抒詩情如此矣

- 백마산白馬山 : 광주시의 서구와 광산구 사이에 위치한 산. 앞에 든 시 〈교외영춘郊外迎春〉의 주 참조.
- 차일봉遮日峯 : 산의 형세가 차일처럼 보이는 백마산의 한 산봉우리를 두고 이름. 광주광역시 서구 매월동의 개산介山마을의 뒷산. 그 곳 전평제前坪堤의 바로 곁에 위치하여 저수지의 물이 내려다보이고, 그 건너 회산懷山마을 뒤에는 개감산蓋甘山이 우뚝 솟아있어 서로 바라다 보이는 곳이다.
- 차일遮日 : 볕가리개. 햇볕을 가리기 위해 치는 포장布帳.
- 창궁蒼穹 : 궁창穹蒼. 창천蒼天. 궁천穹天. 하늘.
- 운봉雲峰 : 산봉우리같이 피어오르는 구름.
- 참천參天 : 공중으로 높이 솟아 둘러서는 것.
- 승마乘馬 : 말 타는 것. 이곳 시에서는 백마산白馬山 오르는 것을 비유적으로 이름.
- 세안洗顔 : 낯을 씻는 것.
- 제수堤水 : 방죽의 물. 회산懷山 마을 앞, 차일봉 아래에 있는 전평제前坪堤의 물을 두고 이름.

★ 道里浦即吟[62] 도리포에서 읊다

海際彎曲環百里　바닷가는 활처럼 굽어서 백리를 둘렀는데,
碧波潺潺總羅綺　푸른 물결 잔잔하여 온통 비단결이로다.
若乘掛帆伴白鷗　만약 돛단배에 올라 갈매기와 벗한다면
依風仙遊修浩氣　바람 따라 선유하며 호연지기 닦으리라.

- 도리포道里浦 : 무안군 해제면 송석리松石里 끝에, 바다 건너 함평군과 영광군을 바라보며 뾰쪽하게 뻗어 나온 포구. 어선의 출입으로 각종 해산

62) 2006年9月23日 海際道里浦海岸所懷也 運轉乘用車而與妻行務安 相逢妻男 而一行午餐於當地갯마을횟집矣 食後向松石里道里浦 洞端突出大海 三面海而爲半島 一部陸地如防波堤 形成漁村而經營膾商也 海岸有數三漁船 白鷗翩翩作舞以往來海彎 漁村實景亦嘉賞矣

물이 풍성하며, 특히 도리포 새우는 예로부터 임금께 올리는 특산품으로 알려졌다. 1995년도부터서는 14세기 경의 고려상감청자高麗象嵌靑瓷가 발굴되어 639점이 인양된 곳으로도 유명하다.

- 해제海際 : 바닷가. 여기서는 해제면 송석리 바닷가를 두고 이름.
- 만곡彎曲 : 만굴彎屈. 활처럼 굽음.
- 잔잔潺潺 : 흐르는 물소리가 약하고 가늘다. (潺: 물 줄줄 흐를 잔)
- 나기羅綺 : 곱고 아름다운 비단.
- 괘범掛帆 : 돛을 다는 것.
- 선유仙遊 : 선경仙境에서 노는 것.
- 호기浩氣 : 호연지기浩然之氣. 호연한 기운.

제4부

(2005~2006) 하편

★ 甲申窮冬書[63] 갑신년의 섣달에 쓰다

人生大道老得理 인생의 대도 늙어서야 그 이치를 깨닫는다 하니,
將來傘壽餘半紀 앞으로 여든 살까지는 6년이 남았구나.
南畊初志今不變 남경이 처음 세운 뜻 지금도 변함없으니,
銘心力修眞善美 명심하여 진·선·미를 힘써 닦으리.

- 갑신甲申 : 갑신년의 약칭. 2004년에 해당함.
- 궁동窮冬 : 궁음窮陰. 겨울의 마지막 음력 섣달. 갑신년 음력 섣달(12월)은 양력으로 2005년 1월 10일부터 2월 8일까지임.
- 득리得理 : 사물의 이치를 깨닫는 것.
- 산수傘壽 : 八十세를 말함. 한자 傘의 약자는 흔히 八十을 한 글자로 세로 쓴 데서 여든 살을 이르는 말임.
- 반기半紀 : 여섯 해 동안. 목성木星이 하늘을 한 바퀴 도는 열두 해 동안을 일기一紀라 한 데서 그 반은 곧 6년 동안임을 뜻함.
- 남경南畊 : 이 시의 작자인 본인의 호. 앞에 든 제2부 하편의 시 〈남경몽南畊夢〉의 주 참조.
- 초지初志 : 처음에 품은 의지. 초의初意. 초일념初一念. 이 시에서는 특히 망팔望八(71세)의 나이에 새롭게 다짐한 각오를 두고 이름. 앞에 든 제3부 상편의 시 〈노년각오老年覺悟〉의 주 참조.
- 진선미眞善美 : 진·선·미를 아울러 이르는 말. 곧 삶의 이상에 합치된 상태.

---

63) 2005年1月29日 甲申年窮陰述懷也 歲月如駒隙 今陰曆12月20日是我75歲末 想起各種未盡事 則心情錯雜也 聯想望八5大覺悟矣 第一 講究韓國歌辭文學館活性化方案中資料傳承體系化 須推進歌辭D／B構築事業也 第二 再版發行『湖南詩壇研究』補充索引作業也 第三 再版發行『孤山生涯及文學』補充以資料原文脚註也 第四 發刊漢詩集 必要現代譯及註釋兼用也 第五 以健康維持報答諸子之精誠 而期約擧行回婚禮也 今點檢過去事而覺悟如此矣

★ 深山訪花[64] 깊은 산골에서의 꽃구경

眼在春山麓 봄기운이 가득한 산기슭을 보고 있노라면,
若聞花笑聲 꽃이 피면서 내는 소리까지 들리는 듯해라.
窮谷不必孤 깊은 산골 반드시 외로운 것만은 아니니,
招人誇自相 사람들을 불러 제 모습의 자랑이구나.

- 춘산春山 : 봄철의 산.
- 방화訪花 : 꽃을 찾아 구경하는 것
- 화소花笑 : 꽃이 피어나는 것.
- 궁곡窮谷 : 유곡幽谷. 깊은 산골짜기.
- 자상自相 : 그 사물 자체만이 가지는 본질과 모양. 여기서는 두견화에서 느끼는 '자상自相'을 가리킴.

화순 도곡온천의 뒷산 진달래꽃

泉岩幽谷杜鵑花 천암리의 그윽한 산골 두견화여,
麗容可謂仙鄉畵 고운 모습은 가히 신선 골 그림이로다.
芳信誘惑不能拒 꽃 소식의 유혹만은 뿌리칠 수 없으니,
進達來稱亦有化 진달래란 호칭엔 또한 가르침이 있구나.

- 천암泉岩 : 화순군 도곡면 천암리의 약칭. 그곳 도곡온천道谷溫泉이 자리하고 있는 마을을 말함.
- 유곡幽谷 : 궁곡窮谷. 그윽하고 깊은 산골.
- 두견화杜鵑花 : 진달래꽃.

---

64) 2005年4月16日 泉巖里後山杜鵑花訪花之懷也 準備登山兼溫泉浴 而向和順郡道谷面泉巖里所在道谷溫泉矣 到着後先行洞里後深山 杜鵑花方暢於山麓 春信歷然 訪花興味津津也 平素欲明口語진달래之語義 今自得其所稱之理矣 我非蜂蝶探花 而暫時惑芳信 終得自然敎示以舒詩情也 參照當日午後之作詩 〈春山杜鵑花〉

• 선향仙鄕 : 선경仙境. 신선이 산다는 곳.
• 방신芳信 : 화신花信. 꽃 소식. 꽃이 피는 소식. 또는 봄소식.
• 진달래進達來 : 두견을 구어로 진달래라 하는 바, 여기서는 "봄소식을 진달進達(받아서 올리는 것)하러 왔다"는 의미를 부여하고자 하여 비유적으로 취한 한자의 차자 표기임.
• 化 : 본받을 화. (교教)

★ 春山杜鵑花[65] 춘산에 핀 두견화

昨想不如歸 어제는 불여귀를 상상하였더니,
今對眞達來 오늘은 진달래를 대하는구나.
誰稱仙客羞 그 누가 신선의 음식이라 일렀던고.
擬是遊蓬萊 마치 선계의 봉래에서 노는 듯하구나.

• 불여귀不如歸 : 두견이. 촉혼蜀魂. 중국의 촉왕蜀王 망제望帝가 선위하고 도망해 다닐 때에 두견새 우는 소리가 불여귀거不如歸去(돌아가는 것만 같지 못하다.)라 하며 우는 듯 하였다는 전설에서 연유하여 이른 말임. 앞에 든 제3부 상편의 시 〈두견화전설杜鵑花傳說〉의 주 참조.
• 진달래眞達來 : 구어로 진달래라고 이르는 두견화. 앞에 든 시〈심산방화深山訪花〉의 주 참조.
• 선객수仙客羞 : 신선의 음식.
• 봉래蓬萊 : 봉래산蓬萊山의 약칭. 중국 전설에서 이르는 삼신산三神山의 하나. 우리나라에서는 봄철의 금강산을 이렇게 이르기도 함.

---

65) 2005年4月16日 元化里後山杜鵑訪花之懷也 午前沐浴於道谷溫泉以後 運轉乘用車而向近距離所在元花里 午餐於此處友來食堂 甘食自然產鱖魚湯矣 關心此處洞名是道谷面元花 熟考之際發見後山杜鵑花滿發 突然想起中國蜀王望帝故事也 今不能聽杜鵑聲 而芳花之感多樣交叉不已 作詩如此以抒情也 參照當日午前作詩〈深山訪花〉

蜀魂何處遊 촉혼은 어디에서 놀기에 볼 수 없는고.
吐血花葉紅 피를 토해선가 꽃잎은 붉게도 물들었네.
芳樹處處笑 이곳저곳의 진달래는 꽃을 피우고 있어
道谷醉春容 도곡의 산골짜기 봄 경치에 취하였구나.

- 촉혼蜀魂 : 두견이. 자규子規. 앞에 든 시의 주(불여귀不如歸) 참조.
- 방수芳樹 : 꽃이 피는 나무. 여기서는 진달래를 두고 이름.
- 도곡道谷 : 전라남도 화순군에 있는 도곡면의 통칭.
- 춘용春容 : 춘경春景. 봄의 경치.

★ 勸自重訓[66] 자중할 것을 권하는 가르침

人生得意須如前 인생이란 뜻한바 이루어도 여전해야 할 것이니,
清心寡慾勿負倫 청심과욕으로 응당 인륜을 저버리지 말지어다.
未覺孤恩且妄動 은혜 배반함을 깨닫지 못하고 또한 경거망동하면,
難免後悔莫及恨 뒤늦게 후회한들 어찌할 수 없는 한 면키 어려우리.

- 자중自重 : 자기의 언행을 신중하게 하는 것.
- 득의得意 : 뜻한 바가 이루어져 만족해하는 것. 또는 이를 뽐내는 것.
- 청심과욕清心寡慾 : 마음을 깨끗이 하여 욕심을 줄임.
- 고은孤恩 : 배은背恩. 은혜를 저버리는 것.
- 망동妄動 : 분별없이 망령되게 행동하는 것.
- 후회막급後悔莫及 : 일이 잘못된 뒤에 아무리 뉘우쳐도 어찌할 수가 없음.

---

66) 2005年7月7日 隱忍自重訓也 古之名人得意後亦自重 得意所以平生難持續 人生所以終身向上發展也 況輕擧妄動而背恩忘德 則此是錯覺得意者也 依近來各種報道 不少忘却父生母育之恩 周邊又有孤恩恩師之教者 人人稱末世 難解今社會相也

★ 嘆亂局[67] 어지러운 난국을 한탄하며

暴暑連日吐氣勝 심한 더위 매일같이 기승을 부리는구나.
酷似政爭負民聲 마치 정쟁으로 백성의 원성을 저버리는 듯.
又聞官家盜聽事 게다가 듣는 게 또 관가에서의 도청 사건인가.
過化存神何處望 덕으로 다스리는 성인의 덕화 어디서 바라리오.

- 폭서暴暑 : 폭염暴炎. 매우 사나운 더위.
- 기승氣勝 : 성미가 굳세고 억척스러워 좀처럼 남에게 굽히지 않는 것.
- 정쟁政爭 : 정전政戰. 정치상의 싸움.
- 도청盜聽 : 타인의 전화, 회의의 내용, 특히 전화 통화 등을 몰래 엿듣는 것.
- 과화존신過化存神 : 성인이 지나는 곳에는 그곳 백성이 그 덕으로 교화되고, 성인이 머물러 있는 곳에는 그 덕화가 한량이 없음을 이르는 말.

★ 渴望賢妻健康[68] 아내의 건강을 간절히 바라며

問余當面事 나에게 지금 당면한 일을 묻는다면,
懇願妻康寧 아내의 건강 간절히 원함이라오.
何故氣力衰 무슨 까닭으로 기력이 쇠해졌는고.
或因皮膚癢 혹시 피부의 가려움 때문일까.
不知其所以 그 까닭은 알 수 없으나

---

67) 2005年8月17日 時下政局之懷也 過立秋後十日 暴炎尙今持續 而攝氏36度高溫難避晝夜困辱矣 此際依據11日字以後報道 政局混亂甚暴暑也 現文民政府國家情報員恣行盜聽之報道 連日浮上大話題 又與野政爭尤甚 取私徑以旁岐曲徑亂舞 國民何以企待康衢煙月乎 痛嘆不已 以怨望時局耳

68) 2005年9月2日 愛妻臥病所懷也 妻無氣力 以失神之境 哀歎不禁 不忍見此境也力勸往病院以要診斷 當事者何以不應之 余之太陽一瞬當面此地境 當奈之何于先推測血壓上乘 判斷難而唯恨當場不在扁鵲 甚哀慟矣 遂當事者取安定以睡眠 然心情達夜不安錯雜 竝想像昨年入院而治病之事 不能脫戰戰兢兢地境矣

推測血壓昇 짐작컨대 혈압이 상승한 탓이었을까.
雖是鐵石身 비록 철석같이 단단한 몸이었지만
人生亦無常 인생은 역시 무상하구나.

- 갈망渴望 : 목마른 사람이 물을 찾듯이 간절히 바라는 일.
- 간원懇願 : 간절히 원하는 것.
- 강녕康寧 : 건강하고 마음이 편안한 것.
- 소이所以 : 까닭.
- 무상無常 : 덧없는 것. 또는 일정하지 않는 것.

輒想昨年事 문득 작년의 일이 생각나구나.
一朝如此境 하루아침에 이 지경이었다오.
衝擊莫甚焉 충격은 이보다 더 심함이 없었으니,
哀哉且可矜 애달프고 또한 가여워라.
假使天地易 설사 세상천지가 바뀐다 한들
妻卽吾運命 아내는 곧 나의 소중한 운명이로다.
合掌唯祈願 두 손 모아 오직 기원할 따름이니,
治病得鶴齡 병 다스리어 길이 장수를 누리소서.

- 작년사昨年事 : 지난해에 겪었던 일로서 아내가 대학병원 응급실에 입원했던 일을 가리킴. 앞에 든 제3부 상편上篇의 시 〈애처와병愛妻臥病〉, 또는 〈입원중애처入院中愛妻〉의 주 참조.
- 가긍可矜 : 불쌍하고 가엾음.
- 기원祈願 : 바라는 일이 이루어지기를 비는 것.
- 학령鶴齡 : 두루미의 나이. 곧 장수長壽한 노인의 연령을 두고 이르는 말.

★ 鏡中雲影[69] 거울에 비치는 구름 그림자

案上琉璃映蒼天 책상 위 유리에는 푸른 하늘이 비치는데,
雲流漫漫化無限 곱게도 흘러가는 구름 그 변화 그지없어라.
奇峰突出作龍章 기이한 봉우리 돌출하여 용의 모습 이루고,
白頭雄姿凜凜現 흰 머리에 웅장한 모습 늠름하게 나타나구나.

- 운영雲影 : 구름의 그림자.
- 안상案上 : 책상의 위.
- 창천蒼天 : 푸른 하늘. 창공蒼空. 창궁蒼穹.
- 운류雲流 : 유운流雲. 흘러가는 구름.
- 만만漫漫 : 구름 빛이 아름다운 모양. (漫 : 구름 빛 만).
- 기봉奇峰 : 생김새가 기이한 봉우리.
- 용장龍章 : 용의 무늬, 뛰어난 모양.
- 웅자雄姿 : 웅장한 모습.
- 늠름凜凜 : 의젓하고 당당함.

★ 樹上白鷺群[70] 숲 위의 백로 때

落影染西天 지는 해 서쪽 하늘을 물들이는데,
楓巖湖水靜 풍암제 호수의 물 잔잔하구나.

---

69) 2005年9月24日 南畔書齋案上雲影之懷也 去5月初旬 自北區中興洞韓屋移徙于西區金湖洞南陽apart共同住宅105棟11層也 書室南向 而每日與蒼空靑雲對談不絶矣 平素大形琉璃置於窓前案上而讀書也 此相似明鏡 窓外蒼空流雲反影於琉璃 則雲影英英 若自修之氣分上乘 以心身爽快也 特秋雲淸流 則不能抑抒情矣

70) 2005年9月28日 楓巖湖畔白鷺群所懷也 光州市西區楓岩洞所在楓岩堤稱西區五景中一名勝矣 隣近住民通稱楓岩貯水池 又稱楓岩湖而愛用此地散策路也 東西湖畔各各連接大丘陵形野山 松林茂盛而傳靑山綠樹之勝區 其中東域山麓有候鳥到來處矣 今夕陽自金湖洞出發至西便湖畔而眺望東便綠林 則數十白鷺群雲集於綠林上 疑是降雪於樹上 宿鳥聲琤琤振 演出大壯觀 依側聞則此是年例的盛事也

樹戴片片雪　호반의 나무는 편편이 쌓인 눈 이고 있는 듯,
幸得珍畵境　다행히 그림 같은 진기한 경치의 발견이로다.

- 낙영落影 : 낙일落日. 지는 해.
- 풍암楓巖 : 광주시 서구 풍암동에 있는 풍암제楓巖堤의 약칭. 앞에 든 상편上篇의 시 〈풍암제산책楓巖堤散策〉의 주 참조.
- 편편설片片雪 : 조각조각으로 날리는 눈. 여기서는 때지어 날아들어 나무 위에 앉아있는 하얀 백로 때의 모습이 백설이 쌓인 듯 보임을 비유적으로 이름.
- 화경畵境 : 경치가 그림과 같이 좋은 곳.

水邊綠林雪客鳴　호숫가 푸른 숲에선 백로가 우짖노라.
隨時聞來喚友聲　벗 부르는 소리 수시로 들려오는구나.
都心何處傳此情　도시 어느 곳에 이 같은 정취 전해오리.
湖畔涼風又助興　물가에 부는 서늘한 바람 또한 흥을 돕네.

- 설객雪客 : 흰옷을 입은 듯 눈처럼 하얗게 보이는 백로白鷺를 두고 이름.
- 도심都心 : 도시의 중심부.
- 호반湖畔 : 호수의 가.
- 양풍涼風 : 서늘한 바람. 북풍 또는 남서풍.

斜日歸巢白衣鳥　석양에 둥지 찾는 흰옷 입은 새들이어,
編隊飛翔舞樹杪　무리 지어 날며 나무 위에서 춤을 추구나.
路上騷客亦盤桓　길 가는 소객 역시 서성대며 머뭇거릴 수밖에,
今夜夢得鷺遊稿　오늘밤 꿈에는 백로 노는 글을 지어보리.

- 사일斜日 : 석양夕陽. 저녁때의 해. 또는, 그 햇빛.
- 귀소歸巢 : 둥지나 서식처에 돌아가서 마음 놓고 쉬는 것. 또는 그러할 곳.

- 편대編隊 : 대오隊伍를 편성하는 것. 또는 편성된 대오.
- 비상飛翔 : 공중을 날아다니는 것.
- 수초樹杪 : 나무 끝.
- 소객騷客 : 소인騷人. 시인과 문사.
- 반환盤桓 : 머뭇거리며 그 자리를 멀리 떠나지 않는 것.

★ 登無等山晚峙[71] 무등산 늦재에 올라서

峴上四時景 늦재 고개에 사시사철의 경치

天高秋波勝 하늘 드높을 때엔 추파가 으뜸이라오.

山客笑聲朗 산객들의 웃음소리도 낭랑하여

便戀草笛鳴 문득 지난날 듣던 풀피리 소리 그립다네.

- 무등산無等山 : 앞에 든 제1부 하편下篇의 시 〈무등산세無等山勢〉의 주 참조.
- 만치晚峙 : 무등산의 늦재. 고개 이름의 뜻을 좇아 한자어로 전환시킨 차자표기借字表記임. 앞에 든 제3부 상편上篇의 시 〈만치로척촉晚峙路躑躅〉의 주 참조.
- 천고天高 : 하늘이 드높음. 또는, 가을 하늘이 높고 깨끗함을 말함.
- 추파秋波 : 가을철의 잔잔하고 맑은 물결.
- 산객山客 : 등산객登山客. 등산하는 사람.
- 초적草笛 : 초금草琴. 풀잎피리. 두 입술 사이에 풀잎을 대거나 물고 소리 나게 부는 피리의 일종. 이곳 시에서는 옛날 무등산의 초군樵軍(나무꾼)들이 늦재를 오가며 즐기던 일을 연상하며 취한 시구이다.

---

71) 2005年10月4日 無等山晚峙上所懷也 山行次向北區金谷洞 經由元曉寺 登山後峙路以至晚峙(늦재)矣 依傳言則云五十年前多數木客往來 隨時可聽取樵夫歌異口同聲稱頌樵軍胡笳聲 所謂晚峙草笛 是元曉八景中一也 今勿論樵軍隱迹然臨晚峙 則回想樵夫歌 而戀樵笛也

★ 登無等山風峙[72] 무등산 바람재에 올라서

瑞石無塵風 서석산은 항시 먼지바람이 없다더니,
登峙亦灑然 재에 오르면 역시 깨끗하고 산뜻하여라.
山行吐呼號 산행하면서 흔히 큰소리를 외쳐댐은
所以情無限 산의 정취 한이 없기 때문이라오.

- 무등산無等山 : 서석산瑞石山. 앞에 든 제1부 하편下篇의 시 〈무등산세無等山勢〉의 주 참조.
- 풍치風峙 : 무등산에 있는 바람재. 고개 이름의 뜻을 좇아 한자어로 전환시킨 차자표기借字表記임. 앞에 든 제3부 하편下篇의 시 〈풍치로척촉風峙路躑躅〉의 주 참조.
- 서석瑞石 : 서석산의 약칭. 무등산의 옛 이름. 앞에 든 무등산의 주 참조.
- 진풍塵風 : 먼지 섞인 바람.
- 쇄연灑然 : 깨끗하고 산뜻한 모양.
- 산행山行 : 산길을 걸어가는 것. 운동 삼아 산에 가는 것.
- 호호呼號 : 큰 소리로 부르짖는 것.
- 소이所以 : 까닭.

★ 雅致橋上[73] 아치교 위에서

虹霓橋上蹲 무지개다리 위에 걸터앉았으니,

---

72) 2005年10月4日 無等山風峙上所懷也 無等山行中經由晩峙(늦재) 乃至風峙(바람재) 所謂爽風滿山處也 此是晩峙與兎脊(토끼등)中間地點 而無等山路上主通路也 不能抑無等山情 追求開詩囊矣 參考當日所作詩〈登無等山晩峙〉也

73) 2005年10月6日 雅致橋上聞白鷺聲也 回想近10日前踏査楓岩堤勝景 今亦向楓岩洞所在其名所矣 於此處架設2木橋 自第1木橋至第2木橋(雅致橋)間散策路形成於東便湖畔與山麓之間矣 時方夕陽 數十宿鳥群集 而呼朋以演出就寢前演戲 故恐妨害之 避山麓下散策路 但留於虹橋形雅致橋上 而聽聞白鷺之交響樂奚非湖上樂園乎 不禁感銘以述懷矣 參照2005年9月28日作詩〈樹上白鷺群〉

松林白鷺鳴 소나무 숲에선 백로 때 우는 소리.
雖非公冶長 그 소리 알아들을 공야장은 아니지만,
心醉側耳聽 마음 깊이 취해서 귀 기울여 듣노라.

- 아치雅致 : 아담한 풍치.
- 아치교雅致橋 : 광주시 서구 풍암동에 위치한 풍암제楓岩堤의 동쪽 호수 유입처에 가설된 다리 이름. arch교(호상弧狀의 구조를 주제로 하여 만들어진 다리)의 표기를 한자의 차자로 붙인 다리 이름.
- 홍예교虹霓橋 : 홍교虹橋 다리. 양 끝은 처지고 가운데는 둥글고 높이 솟게 만든 다리.
- 蹲 : 걸터앉을 준.
- 공야장公冶長 : 중국 춘추시대 공자孔子의 사위. 새의 우는 소리를 잘 알아들었다 함.
- 심취心醉 : 어떤 일에 깊이 빠져 마음이 도취하는 것.
- 측이側耳 : 듣기 위하여 귀를 기울이는 것.

翩翩何處來 가볍게 날아서 어디에서 왔는고.
相喚雙雙隨 서로 부르며 쌍쌍이 짝지어 따르는구나.
以手加額歡 손 흔들고 축하하며 기뻐하노라니,
可觀群聚遊 무리로 모여든 새때의 놀이 볼만하여라.

- 편편翩翩 : 나는 형세가 가볍고 날랜 모양.
- 이수가액以手加額 : 손을 들어 이마에 올린다는 뜻으로, 즐거움을 표현하는 동작. 기뻐하며 축하하는 마음의 표시를 말함.
- 군취群聚 : 한 곳에 때를 지어 모이는 것.

★ 蓮花禮讚[74] 풍암제의 연꽃 예찬

楓巖橋前蓮荷池 풍암교 앞엔 연꽃의 못이로다.
或清或濁隨處異 맑기도 하고 흐리기도 해 곳곳이 다르구나.
近境汚臭使人惡 가까운 곳 더러운 냄새는 싫증나게 하건만,
白蕖雲影片片奇 흰 연꽃과 물에 비친 운영은 편편이 기이하여라.

풍암동 풍암제의 연꽃

- 예찬禮讚 : 훌륭한 것, 좋은 것, 아름다운 것을 높이고 기리는 것.
- 풍암교楓巖橋 : 광주시 서구 풍암동에 위치한 풍암제楓岩堤의 동남쪽 호수 유입처에 가설된 다리. 풍암제에 있는 두 개의 다리 중 금당산金塘山의 풍암제楓岩亭에서 바로 아래에 내려 보이는 제1 목교木橋를 두고 이름. 다리 아래의 주변 일대에는 널따란 연꽃 연못이 형성되어 있다.
- 연하蓮荷 : 연꽃. 수련과의 여러해살이 물풀.
- 수처隨處 : 도처到處. 가는 곳 마다.
- 오취汚臭 : 더러운 냄새.
- 백거白蕖 : 백련白蓮. 흰 연꽃.
- 운영雲影 : 구름의 그림자. 여기서는 풍암호의 물에 비친 구름 그림자를 두고 이름.

塵土廢物浮集裡 세상의 진토 폐물이 떠 모인 그 물 속에,
中通外直其有理 중통외직하니, 그에는 까닭이 있어서라.
誰云出淤泥不染 흙탕에서 나왔지만 더럽지 않는다고 누가 일렀던고.

---

74) 2005年10月10日 楓岩堤蓮荷所懷也 散策次向西區楓岩洞所在楓岩堤矣 到着第1木橋上 則其下蓮荷叢叢蔓延而廣布湖面也 實木橋周圍水流甚汚染而惡臭浮流 使行人沈痛矣 今綠蓮花軸茂盛以遮之 間間雲流投影於一部湖水 則甚多幸矣 突然想起中國北宋儒學者周敦頤作愛蓮說 故取詩中出淤泥而不染 中通外直之句 述懷如此也

君子花品求自爾　군자화의 품격은 자연 그대로를 추구함이라네.

- 진토塵土 : 티끌과 흙.
- 폐물廢物 : 못쓰게 된 물건.
- 중통외직中通外直 : 속은 비어 있으면서 밖은 곧은 모양. 중국 북송北宋의 주돈이周敦頤가 지은 〈애련설愛蓮說〉에 나오는 시구로서, 길게 솟아나온 연꽃의 꽃줄기나 잎줄기를 두고 이른 말
- 출어니불염出淤泥不染 : 진창에서 나왔지만 더럽게 그에 물들이지 않음. 이 역시 주돈이의 〈애련설〉에 나오는 시구이다.
- 군자화君子花 : 군자다운 꽃. 앞에든 주돈이가 그의 〈애련설〉에서 연은 꽃 중의 군자라는 뜻으로 '蓮花之君子者也'라고 이른 데서 나오는 말임.
- 화품花品 : 꽃의 품격.
- 자이自爾 : 자연自然의 이칭.

★ 聖寶博物館即事[75] 성보박물관에서 읊다

興亡盛衰如飜雲　흥망성쇠는 구름과 같아 연달아 뒤집혔으되,
大芚無頉今尙存　해남의 대흥사는 탈 없이 지금까지 그대로다.
世稱萬古不敗地　세상에 이르기를 만고에 패하지 않을 곳이라더니,
禪師聖蹟迺遺傳　초의선사의 성스러운 사적도 끼쳐 전하는구나.

- 성보박물관聖寶博物館 : 전라남도 해남군 삼산면 구림리九林里에 자리한 대흥사大興寺 이웃에 있는 초의선사草衣禪師(1786~1866) 유물관의 이름. 선사의 속성은 장張씨, 법명은 의순意恂, 초의는 그의 당호堂號이다.
- 즉사卽事 : 즉석에서의 일. 또는 그 일에 관계하는 것.

---

75) 2005年10月15日 大興寺聖寶博物館參觀所懷也 全南大學校姜貞埰總長招請停年退任名譽教授 吾等一行搭乘學校車而觀光全南海南地域矣 遊覽三山面九林里所在大興寺一帶 觀覽北彌勒庵磨崖如來坐像(寶物第48號)後 參觀聖寶博物館草衣禪師遺物也 大師修道于大興寺時著述茶神論·東茶頌等 境內竪草衣大宗師意恂塔碑 則可知其行績之決不凡矣

• 흥망성쇠興亡盛衰 : 흥하고 망함과 성하고 쇠함.
• 번운飜雲 : 번운복우飜雲覆雨의 약칭. 반복무상한 인정을 일컬음.
• 대둔大芚 : 대둔사大芚寺의 약칭. 해남군 삼산면의 대둔산에 자리 잡고 있는 대흥사大興寺를 두고 이름. 이 절의 본래 이름도 대둔사였다고 함.
• 상존尙存 : 아직 존재하는 일.
• 만고萬古 : 오랜 세월을 통해 불변하거나 유래가 없음을 이르는 말.
• 불패不敗 : 어떠한 세력이나 난리에도 지지 않는 것.
• 선사禪師 : 중의 높임말. 여기서는 초의선사草衣禪師를 가리킴. 앞에 든 성보박물관聖寶博物館의 주 참조.
• 성적聖蹟 : 성스러운 사적이나 고적.

★ 題土末塔[76] 땅끝의 토말탑을 두고 짓다

槿域土末三千里 우리의 근역 한반도는 땅끝까지 삼천리라,
獅子峯麓塔標識 사자봉 산기슭에 세운 탑이 그 표지로다.
櫛風沐雨毅然立 긴 세월 비바람에도 의연하게 서왔으며,
飜雲嚴冬不屈志 반복무상한 어려움에도 뜻을 굽히지 않았다네.

• 토말탑土末塔 : 전남 해남군 송지면 송호리松湖里 바닷가에 있는 탑. 전남대학교의 손광은 교수의 시가 새겨있는 시비임. 땅끝 여객선 선착장에서 산록에 생긴 해안 길을 따라 약 20분 걸으면 도달하는 곳으로, 건립 시기는 1987년 7월 18일로 되어 있다.
• 토말土末 : 땅끝 마을의 한자 표기. 한반도의 최남단에 위치한 마을이라 뜻으로 불러온 지명이다.
• 근역槿域 : 근화향槿花鄕. 무궁화가 많은 땅이라는 뜻으로, 우리나라를 달리 이르는 말.

76) 2005年10月15日 海南郡土末塔踏査所懷也 吾等全南大學校停年退任名譽教授一行 遊覽海南大興寺後 到着松旨面松湖里땅끝村 則所謂韓半島最南端土末旅行也 終着葛頭山獅子峯下土末塔 而讀全南大孫光殷教授作塔面詩 臨海邊以望遠近沿岸 付送俗世塵垢於流雲 則其間苦惱快消矣 參考當日所懷詩〈聖寶博物館卽事〉

사자봉 아래 바닷가 땅끝탑

- 사자봉獅子峯 : 송지면의 땅끝(土末)에 위치한 갈두산葛頭山의 정상 봉우리 이름. 해발 109.6m. 예로부터 갈두산 봉수지烽燧址로 알려진 곳임.
- 표지標識 : 다른 것과 구별하기 위한 표시나 특징.
- 즐풍목우櫛風沐雨 : 머리털은 바람으로 빗질하고, 몸은 빗물로 목욕한다는 뜻. 긴 세월을 객지에서 고생하고 지냄의 비유.
- 의연毅然 : 의지가 굳세어서 끄떡없다.
- 번운飜雲 : 번운복우飜雲覆雨의 약칭. 반복무상한 인정을 일컬음.
- 엄동嚴冬 : 엄동설한嚴冬雪寒의 약칭. 융동설한隆冬雪寒. 눈이 오고 몹시 추운 겨울.

★ 次楓巖亭韻[77] 풍암정의 시 원운에 차운하다

樹木鬱蒼洞天間 경치 좋은 산골짜기엔 우거진 수목들 울창하구나.
四圍青岳皆奇巒 사방의 푸른 언덕들 모두가 기이한 산봉우리로세.
亭前谿流灑心身 정자 앞 흐르는 냇물은 사람의 심신을 시원케 하고,
楓巖深壑又不寒 풍암 계곡의 깊은 골짜기 또한 차갑지도 아니하네.
古人雅趣嘗喧傳 고인들의 고상한 취미 일찍부터 널리 칭송되었으니,
子龍幽居以是看 자룡이 속세를 떠나 유거한 일 이로써 알만 하여라.
金谷到處多勝蹟 금곡마을 도처에는 뛰어난 사적도 많은데,
沙村魂遺馬首山 사촌 김윤제의 넋은 마수산에 끼쳐 전하는구나.

---

77) 2005年10月18日 無等山下楓巖亭所懷也 時下仲秋節 與妻同行金谷洞所在無等山下楓巖亭 楓巖與溪谷可謂塵外丹丘矣 自古騷客出入而題詠揭示於亭內 覽讀林億齡所作楓巖亭元韻 有感以次韻也 其元韻如下 投老逍遙水石間 南山映屋簇烟巒 傳聞楓樹千章列 復道巖流五月寒 靈境偶隨詩句落 桃源何必畵圖看 吾將此地栖松雪 然後乘螭入海山

• 차운次韻 : 남이 지은 시의 운자韻字를 따서 시를 지음. 또는 그 시詩. 이곳 시는 석천 임억령林億齡(1496~1568)의 풍암정 원운楓岩亭元韻에 차운한 것임.
• 풍암정楓巖亭 : 광주시 북구 금곡동金谷洞에 있는 김덕보金德譜의 정자. 앞에 든 제1부 하편下篇의 시 〈방풍암정訪楓巖亭〉의 주 참조.
• 동천洞天 : 산천으로 둘러싸인 경치가 좋은 곳. 또는, 신선이 사는 세계.
• 풍암楓巖 : 풍암정 또는 풍암제가 있는 골짜기를 가리키는 것으로 무등산의 풍암 계곡을 두고 이름.
• 심학深壑 : 심곡深谷. 깊은 골짜기.
• 아취雅趣 : 아담한 정취. 또는, 그러한 취미.
• 훤전喧傳 : 훤자喧藉. 여러 사람의 입으로 퍼져서 왁자하게 되는 것.
• 자룡子龍 : 김덕령 장군의 동생인 김덕보金德譜(1571~1627)의 자字, 호는 풍암楓巖.
• 유거幽居 : 유처幽處. 속세를 떠나 그윽하고 외딴 조용한 곳에 묻혀 사는 것. 또는, 그 거처居處.
• 금곡金谷 : 풍암정이 있는 광주시 북구 금곡동의 약칭.
• 승적勝蹟 : 뛰어난 사적事蹟이나 고적古跡.
• 사촌沙村 : 조선시대 문인인 김윤제金允悌(1501~1571)의 호. 무등산 아래의 마수산馬首山(광주시 북구 금곡동 소재)에는 그의 재실인 귀후재歸厚齋가 있다. 충효동의 환벽마을 뒷산 기슭에 있는 환벽당環碧堂은 사촌이 조영한 정자로서, 소쇄원瀟灑園·식영정息影亭과 함께 일동삼승一洞三勝으로 이름난 승지요, 송강松江 정철鄭澈이 소년 시절 사촌에게서 글을 배웠던 곳이다.
• 마수산馬首山 : 광주시 북구 금곡동에 있는 산의 이름. 여기에 김윤제의 재실인 귀후재가 있다.

★ 楓巖堤隨想[78] 무등산 풍암제에서의 수상

石澗流巖下 산골짜기의 물은 바위 아래로 흘러,

---

78) 2005年10月18日 無等山楓巖堤探勝之懷也 與妻暫時逍遙楓巖亭下巖溪谷 發見澗流玉沼 滌手洗顔 則心身爽快矣 歸路暫時流憩楓巖堤上 不能禁脫俗之感 楓巖假我以述懷矣 參考當日所懷詩 〈次楓巖亭韻〉

自成洞天溪　저절로 경치 좋은 동천의 시내가 되었네.
樹影諧水文　물에 비친 나무 그림자 물결무늬와 어울려서
幽谷遠塵界　그윽한 골짜기는 티끌세상을 멀리하였네.

- 풍암제楓巖堤 : 광주시 북구 금곡동金谷洞에 있는 풍암정楓巖亭 아래의 저수지. 앞에 든 제1부 하편의 시 〈楓巖堤秋情〉의 주 참조.
- 수상隨想 : 그때그때 일어나는 느낌이나 생각. 또는 그것을 적은 글.
- 석간石澗 : 돌이 많은 산골자기에 흐르는 시내.
- 동천洞天 : 산천으로 둘러싸인 경치가 좋은 곳.
- 수영樹影 : 나무의 그림자.
- 수문水文 : 수면에 일어나는 파문. 또는 물결처럼 어른어른한 무늬.
- 유곡幽谷 : 궁곡窮谷. 그윽하고 깊은 산골짜기.
- 진계塵界 : 티끌세상.

★ 楓巖亭秋意[79] 풍암정의 가을 운치

清靜秋波湖上動　청정한 가을 물결 호수 위에 퍼져 흔들리고,
遐山落日照嶝熿　먼 산에 지는 해 산비탈에 비춰 빛나는구나.
霜葉艷色姸春花　단풍잎 고운 빛깔 봄꽃보다도 고운데,
辟邪淑氣滿楓亭　풍암정엔 잡기 쫓는 맑은 기운이 가득.

- 풍암정楓巖亭 : 광주시 서구 풍암동에 있는 금당산金塘山 관조봉鸛鳥峰(황새봉)의 산기슭에 있는 정자. 그 바로 아래에는 풍암제의 널따란 물이 펼쳐 있고, 왼편으로는 멀리 개감산蓋甘山이요, 오른편으로는 멀리 무등산無等山이 바라보이는 언덕 위의 정자. 1999년 12월의 건립으로 전함.

79) 2005年10月29日　楓巖洞楓巖亭所懷也　登楓巖洞雲裡村後鸛鳥峯(황새머리)下楓巖亭　自楓巖人工瀑布(楓巖洞1044番地, 2001年3月4日竣工, 側已有飮水臺)向亭　約45角度急傾斜之登程　設置橫木階114段　亭前楓巖湖水清靜　四方山水秋色漫漫以濃　有感而述懷矣　亭右向15m下有休憩處　乃有標識板而案內如下　金塘山散策路　自現位置至월드컵競技場距離1.0km　至圓光大病院3.4km

광주시 금곡동金谷洞의 무등산 원효계곡元曉溪谷 아래에 있는 정자 이름과 같다.

- 추의秋意 : 가을다운 기분이나 멋.
- 청정淸靜 : 맑고 조용하여 움직임이 없는 것.
- 추파秋波 : 가을철의 잔잔하고 맑은 물결.
- 호상湖上 : 호수 위라는 뜻으로, 풍암정 아래의 풍암저수지 물 위를 두고 이름.
- 낙일落日 : 납일納日. 낙영落影. 지는 해.
- 嶝 : 작은 비탈, 산 비탈진 길 등.
- 熿 : 빛날, 밝을 황. 불의 모양.
- 상엽霜葉 : 서리를 맞아 단풍이 든 잎.
- 염색艶色 : 윤기 있고 아름다운 얼굴빛.
- 벽사辟邪 : 사귀邪鬼(요사스러운 귀신)를 물리치는 것.
- 풍정楓亭 : 단풍 속에 싸인 정자. 또는, 풍암정의 약칭으로 다의적인 시구이다.

★ 楓巖堤上[80] 풍암제 위에서

四方川水淀 사방에서 흐르는 시냇물이 고여서
終爲盈盈湖 마침내 가득 넘치는 호수가 되었구나.
江不擇細流 큰 강물은 세류라도 가리지 않는다더니,
塵合泰山道 바로 티끌 모아 태산이 되는 길이로다.

- 풍암제楓巖堤 : 광주시 서구 풍암동楓岩洞에 있는 풍암 저수지. 앞에 든 상편上篇의 시 〈풍암제산책楓巖堤散策〉의 주 참조.
- 淀 : 얕은 물 정, 물이 흐르지 아니하고 괸 물.

---

80) 2005年10月29日 楓岩洞楓岩堤上所懷也 午後遊步楓岩堤水畔 此堤本是農業用貯水池 光州市西區廳地域內中央公園之細流入於此以形成如是 兼以周邊各種山下水流入爲中形淸湖水矣 又提供市民散策路以千萬多幸耳 懇願維持淸淨以推進近隣公園 兼企待親環境的生態園助成也 乃以自然訓爲詩情 整理如此矣 參考去9月21日作詩〈楓巖堤散策〉(第4部上篇)

- 영영盈盈 : 물이 가득 찬 모양.
- 세류細流 : 가늘게 흐르는 시냇물.
- 진합태산塵合泰山 : 작은 물건도 많이 모이면 큰 것이 된다는 말.

★ 光州湖即景[81) 광주호의 경치

大小峰巒烟霧中 크고 작은 산봉우리들 연무 속에 잠겼는데,
朝光恍惚輝湖上 황홀한 아침 햇빛 물위를 비추는구나.
水波潺潺是綾羅 호수 물결은 잔잔하여 바로 고운 비단인데,
瑞石倒影尤助興 물에 뜬 서석대의 그림자 더욱 흥을 돋우네.

동강조대 앞에서 보는 광주호

- 광주호光州湖 : 광주시의 북구 충효동과 담양군의 고서면 및 남면 사이에 위치한 대형호수. 앞에 든 제1부 상편上篇의 시 〈광주호상즉음光州湖上卽吟〉의 주 참조.
- 즉경卽景 : 바로 그 자리에서 보는 광경이나 경치.
- 봉만峰巒 : 봉장峰嶂. 꼭대기가 뾰족뾰족하게 솟은 산봉우리.
- 연무烟霧 : 연기와 안개. 또는 고운 먼지와 그을음이 공중에 떠다니며 생기는 혼탁한 현상.
- 황홀恍惚 : 어른어른하는 광채에 눈이 부시다. 정신이 어질어질하고 몽롱하다.
- 잔잔潺潺 : 흐르는 물소리가 약하고 가늘다. (潺 : 물 졸졸 흐를 잔)
- 능라綾羅 : 무늬가 있는 두꺼운 비단과 얇은 비단.

---

81) 2005年11月1日 瑞石臺下光州湖畔之懷也 午前9時30分頃 向潭陽郡南面所在光州湖 駐車於湖畔山莊(全南潭陽郡南面鶴仙里所在)後 與妻携手遊步於光州湖長堤矣 時方霜降節 自然秋色蒙烟霧以促尋幽 湖上照光又恍惚 毋論水中無等山倒影 四圍山水無不詩材以述懷也

• 서석瑞石 : 서석대의 약칭. 무등산 정상 가까이에 있는 장엄한 병풍바위. (천연기념물 제465호) 앞에 든 시 제1부 하편下篇의 시 〈문야무등산수問也無等山水〉의 주 참조.
• 도영倒影 : 거꾸로 비친 그림자. 또는 해질 무렵의 그림자.

龍王展樹影　광주호의 용왕 나무 그림자를 전시하는데,
水鳥關關祝　물새는 꾹꾹거리며 소리 내어 축하하는 듯.
清波瀉秋景　맑은 물결에 가을 경치 쏟아 부었는지,
湖面無不色　호수의 수면은 고운 화상이 아님이 없네.

• 용왕龍王 : 바다나 큰 호수 깊은 곳에 용궁龍宮이 있고, 그곳에 용왕이 산다고 하는 전설에서 연유한 말.
• 관관關關 : 새가 온화하고 맑게 우는 소리의 형용.
• 추경秋景 : 가을의 경치.
• 色 : 빛, 화상, 모양 색.

★ 甑巖何處在[82) 시루바위는 어디에 있었던고

鶴臺今尚存　예부터 알려진 학바위 지금도 여전한데,
甑巖水底沒　시루바위는 물속에 잠기어 알 수가 없네.
欲探古勝跡　지난날의 뛰어난 사적들 찾아보고 싶으나,
龍王終拒出　광주호 물속의 용왕 끝내 내놓기를 거부하구나.

• 증암甑巖 : 시루바위라고 이르는 바위 호칭을 그 뜻을 좇아 한자어로 전환한 차자표기借字表記. 담양군 남면 학선리鶴仙里(학미동鶴尾洞) 시냇가에 있었던

82) 2005年11月1日 光州湖上所懷也 與妻流憩於光州湖岸 往來鶴巖及桐江釣臺遺址矣 又欲尋甑巖 然三十餘年前已沒湖水中也 其巖似甑而因之傳祈子俗 今有甑巖川流 光州湖畔下乃設甑岩橋也 回憶無等山下古今事跡 則切感世上事桑田碧海矣 參考當日所懷詩〈光州湖即景〉

바위로서, 아들 낳기를 비는 기자암祈子巖으로 알려져 왔다. 1974년에 광주호가 착공되면서 수몰되었으나, 호수 아래에 흐르는 시내는 예로부터 증암천이라 일러왔고, 광주호 제방 아래에는 증암교甑巖橋가 가설되어 있다.

- 학대鶴臺 : 광주호 가까이의 학미동에 있는 언덕을 두고 이름. 뒤 산의 형국이 학의 모습이라느니, 또는 학이 사는 곳이라고 해서 이렇게 불러 전함.
- 수저水底 : 물밑. 여기서는 광주호의 수저를 가리킴.
- 승적勝跡 : 뛰어난 사적이나 고적.
- 용왕龍王 : 바다나 큰 호수 깊은 곳에 용궁龍宮이 있고, 그곳엔 용왕이 산다고 하는 전설에서 연유한 말.

仙禽說話今遺傳　학에 대한 설화는 지금도 남아 전하는데,
祈子巖是何處隱　아들 낳기를 빌던 시루바위 어디에 숨어버렸나.
願問古事湖中龍　옛일을 호수의 물속 용왕에게 묻고 싶지만,
乃覺桑海唯有恨　세상일은 상전벽해라, 오직 아쉬움뿐이로세.

- 선금仙禽 : 태금胎禽. 선학仙鶴. 학鶴의 이칭.
- 설화說話 : 예로부터 어떤 민족이나 집단에 구전口傳되어 오는 이야기.
- 기자암祈子巖 : 기자석祈子石. 아들 낳기를 빌던 바위. 여기서는 시루바위, 즉 증암甑巖을 두고 이름. 앞에 든 시의 주 '증암甑巖' 참조.
- 상해桑海 : 상전벽해桑田碧海. 뽕나무밭이 변하여 푸른 바다가 된다는 뜻으로, 세상일의 변천이 심함을 비유.

★ 題觀水亭[83] 관수정을 두고 짓다

瑞石靈峰每下瞰　서석대의 영봉이 매양 굽어 내려보는구나.
丘壑窈窕禽自臨　구학은 아늑하여 산새들도 날아드네.

---

83) 2005年11月1日 無等山下觀水亭探訪之懷也 自光州湖岸桐江釣臺回路時臨觀水亭 目擊多數觀水亭題詠扁額 刮目李緖與蘇世讓等名人之次韻詩矣 又注視觀水亭重建上梁文 暫讀佳山麗水彷佛朱晦菴考亭之句 使我留意其緣由也 參考當日所懷詩〈光州湖卽景〉及〈尋桐江釣臺〉(第4部上篇)

觀水之名必有理　관수라 한 이름엔 반드시 까닭이 있으리니,
光湖淸淨可瓢飮　광주호는 맑고 깨끗해 마실 만도 하여라.

광주호 제방 왼편 끝에서
내리보이는 관수정

- 관수정觀水亭 : 담양군 고서면 분향리分香里에 있는 정자. 광주호 제방의 왼쪽 끝 산 언덕에 위치한 팔작지붕의 건물. 조선조 중종 39년(1544)년에 계월당溪月堂 조여충曺汝忠(1512~?)이 창건하였으나 임진왜란으로 소실되고, 20세기에 이르러 중건·중수된 정자로 전한다.
- 서석瑞石 : 천연기념물 제465호로 지정된 무등산 서석대瑞石臺의 약칭. 광주호에서는 호수에 뜨는 그 산영을 볼 수 있다. 앞에 든 시 제1부 하편下篇의 시 〈문야무등산수問也無等山水〉의 주 참조.
- 영봉靈峰 : 신령스런 산봉우리.
- 하감下瞰 : 위에서 내려다보는 것.
- 구학丘壑 : 언덕과 구렁.
- 요조窈窕 : 산수나 궁궐 따위가 아늑한 모양.
- 과수觀水 : 물을 관찰하는 것. 『맹자孟子』의 진심盡心 편에서 "觀水有術 必觀其瀾"이라 한 말을 염두하고 취한 조사구措辭句임.
- 광호光湖 : 관수정의 옆 가까이에 있는 光州湖의 약칭. 앞에 든 제1부 상편上篇의 시 〈광주호상즉음光州湖上卽吟〉의 주 참조.
- 표음瓢飮 : 표주박으로 떠서 마시는 것. 또는, 표주박의 마실 물.

松林鬱蒼若洞天　송림이 울창하여 경치 좋은 동천이런가.
溪月遺跡尙喧傳　계월의 옛날 자취 아직도 왁자하여라.
騷人杖屨今可想　시인들 남긴 발자취 지금도 상상할 수 있으려니,
亭內題詠亦渙然　관수정 안에 걸린 제영들 역시 훌륭하도다.

- 송림松林 : 솔숲.

- 울창鬱蒼 : 울울창창鬱鬱蒼蒼의 준말. 큰 나무들이 빽빽하게 들어서 우거진 모양이 푸름.
- 동천洞天 : 산천으로 둘러싸인 경치가 좋은 곳. 또는, 신선이 사는 세계.
- 계월溪月 : 계월당溪月堂. 관수정을 건립한 조여충曺汝忠(1512~?)의 호.
- 유적遺跡 : 유진遺塵. 옛 사람이 끼친 자취.
- 훤전喧傳 : 훤자喧藉. 여러 사람의 입에 퍼져서 왁자하게 되는 것.
- 소인騷人 : 소객騷客. 시인과 문사.
- 장구杖屨 : 지팡이와 집신. 이름 있는 사람의 머무른 자취.
- 제영題詠 : 제목을 붙여 시를 읊는 것. 또는, 그 시.
- 환연渙然 : 문체가 있는 모양. (渙 : 찬란할 환)

★ 忠壯祠秋光[84] 충장사의 가을 풍광

將軍墓域丹楓光　김덕령 장군의 묘역은 온통 단풍의 경치로세.
日照灼然眞鮮紅　비치는 해 훤히 빛나서 산뜻한 선홍색이로다.
萬古忠魂染爲色　만고에 빛나는 충성된 넋이 색으로 물들었나.
碧空流雲頌威名　푸른 하늘 떠가는 구름도 훌륭한 명성 기리노라.

- 충장사忠壯祠 : 광주시 북구 금곡동金谷洞에 있는 충장공 김덕령金德齡 장군(1568~1596) 묘역 아래에 위치한 장군의 사우祠宇.
- 추광秋光 : 추색秋色. 가을의 자연 풍경에서 우러나오는 빛.
- 장군將軍 : 장관將官 자리의 사람을 높이어 일컫는 말. 또는, 벼슬의 품계에 붙이는 칭호. 여기서는 임진왜란 때의 의병장 김덕령 장군을 두고 이름. 그는 임란 때에 조정에서 종군從軍의 명령이 내려 호익장군虎翼將軍의 호를 받고, 다음 해에 의병을 정돈하여 권율權慄의 휘하에서 의병장 곽

84) 2005年11月1日 無等山下忠壯祠探訪之懷也 今日探勝次經由光州湖周邊及楓巖堤矣 午後3時30分頃歸路中向金谷洞所在忠壯祠 而遊步金德齡將軍墓域 切感山川之晩秋景槪莫勝焉 乃以七言律述懷如此 高秋承歡漸益盛 忠魂遺芳使人恭 隨處遺蹟示警世 不述史傳復何望 輒想起金將軍獄中作時調而念誦矣 傳於忠壯公遺事 則例示於此如下也 春山의 불이나니 못다핀ᄭᅩᆾ 다붓ᄂᆞᆫ다／져뫼져 불은 ᄉᆞᆯ물이나 잇거니와／이몸의 ᄂᆡ업슨불이나니 ᄉᆞᆯ물업서 ᄒᆞ노라.

재우郭再祐와 협력하여 수차 왜병을 격파하였다. 선조 29년(1596) 무고로 고문을 당하여 옥사함.

- 작연灼然 : 환히 빛남.
- 선홍鮮紅 : 선홍색을 말함. 산뜻한 다홍빛.
- 충혼忠魂 : 충의를 위하여 죽은 사람의 넋.
- 유운流雲 : 흘러가는 구름.
- 위명威名 : 크게 떨치는 명성.

祠宇玉樹誇風神　사우 뜰에 느티나무 늠름한 풍채를 자랑하네.
秋色紅染且可觀　가을빛이 붉게 물들어 또 더욱 가관이로다.
忠壯遺戒今喧藉　충장공이 남긴 훈계 지금도 왁자하게 이르나니,
探勝遊客不禁讚　승지를 유람하는 나그네 찬양을 금할 수 없구나.

- 사우祠宇 : 따로 세운 사당 집. 여기서는 충장사忠壯祠를 두고 이름.
- 옥수玉樹 : 느티나무의 별칭. 뛰어난 사람의 비유.
- 풍신風神 : 풍채風采. 드러나 보이는 사람의 겉모양.
- 충장忠壯 : 임진왜란 때의 의병장 김덕령金德齡 장군의 시호諡號.
- 유계遺戒 : 유훈遺訓. 죽은 사람이 남긴 훈계.
- 훤자喧藉 : 훤전喧傳. 여러 사람의 입으로 퍼져서 왁자하게 되는 것.
- 탐승探勝 : 경치가 좋은 곳을 찾아다니는 것.
- 유객遊客 : 유람하고 다니는 사람.

★ 瑞石臺下勝蹟談[85] 무등산 서석대 아래 이름난 고적 이야기

開仙寺趾千年洞　개선사 절터는 천년의 오랜 고을이요,

---

85) 2005年11月2日 無等山瑞石臺下有感也 於韓國歌辭文學館執務中 午後3時與觀光客數人探訪隣近息影亭 說明詩歌文化圈古今勝跡矣 前望無等山上瑞石臺亭下光州湖 滿水廣闊而悠悠流 然光州湖生成前(30餘年前) 亭下流滄溪長川 號謂滄溪川 或云環碧溪 白波流聲令人盤桓也 又息影亭與環碧堂間途中有木製虹橋 今此種景物已隱迹 難禁桑田碧海之懷 但可想古遺跡以述懷也

甑巖長川湲松江　증암천 긴 냇물은 송강으로 졸졸 흘러내리네.
瀟灑幽谷誘人情　소쇄원의 깊숙한 골짜기 사람 마음을 유혹함에,
俛仰河西留其名　면앙정과 하서도 그곳에 이름을 남겼다오.
星山濯熱何時俗　별뫼 물가의 더위 씻기는 어느 때의 풍속이던고.
息影環碧能回想　식영정과 환벽당만은 능히 회상할 수 있으리라.
瑞石纖雲傳古談　서석대의 솜구름도 뭉게뭉게 옛 이야기 전하는 듯,
三勝詩韻揭樓亭　누정 삼승의 시는 정자마다 게시되어 있다오.

- 서석대瑞石臺 : 무등산 승경 중의 하나. 천연기념물 제465호. 앞에 든 시 제1부 하편下篇의 시 〈문아무등산수問也無等山水〉의 주 참조.
- 승적勝蹟 : 뛰어난 사적事蹟이나 고적古跡.
- 개선사開仙寺 : 담양군 남면 학선리鶴仙里(옛날 개선동開仙洞의 편입으로 이루어진 마을)에 있었다는 옛 절 이름. 고적으로 개선사 터에 있는 개선사석등開仙寺石燈은 보물 111호로 지정되어 있다.
- 증암천甑巖川 : 1976년 광주호가 완공되기 전, 그 수문 자리에는 증암甑巖(시루바위. 기자암祈子巖)이 있었는데 이로부터 흐르는 시냇물. 이는 담양군 고서면의 죽록평야竹綠平野를 거쳐 원강리院江里에 있는 대명산(담양산潭陽山의 속칭) 언덕에 세워진 송강정松江亭(일명 죽록정竹綠亭) 아래의 죽록천竹綠川으로 합류하는 긴 시내이다.
- 湲 : 물 졸졸 흐를 원
- 송강松江 : 송강정(담양군 고서면 원강리院江里 소재)의 앞을 흐르는 시내. 일명 증암천, 또는 죽록천이라고도 이름. 이곳의 송강정은 조선시대 명종·선조 때의 문신이요, 시인인 정철鄭澈(1536~1593)이 경영한 정자로서, 정철은 이곳의 삶에서 유명한 가사작품인 〈사미인곡思美人曲〉과 〈속미인곡續美人曲〉을 이루었다.
- 소쇄瀟灑 : 조선조 중종 때에 소쇄처사瀟灑處士 양산보梁山甫(1503~1557)가 담양군 남면 지석支石 마을에서 조영한 소쇄원의 약칭. 앞에 든 상편上篇의 시 〈소쇄원은행수瀟灑園銀杏樹〉의 주 참조.
- 유곡幽谷 : 궁곡窮谷. 그윽하고 깊은 산골짜기
- 면앙俛仰 : 조선조 명종 때의 문신이요, 시인인 송순宋純(1493~1582)의 호. 그는 전남 담양군 봉산면鳳山面에서 면앙정을 조영하면서 〈면앙정가

俛仰亭歌〉를 제작하였다. 소쇄원을 조영한 양산보는 송순의 외제로서 누정 경영에 많은 도움을 받았는데, 그 곳에서는 송순이 소쇄원제영을 이루기도 하였다.

- 하서河西 : 조선조의 문신이요, 유학자인 김인후金麟厚(1510~1560)의 호. 을사사화乙巳士禍가 일어나자 고향인 전남의 장성 맥동麥洞에 돌아와서 평생 성리학에 전념하였다. 양산보와는 특히 돈독한 사이를 유지하면서 소쇄원 출입을 통해 〈소쇄원사십팔영瀟灑園四十八詠〉을 제작함으로써 소쇄원은 원림 명승으로서 더욱 유명하게 되었다.
- 성산星山 : 별뫼. 전남 담양군 남면 지곡리芝谷里의 식영정息影亭이 있는 산과 그 산 아래에 위치한 마을의 이름.
- 탁열濯熱 : 시원한 물로 몸을 씻으며 더위를 식히는 것. 또는 그 일. 이 시에서는 삼복三伏의 더위에 더위 씻기를 하던 것을 가리킴. 따라서 성산탁열星山濯熱은 옛날 별뫼 앞에 흐르는 창계滄溪(지금의 광주호 상류에 흐르는 시내) 시냇물에서 복날 더위 씻기를 하던 풍속을 두고 이름. 김윤제金允悌의 『서하당유고棲霞堂遺稿』에는 만력 경인년(1590) 6월의 복날에 행하였던 〈성산계류탁열도星山溪柳濯熱圖〉가 전한다.
- 식영息影 : 전남 담양군 남면 지곡리芝谷里의 성산 산언덕에 있는 식영정을 두고 이름. 앞에 든 제3부 상편上篇의 시 〈식영정한유息影亭閒遊〉의 주 참조.
- 환벽環碧 : 조선조 인종 때의 사촌沙村 김윤제(1501~1572)가 광주시 북구 충효동忠孝洞에서 조영한 환벽당을 두고 이름. 지곡리의 식영정과는 광주호 상류가 되는 창계천을 사이에 두고 마주 바라보이는 곳에 있는데, 송순은 이 두 정자와 소쇄원을 두고 한 고을의 세 승지라 칭송하였다. 다음의 주 '삼승三勝' 참조.
- 섬운纖雲 : 잔 구름.
- 고담古談 : 옛날이야기.
- 삼승三勝 : 세 곳의 명승지. 일찍이 송순이 식영정과 소쇄원, 그리고 환벽당을 두고 일동삼승一洞三勝이라 이른 데서 연유한 말이다.
- 시운詩韻 : 시의 운율. 또는 시의 운자. 이곳 시에서 '삼승시운三勝詩韻'이라 함은 예로부터 전하는 누정제영樓亭題詠 가운데 특히 식영정제영 · 소쇄원제영 · 환벽당제영을 두고 이른 말임.
- 누정樓亭 : 누각樓閣과 정자亭子. 여기서는 예로부터 성산삼승으로 일컬어 오던 식영정과 소쇄원, 그리고 환벽당의 세 누정을 두고 이른다.

★ 落葉偶詠[86] 낙엽을 보고 읊다

紅葉枝間颵 나뭇가지 사이에선 붉은 낙엽 떨어지는 소리,
往者炊飯用 지난날 밥하면서 불태워 지피던 땔감이구나.
蕭蕭轉山路 산길에 뒹굴며 쓸쓸하게 날리는가.
回憶燒時香 아궁이에 불사를 때 맡았던 향내가 회상되어라.

- 우영偶詠 : 우음偶吟. 얼핏 떠오르는 생각을 시가로 읊는 것.
- 颵 : 뚝뚝 떨어지는 소리 박.
- 왕자往者 : 지난번. 과반過般. 향자向者. 선반先般. 지나간 차례나 때.
- 취반炊飯 : 밥을 짓는 것.
- 炊 : 불 땔, 밥 지을 취.
- 소소蕭蕭 : 바람이나 빗소리가 쓸쓸함.
- 회억回憶 : 돌이켜 추억하는 것. 또는 그 추억.

★ 瀟灑園散策[87] 소쇄원을 산책하면서

後聳甕井峯 소쇄원 뒤엔 옹정봉이 솟아 있고,
松谷莊子潭 소나무 골짜기엔 장자담이로세.
杏葉浮水來 은행잎이 물 위에 떠서 흘러내려,
秋凉灑心琴 가을의 맑은 기운 속마음을 시원케 하네.

---

86) 2005年11月6日 金塘山下落葉有感也 午後取相談大學院生於楓岩洞所在洋食堂指導提出用學位論文矣 食堂前面金塘山 晩秋紅葉誘惑登攀 落陽之際臨山行也 乃至圓光大韓方病院後側山徑 則萬山落葉積山路 斜陽反射楓葉 果是別天地展開矣 瞬時回憶少時節 所以炊飯時間或取落葉矣 不知中偶詠如此 而再抒出如下也 少時收落紅 呼朋燒甘藷 欲食下唾液 忍見相讓步

87) 2005年11月6日 無等山下瀟灑園所懷也 時方盡季秋末 午前與賓自韓國歌辭文學館向瀟灑園外苑(潭陽郡南面支石里俗稱괸돌마을所在)矣 至莊子潭上流 公孫樹數株方送秋 鴨脚樹葉總爲黃金色而風飛散 黃緞布行路與溪流上 此亦瀟灑園中一景以使我述懷也

• 소쇄원瀟灑園 : 소쇄처사瀟灑處士 양산보梁山甫(1503~1557)가 조영한 담양군 남면 지석支石 마을에 있는 원림. 앞에 든 상편上篇의 시 〈소쇄원은행수瀟灑園銀杏樹〉의 주 참조.

• 옹정봉甕井峯 : 소쇄원 뒤에 높직하게 솟아있는 산봉우리 이름. 양산보의 5대손인 방암方菴 양경지梁敬之(1662~1734)가 읊은 소쇄원 30경의 시제에는 옹정봉과 장자담莊子潭 등의 이름이 나온다.

• 장자담莊子潭 : 소새원 전경은 내원과 외원으로 나누어지는데, 내원 가까이에 있는 외원의 한 구역으로 깊숙한 연못처럼 물이 고인 골짜기의 웅덩이를 두고 이름. 옹정봉 아래 여러 골짜기의 물은 장자담을 거쳐 내원으로 흘러들면서 소쇄계를 이룬다.

• 추량秋凉 : 가을의 서늘하고 맑은 기운.

• 심금心琴 : 외부의 자극을 받아 움직이는 미묘한 마음.

★ 聖堂偶吟[88] 성당에서의 우음

白蓮盈堂開　하얀 연꽃이 성당 안에 가득 피었네.
黑頭間間混　그 사이엔 검은 머리도 간간이 섞였도다.
齊唱慈悲頌　일제히 자비의 찬송을 부르는 이 곳,
燈燭輝上壇　촛불도 단상에서 휘영청 밝구나.

• 성당聖堂 : 성전聖殿. 주당主堂. 미사 등 카톨릭교의 종교의식이 행해지는 곳.

• 우음偶吟 : 우영偶詠. 얼핏 떠오르는 생각을 시가로 읊는 것.

• 백련白蓮 : 백거白蕖. 흰 연꽃. 이곳에서는 머리에 흰 면사포를 쓰고 예배에 참여하여 앉아 있는 여자 신도들의 모습을 두고 이름.

• 흑두黑頭 : 검은 머리. 이곳 시에서는 검은 머리를 하고 예배에 참여하여 앉아 있는 남자 신도들의 모습을 두고 이름.

88) 2005年11月6日 禮拜場所懷也 光州市西區所在金湖洞聖堂之名聲藉藉 以代表的聖殿已周知 男女信徒雲集於此以不知其數也 今日午前10時30分參席禮拜 男女信者滿大主堂 然女信徒占大多數 各各冒白色面紗布 表徵神聖性 恰似白花滿開於敎會 間或發見黑頭 此亦神秘也

- 자비慈悲 : 사랑하고 불쌍히 여기는 것.
- 등촉燈燭 : 등불과 촛불.

★ 仁寺洞距離[89] 서울 인사동 거리에서

老少汲汲求何物　노소가 모두 무엇을 찾느라고 분주한고.
店內商品種萬別　상점 안에 진열한 상품 종류가 만별이로다.
骨董展示惑客心　골동품의 전시가 길손의 마음을 유혹하는지.
人波無限長蛇列　인파는 한없이 길게 잇는 장사의 열이로세.

- 인사동仁寺洞 : 서울시 중구 명동明洞에 있는 고을 이름. 흔히 상가를 형성한 번화한 인사동 거리를 가리킴.
- 급급汲汲 : 쉬지 않고 노력함, 분주한 모양.
- 만별萬別 : 갖가지 차이 또는 구별.
- 골동骨董 : 오래 되고 희귀한 여러 가지 기구나 미술품.
- 장사長蛇 : 긴 뱀이란 뜻으로 열차나 긴 행렬의 비유.

★ 繁華街卽吟[90] 번화가에서 읊다

人山人海群像動　인산인해로 많은 사람들 떼를 지어 움직이네.
酷似長江活活洚　흡사 긴 강물이 소리 내며 기운차게 흐르는 듯.

89) 2005年11月12日 서울仁寺洞商街所懷也 已熟知明洞商街之人波 世稱韓國最大繁華區 尤有名文化街矣 我物色商品而沈潛古董之神秘 因以興味津津不知覺人波中爲一人也 一行中賢妻欲購商品以問價格 聞呼價以啞然失色 未知貴重品與否 又難速斷韓國高價品集中於明洞 然暫斟酌商街名聲喧藉之理 乃推測人波集中之由也 參照當日作詩〈繁華街卽吟〉

90) 2005年11月12日 서울仁寺洞繁華街所懷也 依觀光案內紙〈明洞仁寺洞〉明洞出入人波一日平均百萬人 乃目擊往來人不可勝數 尤仁寺洞商街不可勝言矣 古來云古之堯康衢聞童謠 則欲勸今世指導者亦聞康衢謠 應知覺收斂輿論爲治政之緊要事矣 參考當日所懷詩〈仁寺洞距離〉

丹丘本非在此岸　본래 살기 좋은 신선 골 이 세상에 있지 않을진대,
遑遑爭先欲何向　황급히 앞 다투어 어디로 가고자 하는고.

- 인산인해人山人海 : 사람이 헤아릴 수 없이 많이 모인 상태.
- 군상群像 : 떼를 이룬 많은 사람.
- 활활活活 : 물이 기운차게 흐르는 소리.
- 洚 : 물 벅차게 흐를 홍.
- 단구丹丘 : 선향仙鄕. 신선이 산다는 곳.
- 차안此岸 : 이 세상.
- 황황遑遑 : 갈팡질팡 어쩔 줄 모르게 급한 것.
- 쟁선爭先 : 서로 앞서려고 다투는 것.

★ 訪金鎖洞月出巖[91] 금쇄동의 월출암을 찾아서

棧道行難昇高梯　벼랑길 가기가 높직한 사다리 오르기보다 어려우나,
前後丘陵皆勝塏　앞뒤 구릉은 모두가 경치 좋은 높직한 경개로세.
纔踁仙洞秘一區　신선이 산다는 신비로운 한 구역 겨우 다다르니,
盤巖可坐百餘輩　이 곳 너럭바위는 사람 백여 명도 앉을만해라.
欲尋揮手問由來　휘수대를 찾아 그 유래를 묻고자 한데,
爛柯青松自進對　난가대의 푸른 소나무가 자진해서 대답해주네.
孤山咳唾始紹介　고산이 남긴 말씀에 처음 소개되어 있기는 하나,
石上龜紋有詳解　바위 위의 거북 무늬에도 상세한 풀이 그려져 있네.

---

91) 2005年12月3日 金鎖洞月出巖探訪之懷也 孤山尹善道幽人生活於水晶洞時 夢得隣區金鎖洞後 平素往來兩仙山 醉山居之樂 而發現山水情以作詩矣 五十四歲時作金鎖洞記 記傳月出巖・爛柯臺・揮手臺・養蒙窩外多數杖屨也 今訪海南郡縣山面九市里金鎖洞而山行 則山險而處處直面巖壁 而力行石徑中 自述如下 金鎖洞記描何材 可想孤山尋幽來 欲探勝所月出巖 爛柯臺示向吾解 遂到月出巖 可謂洞天區 所懷亦多岐 如下修一首 參考當日作詩 〈金鎖洞揮手臺〉

구시리의 금쇄동 월출암

- 금쇠동金鎖洞 : 금쇗골. 해남군 현산면縣山面 구시리九市里에 있는 고을 이름. 고산孤山 윤선도尹善道(1587~1671)가 이곳의 생활에서 훌륭한 산수 경개를 한문 수필로 쓴 〈금쇄동기金鎖洞記〉가 유명하다.
- 월출암月出巖 : 금쇄동에 있는 바위의 이름. 고산의 〈금쇄동기〉에 의하면 바위가 넓고 길어서 수백 명이 앉았다 일어날 수 있다고 하였다. 실재로 금쇄동에서 으뜸가는 바위를 찾아보면 장축이 19.5m, 단축이16m 정도의 커다란 너럭바위가 있다. 고산이 달맞이를 즐기며 월출암이라 명명했다는 바위로 알려져 있다.
- 잔도棧道 : 잔각棧閣. 험한 벼랑 같은 곳에 선반을 매듯이 하여 만든 길.
- 고제高梯 : 높직한 사다리.
- 승개勝塏 : 경치 좋은 높고 밝은 곳.
- 臸 : 이를. 나아갈 진.
- 반암盤巖 : 넓고 펀펀한 큰 바위. 여기서는 윤선도가 달맞이한 곳으로 명명한 월출암을 두고 이름.
- 해타咳唾 : 기침과 침이란 뜻으로 어른 말씀의 비유. 이곳 시에서는 윤선도가 현지의 탐승기로 쓴 〈금쇄동기〉를 두고 이름.
- 휘수揮手 : 손짓하여 거절한다는 뜻으로, 금쇄동의 월출암 가까이에 있는 휘수대揮手臺의 약칭. 고산은 그의 〈금쇄동기〉에서 "아래로부터 오르는 자 이곳에 이르면 이미 지역이 묘연하여 정신이 상쾌함을 깨닫고 문득 세상 거절하는 뜻을 갖게 되므로 휘수라 명명하고자 한다."[92]고 하였다.
- 난가爛柯 : 중국 진晉나라의 한 나무꾼이 바둑 두는 것을 구경하다가 도낏자루 썩는 줄도 몰랐다는 고사로 연유하여, 바둑 두는 재미에 정신이 팔려 시간 가는 줄을 모름을 이르는 말. (爛 : 썩을 란. 柯 : 도끼자루 가) 이곳 시에서는 고산孤山이 해남의 금쇄동에 있는 대臺의 이름으로 명명한 난가대爛柯臺를 두고 이름. 〈금쇄동기〉에 이르기를 "창송 두 그루가 서로 그늘을 드리우고 단정히 마주하고 있어 바둑을 놓는 신선이 대좌

---

92) 尹善道作金鎖洞記中例示此原文則如下也 自下來者至此則已覺區中杳然而神觀蕭爽便有謝世之意故欲命以揮手也

하고 있는 듯하므로 난가대라 명명한다."[93]고 하였다.

- 고산孤山 : 윤선도尹善道의 호. 해남군 현산면에 있는 수정동水晶洞과 금쇄동의 산거생활에서 시조문학의 걸작으로 손꼽는 〈산중신곡山中新曲〉과 〈산중속신곡山中續新曲〉을 지음으로써 국문학상 흔히 시조문학의 제1인자로 일컫는다. 아울러 한문수필로 쓴 〈금쇄동기金鎖洞記〉는 이곳 자연명승을 전하는 소중한 자료가 되고 있다.
- 귀문龜紋 : 거북의 등딱지 무늬. 신비롭게 새겨진 글자의 비유. 이 시에서는 월출암에 수놓은 듯 새겨있는 무늬를 두고 이름.

★ 金鎖洞揮手臺[94] 금쇄동의 휘수대에서

前望大芚浮蒼天 눈앞엔 대둔산이 푸른 하늘에 두둥실 떠있는데,
臺後青巖刻龍鱗 휘수대 뒤 큰 바위엔 오랜 용의 비늘이 새겨있네.
揮手臺名能想像 휘수라 한 그 이름 능히 상상할 수 있으리니,
丘壑幽邃別乾坤 언덕과 산골짜기가 그윽하고 깊숙해 별천지로다.

- 금쇠동金鎖洞 : 해남군 현산면縣山面에 있는 고을 이름. 앞에 든 시 〈방금쇄동월출암訪金鎖洞月出巖〉의 주 참조.
- 휘수대揮手臺 : 앞에 든 시 〈방금쇄동월출암訪金鎖洞月出巖〉의 주 참조.
- 대둔大芚 : 해남군 삼산면 구림리九林里에 있는 대둔산의 약칭. 항간에서는 흔히 인접해 있는 두륜산頭輪山까지를 싸잡아 이르기도 한다. 해발 672m의 높이로서 전남의 남해와 완도莞島를 마주보는 쪽에 있다. 산의 어귀에는 문화재 유적지로 유명한 대둔사(대흥사大興寺)가 있는데, 예로부터 만년불패지지萬年不敗之地로 전해오는 명소이다.

---

93) 尹善道作金鎖洞記中例示此原文則如下也 蒼松兩株交蔭端合碁仙對坐故命曰爛柯臺

94) 2005年12月3日 金鎖洞揮手臺上之懷也 金鎖洞裏山行中到奥地 探索揮手臺 暫時彷徨 而吟詠如是矣 俯瞰則幽深 仰瞻是懸崖 不拘難易別 敢冒棧道礙 又從七言詩格而整理餘情如此 大芚遐景眼前露 蒼巖龍鱗臺後圖 石上遺址誰杖屨孤山玉屑吾邦寶 左往右往後 臨揮手亭臺以再整理詩句如下提示也 參考當日所懷詩〈訪金鎖洞月出巖〉

• 청암靑巖 : 푸르스름한 바위. 이끼가 낀 큰 바위.
• 용린龍鱗 : 용의 비늘.
• 구학丘壑 : 언덕과 구렁.
• 유수幽邃 : 유심幽深. 그윽하고 깊숙함.
• 별건곤別乾坤 : 별세계別世界. 별다르게 특별히 경치가 좋거나 분위기가 좋은 곳.

★ 新正迎新[95] 신정의 새해맞이

肇歲晨光新賀祥 설날 새벽에 뜨는 해 신년의 상서를 축하하네.
萬彙群象方現影 삼라만상이 한창 새로운 형체 드러내는구나.
山上祝砲又壯觀 산 위의 축포 또한 훌륭한 경관이니,
暗黑自消將亨通 암흑은 스스로 사라지고 장차 형통하리로다.

• 신정新正 : 음력에 의한 전통적인 설이 아니라 양력에 의한 새로운 설이라는 뜻으로 양력 1월 1일을 말함.
• 영신迎新 : 신년을 맞이하는 것.
• 조세肇歲 : 한 해를 비롯하는 첫머리.
• 신광晨光 : 서관曙光. 새벽에 동이 틀 때의 빛.
• 신하新賀 : 새롭게 축하하는 것.
• 만휘군상萬彙群象 : 삼라만상森羅萬象. 우주 사이에 벌여있는 온갖 사물과 현상.
• 현영現影 : 現形. 형체를 들어내는 것. 또는 그 형체.
• 축포祝砲 : 축하의 뜻으로 쏘는 공포. 여기서는 새해의 이른 아침에 남구의 백운동 쪽에서 새해맞이의 축하로 쏘아 올리는 신년축포를 듣고 이를 두고 이름.
• 장관壯觀 : 훌륭한 광경. 또는, 훌륭하고 장대壯大한 경관.

---

95) 2006年1月1日 年頭黎旦日出感懷也 自中興洞移徙於金湖洞共同住宅(南陽아파트105棟1002號)後 始迎新之際也 欲迎歲首日出 登住宅19層屋上 暫待嵎夷曙光矣 7時半頃暗黑徐隱沒 遂日出矣 同時自白雲洞側連發年始祝砲 而告登龍之丙戌年吉祥 不能禁大壯觀之感懷也 雖歲初晨朝氣寒冷 而與東方炎精以歸室矣

• 형통亨通 : 모든 일이 뜻과 같이 잘되어 가는 것.

黎明始輝星隱沒 새벽빛 빛나기 시작하니 별들은 사라져가고,
眩亂夜色一時撤 현란한 밤경치도 일시에 걷히도다.
歲首瑞氣開天地 설날의 서기 세상천지를 밝혀 열어주매,
南畊所願亦能達 남경의 소원 역시 능히 이룰 수 있으리라.

• 여명黎明 : 여단黎旦. 희미하게 날이 밝을 무렵.
• 은몰隱沒 : 없어지는 것.
• 현란眩亂 : 정신 헷갈려 어수선함.
• 세수歲首 : 새해의 첫머리.
• 서기瑞氣 : 상서로운 기운.
• 남경南畊 : 이 시의 작자인 본인의 호. 앞에 든 시 제2부 하편下篇의 시 〈남경몽南畊夢〉의 주 참조.

★ 大寒節山行[96] 대한절의 산행

落木冬天青松茂 나뭇잎 다 떨어진 겨울 푸른 소나무는 무성하고,
烟裏殘雪解而流 옅은 안개 속 남은 눈은 녹으면서 물이 흐르네.
亭下喜鵲嘔嘔噪 쌍봉정 아래 노니는 까치 즐거워 우짖는데,
山客豈負待春嘍 산객이 어찌 봄 기다리는 새 소리 저버리겠는가.

• 대한大寒 : 1년 24절기의 마지막. 양력으로 1월 21일경이 되고, 한 해에서 가장 추운 계절로 알려졌음.

96) 2006年1月20日 中央公園双鳳亭所懷也 節氣上年中大寒之時 而氣候比較的溫和 山行中央公園內野山矣 先向西區花亭洞所在光州學生獨立紀念館 而參拜紀念塔後一週周圍景觀矣 右側山上有中央亭 左側山上有雙鳳亭 則就左側山麓 而攀登傾斜山徑 決不可易行 而不知中脫寒氣也 亭下山鳥嘔嘔歡迎 雖非鳳凰 而雙鳳亭若待山客 故心身輕快以敍懷如此也

- 산행山行 : 산길을 걸어가는 것. 운동 삼아 산에 가는 것.
- 낙목落木 : 나뭇잎이 다 떨어진 나무. 이곳 시에 나오는 '낙목 동천'은 '낙목 한천寒天(추운 겨울 날씨)'의 유사어로서 취한 표현구이다.
- 희작喜鵲 : 까치.
- 구구嘔嘔 : 즐거워하는 모양. (嘔 : 노래할 구)
- 작조鵲噪 : 까치가 지저귀어 떠드는 소리. 희소식의 징조라고 이름.
- 산객山客 : 산인山人. 등산하는 사람. 등산객.
- 대춘待春 : 봄을 기다리는 것.
- 嘍 : 새 소리 루

★ 山茶禮讚[97] 동백나무 예찬

眞紅花冠方開示 새빨간 꽃부리 활짝 피어 보이는구나.
幾夜含笑養性智 며칠이나 웃음 머금고 타고난 지혜 길렀던고.
楕圓綠葉恒有潤 타원형 푸른 잎은 매양 윤기를 간직하고 있어,
立春茶梅日新氣 입춘을 맞이한 동백나무 날로 더욱 싱싱하여라.

- 산다山茶 : 다매茶梅. 동백나무.
- 예찬禮讚 : 훌륭한 것, 좋은 것, 아름다운 것을 높이고 기리는 것.
- 화관花冠 : 꽃부리. 꽃 한 송이의 꽃잎 전체를 이르는 말.
- 성지性智 : 타고난 지혜.
- 입춘立春 : 1년 24절기의 첫째. 양력으로 2월 4일경임.
- 다매茶梅 : 산다山茶. 동백나무.

---

97) 2006年2月4日 路邊山茶禮讚也 昨年5月移徙於西區金湖洞馬峙(마재마을)所在南陽아파트105洞 住宅洞間路邊植栽數種植物而生生成長 特茶梅常綠以方開花矣 今年始迎春於此居住地 今日是24節氣中立春也 然氣溫下降于零下4度 春寒極甚而無異寒天氣像 然山茶可觀 則喇叭形花冠與常綠葉象徵立春大吉 不可不稱頌如此矣

零下麗容塵世謎　추운 날씨에도 고운 모습은 진세의 수수께끼요,
四時常綠良有以　사시사철 늘 푸르니 진실로 까닭이 있어서라.
生生之理自然訓　생생지리는 자연의 이치요 가르침이니,
人間靈長每所嗜　영장이라 이르는 인간도 매양 좋아하는 바라오.

- 여용麗容 : 아름다운 얼굴.
- 진세塵世 : 티끌세상.
- 상록常綠 : 나뭇잎이 일 년 내내 푸름.
- 以 : 까닭 이.
- 생생지리生生之理 : 모든 생물이 생기고 퍼지는 자연의 이치.
- 영장靈長 : 영묘한 힘을 가진 것의 우두머리. 곧, 사람을 가리키는 말.

★ 無等雪景[98] 무등산의 눈 경치

百頃廣緞天惠銀　백경의 널따란 비단은 하늘이 내린 은세계로다.
凜乎玉山遐益戀　늠연하구나, 옥산의 모습이 멀수록 마음 당기네.
上下縞谷爲誰路　위아래 비단 같은 골짜기는 누굴 위한 산길인고.
任意難攀心咨歎　뜻대로 오르지 못해 마음은 아쉬운 탄식이로세.

- 無等 : 무등산의 약칭. 앞에 든 제1부 하편下篇의 시 〈무등산세無等山勢〉의 주 참조.
- 백경百頃 : 지면이나 수면이 아주 넓은 것을 이름.
- 광단廣緞 : 곱게 펼쳐진 널따란 비단. 이 시에서는 흰눈에 쌓여 널따란 비단처럼 보이는 무등산의 광경을 형용하여 이른 말임.
- 천혜天惠 : 하늘이 베푼 은혜.

---

98) 2006年2月9日　遐望無等雪山之懷也　節序方立春　昨夜達曙降雪　天地變銀世界　山野樹木之玉龍召我　以向金湖洞楓岩堤矣　登堤上山嶺　遠望無等山中峯雪景　當場欲向無等雪山也　然老身不如意　但追憶少時雪中登攀耳

- 옥산玉山 : 눈이 쌓인 산.
- 늠호凜乎 : 늠연凜然. 의젓하고 당당한 모습.
- 縞 : 흰 깁 호.
- 자탄咨歎 : 아끼고 애석하게 여겨서 탄식하는 것. 또는, 그러한 탄식.

★ 觀戰氷上競技[99] 빙상경기 시합을 보고

出戰世界杯 월드컵 빙상 경기에 출전하여
敢鬪能動天 용감하게 싸워 능히 하늘을 감동케 했네.
男女共快勝 남녀 선수가 다함께 통쾌한 승리 이루었으니,
感激難形言 이 감격은 말로 다 형언할 수 없어라.

- 빙상경기氷上競技 : 얼음 위에서 하는 경기. 여기서는 2006년 2월에 이태리伊太利에서 개최한 국제빙상 올림픽대회의 스케이팅 경기를 두고 이름.
- 世界杯 : 월드컵. 스포츠 경기의 국제 선수권 대회. 또는, 그 우승배.
- 감투敢鬪 : 감전敢戰. 용감하게 싸우는 것.
- 동천動天 : 하늘을 움직일 만큼 세력이 성한 것.
- 쾌승快勝 : 시원스럽게 이기는 것. 또는, 그런 승리.

氷上競技國際戰 빙상경기의 월드컵 국제전에서
男女爭取金銀冠 남녀가 다함께 금은관의 영광을 쟁취하였다오.
千米試合安君勝 천 미터 경주의 시합에선 안현수 군의 승리요,
阡五百米陳孃選 천오백 미터 경주에선 진선유 양의 우승이라네.

---

99) 2006年2月19日 世界氷上競技觀戰所懷也 歐羅巴洲所在伊太利開催世界杯氷上競技 我國選手出戰男子千m與女子千五百m 快擧以集中世界人耳目矣 男選手安賢洙獲得金冠 又李昊錫獲銀冠 而女選手陳善有獲金冠之榮光 又崔恩景獲銀冠 而男女選手壯快共同優勝也 韓國勝戰氣魄衝天 此是有史未曾有大慶事 唯願太極戰士實力永遠發揮矣 此依無線電視觀戰 而全國民之感懷無窮耳

四傑奮鬪驚人類　뛰어난 네 선수의 분투로 세계인류를 놀라게 하고,
萬民歡呼泣鬼神　온 국민도 환호하여 귀신까지 감동케 하였노라.
槿域名聲振四海　우리나라의 명성을 온 세상에 크게 떨쳤으니,
將來韓流應榮轉　장래 한국의 발전은 영광스럽게 나아가리라.

- 국제전國際戰 : 월드컵 경기.
- 쟁취爭取 : 싸워서 얻는 것.
- 금은관金銀冠 : 금관金冠과 은관銀冠을 두고 이름. 금관은 옛날 주로 왕이 쓰던 금으로 만든 관이라는 뜻으로, 승부를 가리는 시합 등에서는 흔히 첫째가는 자에게 주는 관이요, 은관은 은으로 만든 관이라는 뜻으로, 주로 금관 다음의 순에게 주는 관이다.
- 안군安君 : 월드컵 빙상경기 1000m 경주에 출전하여 금관왕을 획득한 안현수安賢洙 선수.
- 진양陳孃 : 월드컵 빙상경기 1500m 경주에 출전하여 금관왕을 획득한 진선유陳善有 선수.
- 사걸四傑 : 뛰어난 네 사람. 여기서는 위에 든 안현수 및 진선유 선수를 비롯하여, 같은 경기에서 1000m 경주에 출전하여 은관왕을 획득한 이호석李昊錫 선수와 1500m 경주에 출전하여 은관왕을 획득한 최은경崔恩景 선수 등 뛰어난 네 사람을 두고 이름.
- 분투奮鬪 : 분전奮戰. 있는 힘을 다하여 싸우는 것.
- 만민萬民 : 온 국민. 만백성萬百姓.
- 환호歡呼 : 기쁘거나 감격하여 부르짖는 것.
- 근역槿域 : 무궁화가 많은 땅이라는 뜻으로, 우리나라를 달리 이르는 말.
- 사해四海 : 온 세상. 만방萬邦.
- 한류韓流 : 한국이 펼치는 흐름.
- 영전榮轉 : 승전升轉. 먼저 있던 자리보다 좋은 자리나 지위로 옮기는 것.

★ 訪懷齋故土[100] 회재 박광옥의 고향땅을 찾아

喜鵲提提飛 반가운 까치 때 여기저기서 날아다니는 중에,
遭逢懷山老 우연히도 회산 마을 고로古老를 만났노라.
交談人物論 마을의 옛날 인물을 두고 즐겁게 의론하다가,
歸程負夕照 집 돌아오는 길엔 석양의 낙조 등에 짊어졌다네.

- 회재懷齋 : 조서시대 중기의 문신 박광옥朴光玉(1526~1593)의 호. 그는 조선시대의 문신이요, 충의 열사. 광주시 서구 매월동梅月洞 회산懷山 마을이 그의 출생지이다. 마을 앞 전평제前坪堤 방죽가에는 '회재 박선생유허비懷齋朴先生遺墟碑'가 세워 있다. 생존 시 개감산蓋甘山 서편에 서실을 두고 개산송당蓋山松堂이라 하였으며, 전평제 물가에서는 수월당水月堂이라는 정자를 조영하여 고경명高敬命・이만인李萬仁 등과 시적 교유를 갖기도 하였다. 1592년 임진왜란 때는 고경명・김천일金千鎰 등과 의병을 일으켰으며, 고향의 의병도청에서 군대의 장비와 양식을 조달한 애국지사이다.
- 희작喜鵲 : 까치. 이 새가 울면 반가운 손님이 온다하여 길조吉鳥라 이름.
- 시시提提 : 새가 때지어 나는 모양. (堤 : 때지어 날 시)
- 조봉遭逢 : 조우遭遇. 우연히 만나는 것.
- 회산懷山 : 회산촌懷山村의 약칭. 회재 박광옥이 태어난 마을로서 개감산 아래에 있다.
- 노老 : 고로古老를 가리킴. 경험이 많고 옛일을 많이 알고 있는 늙은이.
- 교담交談 : 서로 말을 주고받는 것.
- 귀정歸程 : 귀로歸路. 귀도歸途. 돌아가거나 돌아오는 길.
- 석조夕照 : 낙조落照. 지는 햇빛.

---

100) 2006年2月21日 懷齋故土懷山探訪之懷也 欲探索朴光玉故土之遺墟 擇山田路以行矣 忽然五六喜鵲成群而飛旋回 若歡迎來賓之探訪也 光州市西區梅月洞懷山村前有廣闊貯水池 稱前坪堤 懷齋朴先生遺墟碑建立於此 讀破碑文 以感激不已 誰默過壬亂當時朴光玉擧義盡忠事乎 暫時後遭遇懷山村一古老 問蓋甘山(개금산)名及懷山村之由來 而聽聞具體的說明 歡談後相別之際方日暮 負夕暉以歸家矣 參考當日所作詩二篇中〈懷齋追頌〉

★ 懷齋追頌[101] 회재 박광옥을 추송하며

人傑地靈傳古諺　속담에 좋은 땅이라야 뛰어난 인재가 나온다더니,
蓋甘峯下是懷山　개금산 아래가 바로 회재 태어난 회산 마을이로다.
壬亂義擧尚膾炙　임란 때의 의거 여러 사람들의 입에 오르내림에,
豹死留皮今再聞　표범은 죽어서 가죽을 남긴다는 말 이제 또 듣노라.
水月堂址猶歷然　방죽 가 수월당의 옛터는 지금도 역력한데,
健齋霽峯何時緣　김천일·고경명 등과는 어느 때의 인연이던고.
暫問前坪此遺事　이의 옛일을 잠시 전평제에 물었더니,
清波亦動頌忠魂　맑은 물결 일면서 또한 그들의 충혼을 기리는 듯.

전평제 호반의 회재 박선생 유허비

- 회재懷齋 : 임진왜란 때에 의병義兵과 의곡義穀을 모아 공을 세웠던 박광옥朴光玉의 호. 앞에 든 시〈방회재고토訪懷齋故土〉의 주 참조.
- 추송追頌 : 죽은 이의 공적이나 착한 행동을 칭송하는 것.
- 인걸지령人傑地靈 : 땅이 좋아야 뛰어난 인재가 난다는 말.
- 인걸人傑 : 특히 뛰어난 인재.
- 지령地靈 : 토지의 정령精靈. 토지를 신앙의 대상으로 삼는 경우에 볼 수 있음.
- 고언古諺 : 예부터 전해오는 속담.
- 개감봉蓋甘峯 : 개감산의 산봉우리. 회산懷山 마을 뒤의 산 이름. 앞에 든 상편上篇의 시 〈등개감산登蓋甘山〉의 주 참조.
- 회산懷山 : 박광옥이 태어난 마을. 원래 개산蓋山이라 하였는데, 뒷날 그

---

101) 2006年2月21日 前坪堤懷齋遺墟碑前所懷也 散策梅月洞懷山村前前坪堤水邊路 終臨懷齋朴先生遺墟碑 不知中自肅然矣 一讀碑銘全文 而再攄得人傑遺芳也 又至村中心街 而尋訪先生生家遺跡 於路邊發見壬亂功臣懷齋朴光玉先生碑誌 以感銘不已矣 依懷齋集復探索先生之憂國忠節 其與名人交遊於水月堂則可想遺址在於前坪堤水邊 乃汲古洗心以起興矣 參考當日作詩〈訪懷齋故土〉

의 호를 좇아 이렇게 개칭되었다고 전함. 박광옥의 생가 터는 이곳 '壬亂功臣懷齋朴光玉先生碑誌'의 비가 있는 곳, 지금은 '흥부놀부'의 음식점이 자리하고 있다.

- 임란壬亂 : 임진년(1592)에 왜군이 우리나라에 침입해 왔던 임진왜란.
- 회자膾炙 : 널리 상찬되어 사람의 입에 오르내리는 것.
- 표사유피豹死留皮 : 호사유피虎死留皮. 중국 송나라의 문인 구양수歐陽脩가 지은 〈신오대사新五代史〉의 〈사절전死節傳〉에 나오는 말로서, 표범은 죽어서 가죽을 남긴다, 즉 사람은 후세에 명예를 남겨야 한다 함을 뜻함.
- 수월당水月堂 : 별칭 수월정水月亭. 박광옥은 연못 위에 정자를 지어 수월당이라 한 현판을 걸고, 김천일·고경명 등 당시 명사들과 다정한 정을 나누었다고 전함. 현지에 있는 〈회재박선생유허비懷齋朴先生遺墟碑〉의 비문 참조.
- 건재健齋 : 조선시대 임진왜란 때의 의병장 김천일金千鎰(1537~1593)의 호.
- 제봉霽峯 : 조선시대 임진왜란 때의 의병장 고경명高敬命(1533~1592)의 호.
- 전평前坪 : 전평제前坪堤의 약칭. 광주광역시 서구 매월리梅月里의 회산마을과 개산介山마을 사이에 있는 저수지. 앞에 든 상편上篇의 시 〈교외영춘郊外迎春〉의 주 참조.
- 유사遺事 : 예로부터 전해오는 사적. 또는, 죽은 사람이 남긴 사적.
- 충혼忠魂 : 충의를 위하여 죽은 사람의 넋.

★ 詠梅[102] 매화를 보고 읊다

玉屑亂風飛 눈이 바람에 날려 어지럽게 휘날지만,
春梅不拘寒 봄철의 매화 추위에도 얽매이지 않네.
或怨花妬娟 혹시 봄에 이는 꽃샘을 원망할지언정,
豈改君子顔 어찌 군자다운 얼굴빛을 고치려 하랴.

---

102) 2006年3月13日 望月村梅花之懷也 廣闊梅園形成於西區金湖洞望月農園矣 散策後山麓下山徑中 發見丘陵上玉骨滿發而聯想仙苑 此焉非別世界乎 然今氣溫零下5度 寒風殺到以白雪風飛雹散 是亦謂異景而實好事多魔也 暫時想起古來膾炙教訓章 卽梅一生寒不賈香也 纔抑多感而于先述懷如此矣 參照今日作詩〈於楓岩垈田梅園〉

• 옥설玉屑 : 펄펄 날리는 눈의 형용.
• 풍비風飛 : 바람을 타고 흩날리는 것.
• 춘매春梅 : 봄에 피는 매화나무.
• 화투연花妬娟 : 꽃샘. 이른 봄, 꽃이 필 무렵에 추워지는 일. 또는 그 추위.
• 군자君子 : 학식이 높고 행실이 어진 사람. 마음이 착하고 무던한 사람. 예로부터 매화는 난蘭·국菊·죽竹 등과 함께 지목하여 4군자의 하나로 칭송되어 왔다.

★ 於楓岩垈田梅園[103] 풍암 텃밭 매화동산에서

玉雪如蝶紛紛中 흰눈이 나비마냥 어지럽게 날리는 중에,
數千枝上點點紅 수천 나뭇가지 위에는 점점마다 붉구나.
春寒猜忌能堪耐 봄추위의 시기에도 능히 감내하고 있으니,
果園君子亦探賞 과수원의 군자 역시 구경할만하여라.

• 풍암대전楓岩垈田 : 광주시 서구 풍암동에 있는 풍암텃밭. 군사골 앞에 바라보이는 커다란 구릉에 있는 텃밭(대전垈田)으로서 넓은 매원을 이루고 있다. 금호동의 망월마을과 경계를 이루고 있어 이 구릉 경계의 서쪽은 망월마을이요, 동쪽은 풍암텃밭이다.
• 매원梅園 : 매화나무 밭.
• 옥설玉雪 : 백옥같이 희고 깨끗한 눈.
• 분분紛紛 : 흩날리는 모양이 뒤섞여 어수선함.
• 과원果園 : 과수원果樹園의 준말. 과일 나무를 전문적으로 재배하는 곳.
• 탐상探賞 : 경치가 좋은 곳을 찾아서 구경하며 즐기는 것.

---

103) 2006年3月13日 楓岩垈田梅花感懷也 經過金湖洞望月村丘園 而至丘東楓岩農園 則又大梅園形成於垈田 雪天下梅花滿發以可謂一品畵境矣 乃登如此別天地丘園 先詠梅後 再述懷垈田訪花之感也 參照今日作詩〈詠梅〉

★ 梅園遺憾[104] 매화나무 밭에서의 아쉬움

香雲滿丘園 한창 만발한 매화꽃 높직한 과수원에 가득,
芳氣隱隱起 꽃향내도 은은하게 이는구나.
天公不出月 하느님께서는 달을 띄워 보내지 않으니
遊客惜夜氣 찾아온 유객 어두운 밤기운이 아쉽기만 해라.

망월마을 언덕의 매화원

- 매원梅園 : 매화나무 밭. 여기서는 광주시 서구 금호동의 망월마을에 있는 매화동산을 두고 이름. 이곳 대형 구릉의 고개 너머의 풍암텃밭에도 매원이 형성되어 있다.
- 향운香雲 : 한창 흐뭇하게 핀 흰 꽃.
- 구원丘園 : 조금 높은 곳에 있는 화원이나 과수원.
- 방기芳氣 : 향냄새.
- 은은隱隱 : 겉으로 뚜렷하게 드러나지 않고 어슴푸레하게 내비쳐 있는 모양.
- 유객遊客 : 놀고 지내는 사람. 유람하고 돌아다니는 사람.

★ 於梅花園[105] 매화나무 동산에서

東山爲花海 매화나무 동산이 꽃 바다가 되었는가.
麗顔有紅潮 꽃잎마다 고운 얼굴엔 홍조를 띠었구나.

---

104) 2006年3月28日 望月村梅花園探訪中遺憾也 晩餐後想起15日前訪花 兼散步金湖洞望月村梅園而午後8時頃再當到當地矣 玉骨滿發於大農園以如前誇示花海然今時陰曆2月末以不能企待月出 不可拒惜情而述懷如此矣 參照去13日作詩〈於楓岩垈田梅園〉

105) 2006年3月31日 望月村梅園東山卽詠也 午後出行金湖洞望月村路 此處丘園是平素往來之東山也 想起數日前訪花以今亦向其名園矣 名勝華麗如前以錯覺桃花園 突然生杞憂之心而作詩如此矣 參照今3月中旬所製望月村梅花詠矣

設使桃色園 설사 이곳이 도색의 화원과 같다고 한들,
玉骨焉賣笑 고결하다는 매화가 어찌 웃음을 팔리오.

- 매화원梅花園 : 매화나무로 이루어진 동산. 앞에 든 시의 주 매원梅園 참조.
- 동산東山 : 마을 부근에 있는 낮은 언덕이나 산을 뜻하는 동산으로서 이를 한자의 표음 차자로 표기한 것임.
- 화해花海 : 화계花界. 꽃에 휩싸인 넓은 곳. 꽃이 만발하여 있는 모양.
- 여안麗顔 : 고운 얼굴.
- 홍조紅潮 : 부끄럽거나 취하여 붉어진 얼굴.
- 도색桃色 : 복숭아와 같은 빛깔. 연분홍빛.
- 옥골玉骨 : 매화를 달리 이르는 말.
- 매소賣笑 : 술자리에서 웃음을 파는 것.

★ 女巨人頌[106] 여자 거인을 기리며

廣背如船動 널따란 등판은 바다 배처럼 움직이고,
用力獅子氣 힘을 내면 힘센 사자의 기운이로다.
難辨男女別 남자인지 여자인지 판단하기 어려우니,
造物多能技 조물주에겐 능수능란한 재주 많은가 보다.

- 거인巨人 : 대인大人. 몸이 아주 큰 사람. 또는, 어느 분야에서 능력이 매우 뛰어나거나 위대한 업적을 남긴 인물.
- 용력用力 : 마음이나 힘을 쓰는 것.
- 능기能技 : 모든 일에 능한 재주.
- 조물造物 : 조물주의 준말. 조화신造化神. 조화옹造化翁. 우주의 만물을 만든 신.

---

106) 2006年4月16日 目擊女巨人之懷也 午前禮拜於金湖洞聖堂 歸路目擊一女人矣 主堂丘陵下有兒童小公園 雖非駐車場 而數輛駐車於是 有女人整備園內障碍物 自由自在牽引車輛也 近接見之 巨人而勇力非凡 而比肩獅子之壯士 內心感銘造化翁之多能矣 乃有住民以問之 皆指摘女人之資稟 而稱頌率先公事之人品 亦實感此是女巨人 欲傳世人爲教訓以抒懷如此矣

當面難事自進擔　당면한 난사는 자진해서 담당하고,
先公後私率垂範　선공후사하여 모범을 보인다구나.
世上何拒此鑑戒　세상이 어찌 이같은 가르침을 거부하리오.
心身兼備巨人品　몸과 마음 다같이 거인의 인품 겸비했는데.

- 난사難事 : 어려운 일.
- 선공후사先公後私 : 공적인 일을 먼저 하고 사사로운 일을 뒤에 돌림.
- 솔수범率垂範 : 수범垂範을 이끄는 것. 즉 솔선수범率先垂範을 두고 이름.
- 수범垂範 : 모범을 보이는 것.
- 감계鑑戒 : 본받을 만한 계훈戒訓.
- 인품人品 : 사람의 품격이나 품위. 또는 사람의 됨됨이.

★ 散策隨想[107] 산책하면서 떠오르는 생각

綠野鶴步際　푸른 들을 천천히 걷노라니,
頻聞布穀聲　번번히 뻐꾹새 우는 소리 들리노라.
農作方奔走　재촉하는 소리에 농사일 한창 분주한데,
政爭錯覺忙　정객들의 싸움도 착각하고 바쁜가보다.

- 수상隨想 : 그때그때 일어나는 느낌이나 생각. 또는 그것을 적은 글.
- 녹야綠野 : 풀이 가득한 푸른 들.
- 학보鶴步 : 학과 같이 천천히 걸음.
- 포곡성布穀聲 : 뻐꾸기 우는 소리. 농사를 재촉하는 소리로 예부터 일러옴.
- 정쟁政爭 : 정치상의 싸움.
- 착각錯覺 : 잘못 보거나 듣거나 느끼는 것.

---

107) 2006年4月18日 八鶴山散策中隨想也 午後向梅月洞所在梅月里貯水池 左右有八鶴山與釋迦山 兩者指呼之間 登前者以遊步山脚矣 穀雨直前之際山林蒼蒼而兩山獲穀聲相應 暫想起現政局 則相反以對照的也 依時下報道 則政爭極甚相殘一一難枚擧 痛嘆不已 欲勸傾聽布穀聲以自省 因而卽吟如是矣 生生之理目前見 人世追求逆自然 出乎爾者反乎爾 誰怨誰咎須自反

八鶴釋迦個別山 팔학산과 석가산은 서로 별개의 산이지만,
共助力作青自然 서로 도와 푸른 자연의 역작이구나.
今世政界何如乎 그러나 금세의 우리 정계는 어떠한고.
黨利追求唯相殘 당리만 추구하느라 오직 해치는 판이로세.

- 팔학八鶴 : 팔학산八鶴山의 약칭. 광주시의 서구와 남구의 경계에 있는 산. 서구 쪽에는 매월동의 매월저수지를 경계로 하여 팔학산과 석가산이 서로 갈라져 있다.
- 석가釋迦 : 석가산釋迦山의 약칭. 매월동의 매월저수지를 경계로 하여 팔학산과 서로 갈라져 있는 산.
- 공조共助 : 여럿이 함께 돕는 것.
- 역작力作 : 힘을 기울여 짓는 일. 또는 그러한 작품.
- 당리黨利 : 한 정당의 이익.
- 상잔相殘 : 서로 싸우고 해치는 것.

★ 綠樹禮讚[108] 녹수를 예찬하며

千紫萬紅昨日景 울긋불긋 천자만홍이 엇그제의 경치인데,
紅落綠生自然情 꽃 지자 잎이 푸르니 자연의 변함없는 뜻이로세.
花木欣欣實有以 꽃나무가 마음에 흡족함은 실로 까닭이 있어서니,
前功後續由此頌 앞서 세운 공 뒷날까지 이어짐은 이래서 기린다오.

- 천자만홍千紫萬紅 : 만자천홍萬紫千紅. 울긋불긋한 여러 가지 꽃의 빛깔.

108) 2006年4月21日 常綠園季春之懷也 全南道立大教授崔漢善博士出刊詩集「화사한 고독」今日午後6時30分開催出版記念會於光州市西區農城洞所在常綠會館矣 參席次搭乘市內共用車 目的地到着直前覘望窓外樹木綠雲 則櫻花已盡以新綠方蒼也 本來農城洞常綠園是花海勝地 然芳園今爲綠樹區 以綠雲誘惑行人 可謂花落葉青矣 因此以詩集譬喩綠樹 而作詩兼祝崔博士出版之慶事也

또는 그 꽃.

- 경景 : 경치景致의 준말. 멀리 보이는 자연이나 지역의 모습.
- 홍락녹생紅落綠生 : 꽃이 떨어지면 곧 이어 푸른 잎이 성함을 이름
- 흔흔欣欣 : 마음에 매우 기쁘고 흡족함.
- 以 : 까닭 이.
- 전공前功 : 전에 세운 공로나 공적.

★ 全南大綠樹街[109] 전남대학교의 녹수 거리에서

研眞學堂親自然 진리를 닦는 학당이 자연과 친하여서
雲樹堵列路兩面 길가 양면엔 거목이 줄지어 늘어서 있네.
新綠隧道脫塵衢 신록 우거진 수림의 굴 속세를 멀리 하고 있어,
龍鳳鵬圖將大振 용봉인들 큰 포부 역시 크게 떨치리라.

전남대학교 입구의 녹수거리

- 전남대全南大 : 광주시 북구 용봉동龍鳳洞에 있는 국립 전남대학교의 약칭.
- 녹수가綠樹街 : 푸른 나무 거리. 이곳 시에서는 메타세쿼이아가 하늘을 찌르듯 높이 자라서 푸른 나무숲으로 우거진 전남대 입구의 정문 거리를 비롯하여 대학교 각처의 대형 녹수 거리를 두고 이름.
- 연진研眞 : 진리를 연구하여 닦는 것.
- 학당學堂 : 글방. 또는 학교.
- 운수雲樹 : 구름이 걸릴만한 높은 나무.
- 도열堵列 : 죽 늘어서는 것. 또는, 그 늘어선 대열.

---

109) 2006年5月10日 全南大街路樹所懷也 人文大尹坪鉉學長招請今年度停年教授退任式矣 乃到着校門而徒步行街路樹窟 路兩面메타세쿼이아(metasequoia)長成堵列 雲樹參天以形成長隧道 實壯觀以別有天地非塵衢也 我祈願龍鳳人成就鵬程萬里之青雲 以當具備風塵表物之人格也 又想起我半平生勤務於此 不能抑落葉歸根之懷 則尤感慨無量矣

• 수도隧道 : 터널. 굴. 위의 시에서는 앞에 제시한 운수의 굴을 두고 이름.
• 진구塵衢 : 먼지와 티끌로 더럽혀진 거리. 곧 속세俗世를 이름.
• 용봉龍鳳 : 용과 봉황. 뛰어난 인물의 비유. 이곳 마을을 용봉마을이라 한데서 이의 약칭으로 일컬음. 따라서 전남대학교가 위치한 마을 이름을 따라 그 곳의 교수와 학생 및 교직원들을 가리켜 흔히 용봉인이라 이름.
• 사해四海 : 온 세상.
• 붕도鵬圖 : 원대한 계획 또는 포부.
• 대진大振 : 크게 떨치는 것.

★ 孟夏散策中[110] 초여름 산책 중에

耳在天地籟 천지자연의 소리 듣노라고 귀 기울이니,
眼前物物新 눈앞의 가지가지가 모두 새로워라.
鶯歌何處來 꾀꼬리 우는 소리 어디서 들려오는고.
時聞林下囀 때때로 나무숲 속에서 우짖는구나.
桐英幾千点 오동나무 꽃송이는 몇 천 점인고.
谷口滿芳薰 향기로운 꽃 냄새 골짜기에 가득하여라.
花氣使禽詠 꽃기운이 새들로 하여 노래 부르게 하고,
鳥鳴令樹芬 우짖는 새 소리 나무로 하여 향긋하게 하네.

• 맹하孟夏 : 초여름. 음력 4월을 달리 이르는 말.
• 천지뢰天地籟 : 천뢰天籟와 지뢰地籟.
• 천뢰天籟 : 천연·자연의 소리. 바람 소리·비 소리 따위.
• 지뢰地籟 : 땅이 울리는 갖가지 소리.
• 앵가鶯歌 : 꾀꼬리의 노래.
• 동영桐英 : 오동나무에 핀 꽃.

---

110) 2006年5月13日 望月村後東山散策之懷也 孟夏綠陰之節 午前9時頃 向金湖洞所在望月村後山麓 而追行望月路矣 路邊아카시아(acacia,아까시나무)花滿發 以花香滿潛於谷 農場後東山有老巨梧桐四株 亦滿開以形成大花園 可謂梧孫一枝抵萬金矣 又山鳥聲或前或後 若聞放聲唱時節歌 使山行者謳歌歲時興矣

• 곡구谷口 : 골짜기의 어귀.
• 방훈芳薰 : 꽃다운 향기. 또는 좋은 냄새.

視則皆成色 눈을 쳐들고 보면 모두가 아름다운 경치요,
聞來鳥相喚 들리는 게 산새들이 서로 부르는 소리로다.
見無音與馫 새소리와 꽃향기 보아도 보이지는 않으나,
可得各有欣 각각 흥겨운 즐거움이 있음을 알겠노라.
特參孟夏宴 특별히 초여름의 잔치에 참석하고 보니,
心身合自然 몸과 마음 곧바로 자연 속에 빠져드노라.
夕曛催歸路 석양에 이는 땅거미 돌아갈 길 재촉하지만,
山河無不珍 자연 산하는 진기하지 아니함이 없구나.

• 馫 : 향기 흥
• 석훈夕曛 : 땅거미. 해가 진 뒤에 어스레하게 남는 빛.

★ 稻米樹花[111] 이팝나무 꽃

五月薰風勝凉時 오월 훈풍이 시원한 바람보다도 좋은 때로다.
香雲菲菲潔有美 만개한 꽃 한창이라 깨끗하고도 아름다워라.
若似綠葉戴素穀 푸른 잎은 마치 그 위에 흰쌀 낱알을 이고 있는 듯,
冬天瑞英積樹枝 겨울에 내린 눈이 나뭇가지에 쌓인 듯도 해라.
先妣落淚暫回想 선비께서 생존시 흘리시던 눈물 잠시 회상됨은
日帝强要供出米 일제 때 이팝나무 꽃 같은 백미를 공출 당해서라오.

111) 2006年5月14日 路邊米飯樹感懷也 過金湖洞西區文化院至望月村之間 車道路邊丘壟下 數種樹木茂盛矣 新綠之際稻米飯樹數株生生以開花而誘惑行人 我亦發見以訪花也 霎時回憶國民學校通學時節米飯花 當時日本帝國收奪韓國農民而强要米穀供出 吾家亦米穀多量與食器類等被奪以母親切痛落淚不禁矣 故韓國農民目擊米飯樹花 則聯想米穀以愛之頌之 然嗚呼痛哉 誰報償農民之如此痛忿乎 感懷錯雜以如此述懷也

但以觀樂自爲足 단지 구경만으로 스스로 만족하려 했는데,
深醉爾容當奈之 너의 모습에 취해버리니 당장 이를 어찌하리오.

- 도미수稻米樹 : 이팝나무라 이르는 활엽 교목의 호칭을 한자어로 전환한 표기. 물푸레 나뭇과의 낙엽 활엽 교목. 잎은 마주나며 타원형이고, 봄에 흰 꽃이 피며, 가을에 열매가 까맣게 익음. 이 나무에 피는 흰 꽃이 이밥처럼 보인 데서 속칭 이밥나무 · 입밥나무 · 쌀밥나무 등으로 통용한다. 따라서 도미稻米는 입쌀(멥쌀을 잡곡에 대하여 이르는 말)의 뜻이요, 이밥은 입쌀로 지은 흰밥, 즉 쌀밥을 가리켜 이른다.
- 훈풍薰風 : 첫여름에 부는 훈훈한 바람.
- 승량시勝凉時 : 가을 시원할 때보다 더 좋은 때.
- 향운香雲 : 꽃이 만개한 모양.
- 비비菲菲 : 꽃이 아름다운 모양. 풀이 무성한 모양.
- 소곡素穀 : 흰 낱알. 흰 곡식. 백미白米, 즉 흰쌀을 두고 이름.
- 서영瑞英 : 서화瑞花. 설화雪花. 겨울의 눈(설雪)을 달리 이르는 말.
- 선비先妣 : 돌아가신 어머니. 일본제국이 우리나라를 강점하고 있을 때 우리 농촌에 공출미供出米를 강요한 바가 있는데, 이곳 시에서는 이러한 강요로 선비께서 흘리신 눈물을 연상하여 취한 시구임.
- 공출미供出米 : 공출한 쌀. 또는, 공출로 쌀을 내는 것.
- 공출供出 : 당국의 수요에 따라 곡식이나 기물을 의무적으로 내놓는 것.
- 관락觀樂 : 구경하여 즐김.

★ 果川顯忠塔前[112] 과천의 현충탑 앞에서

造形雄偉聳 높이 솟은 조형탑 훌륭하여라.

112) 2006年6月4日 果川顯忠塔前所懷也 昨日與妻上京 而留宿於京畿道果川所在次子家 今日豫定行禮山德山溫泉矣 出發前逍遙果川中央公園 以參拜顯忠塔臨塔威容以甚感銘也 又讀塔面刻字詩以再感銘 向行先地走行車中綿綿想起以醉其詩想矣 固提示結辭部分頌禱辭則如是 생명을 조국에 바친 영령이시어 영원히 살으소서 我亦構想作詩 而不能消塔面詩趣 不可不根據其敍述 以從其措辭順而述懷也 參考當日所懷詩〈過西海大橋〉

忠義沖天高　충의가 충천하여 드높도다.
塔面刻字詩　탑면에 새긴 글자의 시는
句句感銘調　구절구절 감명 깊은 가락이로다.

과천 중앙공원의 녹수와 현충탑

• 과천果川 : 경기도의 중남부에 있는 과천시를 두고 이름. 서울과 경기도 안양시 및 과천시의 경계에 있는 관악산冠岳山(높이 629m)에서 내려다보이는 곳이다. 정부 제2청사와 서울대공원이 자리하고 있어 더욱 명소로 알려져 있다.
• 현충탑顯忠塔 : 나라를 지키기 위하여 싸우다 숨진 사람들의 충성을 기리기 위하여 세운 탑. 이곳 시에서는 경기도 과천 중앙공원에 자리 잡아 1990년 6월 6일에 제막한 탑을 말한다. 널찍하게 큰 세 개의 기둥을 높이 세우고, 12개의 단을 쌓아 올리는 조형으로 된 탑인데, 그 뒷면에는 육군 14명 · 경찰 4명 · 공군 4명 · 해군 3명 · 기타 23명 등 총 148명의 영령들 이름을 새겨 기리고 있다.
• 조형造形 : 형태를 이루어 만드는 것.
• 웅위雄偉 : 웅장하고 훌륭함. 뛰어나게 훌륭함. 씩씩하고 뛰어남.
• 충천沖天 : 하늘 높이 올라가는 것.
• 각자刻字 : 글자를 새기는 것. 이곳 현충탑에는 김태수金汰洙의 작시로서 다음의 시가 새겨 있다. 날파리는 하루, 꽃은 열흘, 권세는 십년, 인생은 백년, 예술은 천년, 시간과 공간은 무한, 사랑은 영원, 생명을 조국에 바친 영령이시어 영원히 살으소서.

蜉蝣生一日　하루살이는 하루를 살면서,
焉敢舍意吐　어찌 감히 자신의 뜻을 토해내랴.
花已十日紅　꽃은 이미 십일 넘게 붉었으니,
蜂蝶待不到　벌 나비 기다려도 오지 않는다네.
權無旬年享　권력 역시 십년 넘게 누릴 수 없으니,

政客須省悟 정객들 모름지기 깨우쳐야 하리.
人間難白壽 사람은 아흔 아홉 살기도 어렵다네.
無常如草露 인생이 덧없기는 초로와 한가지로다.

- 부유蜉蝣 : 음생충陰生蟲. 하루살이.
- 언감焉敢 : 어찌 감히.
- 함의含意 : 웃음을 머금는 것. 또는, 꽃이 피기 시작하는 것.
- 화이십일홍 봉접대부도花已十日紅蜂蝶待不到 : 꽃이 이미 십일 홍이면 오던 봉접 기다려도 아니 온다는 속담의 표기임.
- 봉접蜂蝶 : 벌과 나비.
- 순년旬年 : 10년.
- 성오省悟 : 반성하여 깨닫는 것.
- 백수白壽 : 99세. 한자 百에서 一을 제외하면 白 자가 되는 것과 연관하여, 수자 100에서 1을 뺀 99를 한자 白으로 대신한 데서 연유한 말.
- 무상無常 : 덧없는 것.
- 초로草露 : 풀에 맺힌 이슬.

時空未有限 시간과 공간은 끝이 없고,
宇宙廣亦昊 우주는 크고도 넓은데,
烈士存其間 우리 열사들 그 사이에 엄존하면서
盡誠求大道 정성을 다해 인생 대도를 추구하였도다.
狙國忻致命 나라 구하자고 흔연히 목숨을 바쳤나니,
英靈應脫苦 영령들이여 응당 괴로움은 벗어버렸으리.
衷情頌遺芳 마음속 깊이 꽃다운 명예 기리노라.
祈進冥福路 기원하오니 명복의 길로 나아가소서.

- 시공時空 : 시간과 공간을 아울러 이르는 말.
- 우주宇宙 : 대기권 외의 공간. 온갖 사물을 포괄하는 공간. 무한한 공관과 유한한 시간.
- 열사烈士 : 나라를 위하여 맨몸으로 저항하다가 죽음으로써 높은 지조를

나타낸 사람.
• 대도大道 : 옳은 길. 사람이 마땅히 지켜야 할 큰 도리.
• 저국拒國 : 위기에 처한 나라를 건져냄. (拒 : 건져낼 저)
• 치명致命 : 신명身命을 바치는 것. 또는, 목숨이 끊어질 지경에 이르는 것.
• 충정衷情 : 마음에서 우러나오는 참된 정.
• 유방遺芳 : 유방流芳. 꽃다운 명예를 후세에 남김. 또는 그 명예.
• 명복冥福 : 죽은 뒤의 행복.

★ 過西海大橋[113] 서해대교를 지나며

懸垂連行淡 매달아놓은 쇠줄은 행담도까지 이었네.
島陸長蛇橋 길고 길어서 섬과 육지를 여결한 장사교로다.
遊客爲人海 유람하는 사람들 인산인해가 아닌가.
觀光中興路 관광을 중흥시키는 긴한 다리로구나.

• 서해대교西海大橋 : 경기도 서평택으로부터 충청남도 당진군 신평면新平面으로 통하는 차도로서 아산만牙山灣을 가로질러 놓은 큰 다리. 그곳엔 행담도行淡島 휴게소가 있다.
• 현수懸垂 : 현수교懸垂橋의 약칭. 조교弔橋. 양쪽 언덕에 줄이나 쇠줄을 건너지르고, 그에 의지하여 매달아놓은 다리.
• 행담行淡 : 행담도行淡島의 약칭. 충청남도 당진군 신평면 매산리梅山里 소재. 그 곳 향토인들은 흔히 토끼섬이라 부른다.
• 장사교長蛇橋 : 장사 모양으로 긴 다리.
• 장사長蛇 : 긴 뱀. 열차나 긴 행렬의 비유.
• 유객遊客 : 유람하고 다니는 사람.
• 인해人海 : 인산人山. 사람이 많이 모인 상태. 산처럼 많이 모인 사람의 떼.

113) 2006年6月4日 西海大橋上所懷也 來六月八日(陰曆五月十三日)是愛妻生日 在京次子與季子爲祝紀念次招請矣 昨日我與妻上京 今日向忠淸道禮山所在德山溫泉觀光地 經由西海大橋中 暫休息于此處行淡島休憩所也 遊覽客人山人海 再三認識我國觀光展望 乃覺吾等探訪觀光要地矣

★ 修德寺訪問[114] 수덕사의 방문

天作勝地德崇山 하느님께서 승지를 이루었으니 덕숭산이요,
地戴鶴林修德院 땅은 절을 떠받들고 있으니 이름난 수덕원이라.
欲探寺歷尋圓峯 그 내력 묻고파서 원봉대사를 찾았더니,
釋迦手印勸參禪 부처님은 수인을 짓고 참선만을 권하는구나.

- 수덕사修德寺 : 충청남도 예산군 덕산면德山面에 있는 절. 조계종 제7교구 본사로서 덕숭산德崇山 아래 자리하고 있으며, 그곳 대웅전은 고려시대 목조 건물로서 국보 제49호로 지정되어 있는 소중한 문화유산이다.
- 승지勝地 : 명승지. 경치가 좋은 이름난 곳.
- 덕숭산德崇山 : 예산군 덕산면에 있는 산. 경관이 아름다워 호서의 소금강이라 이른다. 이곳엔 수덕사와 정혜사定慧寺 등이 자리하고 있어 덕숭산 등산코스로 이름나 있다. 수덕사의 입구 일주문과 금강문을 지나면 또 한 건물이 있는데 거기에는 禪之宗刹德崇叢林修德寺라는 현판이 걸려 있다.
- 학림鶴林 : 사라쌍수림沙羅雙樹林의 별명. 석가釋迦가 입적할 때 주위에 있던 사라쌍수의 숲이 학과 같이 흰색으로 변하였다는 고사로 연유하여 절, 즉 사찰寺刹을 뜻함.
- 수덕원修德院 : 불도佛道를 닦는 절. 이곳 수덕사는 우리나라 선종禪宗의 유서 깊은 수도장으로 널리 알려져 있다.
- 원봉圓峯 : 1988년 무렵 수덕사를 크게 중흥시킨 스님 원봉대사를 두고 이름.
- 석가釋迦 : 불교의 개조開祖요, 세계 사성인四聖人의 하나로 손꼽는 석가모니釋迦牟尼의 준말.

---

114) 2006年6月4日 禮山修德寺禮訪之懷也 午後向德山溫泉觀光地 到着스파캐슬(忠南禮山郡德山面所在)而定宿所後 搭乘次子乘用車而行德崇山下修德寺矣 到一柱門前 有大書懸板 曰東方第一禪院 又經由金剛門 則有一建物 懸板書曰禪之宗刹德崇叢林修德寺也 探訪寺域一帶 自古稱湖西小金剛 到處遺蹟或是千佛千塔之痕 箇箇總爲神秘 不能抑淨宮中勝蹟之感矣 參考當日所懷詩 〈過西海大橋〉

- 수인手印 : 제불보살諸佛菩薩과 제천선신諸天善神이 그 깨달음의 내용을 두 손으로 나타내는 모양. 84,000 가지가 있어 각각 깨달음의 내용이 다르다고 한다.
- 참선參禪 : 좌선坐禪하여 선禪을 닦는 것.

大雄殿姿恒蒼然　대웅전의 모습은 항시 창연하다구나.
案內板示高麗痕　안내판의 소개에선 고려 때의 자취라네.
千佛千塔已太沒　그 많은 탑과 부처들 거의 다 사라졌으되,
處處陳跡皆藏神　곳곳의 오랜 흔적 모두 신비의 간직이로다.

- 창연蒼然 : 물건이 오래 되어 예스러운 빛이 그윽함.
- 대웅전大雄殿 : 본존불상本尊佛像을 모신 법당의 이름. 수덕사의 대웅전은 고려 충렬왕 34년(1308)에 건립된 목조건물로서 국보 제49호로 지정된 소중한 문화재이다.
- 천불천탑千佛千塔 : 수많은 부처와 탑을 두고 이름. 수덕사에서는 원봉대사圓峯大師가 1988년에 인도반도의 남동쪽에 있는 섬 스리랑카(Sri Lanka)에 다녀온 후 천불과 999탑을 소장하게 되어 천불천탑의 절이라고 알려지게 되었다 한다.
- 진적陳跡 : 지난날의 묵은 자취.

★ 觀戰蹴球世界杯競技[115] 축구 월드컵 경기를 관전하고서

獨逸開催國際戰　독일에서 국제 축구경기를 개최함에
我國始遣遠征軍　우리는 비로소 원정군을 파견하였다오.

115) 2006年6月13日 蹴球競技觀戰感懷也 韓國時間夜10時 獨逸於Frankfurt競技場開催2006年世界杯蹴球競技矣 我國蹴球代表團出戰本選G組組別League戰而對戰Africa伏兵Togo 兩國戰力莫上莫下 於前半戰Togo先得點而後半戰不能勘當太極戰士鬪志也 遂我遠征軍以2對1逆轉勝 則李天秀與安貞桓兩選手樹勳莫大焉矣 雖依無線電視觀戰而感激不能形言 盡衷心應援烈烈也. 參照當日作詩〈蹴球競技應援感懷〉

選手對決討苦隊 선수들은 토고군과 대결하되,
士氣衝天力發奮 사기충천하여 힘써 분발하였노라.
壓迫守備遂逆勝 압박수비로 드디어 역전승을 이루어내니,
球技達作動乾坤 축구경기의 걸작이 세상천지를 감동시켰다오.
十六强爭青信號 이는 곧 십육강전을 향한 청신호가 아닌가,
大望擧揚民族魂 크게 바라노라, 겨레의 거룩한 혼 높이 거양하기를.

- 세계배世界杯 : 월드컵. 스포츠 경기의 국제선수권대회.
- 독일獨逸 : 중부 유럽의 게르만족을 중심으로 이루어진 나라.
- 원정군遠征軍 : 먼 곳에 운동 경기 같은 것을 하러 가는 선수. 또는 그 팀.
- 토고討苦 : 아프리카 중서부에 있는 공화국 토고(Togo)를 편의상 한자로 써 차자 표기한 것임. 토고대討苦隊라 함은 우리의 괴로움을 토벌해 주는 부대라는 뜻을 담고자하여 취한 표기임.
- 충천衝天 : 하늘을 찌를 듯이 높이 솟는 것. 또는 기개나 기세 등이 북받쳐 오르는 것.
- 발분發奮 : 분발奮發. 마음을 돋우어 기운을 내는 것.
- 압박수비壓迫守備 : 축구 등의 경기 따위의 수비에서 상대방이 기운을 못 펴게 힘으로 내리누르는 것.
- 역승逆勝 : 역전승逆轉勝의 준말로 취한 시구로서, 경기 따위에서 형세가 뒤바뀌어 이기는 것.
- 구기球技 : 야구나 축구 등과 같이 공을 사용하는 운동 경기.
- 달작達作 : 걸작傑作. 뛰어난 작품.
- 건곤乾坤 : 천지天地. 하늘과 땅.
- 십육강쟁十六强爭 : 십육강전十六强戰. 우열을 가르는 많은 팀의 싸움에서 가장 강한 16개 팀이 서로 다투는 싸움.
- 청신호青信號 : 앞일에 대한 순조로운 징조의 비유.

★ 蹴球競技應援感懷[116) 축구경기의 응원 감회

吾等回憶壬午年 우리는 임오년의 일을 돌이켜 추억하네.
世界盃之蹴球戰 월드컵 축구경기였노라.
競技開催光州場 광주시의 무등경기장에서 개최하였으되
史上初有四强進 역사상 처음 있는 4강 진출의 경기였다오.

- 회억回憶 : 돌이켜 추억하는 것. 또는, 그 추억.
- 임오년壬午年 : 2002년. 당시 월드컵 축구 4강전으로서 일본과의 한일전이 광주시의 무등경기장에서 개최되었었다.
- 세계배世界杯 : 월드컵. 스포츠 경기의 국제선수권대회.
- 광주장光州場 : 광주시 북구에 있는 무등경기장無等競技場을 두고 이름.
- 사강四强 : 우열을 가르는 많은 팀의 싸움에서 가장 강한 네 개의 팀.

應援出動紅衣團 응원에는 홍의단이 출동하였는데,
愛稱朱丹惡魔軍 붉은 악마군이라 애칭하였다네.
奚忘當年太極魂 당시 태극기 휘날리던 겨레의 혼 어찌 잊으랴.
人類感動且驚天 온 인류가 감동하고 하느님도 놀라게 하였다오.

- 홍의단紅衣團 : 운동 경기 등을 열렬히 응원하기 위해 유행되었던 붉은색 옷을 입은 응원단을 두고 이름.
- 애칭愛稱 : 본이름 외에 귀엽게 불리는 이름.
- 주단朱丹 : 곱고 붉은 색. 또는, 그 칠. 여기서는 '붉은 악마군'이라고 애

116) 2006年6月13日 世界杯蹴球競技觀戰述懷也 至子時 畢視聽無線電視而就寢 然想起世界杯競技與Togo戰優勝 尤全國民熱烈應援狀不消而不能寐也 又歷歷浮上放映中映像 在獨韓人會員總出動而應援太極戰士矣 遂逆轉勝以遠征勝戰歌振動獨逸Frankfurt競技場也 感懷奔出以起寢而徹夜作7篇連詩 述懷無量以不無措辭多少重出 不必抑敍情而如此脫稿也 參照當日作詩〈觀戰蹴球世界杯競技〉

칭하든 경기의 응원단을 굳이 한자로 차자하여 표기한 데서 취한 말임.

• 태극혼太極魂 : 우리나라의 씩씩한 태극전사太極戰士들의 불굴의 혼을 두고 이른 말임.
• 경천驚天 : 하느님을 놀라게 함. 세상을 몹시 놀라게 한다는 뜻으로 경천동지驚天動地의 줄인 말이기도 함.

今回出戰獨逸區 이번의 출전은 독일 지역에서의 경기였네.
必勝覺悟遠征鬪 필승의 각오로 나아간 원정의 싸움이로세.
對決討苦緊張高 토고 나라와의 대결로 긴장이 고조되자
紅衣熱援滿康衢 붉은 응원단 열렬히 응원하며 거리를 메웠네.
猝地敵球侵我門 갑자기 적이 찬 공 우리 골문에 들어와서는
啞然自失未免懼 아연 자실하여 두려움을 면하지 못했지만,
衝天士氣不少衰 충천하는 선수들 사기 조금도 쇠하지 아니하고,
韓人喊聲獅子吼 응원하는 한국인의 함성은 사자 목소리로다.

• 독일獨逸 : 중부 유럽의 게르만족을 중심으로 이루어진 나라.
• 독일구獨逸區 : 월드컵 경기장이 있는 獨逸의 Frankfurt 지역을 염두한 표현구이다.
• 원정遠征 : 먼 곳으로 싸우러 가는 것. 먼 곳에 가서 운동경기 따위를 하는 것.
• 토고討苦 : 아프리카 중서부에 있는 공화국 Togo를 편의상 한자로써 차자 표기한 것임. 앞에 든 시 〈관전축구세계배경기觀戰蹴球世界杯競技〉의 주 참조.
• 홍의紅衣 : 앞에 든 시의 주 홍의단紅衣團 참조.
• 열원熱援 : 열렬히 응원하는 것. 또는 그런 응원.
• 강구康衢 : 여러 곳으로 통한 큰 길거리.
• 졸지猝地 : 갑작스러운 판국.
• 아연啞然 : 너무 놀라거나 어이가 없거나 기가 막혀 입을 딱 벌리고 말을 못하는 모양.

• 자실自失 : 자기 자신을 잊고 멍하니 있는 것.
• 사자후獅子吼 : 사자의 으르렁거리는 소리라는 뜻으로 부르짖는 듯한 열변.

鬪志雄强尤閃閃 선수들의 투지는 더욱 굳세어 번쩍번쩍,
後半幸得千金点 후반전에선 다행히 천금의 득점이었네.
同率堂堂壓機先 같은 점수임에도 당당히 기선을 제압하여,
遂得快擧勝利劍 마침내 승리의 검을 올리는 쾌거였다오.

• 투지鬪志 : 싸워서 이기고자 하는 굳센 마음.
• 웅강雄强 : 씩씩하고 굳셈. 세력이 강대함.
• 섬섬閃閃 : 빛이 번쩍번쩍함.
• 천금점千金点 : 천금의 값이 나갈만한 소중한 점수.
• 기선機先 : 어떤 일이 일어나려는 그 직전. 또는, 일을 하려고 하는 바로 그 순간.
• 쾌거快擧 : 통쾌할 만큼 장한 행위.

監督用武窮妙策 감독의 용병은 신묘한 계책을 다하였고,
選手粉骨示壯力 선수들은 분골쇄신하여 씩씩한 힘을 보였다오.
報答四千萬民願 사천만 국민의 소원에 보답하여,
逆戰歡聲動地軸 역전한 기쁨의 환성은 지축을 뒤흔들었노라.

• 용무用武 : 용병用兵. 군사를 부리는 것.
• 분골粉骨 : 분골쇄신粉骨碎身의 준말. 뼈를 가루로 만들고 몸을 부순다는 뜻으로, 자기 몸을 돌보지 않고 지극한 정성으로 전력을 다한다는 말.
• 장력壯力 : 씩씩하고 굳센 힘.
• 환성歡聲 : 기쁘거나 즐거워 지르는 소리.
• 지축地軸 : 땅꽂이. 지구의 자전축. 또는 대지大地의 중심.

應援參與二百萬　경기의 응원 참여는 총 이백만 명이요,
鐘路集結八十漫　서울 종로거리의 집결만도 팔십만이 넘쳤다오.
紅波充溢猶火山　붉은 응원단의 세찬 물결 타오르는 화산과 같아,
坊曲歡呼終驚神　방방곡곡이 환호하여 마침내 신까지 놀라게 했네.

- 종로鐘路 : 서울특별시 광화문 네거리에서 동대문에 이르는 큰 거리. 흔히 사람들이 많이 모이는 곳을 이를 때에 쓰는 말.
- 팔십만八十漫 : 80만萬에 대한 구어의 표기를 취하면서 한자 漫의 뜻과 결부시켜 시취의 강조를 도모하기 위한 표현구임. (漫 : 즐펀할, 넘쳐흐를 만)
- 홍파紅波 : 붉은 물결. 붉은 빛 옷차림을 한 홍의단紅衣團을 두고 이른 표현.
- 충일充溢 : 어떤 기운이나 분위기가 가득 차서 넘치는 것.
- 방곡坊曲 : 종래에 면面 이하의 행정구역의 이里를 이르는 말이었으나, 여기서는 방방곡곡坊坊曲曲(나라 안의 모든 곳)을 줄여서 취한 표현구임.
- 환호歡呼 : 기쁘거나 감격하여 부르짖는 것.

此是新聞特種題　이같은 새 소식 특종 기사의 표제로다.
焉非槿域慶祝祭　이 어찌 크게 경축할 나라의 축제가 아니랴.
邦威伸張圖躍進　국가의 위세 신장하여 큰 약진을 꾀하였으니,
大韓蒼氓萬萬歲　대한민국 모든 국민의 만만세로다.

- 근역槿域 : 무궁화가 많은 땅이라는 뜻으로, 우리나라를 달리 이르는 말.
- 방위邦威 : 국위國威. 나라의 위세 또는 위신.
- 약진躍進 : 힘차게 앞으로 뛰어 나아감. 또는 매우 빠르게 나아가거나 발전하는 것.
- 창맹蒼氓 : 창생蒼生. 세상의 모든 사람.
- 만만세萬萬歲 : 만세萬歲의 힘줌말로서, 경축이나 환호의 뜻으로 외치는 소리.

★ 馬峙禮讚[117)] 마재마을 예찬

白馬霜蹄奉天意 백마 좋은 말이 하느님의 뜻을 받들어,
企圖壯志擇吉地 장한 마음 꾀하여 길한 곳을 택하였다네.
其名祥瑞因此由 그 이름 상서로움도 이로써 연유했으니,
洞民世世招福祉 마을 동민들 대대로 많은 복을 누리리라.

• 마치馬峙 : 광주시 서구 금호동金湖洞에 있는 마을 이름. 마재마을이라 부르던 지명을 한자표기로 차자한 것임. 이곳은 가까운 서창동西倉洞 세동細洞마을 뒤에 위치한 백마산白馬山 말굽자리에 있는 마을이라 하여 그처럼 불렀다고 전한다.
• 예찬禮讚 : 훌륭한 것, 좋은 것, 아름다운 것을 높이고 기리는 것.
• 백마白馬 : 마재마을 가까이에 백마산(높이 134m)이 있기 때문에 그 약칭으로 취한 시어임.
• 상제霜蹄 : 굽에 흰털이 난 좋은 말.
• 장지壯志 : 마음속에 품은 장하고 큰 뜻.
• 복지福祉 : 복리福利. 행복과 이익.

★ 離散家族相逢[118)] 남북 이산가족들의 만남

半世紀間南北斷 남과 북 반세기 동안이나 단절되었던가,
同族宿恨高泰山 겨레끼리 쌓인 묵은 한 태산보다 높구나.

---

117) 2006年6月25日 馬峙部落禮讚也 西區金湖洞馬峙村(마재마을)周圍多高低名山 卽金塘山・松鶴山・八鶴山・白馬山・白石山・盖甘山等 而遐望瑞石靈峰 部落特位置於白馬蹄 以作千里馬雄飛之形勢 又永久享受天福之形局 可頌可讚矣 我自中興洞移徙於金湖洞以後 主散策白石山 此所以丘陵形野山也 傳聞金湖洞名由來金夫與晩湖合稱 則白石山下中心地也

118) 2006年8月15日 血肉相逢映像所懷也 國土從北緯38度線置南北分斷境界線 又1950年勃發六.二五戰爭 徹底統制南北間往來 因是離散家族發生不知其數 同族相殘之悲劇時時加重矣 自此經過半世紀餘 南北協商離散家族相逢於金剛山 遂成事以電視放映其實相 全國民觀覽千載一遇之感激的相面 而不能形言其感慨無量之心懷也 幷痛嘆血肉相離之悲劇 而抒懷如此

血肉相逢遂成事 혈육끼리 만나는 일 이제야 이루어지니,
一時噴出萬斛憤 한없이 많은 분통 일시에 북받쳐 쏟아지네.

• 이산離散 : 비리仳離. 헤어져 흩어지는 것.
• 상봉相逢 : 서로 만나는 것.
• 반세기半世紀 : 1세기의 절반. 곧 50년.
• 숙한宿恨 : 숙원宿怨. 오래 묵은 원한.
• 혈육血肉 : 자기가 낳은 자식. 또는 보모 · 자식 · 형제 · 자매들.
• 만곡萬斛 : 아주 많은 분량.
• 斛 : 열 말 들이 곡.

自往自來何時能 언제나 마음대로 왕래할 수 있을 건고.
仳離血肉今僅逢 흩어졌던 혈육들 이제 겨우 만남이구나.
山川草木共感淚 산천초목도 공감하여 감격의 눈물이요,
吐情慷慨槿域動 정을 쏟아 강개하매 온 나라의 감동이네.

• 자왕자래自往自來 : 마음대로 가고 오고하는 것.
• 비리仳離 : 헤어져 흩어지는 것. 이산離散.
• 혈륙血肉 : 자기가 낳은 자식. 또는 보모 · 자식 · 형제 · 자매들.
• 감루感淚 : 마음속 깊이 느끼어 흘리는 눈물.
• 토정吐情 : 마음속에 있는 사정을 솔직하게 말하는 것.
• 강개慷慨 : 의기義氣가 북받쳐 원통하고 슬픔.
• 근역槿域 : 무궁화가 많은 땅이라는 뜻으로, 우리나라를 달리 이르는 말.

迎且送規誰之定 만나면 또 헤어져야할 규약 그 누구의 마련인고.
惜別激情難勘當 아쉬운 이별에 치솟는 격정 당해내기 어려워라.
相約時限已盡矣 서로 약속해 정한 시간도 이미 다해버렸는가.
浮雲作峯人無常 뜬구름은 봉오리 짓는데 사람만은 무상하구나.

• 석별惜別 : 애틋한 이별. 또는 이별을 애틋하게 여기는 것.
• 격정激情 : 격렬하고 갑작스러워 누르기 어려운 감정.
• 상약相約 : 서로 약속하는 것. 또는 그 약속.
• 시한時限 : 일정하게 한정된 기간이나 시간.
• 부운浮雲 : 뜬구름.
• 무상無常 : 덧없는 것. 또는 일정하지 않은 것.

★ 雲泉寺坐佛像[119] 운천사의 좌불상

巖壁突出白石山 백석산엔 깎아지른 암벽이 돌출하여,
巨匠磨崖如來身 거장이 있어 여래의 몸을 새겼네.
大佛結跏坐蓮座 연화좌 위엔 큰 부처의 결가부좌요,
螺毛光背僅僅存 나모와 광배도 근근이 잔존하구나.
萬民濟度唯所願 오직 만민을 제도함이 소원이기에,
千年瞑想若半眠 천년 세월 명상하다가 조금은 졸고 있는 듯.
長久風化難堪當 오랜 세월의 풍화작용 감당키 어려웠으련만,
高麗手痕至今傳 고려 때의 솜씨 지금까지 전해온다네.

• 운천사雲泉寺 : 광주시 서구 치평동의 백석산 기슭에 위치한 사찰. 앞에 든 상편上篇의 시 〈백석산행白石山行〉의 주 참조.
• 좌불상坐佛像 : 앉아 있는 모양의 부처. 운천사의 마애여래좌상磨崖如來坐像을 두고 이름.
• 백석산白石山 : 운천사 뒤의 산. 앞에 든 전편前篇의 시 〈백석산행白石山行〉 주 참조.

---

119) 2006年10月15日 白石山下雲泉寺佛像所懷也 於金湖洞尋白石山散策路入口登行中想像雲泉寺磨崖如來坐像矣 乃到着寺前 向大雄殿以登陟四十階段上然掩門而不能禁當惑感也 但眺望遐邇無等山勝景 暫時後多幸開門以可能拜佛矣 兼感得坐佛像神妙也 參考前揭之詩上篇(2005年10月31日作)〈白石山行〉及〈尋雲泉寺〉

• 거장巨匠 : 예술계에서 두드러지게 뛰어난 사람.

• 마애磨崖 : 석벽石壁에 글자·그림·불상 등을 새기는 것.

• 여래如來 : 석가모니여래의 준말.

• 연좌蓮座 : 연화좌蓮華座의 준말. 연꽃 모양을 새긴 대좌臺座. 연꽃 모양의 불좌佛座.

백석산록의 운천사 마애여래좌상

• 결가結跏 : 결가부좌結跏趺坐의 준말. 오른발을 왼편 넓적다리 위에 놓은 뒤, 왼발을 오른 편 넓적다리 위에 놓고 앉는 자세.

• 나모螺毛 : 나발螺髮. 소라 껍데기처럼 빙빙 비틀린 형상을 한 부처의 머리털.

• 광배光背 : 회화나 조각에서 부처·그리스도·천사 등 신성한 존재의 배면背面에 광명을 표현한 원광圓光.

• 제도濟度 : 일체 중생을 부처의 도로써 고해苦海에서 건져 극락세계로 인도해 주는 것.

• 명상瞑想 : 눈을 감고 차분히 가라앉은 마음으로 어떤 생각을 깊이 하는 것.

• 반면半眠 : 반수半睡를 두고 이름.

• 반수半睡 : 반수반성半睡半醒의 준말. 자는 둥 마는 둥 하게 아주 얕은 잠을 잠.

• 풍화風化 : 풍화작용. 지표를 구성하는 암석이 햇빛·공기·물·생물 등의 작용에 의해 점차 파괴되거나 분해되는 일.

• 고려高麗 : 우리나라 중세에 왕건王建이 세운 통일 왕조(918~1392). 당시 나라의 종교는 불교였지만 유학을 숭상하는 측도 적지 않았다.

• 수흔手痕 : 솜씨를 남긴 자취.

제5부

(2007~2010) 상편

칠산정 아래 건강 365계단

★ 淸明節卽詠[1] 청명절에 읊다

如月淸天下 음력으로는 2월, 맑은 하늘 아래
春園滿花爛 봄 동산에는 꽃들이 가득 한창이구나.
或慮風神妬 혹시나 풍신이 시샘할까 염려되지만,
萬口譽香雲 만인의 입에선 만발한 향운의 예찬이로세.

- 청명절淸明節 : 청명淸明. 1년 24절기의 하나. 만물이 맑은 양기陽氣가 되는 날이라는 뜻으로, 양력 4월 5일경에 해당함.
- 즉영卽詠 : 즉음卽吟. 즉석에서 시가를 짓거나 음영하는 것. 또는 그 시가.
- 여월如月 : 음력 2월.
- 춘원春園 : 봄의 정원.
- 만화滿花 : 가득 핀 온갖 꽃.
- 풍신風神 : 풍백風伯. 바람을 주관하는 신.
- 향운香雲 : 한창 만발한 흰 꽃을 이름.

★ 聞鵲語[2] 까치 우는 소리를 듣고

春花灼灼校庭邊 학교 운동장 가엔 봄꽃이 화려하고,
櫻枝鵲巢高空懸 벚꽃 나뭇가지의 까치집 높이도 매달렸네.
作配飛來別有噪 짝짓고 날아온 까치 유별나게 우짖으니,

---

1) 2007年4月5日 淸明節花園所懷也 一年二十四節氣中今日卽淸明 以國家制定植木日矣 中興洞我家庭園內花園 亦花爛方暢 而滿花色色也 然好事多魔 又念慮春寒風 所謂陰曆上靈登風卽風神之掩襲矣 歲時風俗上陰曆二月謂靈登月 推進霙登祭 然今花鬪娟不甚 以千萬多幸矣

2) 2007年4月6日 校庭櫻枝鵲巢所懷也 南面初校在於潭陽郡南面燕川里 淸明之節校庭邊櫻花適時滿發 以演出花海 令尋幽者耽惑矣 仰瞻老巨樹上 則鵲巢懸空喜鵲作配而時時往來 而歡迎探訪者 我亦暫時觀察其同態 卽吟如此也 櫻花方滿發 高枝懸鳥巢 喜鵲來又去 賞客相歡呼 乃以此變爲7言則如下也

師弟樂樂評喜信　스승과 제자 즐거워하며 희소식이라 하네.

- 작어鵲語 : 까치 우는 소리. 까치가 울면 반가운 손님이 온다하여 길조吉兆로 여김.
- 작작灼灼 : 꽃이 핀 모양이 화려하고 찬란함.
- 앵지櫻枝 : 벚꽃 나뭇가지.
- 작소鵲巢 : 까치집.
- 작배作配 : 암수가 서로 짝을 짓는 것.
- 낙락樂樂 : 마음이 즐거운 것.
- 희신喜信 : 희소식喜消息. 기쁜 소식.

★ 題秉天祠[3] 병천사를 두고 짓다

歷代難局多尊長　역대의 어려운 난국에도 존장들이 많아서,
白石山下五位享　백석산 아래 이곳엔 다섯 분을 배향하였네.
爲國盡忠示先軌　나라 위해 충성을 다하고 모범을 보임에,
鵬南建祠奉天命　붕남은 이곳에 사당을 세워 천명을 받들었다오.

- 병천사秉天祠 : 광주광역시 서구 금호동 병천사길에 있는 사당. 충주 지씨池氏 37세손 지응현池應鉉(1867~1957)의 건립. 이곳 건물 가운데 존심당存心堂은 지방 유형문화재 제11호로 지정되어 있다.
- 존장尊長 : 존대해야할 나이가 많은 웃어른.
- 백석산白石山 : 광주광역시 서구 치평동治平洞에 있는 운천사雲泉寺 뒤의 산. 그렇게 높지 않은 구릉형丘陵形의 야산으로 산책로가 형성되어 있다. 그곳 정상에 있는 백석정白石亭은 금호동의 산책로 입구에서 약 600m 거리에 있고, 정자에 이르기 전 산길 아래에는 병천사가 자리하고 있다.

---

3) 2007年5月25日 金湖洞秉天祠所懷也 祠堂入口竪賢正門 其前面有朋南池應鉉先生紀績碑等立碑十餘柱矣 祠內奉享愛國志士鄭夢周·池湧奇·鄭忠信·池汝海·池繼灌等五位也 鵬南(1867~1957)於1924年爲宣揚愛國精神而形成祠域 以建立祠堂于此 可謂風塵表物推進後世頌揚之偉業 則光州市指定有形文化財11號也

병천사 입구의 지응현선생 공적비

- 오위향五位享 : 병천사에서는 애국정신을 선양하기 위해 역사상 이름 있는 훌륭한 선인 5인의 신주神主를 배향하고 있다. 즉, 문충文忠(정몽주鄭夢周) · 충의忠義(지용기池湧寄) · 금남錦南(정충신鄭忠信) · 충성忠城(지계최池繼漼) · 지여해池如海 등 다섯 분임.
- 진충盡忠 : 충성을 다하는 것.
- 선궤先軌 : 조상이 남겨놓은 궤범.
- 붕남鵬南 : 충주 지씨 37세조인 지응현池應鉉의 호.

圃隱毅齋麗末相 포은과 의재는 고려 말의 재상이요,
錦南豹谷朝鮮將 금남과 표곡은 조선조의 장군이로다.
護國忠情今世鑑 나라를 지키던 충정 금세의 거울이라,
永代頌禱其流芳 그 훌륭한 영예 길이 기리며 칭송되리라.

- 포은圃隱 : 고려 말기의 충신이요, 유학자인 정몽주(1337~1392)의 호.
- 의재毅齋 : 충주 지씨 17세조 지용기池湧寄의 호.
- 금남錦南 : 조선조 임진왜란 때의 공신 정충신鄭忠信(1576~1636)의 호.
- 표곡豹谷 : 조선조 병자호란 때의 명장이요, 충주 지씨 27세조인 지계최池繼漼의 호.
- 호국護國 : 외적으로부터 나라를 지키는 것.
- 충정忠情 : 충성스러운 정의情意.
- 영대永代 : 영세永世. 영원한 세대나 세월.
- 송도頌禱 : 송축頌祝. 경사를 기리고 축하하는 것.
- 유방流芳 : 유방遺芳. 꽃다운 명예를 후세에 남김. 또는, 그 명예.

★ 勸思親[4] 사친을 권하며

庭闈在世須盡誠 어버이 생존해 계실 때 정성을 다할지어다.
臨終哀慟奚爲當 임종에야 애통해 한들 어찌 당해내랴.
旨甘奉親纔後悔 맛있는 음식의 봉양 이제 겨우 뉘우친들,
嗟乎平生再不能 슬프다, 평생 다시는 할 수 없는 일이로다.

- 사친思親 : 어버이를 섬기는 것.
- 정위庭闈 : 부모가 거처하는 방이라는 뜻으로, 부모를 일컫는 말.
- 재세在世 : 세상에 살아 있는 것. 또는 살아 있는 동안.
- 임종臨終 : 목숨이 끊어지는 것. 또는 그 때. 부모가 돌아가실 때 그 자리에 같이 있는 것.
- 지감旨甘 : 맛있음. 또는 맛있는 음식.
- 봉친奉親 : 어버이를 받들어 모시는 것.
- 차호嗟乎 : 슬프다. 차홉다.

★ 林間自問自答[5] 나무 숲 속에서 자문자답

問余那溺貪青山 나에게 묻되 어찌해 청산에 빠져 탐하는가 하면.
爲有綠雲情無限 푸른 숲이 주는 정 한이 없기 때문이라오.
與鳥交歡心自愜 새들과 함께 기쁨 나누면 마음이 절로 상쾌해지니,

---

4) 2007年5月25日 劬勞之恩感懷也 先考他界陰曆辛未正月14日酉時 先妣他界陰曆丙子7月22日亥時 平生不能忘劬勞之感矣 平素切痛未盡報恩 時時暗誦鄭澈作時調子孝 則述懷之心多少平定也 參照1989年3月1日漢譯松江作子孝者 今聯想其內容而作7言詩矣 竝提示松江別集追錄卷之二所傳時調原文 則如下也 어버이 사라신제 셤길닐을 다ᄒᆞ여라／디나간 後후면 애달ᄋᆞᆫ달 엇지ᄒᆞ리／平평生ᄉᆡᆼ에 고처못ᄒᆞᆯ닐이 잇ᄲᅮᆫ인가 ᄒᆞ노라

5) 2007年6月22日 南洞林間感懷也 昨日與妻上京 留宿於末子宅 相逢妻弟後 行京畿道龍仁市南洞村 此是相距塵衢 而妻弟別莊所在地矣 今日遊步隣近綠地發見洞天林山 聞四方鳥鳴 雖不備師曠之聽而可解其聲也 地名亦類似故鄕之南安洞名 錯覺歸故土以不能脫落葉歸根之鄕愁 耽溺自然情也

南洞林壑隔黃塵 산림 속 깊숙한 이곳 남동은 속세를 멀리하였다네.

- 자문자답自問自答 : 스스로 묻고 스스로 대답함.
- 녹운綠雲 : 푸른 구름. 또는, 푸른 잎이 무성함.
- 교환交歡 : 서로 허물없이 즐기는 것.
- 愜 : 쾌할, 뜻에 맞을 협.
- 남동南洞 : 경기도 용인시 처인구에 있는 마을. 여기에 서울 강남구에 거주하는 처제의 별장이 있어 방문함으로써 이번의 작시가 이루어진 곳임.
- 임학林壑 : 산림의 깊고 으슥한 곳.
- 황진黃塵 : 속진俗塵. 속애俗埃. 속세의 티끌. 곧 세상의 번잡한 사물.

★ 孫子消息[6] 손자 소식

輒有在美孫子聞 문득 듣건대 미국서 유학하는 손자 소식이라,
安非學修優秀信 학업 성적 우수하다는 기쁜 통신이 아닌가.
外邦硏鑽不必易 외국에서의 연찬 반드시 쉬운 것만은 아닌데,
刻苦勉勵遂克難 각고면려하여 모진 고난 드디어 이겨냈구나.

- 손자孫子 : 장손자인 박성오군을 두고 이름. 현재 미국의 뉴욕에서 유학중임.
- 학수學修 : 학문을 닦는 것.
- 연찬硏鑽 : 학문 따위를 깊이 연구하는 것.
- 각고면려刻苦勉勵 : 모든 고생을 이겨내며 부지런히 노력함.
- 극난克難 : 어려움을 이겨내는 것.

---

6) 2007年7月4日 孫子學業成績優秀消息也 去年朴城吾長孫子遊學於美國 以現在學業於美國NewYork所在Binghamton University 出發遊學時 我强調愛國觀及韓國人自尊心 然難免經濟的窮乏 不問可知留學生活上多窮困矣 今日孫子學業成績表到着於金湖洞我住宅 此豈非成績優秀通信乎 感慨無量而感淚不能禁祈願前途洋洋耳

幸得溢喜何吝愛　다행히 기쁜 소식 듣고 어찌 사랑을 아끼랴.
自生感淚難堪耐　감격의 눈물 절로 솟아 감내하기 어렵구나.
唯願健康養雄志　오직 원하건대 몸 건강하고 큰 뜻을 길러,
能爲國家棟樑材　나라의 동량재가 될 수 있기를 바라노라.

- 일희溢喜 : 더할 나위없는 기쁨.
- 감루感淚 : 마음속 깊이 느끼어 흘리는 눈물.
- 감내堪耐 : 어려움을 참고 견디는 것.
- 웅지雄志 : 웅대한 뜻. 큰 뜻.
- 동량재棟樑材 : 한 집안이나 나라를 맡아 다스릴 만한 인재.

★ 處暑有感[7] 처서의 감회

近頃暴炎未曾有　근간의 폭염 일찍이 없었던 무더위였지만,
山野群蟋達宵啾　산과 들의 귀뚜라미는 밤새도록 울어대네.
節序循環不可逆　계절의 순환은 거스를 수가 없는지라,
金風退署旣新秋　갈바람이 더위를 물리쳤는지 이미 가을이로다.

- 처서處暑 : 1년 24절기 중의 하나. 아침저녁으로 싸늘한 기운이 느껴지는 때로서, 양력 8월 23일경에 해당함.
- 미증유未曾有 : 아직까지 한 번도 있어 본 적이 없는 것.
- 달소達宵 : 달야達夜. 밤을 새움.
- 啾 : 소리, 웅얼거릴 추.
- 금풍金風 : 오행五行에서 가을은 금金에 해당한 데서 가을바람을 이름.
- 신추新秋 : 첫가을. 음력 7월의 다른 이름.

---

7) 2007年8月23日　楓巖堤散策中處暑有感也　近間暴暑繼續　昨日光州氣溫達攝氏33.1度　要制約晝間活動矣　故今日晨朝遊步楓岩洞楓岩堤湖畔　未明蟋蟀聲連發以促凄然　處暑之感宛然也　十五日前送立秋以不能禁蟬月之感懷　沈潛秋思而敍懷矣

★ 楓岩堤路邊倒木[8] 풍암제 길가에 쓰러진 나무

向來暢茂落落松 지난날 무성했던 낙락장송이 아닌가.
今次顚倒臥水中 이제는 쓰러져 물속에 누워 잠겼구나.
天作颱風何免殃 하늘이 내린 태풍이라 어찌 재앙을 면하랴 만은,
殫誠保護將回生 정성을 다해 보호하면 장차 회생할 수 있으리.

풍암제 물가의 소나무
태풍에 쓰러진 나무 일으켜 있다

- 풍암제楓岩堤 : 광주시 서구 풍암동에 있는 저수지를 이름. 흔히 풍암호, 또는 풍암저수지라고도 이름.
- 도목倒木 : 쓰러진 나무.
- 향래向來 : 접때. 며칠 되지 않은 과거의 그 때를 막연하게 이름.
- 창무暢茂 : 풀과 나무가 잘 자라 무성함.
- 낙락송落落松 : 나뭇가지가 축축 늘어진 소나무.
- 금차今次 : 이번.
- 전도顚倒 : 엎어져서 넘어지는 것. 또는 엎어 넘어뜨리는 것.
- 면앙免殃 : 재앙을 면하는 것.
- 탄성殫誠 : 진성盡誠. 정성을 다하는 것.

疾風大雨實可恐 몹시도 험한 날씨 실로 가공스러워라.
滿身瘡痍無不傷 상처투성이가 된 나무 상하지 아니함이 없구나.
天氣驟變詎無頉 일기가 갑자기 변했으니 어찌 탈이 없으랴 만은,
盡力對處能原狀 힘을 다해 대처하면 원래 모습 회복할 수 있으리.

---

8) 2007年9月7日 楓巖堤路邊倒松遺憾也 散策光州市西區楓岩洞湖畔路 發見喬木綠松獨立於水邊 往來行人每稱頌以環視 實謂路邊最可愛者矣 然今如何乎 第11號颱風나리强打 被害莫大焉 因此顚倒於湖水上 形言難其可憐相 我懇切願綠松還生 而訪問西區廳 而建議倒木回生策於廳長 歸家後亦不能拭其慘狀以作詩如此也 參照去3月1日作詩〈楓巖堤綠松〉

- 질풍대우疾風大雨 : 센바람과 큰비. 몹시 험한 날씨.
- 가공可恐 : 두려워할 만함.
- 만신창이滿身瘡痍 : 온몸이 상처투성이가 됨.
- 무탈無頉 : 아무 탈이 없음.

★ 平旦玉露頌[9] 이른 아침 이슬을 기리며

草地風露點點結 풀밭의 이슬 수없이 점점으로 맺었는데,
土蓮廣葉淸玉列 토란 넓은 잎에도 맑은 옥이 열을 지었네.
自然佳興四時裕 자연의 아름다운 흥취 사시사철 넉넉하되,
曉晨遊步特有別 이른 아침의 산책에는 특히도 유별하구나.

- 평단平旦 : 새벽. 효신曉晨. 효단曉旦. 파효破曉. 동쪽 하늘에 어둠이 걷히기 시작하여 해뜨기 전의, 날이 어슴푸레한 동안.
- 옥로玉露 : 맑고 깨끗하게 방울 진 이슬.
- 풍로風露 : 바람에 빛나는 이슬.
- 토련土蓮 : 토란土卵. 토지土芝.
- 가흥佳興 : 가취佳趣. 아취雅趣. 썩 좋은 취미 또는 흥취.
- 효신曉晨 : 새벽. 효단曉旦.
- 유보遊步 : 산책.

露華反射眩惑人 이슬의 빛 반사하여 행인을 현혹케 하네.
淸淨如珠自然訓 구슬 같이 맑음은 자연의 가르침인가.
雖謂朝天一時景 비록 아침에 보는 한때의 경치라고 하지만,
眞美追求於是見 참된 아름다움의 추구를 이에서 보는구나.

---

9) 2007年9月11日 金湖洞東山玉露所懷也 破曉之際散策亦有興 自馬峙初校(마재초교)登行前東山(앞동산) 路邊形成草地而朝露可觀矣 乃覺白露之節自然展示玉露以請吟之 卽應之以羅列4言詩如此 草地玉露 欲面行人 不能看過 躊躇盤桓 結露秩序 各各備形 露花滿發 感悅人生 連而作7言詩如下也

• 노화露華 : 이슬의 빛. 이슬이 빛남.
• 현혹眩惑 : 어떤 사물에 정신을 빼겨 해야 할 바를 잊어버리는 것. 또는 그리 되게 하는 것.
• 청정清淨 : 깨끗하여 더러움이 없음.
• 조천朝天 : 아침. 또는 아침의 하늘.
• 진미眞美 : 참된 아름다움.

★ 佛教渡來地訪問[10] 불교의 최초 도래지를 찾아서

芙蓉樓前流洪瀰 부용루 앞엔 큰 강물이 넓게 흐르고,
尊者屹立念布施 누각 위의 존자는 우뚝 서서 보시를 염불하네.
塔園石刻諸賢像 탑원의 돌비엔 제현들의 모습이 새겨있어
顔面大慈又大悲 얼굴의 모습엔 끝없는 대자대비로다.
印度佛教何時來 인도의 불교 이곳에 들어온 지 언제던고.
百世濟民別有示 백세제민에 특별히 그 가르침이 담겼도다.
隨處遺痕使人覺 곳곳마다 남긴 흔적 사람들로 하여 깨닫게 하니,
阿無浦爲最初地 아무포가 바로 불교가 들어온 최초의 땅이라네.

• 도래渡來 : 외국에서 바다를 건너오는 일. 이 시에서는 학문과 덕행이 높은 부처의 제자, 인도의 마라난타摩羅難陀 존자가 백제 제15대 침류왕枕流王 원년(384)에 중국 동진을 통해 이곳에 건너온 것을 가리킴. 이로 인해 영광 법성포法聖浦는 백제 불교의 최초 도래지로 알려지게 되고, 모악산母岳山에는 불갑사佛甲寺가 창사되어 우리나라 불사의 최초로 이름나게 되었

10) 2007年10月27日 法聖面佛教渡來地探訪所懷也 吾等木六回會員參觀佛甲寺後向法聖面 到着世稱百濟佛教最初渡來地矣 大江上丘陵有芙蓉樓 近距離造成佛塔園 此卽觀光客特留心處也 史上百濟15代枕流王元年(384年)印度摩羅難陀尊者經由中國東晋 而渡來于我國靈光法聖浦 以創建佛甲寺於母岳山下矣 感銘于我國佛教史上佛甲寺之位相 再耽味此地佛寺之所從來也 參考當日所懷詩〈訪佛甲寺〉

다 한다.

불교의 최초 도래지 법성면의 부용루

- 부용루芙蓉樓 : 전라남도 영광군 법성면 진내리鎭內里 바닷가에 백제 불교 최초 도래지라 하여 관광명소가 형성되어 있는데, 그곳에 세워있는 조망형 누각의 이름. 1층 석벽은 간다라양식의 불전도 부조조각으로 장식하고, 23면에 걸쳐 부처님의 전생 인연담과 일대기가 생동감 있게 조각되어 그 입체형 조각이 특징이다.
- 홍미洪瀰 : 넓게 흐르는 큰 강. (瀰 : 물 넓을, 세차게 흐를 미)
- 존자尊者 : 학문과 덕행이 높은 부처의 제자. 여기서는 부용루 뒤에 높이 세워있는 사면대불상을 가리키는 것으로, 인도의 마라난타摩羅難陀 존자상이라고 전함.
- 흘립屹立 : 깎아지른 듯 높이 솟아 있음.
- 보시布施 : 자비심으로 남에게 조건 없이 베푸는 것.
- 탑원塔園 : 이름 있는 스님들의 석상이 세워져 있는 곳. 법성면의 부용루芙蓉樓와 공동구역에 있는 이 탑원의 불상도 백제 불교를 최초로 전한 마라난타존자摩羅難陀尊者의 출신지인 고대 인도의 간다라 사원양식에 의한 대표적인 모습이라고 전한다.
- 제현諸賢 : 여러 점잖은 이들.
- 대자대비大慈大悲 : 넓고 커서 끝이 없는 자비.
- 백세제민百世濟民 : 오랜 세대 동안 도탄에서 허덕이는 백성을 구제한다는 뜻으로, 백제百濟라 한 나라 이름도 이에 연유하였다 함.
- 수처隨處 : 어디든지. 닿는 곳마다.
- 유흔遺痕 : 끼친 자취. 남은 흔적.
- 아무포阿無浦 : 백제 시대에 이르던 영광 법성포法聖浦의 옛 이름. 아미타불의 의미를 함축한 명칭으로서, 그 후 법성포라 한 이름은 성인이 불법을 들여온 성스러운 포구라는 뜻에서 연유하였다고 함.

★ 白岫海岸一週路[11] 영광 백수의 해안 일주로에서

前後嶂遠長連延 앞뒤로 이어진 높직한 봉우리 길게도 뻗혀있고,

路邊丘峽各一損 도로가의 언덕과 골짜기들 각각 한 굽이씩 후미졌네.

白岫鮮媚兼白曲 백수의 아름다운 경치 아흔 아홉 구비를 겸하였기에,

伴鷗行吟長沿岸 갈매기와 짝하여 물가의 긴 연안을 행음하노라.

칠산정에서 내려다보는 백수 해안도로

- 백수白岫 : 전라남도 영광군의 한 읍邑. 수많은 산봉우리라는 뜻으로 말미암은 고을 이름임. 지명 유래에 의하면, 수많은 굽이를 이룬 산봉우리의 수가 백에서 하나가 모자란 아흔 아홉이라는 데서, 한자 百에서 한 획을 제외한 白 자의 표기를 취했다고 전한다. 이곳에서는 칠산 앞바다가 바라보이며, 그곳 17km의 백수해안 일주로는 관광명소로 이름나 있다.
- 장원嶂遠 : 높은 봉우리들이 멀리까지 이어짐.
- 연연連延 : 잇대어 길게 뻗는 것.
- 구협丘峽 : 언덕과 골짜기. (峽 : 골짜기 협)
- 선미鮮媚 : 경치가 아름답고 조용함.
- 백곡白曲 : 아흔아홉 굽이. 앞에 든 백수白岫의 유래 참조.
- 행음行吟 : 거닐면서 글을 읊는 것.
- 연안沿岸 : 육지와 닿아있는 강・바다・호수 등의 물가.

---

11) 2007年10月27日 白岫海岸路所懷也 吾等一行參觀法聖面佛敎渡來地後 到着白岫海岸路矣 下車而逍遙海邊 遊步中每想起白岫之名也 想像稱白岫必有一理 其解釋有推理多樣以難速斷 所謂白字意味九十九有一理矣 且置勿論如此之論議 觀望前面大海 則興無盡以難勘當也 起興以輒行吟 曰如是 水波輕颺以潺潺 白鷗呼朋而翩翩 眼下屈曲遠七山 海岸十里若灑塵 卽吟如此後再整理詩情以作詩如下也 參考當日所懷詩 〈訪佛甲寺〉

★ 高敬命義兵將追頌[12] 고경명 의병장을 추송하며

世篤忠貞修一身 대대로 돈독한 충정으로 수신하고 살았으니,
壯烈偉業輝史傳 장렬하고도 위대한 업적 청사에 빛나도다.
抗倭殉死於臥坪 왜군과 싸우다가 누운벌에서 목숨을 바쳤으매,
萬民永頌倡義魂 나라 백성들은 창의한 거룩한 넋 길이 기리노라.

- 고경명高敬命 : 조선 중기의 문신이요, 시인이다. 임진왜란 때는 전남 담양의 추성관秋城館에서 창의倡義하여 연합 의병장의 역할을 수행하다가 충청남도 금산錦山벌 싸움에서 순절하였다.(1533~1592) 자는 이순而順, 호는 제봉霽峯, 또는 태헌苔軒. 사후 국령으로 사우를 건립, 1603년에는 포충사褒忠祠라 사액하고, 춘추로 향사케 하며 시호를 충렬忠烈이라 하였다.
- 의병장義兵將 : 의병의 장수.
- 의병義兵 : 나라가 외적의 침입을 받아 위급할 때 그 방위를 위해 백성들이 자발적으로 조직한 군대. 또는 그 병사.
- 추송追頌 : 죽은 이의 공적이나 착한 행동을 칭송하는 것.
- 세독충정世篤忠貞 : 대대로 충정을 돈독하게 이루는 것.
- 충정忠貞 : 충성스럽고 지조가 곧음.
- 장렬壯烈 : 씩씩하고 열렬함.
- 사전史傳 : 역사에 전해진 기록. 역사와 전기.
- 순사殉死 : 나라를 위하여 목숨을 바치는 것.
- 와평臥坪 : 누운벌. 누워서 잠든 벌판. 이 시에서는 임진왜란 때에 고경명 의병장이 충남 금산錦山의 전투에서 왜군과 싸우다가 전사한 곳을 가리킴. 이곳 누운벌 언덕에는 고경명 의병장의 기념비와 그에 대한 표지판이 세워 있다.

---

12) 2008年4月2日. 高敬命將軍遺芳頌也 午前探訪光州市南區院山洞所在高敬命祠堂褒忠祠矣 壬辰倭亂當時 湖南義兵集結潭陽秋成館 推戴高敬命爲聯合義兵大將 以後高將軍進擊錦山戰鬪以抗倭 而1592年7月10日殉節於臥坪(누운벌, 눈벌)矣 歷史上稱頌忠義烈士 又與柳彭老及金千鎰禮讚湖南三倡義也 參觀院山洞褒忠祠 則展示吳承潤作〈倡義擧兵圖〉及吳承雨作〈錦山救國血鬪圖〉與梁寅鈺作〈救國出兵圖〉等 宣揚壬亂當時爲國倡義之忠魂 以追頌之矣

• 영송永頌 : 길이 칭송하여 기리는 것.
• 창의倡義 : 구난을 당하여 의병을 일으키는 것.

★ 訪高敬命將軍故土[13] 고경명 장군의 고향 땅을 찾아서

霽峯山麓常綠松 제봉산 비탈의 늘 푸른 소나무들,
擬似擧義推戴將 흡사 의병에 나선 병사들이 장군을 추대하는 듯.
存亡之秋忠衝天 나라가 위태로울 때엔 충성심이 충천했으니,
鴨村輩出護國星 압촌동에선 나라 지킬 큰 별을 배출하였도다.

• 고경명高敬命 : 앞에 든 시 〈고경명의병장추송高敬命義兵將追頌〉의 주 참조.
• 고토故土 : 고향의 땅. 다음에 드는 주 압촌鴨村 참조.
• 제봉산霽峯山 : 광주시 남구 원산院山마을 북쪽에 있는 산. 높이 127m. 그 아래에 고경명 의병장의 사당인 포충사褒忠祠가 있고, 산 너머로 장군의 옛집이 있는 압촌鴨村 마을이 있다.
• 상록常綠 : 나뭇잎이 일년 내내 늘 푸름.
• 의사擬似 : 실제와 비슷함.
• 거의擧義 : 의병을 일으키는 일.
• 존망지추存亡之秋 : 존속과 멸망 또는 삶과 죽음이 결정되는 절박한 때.
• 충천衝天 : 하늘을 찌를 듯이 높이 솟는 것. 또는, 기개나 기세 등이 북받쳐 오르는 것.
• 압촌鴨村 : 광주시 남구의 압촌동을 두고 이름. 여기에 있는 고원희高元熙 가옥은 고경명 의병장의 옛 집터로서 1987년 6월 1일 광주시에서 지정한 문화재 자료 제8호이다.

---

13) 2008年4月2日 高敬命義兵將故土訪問之懷也 觀覽褒忠祠之後 經由舊祠堂 而至霽峰山麓忠奴鳳伊貴仁之碑矣 又向湖南殉國烈士碑 山稜山峽多大小綠松 酷似義兵向褒忠祠而閱兵之勢也 遂到鴨村洞高元熙家屋 此是高將軍之舊家基 後代(1917年)建立現家屋 而指定文化財資料第8號也 洞內又有高敬命及其兩子從厚與因厚之祠堂以不祧廟保存 可謂人傑地靈 竝稱歷史的遺蹟 感懷無量矣 參照當日所懷詩二篇中 〈高敬命義兵將追頌〉

• 호국護國 : 외적으로부터 나라를 지키는 것.

★ 弟子像回憶[14] 제자의 얼굴을 추억하며

遺影不見但姓名 유영은 어디 가고 다만 이름뿐인고.
祈願冥福登天堂 명복 누리며 천당에 올라 있기를 기원하노라.
想起五月獅子吼 지난 5월 정의를 외치던 그 열변 상기하니,
耳在劇中民主聲 귀엔 연극으로 외치던 민주의 소리 들리는 듯.

- 회억回憶 : 돌이켜 추억하는 것. 또는 그 추억.
- 유영遺影 : 고인故人의 초상이나 사진.
- 명복冥福 : 죽은 뒤의 행복.
- 천당天堂 : 극락세계인 정토.
- 오월五月 : 1980년 5월 18일을 전후하여 민주화 운동이 열렬했던 때를 이름.
- 사자후獅子吼 : 사자의 으르렁거리는 소리라는 뜻으로, 진리나 정도를 설하여 사설邪說을 갈파하는 것. 또는 부르짖는 듯한 열변.

5·18기념공원에 있는 5·18추모 승화 공간

- 극중劇中 : 연극의 내용 가운데. 1980년 5월에 전남대학교 국어국문학과에 재학 중이던 박효선군 등이 연극반을 운영하며 당시의 군사독재를 비판하며 민주화 운동을 전개하였던 일을 뜻함.

---

14) 2008年4月21日 5.18紀念公園訪問有感也 自1998年12月以後1年間 光州市造成5.18現況空間及追慕昇華空間於西區双村洞 三層八角五月樓毅然立於如意山頂矣 今尋訪地下追慕空間而先合掌追念 臨1980年5月當時散華名單也 一一推尋人名中 奮然起慷慨之心 而想起5月抗拒軍政矣 乃卽吟慷慨詩如此 市民蹶起獅子吼 自由平和又民主 老少大同拒獨裁 義擧實相告人類 此際弟子朴君之像繼續浮上案前 再述懷如下矣

★ 搭乘頭輪山懸垂鐵道[15] 두륜산 현수철도에 탑승하여

遠邇無際烟霞裡 원근에 끝없이 펼쳐진 안개 속인데,
千仞懸空動體移 천길 높은 공중엔 매달린 동체가 옮겨 오르네.
幽壑樹海眼下景 깊은 골짜기와 나무숲 모두가 눈 아래 경치요,
山勢津津難相離 산의 형세 진진하여 떨치고 떠나기 어렵구나.

- 두륜산頭輪山 : 전라남도 해남군 삼산면三山面에 있는 산. 1979년에 도립 공원으로 지정됨. 높이 703m.
- 현수철도懸垂鐵道 : 케이블카를 가리킴. 급경사면을 오르내리기 위하여 공중에 건너지른 케이블에 차체車體를 매달아 사람이나 화물을 운반하는 운송 기관. 해남의 두륜산 케이블카는 2003년 2월에 설치한 국내 최장 거리(1.6km)라 한다.
- 원이遠邇 : 하이遐邇. 원근遠近. 먼 곳과 가까운 곳. 또는 그 곳의 사람.
- 연하烟霞 : 안개와 노을. 고요한 산수의 경치.
- 천인千仞 : 천 길이라는 뜻으로 산이나 바다가 몹시 높거나 깊음을 이르는 말.
- 동체動體 : 움직이는 물체. 여기서는 손님들을 태우고 정상에 오르내리는 현수철도의 동체를 두고 이름.
- 유학幽壑 : 깊은 골짜기.
- 수해樹海 : 울창한 산림의 광대함을 바다에 비유한 말.
- 진진津津 : 흥미가 매우 깊음. 풍성하게 많음.

---

15) 2008年4月25日 搭乘懸垂鐵道所懷也 去22日 서울徐載寬同壻與妻弟友一行來光矣 今日余夫婦一行5人 觀光海南土末及莞島後 到着海南頭輪山下 搭乘懸垂鐵道也 足下幽谷連十里 眺矚南海 則茫茫無際 樹海綠波作高低以凹凸連 而難別樹種也 到頂上而着地 此是壯年時節登攀處 感慨無量耳

★ 無等教示[16] 무등산이 주는 가르침

大小峰巒烟霧中 크고 작은 봉우리들 자욱한 안개 속인데,
遐邇綠樹方蒼莽 원근의 녹수는 한창 우거져 푸릇푸릇하구나.
靈山垂示人治病 신령한 산이 인간의 병 다스림을 가르쳐주되,
天賦自然是順命 본디 타고난 운명은 곧 천명에 순종함이라네.

- 무등無等 : 무등산의 약칭. 서석산瑞石山. 앞에 든 제1부 하편下篇의 시 〈무등산세無等山勢〉의 주 참조.
- 봉만峰巒 : 봉장峰嶂. 꼭대기가 뾰족뾰족하게 솟은 산봉우리.
- 연무烟霧 : 연기와 안개. 또는 고운 먼지와 그을음이 공중에 떠다니며 생기는 혼탁한 현상.
- 하이遐邇 : 원근遠近. 먼 곳과 가까운 곳.
- 창망蒼莽 : 초목이 푸릇푸릇하게 우거진 모양.
- 영산靈山 : 영봉靈峰. 신령한 산.
- 수시垂示 : 수교垂教. 가르침을 내리거나 받는 것.
- 천부자연天賦自然 : 인력으로는 어떻게 할 수 없는 본디의 성질
- 순명順命 : 천명에 순종하는 것.

★ 龍池白蓮[17] 용지에 피어오른 흰 연꽃

綠雲滿塘津津浮 푸른 잎이 연못에 가득 풍성하게 떠있구나.

---

16) 2008年5月27日 無等山垂教之感也 午後1時半到着於無等山下全南大學校和順病院(全羅南道和順邑所在)矣 5年前手術內臟於此 今點檢其後之腸內狀況 于先準備胸臟檢查也 自昨日服用泄瀉藥 因禁食氣力衰盡 難禁緊張 然周邊多數患者皆毅然 不無感化矣 臨病床前登院前樓 坐以望無等山群峰 雖烟霧中自然不變 僧頭峯亦有情 教示塵衢人生 乃有感而作詩 則主題不必怨世也

17) 2008年6月5日 全南大龍池邊所懷也 光州市北區龍鳳洞所在全南大學擧行開校記念行事矣 姜總長招請名譽教授 我停年退職後已經過10年而每年開校紀念日招請受惠而感慨無量也 開式前到着而巡廻校內龍鳳池 此名所是1969年第6代柳基春總長造成也 其間景觀日新以浮刻校內勝所 舒鳧數首雙雙往來 池邊垂楊千絲綠 蓮之滿塘而或開或含笑 風景眞可觀也

雙鴨雌雄關關逑　쌍쌍이 다정한 오리는 암수가 짝짓고 노네.
龍鳳咸讚白蕖出　용봉 가족들 흰 연꽃 피어남을 다함께 기리는데,
岸上垂柳絲絲舞　언덕의 수양버들도 가지마다 즐거운 춤이로세.

• 용지龍池 : 광주시 북구 용봉동龍鳳洞에 있는 전남대학교 본부 앞 연못 이름.
• 녹운綠雲 : 푸른 잎이 무성함.
• 진진津津 : 풍성하게 많다. 또는 흥미가 매우 깊다.
• 자웅雌雄 : 암수. 암컷과 수컷.
• 관관關關 : 새가 온화하고 맑게 우는 소리의 형용.
• 용봉龍鳳 : 신령스러운 사령四靈에 속한 용龍과 봉鳳. 또는 용지가 위치한 곳(광주시 북구 용봉동)의 사람들, 즉 용봉인의 약칭. 전남대학교의 교수와 학생들을 용봉 가족이라 한 데서 취한 시구임.
• 백거白蕖 : 백련白蓮. 연꽃.
• 수류垂柳 : 수양버들. 사류絲柳.

★ 菊花瞻星臺[18]　국화로 이룬 첨성대

黃菊滿發數十頃　황금빛 누런 국화 만발하여 수십 경인데,
高臺芳花百萬英　높다란 첨성대엔 향기로운 꽃 백만 송이로다.
似瞻衆星懸宮柱　성궁星宮 기둥에 매달린 많은 별들을 쳐다보는 듯,
形象展示樹奇功　형상의 전시로써 뛰어난 공적 높이 세웠구나.

• 첨성대瞻星臺 : 신라 선덕여왕(善德女王) 때에 건립한 것으로, 경상북도 경주시 인왕동리(仁旺洞里)에 있는 천문 관측대. 이곳 시에서는 국화를 쌓

18) 2008年11月12日 園內菊花瞻星臺所懷也 吾等木六會員(木浦師範學校第六回卒業生在光會員)一同 觀光全南咸平郡 參觀大洞面雲橋里所在咸平自然生態公園矣 郡開催咸平菊香大展於此 洞里大山峽總爲菊花洞天 以生菊造形瞻星臺・龜船・崇禮門・作品展示館等也 仰觀高層望臺 則是菊花瞻星臺 別有花界非俗界 可謂菊花香宴會大盛況矣

아울러 첨성대처럼 이룬 국화 조형물(높이 6m)로서, 별의 관측대라고 비유적으로 명명한 것임.

- 황국黃菊 : 황화黃花. 빛이 누런 국화.
- 수십경數十頃 : 매우 넓은 면적의 비유.
- 경頃 : 중국의 지적地積 단위. 100묘畝, 약 100a에 해당함.
- 고대高臺 : 높이 쌓은 대. 여기서는 '국화첨성대'의 높은 대를 두고 이름.
- 방화芳花 : 향기 좋은 꽃.
- 중성衆星 : 많은 별.
- 궁주宮柱 : 궁전의 기둥. 시에서는 성궁星宮의 기둥을 뜻함.
- 성궁星宮 : 성계星界의 궁전.
- 형상形象 : 형상形狀. 형상形相. 감각적으로 포착한 것이나 심중의 관념 등을 예술가가 어떤 표현 수단에 의해 구상화하는 것.
- 기공奇功 : 기특하고 뛰어난 공적.

★ 菊花龜船[19] 국화로 이룬 거북선

佳菊造形各萬狀 아름다운 국화로 만든 형상들 각각 오만가지라.
傲霜生態亦可頌 찬 서리도 이겨내는 생태 역시 칭송할만하여라.
龜船登場大洞水 대동호의 물가엔 거북선도 등장하여
將軍智謀仍想像 이순신 장군의 지략 이로써 상상케 하는구나.

- 귀선龜船 : 임진왜란 때에 이순신李舜臣(1545~1598) 장군이 만들어 왜적을 무찌른 거북 모양의 배. 여기서는 국화를 쌓아올려 거북선처럼 만든 국화조형물(높이 2m)을 비유적으로 명명한 것임.
- 조형造形 : 형태를 이루어 만드는 것. 또는, 만든 그 형태.

---

19) 2008年11月12日 園內菊花龜船所懷也 參觀咸平自然生態公園中 發見菊花龜船位置於大洞堤湖水邊而方出擊之氣勢 可知此爲頌李舜臣將軍之歷史上武功矣 吾等記憶壬辰倭亂時水軍節度使李將軍製作世界初有鐵甲船以擊破倭船70餘隻而擧揚閑山島大捷也 於此目擊龜船 則再想起忠武公之歷史上偉業 盡心頌祝其歷史的偉功矣 參考當日所懷詩 〈菊花瞻星臺〉

• 오상傲霜 : 서릿발에도 굽히지 않음. 곧, 국화의 형용.
• 생태生態 : 살아있는 모양. 또는, 생물의 생활 상태.
• 대동大洞 : 대동제大洞堤의 약칭. 함평평야의 젖줄이 되는 대동저수지大洞貯水池를 두고 이름. 함평군의 대동면大洞面과 신광면新光面에 걸쳐있는 저수지로서, 둑 높이 16m, 길이 325m의 큰 호수. 선착장을 비롯하여 관광농원 · 청소년수련장 · 체력단련장 · 야영장 등 각종 시설을 갖추고 있는 곳이다.
• 지모智謀 : 지략智略. 슬기로운 꾀.

★ 菊花崇禮門[20] 국화로 이룬 숭례문

漢陽南門以菊建 한양의 남대문을 국화로 세웠네.
地上天下唯一珍 땅위 하늘 아래 유일한 보배로세.
芬芳漲滿使崇古 방향이 가득 넘쳐 옛 문물을 숭상케 하니,
大展達意泣鬼神 국향대전의 큰 뜻 귀신까지 감동케 하구나.

함평 국향대전 현장의 숭례문

• 숭례문崇禮門 : 서울에 있는 남대문南大門. 조선시대 한양 도성의 남쪽 정문으로서 국보 제1호임. 이곳의 국화숭례문菊花崇禮門은 실제 숭례문의 모형 작품으로서, 그 크기의 2분의 1이라 함.
• 한양漢陽 : 서울의 옛 이름.
• 남문南門 : 남쪽으로 난 문. 여기서는 서울 남대문, 즉 숭례문을 두고 이름.
• 분방芬芳 : 방향芳香. 꽃다운 향기. 또는, 좋은 냄새.

---

20) 2008年11月12日 園內菊花崇禮門所懷也 南大門路4街所在南大門原名是崇禮門 歷史上朝鮮朝太祖7年(1398)落成矣 世宗29年(1447)改築以現存 在京木造建物中最古而指定國寶第1號也 故咸平自然生態公園內設置此名物 則表象歷史的自矜心矣 並造形大形物像 總爲生菊花英 以誇示造形藝術性 誰可測其花冠數乎 稱頌不已 參考當日所懷詩〈菊花瞻星臺〉

• 창만漲滿 : 창일漲溢. 물이 불어나 넘치는 것.
• 숭고崇古 : 옛적 문물을 숭상함.
• 대전大展 : 크게 전시하는 일. 여기서는 함평군에서 추진한 '함평국향대전咸平菊香大展'을 두고 이름.
• 달의達意 : 자기의 의사를 상대에게 충분히 나타내어 통하는 것.

★ 金姸兒Figure競技喜報[21] 김연아 피겨경기의 희소식

姸兒發揮天生才 경기에 나온 김연아 타고난 재주를 발휘하고,
僑民熱援振四海 미국 교민들 열띤 응원은 온 세상을 진동시켰네.
技藝出衆大勳勞 그 재주 출중함이 큰 공이러니,
堂堂優勝世界杯 당당히 우승하여 값진 월드컵 차지하였다오.

• 피겨Figure : 피겨 스케이팅Figure skating의 준말. 스케이팅 종목의 하나. 연기에는 3종목이 있는데, 기술의 정확성과 예술성에 의해 그 우열을 판단한다.
• 연아姸兒 : 피겨 경기 국제대회에 출전한 김연아의 이름.
• 천생天生 : 타고난 본바탕. 또는, 하늘로부터 타고남.
• 교민僑民 : 외국에 거주하고 있는 자기 나라 국민. 여기서는 우리 한민족이 거주하고 있는 미국의 엘에이LA 교민을 두고 이름.
• 열원熱援 : 열렬한 응원.
• 사해四海 : 온 세상.
• 기예技藝 : 기술상의 재주. 기술 및 재주.
• 대훈로大勳勞 : 대공大功. 매우 큰 공로.
• 세계배世界杯 : 월드컵. 스포츠 경기의 국제 선수권대회.

---

21) 2009年3月29日 Figure競技觀戰感懷也 昨日國際氷上競技聯名開催世界Figure選手權大會於美國LA 韓國選手19歲金姸兒參與2次戰 與日本選手競爭 而堂堂優勝以登場世界Figure女王矣 獲得總200点 此是競技史上初有最高得點 金選手擧揚自身生涯中最高勝 可謂宣揚邦威之大榮光也 雖觀覽無線電視放映而感歎不已 誰默過此歡喜乎

身着天衣翩翩飛　몸엔 선녀 옷을 입었는지 가볍게 날며,
能手能幹仙才技　능수 능간함이 뛰어난 선녀의 재주로세.
芳紀女人得譽望　꽃다운 나이의 여인 명예와 인망을 누렸으되,
刻苦精勵揚國威　고생과 정성을 다해 국위를 고양함이로다.

- 천의天衣 : 선녀가 입는 옷.
- 편편翩翩 : 나는 형세가 가볍고 날랜 모양.
- 능수능간能手能幹 : 능간능수能幹能手. 일을 감당할 만한 능력과 익숙한 솜씨.
- 능수能手 : 일에 능란한 솜씨. 또는, 그 사람.
- 능간能幹 : 일을 잘해낼만한 능력과 재주.
- 선재仙才 : 선인仙人과 같은 재주. 뛰어난 재주.
- 방기芳紀 : 방년芳年. 20세 전후의 여자의 꽃다운 나이.
- 예망譽望 : 명예와 인망人望.
- 각고정려刻苦精勵 : 고생을 이겨내며 정성들여 힘씀.
- 국위國威 : 방위邦威. 나라의 위세 또는 위신.

★ 觀覽金妍兒Figure競技映像[22)] 김연아 선수의 Figure경기 영상을 보고

妙技凌厲幻想的　훌륭한 기술과 재주 실로 환상적이로다.
力量提高大跳躍　연기의 역량을 높여서 크게 도약하였도다.
人類共感此勝事　온 인류가 뛰어난 이 일에 모두 감동하였으니,
永世不忘國際蹟　영원히 잊지 못하리라, 그 국제적인 발자취.

- 능려凌厲 : 아주 훌륭함. 또는, 세찬 기세를 당해내기 어려움.
- 환상적幻想的 : 어떤 대상이 기가 막히게 좋은 것.

---

22) 2009年4月5日 競技映像視聽感懷也 去3月韓國Figure選手金妍兒堂堂優勝於世界Figure選手權大會 全國民不能禁金選手世界1位之感懷矣 今4月無線電視再放映當時競技狀況 我亦歡呼以觀覽之 歷歷想像當時競技實況 而不可不述懷如此以滿喫快擧事也 參照去3月29日作詩〈金妍兒Figure競技喜報〉

• 제고提高 : 쳐들어 높이는 것.
• 도약跳躍 : 몸을 위로 솟구쳐 뛴다는 뜻으로, 더 높은 단계로 발전하는 것.
• 승사勝事 : 뛰어난 사적事蹟. 또는, 훌륭한 일. 여기서는 한국의 김연아 선수가 국제 Figure 선수권대회에서 세계 1위를 한 훌륭한 일을 두고 이름.
• 영세불망永世不忘 : 영원히 잊지 않음.

★ 禪雲寺 磨崖佛參拜[23)] 선운사 마애불을 참배하고서

兜率山下唯一路 도솔산 아래는 오직 외길이로다.
巨巖磨佛恒含笑 거창한 바위에 새긴 부처 항시 웃음 머금고 있네.
千年風霖專修禪 천년 세월 비바람에도 오로지 선정 닦을 뿐이니,
客衆參拜造仰禱 많은 손님들 참배하러 나아가 우러러 비네.

• 선운산禪雲山 : 전라북도 고창군高敞郡에 있는 명산名山. 여기에는 선운산도립공원이 조성되어 있는데 백제 때 창건하였다는 선운사와 그곳의 마애석불은 불교유적으로 특히 유명하다.
• 마애불磨崖佛 : 자연의 암벽을 이용하여 그 바위 면에 조각된 부처나 보살상. 이곳 마애불은 선운산의 도솔암 가까이의 거대한 암벽에 있는 국내 최대의 마애석불을 두고 이르는데, 1994년 5월 2일 보물 1200호로 지정되었다.
• 도솔산兜率山 : 선운산의 옛 이름.
• 마불磨佛 : 마애불磨崖佛의 약칭. 앞에 든 주

선운사 도솔암 암벽의 마애불

23) 2009年10月4日 禪雲山磨崖佛參拜之懷也 今日是秋夕卽後旣望 我與妻及息婦一行觀光高敞禪雲山道立公園 一行搭乘長子乘用車矣 乃到禪雲山眞興窟而向兜率庵 自此登路行若1km 則庵側有磨崖佛 所謂國內最大磨崖石佛也 一見巨巖面石佛之超然含笑 接佛之神秘唯感歎不已 參拜客不絶而亦嗟歎矣 佛身之心坎部位有四角穴 傳言保管兜率庵創建僧之秘訣錄 尤欲探秘錄之神秘也

참조.

- 풍림風霖 : 풍우風雨. 바람과 비.
- 전수專修 : 오로지 한 가지 일만을 닦는 것.
- 수선修禪 : 참선하여 삼매경에 이르는 선정禪定을 수행하는 것.
- 객중客衆 : 많은 손님. 손님을 높여서 이르는 말.
- 造 : 나아갈 조.
- 앙도仰禱 : 우러러 비는 일.

★ 眞興窟參觀[24] 진흥굴을 참관 하고

禪林隨處遺古痕 선운사엔 가는 곳마다 옛 자취 남아 있어
窟內香燭今燒塵 진흥굴의 촛불 지금도 속진俗塵을 불태우네.
千年古松猶靑靑 천년 묵은 장사송長沙松 오히려 푸릇푸릇 하니,
應知長沙望夫恨 지아비 그리던 장사녀의 한 너는 응당 알고 있으리.

- 진흥굴眞興窟 : 신라의 제24대 진흥왕이 수도했다는 전설로 말미암은 굴 이름. 전라북도 고창군高敞郡에 있는 선운산禪雲山 아래 선운사 가까이에 있는 동굴洞窟로서, 도솔암兜率庵 아래 장사송長沙松 뒤편 큰 바위 속에 뚫려 있는 너비 5m, 길이 10m 가량의 큼직한 굴임. 지금도 향촉대에 불이 켜있어 신도들의 참배가 이루어진다.
- 선림禪林 : 선정禪定을 닦는 일. 선정의 사원. 이 시에서는 선운사禪雲寺를 두고 이름.
- 수처隨處 : 도처到處. 가는 곳마다의 여러 곳.
- 향촉香燭 : 제사 때나 불공을 드릴 때에 쓰는 향과 초.
- 진塵 : 티끌. 이곳 시에서는 속진俗塵을 두고 이름. 속세의 티끌. 곧 세상의 번잡한 사물. 속애俗埃. 황진黃塵.

---

24) 2009年10月4日 禪雲山下眞興窟探訪之懷也 觀覽高敞禪雲山道立公園內磨崖佛回路時暫休憩於長沙松亭 而參觀長沙松後側眞興窟矣 岩壁裏巨窟 依傳言則新羅眞興王深醉佛道 而修道於此 以是命名眞興窟也 尤有長紗松於窟前 聯關長沙女人望夫辭矣 參考當日作詩 〈禪雲寺磨崖佛參拜〉

• 천년고송千年古松 : 예부터 전하는 오래된 소나무. 여기서는 진흥굴 앞에 있는 장사송長沙松을 두고 이름. 다음에 드는 시 〈장사송長沙松〉 참조.

• 장사망부한長沙望夫恨 : 〈선운산가〉의 전설에 나오는 장사 지역 한 여인의 망부한을 두고 이름. 망부한이란 멀리 떠난 남편을 기다리다가 죽은 여인의 한을 말하는 바, 이 시에서는 백제 가요라 하여 알려진 〈선운산가禪雲山歌〉의 전설에 나오는 여인의 한을 두고 이름. 따라서 〈선운산가〉는 작자 연대 미상의 백제가요로서 『고려사高麗史』 악지樂志에 의하면 장사長沙의 한 여인이 싸움터에 나간 남편이 기한이 되어도 돌아오지 않으므로, 임을 기다리며 선운산을 바라보고 그리움을 노래하였다는 사연이 전한다.

★ 長沙松[25] 장사송

丹丘養長松 이곳 선계에선 훤칠한 큰 소나무를 길렀구나,
孫枝得扇形 곁가지도 무성하여 맵시 좋은 부채꼴이로다.
常靑幾百年 변함없이 늘 푸르기는 몇 백 년이 되었는고.
老少無不頌 노소 할 것 없이 모두 칭송치 않음이 없네.

• 장사송長沙松 : 전북 고창군 아산면雅山面 삼인리三仁里 소재. 선운사 진흥굴 아래 다소 경사진 곳에 있는 소나무. 안내판의 설명에 의하면 천연기념물 354호. 600살에 높이 23미터. 가슴 높이의 둘레는 3.07미터, 높이 3미터 정도에서 줄기가 세 갈래로 갈라져 있고, 다시 여러 갈래로 갈라져 부챗살처럼 퍼짐. 이곳의 옛날 지명은 장사현長沙縣. 이 나무는 신라 때의 진흥왕이 수도했다는 진흥굴眞興窟 앞에 있기에 진흥송이라고도 이른다. 싸움터에 나간 지아비를 기다리던 장사長沙의 한 여인이 이 나무에 기대어 애타는 그리움을 노래했다는 데서 호칭된 소나무의 이름이라고도 전

25) 2009年10月4日 禪雲山下長沙松所懷也 高敞禪雲山道立公園內有眞興窟 而長沙松成長於窟直前下草地 『高麗史』樂志所記 〈禪雲山歌〉現場矣 傳長沙女人望夫恨 足以推想此松之目擊其哀戀 今問之而默默不答 以靑綠含笑耳 參考當日所懷詩 〈禪雲寺磨崖佛參拜〉與 〈眞興窟參觀〉

한다. 백제가요의 하나인 〈선운산가禪雲山歌〉의 현장으로 전하기도 한다.
- 단구丹丘 : 신선이 사는 곳. 선경仙境. 선계仙界.
- 장송長松 : 훤칠하게 자란 큰 소나무.
- 손지孫枝 : 가지에서 다시 돋아나온 곁가지. 고목이 다된 나무에서 새로 돋아난 가지.
- 선형扇形 : 부채꼴. 부채의 형상.

★ 送年述懷[26] 한 해를 보내며 이는 술회

嵎夷亮明事晝耕 동쪽 날이 밝아오면 주간의 작업에 종사했고,
咸池日沒勉夜工 해가 지고 어두워지면 밤일에도 노력하였다네.
登亭回想歲駒隙 백석정에 올라 생각하니 덧없는 세월이기는 하나
東走西奔忘虛送 동분서주하느라 헛된 세월만은 잊어버렸다오.

- 술회述懷 : 마음속에 서려 있는 생각을 말하는 것, 또는 그 말.
- 우이嵎夷 : 해가 돋는 곳.
- 양명亮明 : 환하게 밝다.
- 주경晝耕 : 주경야독晝耕夜讀에서의 주경. 낮에는 농사일을 하고 밤에는 글을 읽는다는 뜻으로, 어려운 여건 속에서도 꿋꿋이 공부함을 비유하는 말임.
- 함지咸池 : 해가 진다고 하는 큰 못.
- 등정登亭 : 광주시 서구에 있는 백석산白石山 산책에서 그곳의 백석정白石亭에 오른 일을 두고 이름. 이곳 작시의 각주 참조.
- 구극駒隙 : 백구과극白駒過隙의 준말. 흰 망아지가 빨리 지나가는 것을 문틈으로 본다는 뜻으로, 세월과 인생이 덧없이 짧음의 비유.

---

26) 2009年12月31日 登白石亭歲暮述懷也 年終之際欲眺望暮歲落照 登行白石山徑矣 自金湖洞(光州市西區所在)山路入口 向白石亭間約500m距離 至其中間 則東側山足下置秉天祠(有形文化財第11號) 西方有遠山 遙望落照之適地矣 遂遐望落陽紅爐 而依賴燒焚今年之災厄 乃至白石亭 回顧一年之多事多難 切感歲月如白駒之過隙也

• 동주서분東走西奔 : 동치서주東馳西走. 동분서주東奔西走. 이리저리 바쁘게 돌아다님.

★ 歲終慨世[27] 연말에 이는 세상사 탄식

經濟危機諸國憫 올해의 경제위기는 여러 나라의 걱정이었고,
疾病猖獗人類恨 크게 기승을 부린 질병은 인류의 원한이었네.
多事多難又有殃 다사다난한 때에 또한 재앙마저 겹쳤지만,
天佑神助僅僅存 천우신조로 근근이 살아남았도다.
旁岐曲徑今歲歎 순리보다 억지 내세움은 올해의 탄식거리요,
口腹之累來年訓 먹고 살아갈 걱정은 내년에 조심할 훈계로다.
康衢煙月萬民願 태평한 시대의 평화로움은 온 백성들의 소원인데,
政派相殘招擾雲 정파들의 상잔은 세상의 어지러움만을 부른다오.

• 세종歲終 : 세밑. 한 해의 마지막 무렵. 섣달그믐께.
• 개세慨世 : 세상의 되어가는 형편을 염려하여 한숨을 쉬는 것.
• 질병疾病 : 몸의 온갖 병. 여기서는 금년에 세계적으로 유행하였던 신종 인플루엔자(유행성감기)를 두고 이름.
• 창궐猖獗 : 좋지 못한 병이나 세력이 발생하여 기승을 부려 퍼지는 것.
• 다사다난多事多難 : 여러 가지로 일이나 어려움이 많음.
• 천우신조天佑神助 : 하늘과 신의 도움.
• 방기곡경旁岐曲徑 : 반계곡경盤溪曲徑. 일을 순리대로 하지 않고 부당한 방법으로 억지로 함.
• 곡경曲徑 : 사경私徑. 꼬불꼬불한 길. 사사로운 일을 꾀하기 위한 바르지

---

27) 2009年12月31日 登白石亭送年所懷也 歲底遐望落照以卽詠 而登白石亭以回想一年 送年之感無窮也 例擧特記之事 則逢着經濟危機 又新種流行性感氣大流行 如此之際政家置重政爭 與野間沒頭誹謗戰以相殘 痛嘆不已也 故教授新聞採擇四字成語以諷刺 曰旁岐曲徑矣 忠告私徑者應反省而脫盤溪曲徑矣 乃敍宿歲慨世之感也 參照21日字無等日報

못한 방법.

- 구복지루口腹之累 : 먹고살아 갈 걱정.
- 강구연월康衢煙月 : 태평한 시대의 번화한 거리의 평화스러운 모습.
- 상잔相殘 : 서로 싸우고 해치는 것.
- 요운擾雲 : 본래 '운요雲擾'라 한 낱말을, 여기서는 군이 시의 압운을 좇아 도치해서 취한 조사구措辭句임. 따라서 운요雲擾는 구름이 솟아오르는 것처럼 세상이 어지럽다는 뜻이다.

★ 訪長城休養林[28] 장성군의 휴양림을 방문하고서

眼惑綠樹耳醉流 눈은 녹수에 유혹되고 귀는 계곡 물소리에 취했노라,
慕巖澄波山影隨 모암제의 맑은 물엔 산 그림자가 비춰 출렁이네.
自然攝理無不惠 곳곳마다 자연의 섭리 은혜롭지 않은 곳이 없건만,
森林浴場可謂頭 모암의 산림욕장은 그 중의 으뜸이라 이르리.

장성 휴양림의 편백나무 숲과 그 아래의 모암제

- 장성長城 : 장성군을 두고 이름. 전라남도 북쪽에 있는 군으로 군청 소재지는 장성읍長城邑에 있음.
- 휴양림休養林 : 자연휴양림의 준말. 산림청에서 여러 곳에 휴식 공간으로 조성한 산림. 장성군에서는 전국 최대 조림성공지로서 축령산휴양림을 조성하고, 이곳 장성휴양림은 장성 8경 중 제2경으로 지목하는 명승지의 자랑으로 내세우고 있다.
- 녹수綠樹 : 푸른 나무. 장성군 서삼면西三面

---

28) 2010年4月3日 鷲靈山山林浴場訪問之懷也 家族同伴以搭乘長男乘用車 向長城郡西三面所在鷲靈山休養林 途中取中食於山谷(산골짜기)山鷄料理專門店矣 食後到慕巖里 所謂山間生態村 駐車于慕岩臨時駐車場 經由慕岩堤後林間散策 又周回慕岩통나무집及慕岩山林浴場等 體驗山林浴以滿喫精神的解放感 可謂樂園行矣

에 형성된 편백나무 숲을 두고 이름.

- 모암慕巖 : 모암재慕巖堤의 약칭. 서삼면 모암리의 휴양림 산 아래에 조성된 저수지.
- 징파澄波 : 맑고 깨끗한 물. 또는 그 물결.
- 섭리攝理 : 자연계를 지배하고 있는 원리와 법칙.
- 삼림욕森林浴 : 산림욕山林浴. 숲 속을 거닐면서 숲의 기운을 쐬는 일. 산림이 방출하는 피톤치드의 살균효과와 녹색으로 인한 정신적 해방 효과 등이 있다고 한다. 이곳의 삼림욕장은 장성군 서삼면 모암리의 휴양림에 조성된 '모암산림욕장'을 두고 이른다.

★ 於無等山水源池[29] 무등산의 제1수원지에서

幽谷谿流滉　깊은 산골짜기의 시냇물 깊고도 넓은데,
四圍樹海蒼　사방의 광대한 나무숲 무성하고 울창하여라.
遠面僧頭峯　멀리는 무등산 중머리재 바라보이고
直前湖中影　바로 앞에 펼쳐진 물 속엔 그 그림자로다.
擡眸山花紅　눈동자 쳐들면 산중턱에 붉은 꽃이 피어 있고,
側耳水鳥聲　귀 기울이면 저수지에선 물새소리로다.
方春和時節　때는 바로 화창한 봄날이 아닌가.
隨處仙遊場　발길 이르는 곳마다 신선처럼 선유할 곳이로다.

- 무등산無等山 : 앞에 든 제1부 하편下篇의 시 〈무등산세無等山勢〉의 주 참조.
- 수원水源 : 물이 흘러나오는 근원. 광주시 동구 운림동雲林洞 소재 증심사證心寺 입구의 공용주차장 왼편 가까이에 있는 광주제일수원지에 흘러드는 물을 두고 이름.

---

29) 2010年4月14日　無等山第一水源池探勝之懷也　今水曜日參席于木六回月例會(高校卒業生親睦會) 中食豫定於無等山證心寺入口食堂 近距離有光州第1水源池 卽大山谷下密林中幽深處也　中食2時間前尋幽此山谷而到水流堤防　則扁柏鬱蒼以四周形成樹海　到處目擊山林浴之人矣　尤水中無等山影奇麗　其勝致難形言　可謂龍飛鳳舞之境　唯嗟歎耳

• 유곡幽谷 : 그윽하고 깊은 산골짜기. 여기서는 무등산의 바람재 또는 토끼등에서 광주제일수원지로 뻗어 내리는 깊은 궁곡窮谷을 두고 이름.
• 계류谿流 : 산골짜기에 흐르는 시냇물.
• 滉 : 물이 깊고 넓을 황.
• 사위四圍 : 사주四周. 사방의 둘레.
• 수해樹海 : 울창한 산림의 광대함을 바다에 비유한 말.
• 승두봉僧頭峯 : 중머리재. 무등산 산행 길의 요지로서 흔히 중봉中峰 또는 중치中峙라고도 이름. 높이는 해발 560m.
• 호중영湖中影 : 물 속에 드리워 비친 그림자. 여기서는 수원지에 비친 무등산 그림자를 두고 이름.
• 대모擡眸 : 눈동자를 쳐들어 보는 것.
• 측이側耳 : 듣기 위해 귀를 기울이는 것.
• 방춘화시方春和時 : 바야흐로 봄이 한창 화창한 때.
• 수처隨處 : 어디든지. 닿는 곳마다.
• 선유仙遊 : 선경仙境에서 노는 것.

★ 晩秋石蒜頌[30] 늦가을의 석산을 기리며

邀望喬陟疊疊連 저 멀리 높은 산 바라보니 첩첩이 이어있고,
相思樓下乃芳園 상사루 아래는 곧 석산화가 자라는 화원이로다.
誰云花無十日紅 누가 일렀던고 한창 고운 꽃도 열흘 가지 못한다고,
芽甲成長已更新 이미 떡잎들이 자라서 다시 새로워지는구나.

• 석산石蒜 : 여러해살이풀. 9~10월에 붉은 꽃이 비늘줄기에서 나온 30~50cm의 꽃줄기 끝에 산형繖形 꽃차례로 달리며, 꽃이 진 뒤에 잎이 무

---

30) 2010年10月8日 龍泉寺石蒜花公園探訪之懷也 歲月如流 遂至庚申年殘秋寒露家族一行向咸平郡所在龍泉寺而探勝于꽃무릇公園 乃登殿閣前相思樓 恰似展望臺 遐望嶂遠而下視足下花園 此是遠近求景之適處 故能想像樓名之意味也 十五六日前秋夕節已訪花 當時石蒜花滿發 然今難見紅花而可視青莖 不能禁惜情 而反面不可不尤所重視其球根 乃感得虎死留皮之功以稱頌之矣

성하게 남. 석산화石蒜花는 그 꽃을 두고 이르는데, 꽃과 잎은 서로 보지 못하고 그리워 한다하여 세칭 상사화相思花라고도 이름.

- 요망邀望 : 멀리 바라보는 것.
- 교척喬陟 : 높은 산. 중첩하여 있는 산.
- 상사루相思樓 : 함평군 해보면海保面 광암리光岩里의 용천사龍泉寺 전각 바로 앞에 있는 대형 건물. 용천사 주변은 세칭 상사화相思花라 하는 석산화의 군락지인데, 이로 인해 명명된 건물 이름인 것으로 전한다.
- 방원芳園 : 화원花園. 꽃을 심은 동산. 용천사의 꽃무릇공원을 두고 이름.
- 화무십일홍花無十日紅 : 열흘 붉은 꽃이 없다는 뜻으로, 한번 성하면 반드시 멀지 않아 쇠해짐을 이르는 말.
- 아갑芽甲 : 처음 생긴 초목의 떡잎.

寒露綠萌又生新 차가운 한로 철에도 푸른 새싹들 산뜻도 해라.
花葉相思但遺恨 꽃과 잎 서로 보지 못해 그리는 한만 남길 뿐이로다.
球根所用幀畵材 그 알뿌리는 탱화에 소용되는 긴한 자재라네.
豹死留皮亦可讚 꽃은 시들었지만 뒷날까지 남기는 공 칭송할만해라.

- 한로寒露 : 24절기의 열 일곱째. 양력 10월 8일 경. 찬 이슬이 내리는 무렵으로 음력 9월의 절기임.
- 녹맹綠萌 : 푸른 싹.
- 유한遺恨 : 생전의 남은 원한.
- 구근球根 : 알뿌리. 지하에 있는 식물체의 뿌리·줄기 등이 알 모양으로 비대하여 양분을 저장한 것. 특히 석산石蒜의 알뿌리전분은 불교 탱화 제작에 쓰이는 소중한 방부제용 자재로 알려져 있음.
- 탱화幀畵 : 그림으로 그려서 벽에 거는 불상.
- 표사유피豹死留皮 : 호사유피虎死留皮. 중국 송나라의 문인 구양수歐陽脩가 지은 「신오대사新五代史」의 〈사절전死節傳〉에 나오는 말로서, 표범은 죽어서 가죽을 남긴다는 뜻. 즉 사람은 후세에 명예를 남겨야 한다 함인데, 여기서는 곱게 핀 석산화가 시든 후 잎이 나고, 그 알뿌리의 전분은 탱화 등의 긴한 소용이 되고 있음을 두고 이름.

★ 寺後巖前有感31) 용천사 뒤 큰 바위 앞에서의 감회

山谷巨巖本毅然 산골짜기의 거대한 바위 본디는 의연하였건만,
面上創痍今尚存 얼굴에 입은 총상만은 지금도 남아있구나.
戰亂悲劇何輕視 전란으로 말미암은 비극을 어찌 가벼이 하랴.
龍泉傳言欲斷魂 용천사가 전하는 슬픈 사연엔 넋이 끊기는 듯.

용천사의 뒷산 암벽에 남은 전흔戰痕

- 사寺 : 절. 여기서는 광암리의 용천사를 두고 이름. 다음의 주 용천龍泉 참조.
- 거암巨巖 : 썩 큰 바위. 여기서는 용천사 뒤 산골짜기의 산책로에 있는 거대한 바위를 두고 이름.
- 의연毅然 : 의지가 굳세어서 끄떡없음.
- 창이創痍 : 무기武器에 다친 상처. 용천사 뒷산의 바위에는 여러 곳에 총상이 역연함을 두고 이름.
- 용천龍泉 : 용천사龍泉寺의 약칭. 함평군 해보면海保面 광암리光岩里에 위치한, 신라때에 창건한 고찰. 이는 전통사찰 제45호로서, 법당 옆에 있는 조선시대 석등은 전라남도 유형문화재 제84호로 지정되어 있고, 이곳 꽃무릇공원은 전국 최대의 석산화石蒜花 군락지로 알려져 있다.
- 전언傳言 : 말을 전하는 것. 또는 그 말. 이곳 바위 곁에 있는 안내판에 소개된 전언을 두고 이름. 이에 의하면 6.25전란 때에 국군 11사단 20연대 2대대와 빨치산의 최후 격전지로서 총알이 소나기처럼 퍼부어 상대를 격퇴하였으나, 용천사는 그때 소실되었다 함. 바위 여러 곳에 아직도 총상이 남아 있고, 거기에는 이때의 총과 철모 등이 걸려 있다.
- 단혼斷魂 : 몹시 슬퍼 넋이 끊어지는 듯함.

---

31) 2010年10月8日 龍泉寺散策路上巖前所懷也 咸平郡所在龍泉寺後側山斜有山行路 而與妻一周石蒜群落地矣 至峽谷以直面一巨大老顔巖 則滿身瘡痍 而六.二五戰亂時銃傷歷然 古銃與鐵帽掛於頭上也 乃讀案內板說明 切感戰亂慘狀 而痛嘆不已矣 參照當日作〈晚秋石蒜頌〉詩脚註

제5부

(2007~2010) 하편

★ 楓巖堤綠松[32] 풍암제의 푸른 소나무

蒼空白雲隨時峯 창공에 흰 구름 수시로 봉우리 짓고,
湖岸獨松毅然盛 홀로 서있는 호숫가 소나무 의연히 무성하구나.
綠枝送情相傾蓋 푸른 가지 정을 주어 서로 친숙했더니,
水面倒影逌爾迎 수면의 그림자도 빙그레 웃으며 맞아주네.

- 풍암제楓巖堤 : 광주시 서구 풍암동에 있는 저수지를 이름. 흔히 풍암호, 또는 풍암저수지라고도 이름.
- 호안湖岸 : 호수의 기슭.
- 독송獨松 : 외따로 서있는 소나무.
- 의연毅然 : 의지가 굳세어서 끄떡없음.
- 경개傾蓋 : 길에서 우연히 만나 일산日傘을 기울여 이야기한다는 뜻으로, 한번 보고 서로 친해짐의 비유.
- 도영倒影 : 거꾸로 비친 그림자. 또는 해질 무렵의 그림자.
- 유이逌爾 : 빙그레 웃는 모양. 안색이 부드럽게 펼쳐지는 모양. (逌 : 빙그레할 유)

★ 再吟楓巖堤綠松[33] 풍암제의 녹송을 두고 다시 읊다

湖畔青松吐秘傳 호수 가 청송 무슨 비밀을 말해 줄 듯.
水裏雲影欣對面 물 속의 구름 그림자도 흔연히 대면해 주구나.

---

32) 2007年3月1日 楓巖堤湖畔綠松所懷也 光州市西區楓岩洞所在楓岩堤稱西區五景中一名勝 隣近住民愛用此地散策路 第1木橋與第2木橋(雅致橋)間形成廣幅湖畔路 一木長松獨立於其沿道 恰似養成喬木而每行人稱頌不已 又與我情熟者 今日散策時交換情談而作如此也 參照前項(第4部上篇)所示〈楓巖堤散策〉

33) 2007年3月8日 楓巖湖畔綠松所懷也 午後與妻散策而行西區楓岩洞所在金塘山楓岩亭下楓岩湖畔路 遊客10餘人巡廻湖水以醉湖岸春景矣 我亦過第2木橋(雅致橋)以相面湖上綠松 其無言以歡迎也 我乃自然傾蓋以盤桓 想起1週日前遊步時詩情 今再吟之以作詩如此矣 參考一週日前作詩〈楓巖堤綠松〉

四時常綠不知衰 사시사철 늘 푸르러 쇠할 줄을 모르니,
往來人口賞龍鱗 왕래하는 사람들마다 소나무 줄기 찬양이로다.

- 비전秘傳 : 비밀히 전하여 내려오는 것. 또는 그 방법.
- 운영雲影 : 구름의 그림자.
- 상록常綠 : 나뭇잎이 일년 내내 늘 푸름.
- 용린龍鱗 : 노송老松 줄기의 비유.

★ 遙望櫻花園[34] 멀리 벚꽃 동산을 바라보며

郊外賞春方絶頂 교외엔 봄 경치의 구경이 바야흐로 절정이라,
尋幽走車十里浪 이름난 곳을 찾아 달리는 차 십리의 물결이로다.
芳樹櫻園漸漸近 꽃나무 가득한 벚꽃 동산 점점 가까워 오니,
香雲流波作仙境 만발한 하얀 꽃물결 신비로운 선경이구나.

- 요망遙望 : 멀리 바라보는 것.
- 교외郊外 : 들이나 논밭이 비교적 많은, 도시의 주변
- 상춘賞春 : 봄 경치를 구경하며 즐기는 것.
- 심유尋幽 : 아름다운 곳, 또는 이름난 곳을 물어 찾는 것.
- 방수芳樹 : 꽃이 한창 피어 있는 나무.
- 향운香雲 : 꽃이 만개한 모양. 한창 만발한 흰 꽃을 이르는 말.
- 선경仙境 : 선향仙鄕. 신선이 산다는 곳. 또는, 경치가 신비롭고 그윽한 곳.

---

34) 2007年4月8日 和順櫻花園感懷也 長子運轉乘用車 與妻搭乘而同伴子婦矣 季春之際欲尋幽郊外 兼願海水湯以向寶城郡筏橋海邊也 方過和順邑 走行平野中大路時 遠眺窓外大野山 形成大櫻花園 果是廣大花海也 不禁探勝之懷 卽興以作詩如此 脚註中又得6言句如下矣 櫻園遂爲花海 豈非別有天地 桃月已脫塵衢隨處豫感勝致

★ 詠亭子樹[35] 정자나무를 두고 읊다

萬山洞口老巨樹 만산 마을 입구에 서있는 오래된 노거수,
枝葉蒼莽作亭宇 나뭇잎은 푸릇푸릇 무성하여 정자집을 이루었네.
古來稱頌必有因 예로부터 칭송됨은 반드시 까닭이 있어서라,
李門掛鼓世世守 이씨 문중에선 북을 거는 일 대대로 지켜 왔다오.

만산동 이선제의 괘고정

- 정자수亭子樹 : 집 근처나 길가에 있는 큰 나무. 위의 시에서는 만산萬山 마을 입구에 필문華門 이선제李先齊(1389~1454)가 심었다는 큰 버드나무를 두고 이름. 즉 수령樹齡 근 600년으로 알려진 괘고류掛鼓柳를 가리킴.
- 만산동萬山洞 : 광주시 남구 원산동院山洞의 만산萬山 마을. 마을에는 민속자료 제7호로 지정된 필문 이선제부조묘華門李先齊不祧墓가 있고, 마을 입구에는 필문이 심었다는 노거수老巨樹가 있다.
- 노거수老巨樹 : 수령樹齡이 많고 커다란 나무. 크고 오랜 나무.
- 창망蒼莽 : 초목이 푸릇푸릇하게 우거진 모양.
- 이문李門 : 이씨 문중. 광산 이씨 문중을 두고 이름.
- 괘고掛鼓 : 북 따위의 두드리는 것을 걸다는 뜻으로, 필문이 가문의 부귀영화를 기원하는 취지에서 버드나무를 심고 행하였다는 데서 연유함.

院山名所大壽柳 원산동 명소에서 자라는 오래된 버드나무
樹冠綠陰如高樓 수관을 이룬 녹음이 흡사 높다란 누각이로다.

---

35) 2007年5月7日 萬山里亭子樹所懷也 光州市光山區院山洞萬山部落有老巨樹 所謂掛鼓亭 又稱掛鼓柳 市指定記念物第24號矣 朝鮮朝世宗時文臣李先齊植栽後 李氏門中有登科者 則掛鼓於此柳樹以慶祝之 又有村中慶事時亦如是祝賀之 因之掛鼓柳尤有名焉 至今600年來老巨柳落落茂生 綠雲誘惑行人 今我訪問之以有感不已 故探索其由來而作詩也

華門遺芳今膾炙　필문이 남긴 훌륭한 명예 지금도 널리 회자되어,
六百年來聲聞秀　600년을 이어 그 명성은 무성하다오.

- 원산院山 : 광주시 광산구에 있는 원산동. 행정구역 폐합에 따라 서원 마을이라 이르던 원촌리와 만산리의 이름을 따서 명명한 지역의 명칭.
- 대수大壽 : 장수長壽. 보통의 경우보다 훨씬 오래 사는 것. 대수류는 앞에 든 시의 주에서 이르는 정자수亭子樹를 가리킴.
- 수관樹冠 : 나뭇가지나 잎이 무성한 부분.
- 필문華門 : 李先齊(1389~1454)의 호. 조선조 세종 때에 과거급제한 후, 호조참판·강원도관찰사 등 여러 관직을 역임하고, 태종실록太宗實錄 등의 편찬에도 관여한 당대의 문신.
- 유방遺芳 : 유방流芳. 꽃다운 명예를 후세에 남김. 또는 그 명예.
- 회자膾炙 : 널리 상찬되어 사람의 입에 오르내리는 것.
- 성문聲聞 : 명성名聲. 세상에 널리 퍼져 평판 높은 이름.
- 秀 : 빼어날, 무성할 수.

★ 薔薇園薔薇禮讚[36)] 장미원의 장미 예찬

大學志向眞善美　조선대학에선 진·선·미를 지향하여 왔기에,
薔薇滿發數萬枝　장미원의 장미꽃 수만 가지가 만발하여 아름다워라.
院兒作隊攜手頌　유치원 어린애들도 대열을 이루어 손잡고 기리는데,
賞景人波蒙芬菲　구경하는 사람들 향기로운 냄새에 흠신 적시도다.

- 장미원薔薇園 : 장미를 심어서 이룬 장미 꽃동산. 광주시 동구 서석동瑞石洞에 위치한 조선대학교朝鮮大學校의 운동장에 형성된 널따란 장미꽃 동

---

36) 2007年5月29日 朝鮮大薔薇園探訪所懷也 數日前光州市東區瑞石洞所在朝鮮大學校開催第5會薔薇祝祭也 今日11時與金云在會長夫婦求景朝大薔薇園 運動場大部分變爲巨大花園 參觀者繼續不絶人山人海矣 幼稚園生多數以集團求景實感朝鮮大追求眞善美之現場 數千薔薇花總爲解語花而若出戰美人大會於芳園 可謂校內仙園也

조선대학교 장미원의 장미

산을 두고 이름. 대학에서는 이를 기념하는 장미축제薔薇祝祭를 매년 추진해 왔는데, 금년은 며칠 전 제5회의 축제를 개최하였다.

• 지향志向 : 어떤 목표에 뜻이 쏠려 향하는 것. 또는 그 쏠리는 의지.
• 진선미眞善美 : 진·선·미를 아울러 이르는 말. 곧 삶의 이상에 합치된 상태.
• 원아院兒 : 유치원 아동. 유치원에 다니는 아이.
• 휴수攜手 : 손을 맞잡는 것. 또는 데리고 가는 것.
• 분비芬菲 : 화초의 향기로운 냄새.

大小花萼形形種 크고 작은 꽃받침 가지가지 종류요,
紅白黃藍色色景 홍·백과 황·남으로 색색의 경관이로세.
眞善追求合自然 진·선의 추구는 자연의 이치와 합치하여,
象牙塔庭滿芬芳 상아탑 정원엔 꽃향기가 가득하구나.

• 화악花萼 : 꽃받침.
• 형형形形 : 형형색색의 줄인 말. 가지각색.
• 홍백황람紅白黃藍 : 홍색·흰색·황색·남색 등
• 색색色色 : 여러 가지의 빛깔. 여러 가지. 가지각색.
• 추구追求 : 어떤 일이나 대상을 이루거나 얻기 위해 노력하여 구하는 것.
• 상아탑象牙塔 : 고답적으로 학문이나 예술만을 추구하는 경향이나 태도. 또는, 이론적 연구에 몰두하는 곳. 흔히 대학을 두고 이르는 말임.
• 분방芬芳 : 좋은 냄새. 향기.

山下學堂數十棟 무등산 아래에 학교 건물은 수십 동인데,
園中薔薇百萬峯 화원의 장미꽃 많기도 많아 백만 송이로다.
香風漫然無不至 향기로운 바람 만연하여 이르지 않은 곳이 없어,
校勢融融又將榮 학교의 위세도 융융하여 또 더욱 번영하리라.

- 학당學堂 : 글방. 또는 학교.
- 백만봉百萬峯 : 수없이 많은 봉오리.
- 향풍香風 : 향기로운 바람.
- 융융融融 : 화평한 기운이 있음.

★ 故金總長追頌[37] 고 김웅배 총장 추송

切磋勤懇達高志 학덕의 수행이 성실하여 높은 뜻 깨우치매,
山川草木皆譽之 산천초목도 모두 그대를 높이 기렸다오.
追求硏鑽遂終命 연찬만을 추구하다가 마침내 목숨을 마쳤으니,
彼岸冥福何不期 저 세상에서의 명복 어찌 기약하지 아니하랴.

- 김총장金總長 : 목포대학교의 총장을 역임한 김웅배金雄倍 박사를 두고 이름.
- 추송追頌 : 죽은 이의 공적이나 착한 행동을 칭송하는 것.
- 절차切磋 : 옥이나 돌을 갈고 닦는다는 뜻으로, 학문과 도덕을 닦는 것.
- 근간勤懇 : 부지런하고 성실함.
- 고지高志 : 고상한 뜻.
- 연찬硏鑽 : 학문 따위를 깊이 연구하는 것.
- 종명終命 : 목숨을 마치는 것.
- 피안彼岸 : 이승의 번뇌를 해탈하여 열반의 세계에 도달하는 일. 또는 그 경지.
- 명복冥福 : 죽은 뒤의 행복.

---

37) 2007年6月18日 木浦大金雄培總長追頌也 昨日落陽接金總長作故消息 青天霹靂之悲報使我啞然失色矣 金博士在學全南大學校國語國文學科時節學問優秀而愛弟子中大囑望前途洋洋 實不能禁悲痛慷慨也 昨年聞金博士以膵臟癌鬪病而問病咸平郡鶴橋面所在其宅矣 當時顔色良好如前 而多少安心 然當如此 奚否認人生無常矣 乃投入如是文於弔問封套中 슬프도다. 此岸에서 갈고 닦아 실천한 고결한 삶, 彼岸에서도 길이 칭송되리니 크게 명복을 누리소서. 歸家車中亦浮上弟子像 故追求七言律詩形 以再追頌之也

★ 朝光水波[38] 아침 햇빛 비치는 물결

東隅熔鑪登蒼天 동쪽에 떠오는 해 푸른 하늘로 솟아올라,
早旦澄湖織水紋 이른 아침 맑은 호수는 비단 물결무늬로다
紅潮絢爛盡華美 홍조 물결 현란하여 화려함을 다한 극치이러니,
却懼風伯起蒸雲 문득 바람이 불면 뭉게구름 일으킬까 두려워라.

- 조광朝光 : 조휘朝暉. 아침 햇빛.
- 동우東隅 : 동쪽 해 뜨는 곳.
- 용로熔鑪 : 쇠를 뜨겁게 하여 녹이는 화로. 위의 시에서는 해를 상징적으로 이르는 말.
- 창천蒼天 : 창공蒼空. 창궁蒼穹. 푸른 하늘.
- 조단早旦 : 조조早朝. 조천朝天. 이른 아침.
- 징호澄湖 : 물이 맑은 호수.
- 수문水紋 : 수면에 일어나는 파문. 또는, 물무늬. 물결처럼 어른어른한 무늬.
- 홍조紅潮 : 아침 햇살이 물에 비쳐 붉게 물든 경치.
- 현란絢爛 : 눈이 부시도록 찬란함.
- 화미華美 : 화려함.
- 풍백風伯 : 풍신風神. 바람을 주관하는 신.
- 증운蒸雲 : 운증雲蒸. 뭉게뭉게 피어오르는 구름.

38) 2007年8月1日 楓岩堤朝光所懷也 時下三伏之節 早朝散策最適時矣 早旦遊步楓岩洞所在楓岩堤 朝日登天前晨光明快 步行亦輕快也 暫時後東天朝暉染湖水 紅潮水波連百餘米 輝煌絢爛秀麗七色虹霓 不可勝言壯觀 暫想像水中神靈起寢 祈願天帝以潺波迎曙光矣 往者此貯水不必淸淨 近來生態環境一新 此亦可謂決不偶然矣 猝地衝動描寫其形象 卽詠如此也

★ 於寶城茶園[39] 보성의 다원에서

茗園占山斜 산비탈을 온통 차지한 차밭.
英英昇綠雲 푸른 찻잎이 뭉게뭉게 피어오르는구나.
可讚寶香譽 보성의 보배로운 향기 그 영예 기릴만하여,
尋幽情無限 이름난 곳을 찾고 나니 이는 정회 한이 없어라.

- 보성寶城 : 보성군의 약칭. 전라남도 남부 중앙에 있는 군으로서 홍차紅茶와 한지韓紙 등의 산출로 유명함.
- 다원茶園 : 차밭. 여기서는 보성군 회천면會泉面에 있는 보성 제1다원을 두고 이름.
- 명원茗園 : 다원茶園. 차밭.
- 산사山斜 : 산비탈. 또는, 비스듬한 산.
- 영영英英 : 아름다운 모양. 구름이 아름답게 붉은 모양.
- 녹운綠雲 : 푸른 잎이 무성함을 이르는 말.
- 보향寶香 : 보배로운 향기. 또는 이곳 보성의 향기라는 뜻을 염두한 중의적인 조사구助辭句임.
- 심유尋幽 : 이름난 곳을 물어서 찾는 것.

보성 녹차밭

39) 2007年8月11日 寶城茶園探訪感懷也 搭乘長男乘用車以寶城郡會泉面所在茶園觀光次出發 向栗浦海水浴場以走行國道18號線也 11時半頃到着寶城第1茶園活性山下數頃山斜皆爲圃園 茶槍暢茂以別有天地 可謂得寶城茶鄉名聲矣

★ 水草有感[40] 물가의 수초를 보고

水畔秋草數十種 물가에는 가을 풀이 수십 종이로세.
同類具象各有英 같은 무리들 개별적인 모습으로 꽃을 피웠네.
凡稱雜花亦可惜 싸잡아 잡화라고 하기엔 역시 아쉽기만 해.
無名之卉地不長 이름 없는 풀은 땅도 기르지 아니한다오.

- 수초水草 : 물풀. 물 속이나 물가에 자라는 풀.
- 수반水畔 : 물가.
- 추초秋草 : 가을에 피는 꽃. 가을꽃.
- 구상具象 : 구체具體. 개별적으로 일정한 모습을 갖추고 있음.
- 잡화雜花 : 여러 가지 이름모를 대수롭지 않은 꽃.
- 무명지훼지부장無名之卉地不長 : 지부장무명지초地不長無名之草. 이름 없는 풀은 땅도 기르지 아니한다는 뜻.

★ 秋景禮讚[41] 가을 경치 예찬

桂月自然乘金氣 가을철 자연의 모습 갈바람 타고 상승할세,
天地景勝別有美 천지의 경승은 유별나게 아름다워라.
山紫水明又清楚 산은 붉고 물 맑으며 또한 청초하니,
楓岩秋容無不祕 풍암정의 가을 경치 신비롭지 않음이 없네.

---

40) 2007年9月27日 梅月貯水池水草所懷也 於西區梅月洞擇山路 欲向南區院山洞所在褒忠祠 則應當經由釋迦山與八鶴山間梅月貯水池 周邊自然山水皆秀麗也 途中發見路邊酸車草 平素愛好之 故卽吟目擊之懷如此矣 日出同時笑 落陽每合掌 世稱雜花類 分明具有名 遂至貯水池 水畔多種水草方開花以歡迎觀賞矣 世人亦稱雜花 我不能擧名 自愧無識之所致 自反以抒懷也

41) 2007年9月27日 楓巖亭秋景有感也 去25日是大名節秋夕矣 日氣清凉而周回楓岩洞所在楓岩堤後 登金塘山鸛鳥峯(황새봉)下楓岩亭 則亭臺直前展示水上秋色矣 左有蓋甘山而右有無等山 形成山水遠近景 此楓岩之丘陵幽谷作秋波也 每人口不絶賞讚 仲商佳懷一層上昇矣

• 예찬禮讚 : 훌륭한 것, 좋은 것, 아름다운 것을 높이고 기리는 것.
• 계월桂月 : 음력 8월.
• 금기金氣 : 가을철의 기운. 오행五行으로 사시절계四時節季를 가리킬 때에 금金은 가을에 해당하므로 가을의 기운이 됨.
• 경승景勝 : 경치가 좋은 곳.
• 산자수명山紫水明 : 산수의 경치가 썩 좋음을 이르는 말.
• 청초淸楚 : 깨끗하고 고움.
• 풍암楓岩 : 풍암정의 약칭. 광주시 서구 풍암동에 있는 관조봉鸛鳥峰(황새봉)의 산기슭에 있는 정자. 앞에 든 제4부 하편下篇의 시 〈풍암정추의楓巖亭秋意〉의 주 참조.
• 추용秋容 : 추경秋景. 가을의 모습이나 경치.

乾坤群英吸淸氣　천지의 꽃들 가을의 맑은 기운을 마셨는지,
仲商佳容隨處備　가는 곳마다 중추의 고운 모습 갖추어 있네.
春去秋來且豊饒　봄은 가고 가을이 오니 또한 풍요로워라.
自然施惠繼四時　베푸는 자연의 은혜 사시마다 끊임없구나.

• 건곤乾坤 : 천지天地. 하늘과 땅.
• 군영群英 : 여러 가지 꽃
• 중상仲商 : 중추仲秋. 음력 8월의 이칭.
• 가용佳容 : 아름다운 모습.
• 수처隨處 : 도처到處. 가는 곳 마다.
• 풍요豊饒 : 매우 많아서 넉넉하고 여유가 있는 것.
• 시혜施惠 : 은혜를 베푸는 것. 또는 그 은혜.

★ 黎明所願[42] 새벽에 바라는 소원

暾方瑞色達萬里 동쪽의 상서로운 빛 수만 리를 밝혀주네.
早旦鷄鳴得天時 이른 아침 우는 닭소리도 천시를 깨우쳤노라.
青雲客心如此壯 청운의 뜻을 품은 나그네 마음 이처럼 장하리니,
端願留學養鴻志 오로지 원하기는 외국서의 학문 큰 뜻 이루기를.

- 여명黎明 : 여단黎旦. 갓밝이. 희미하게 날이 밝을 무렵.
- 돈방暾方 : 해가 돋는 쪽. 동쪽.
- 서색瑞色 : 새벽 빛.
- 조단早旦 : 조조早朝. 이른 아침.
- 천시天時 : 하늘의 도움이 있는 시기.
- 청운青雲 : 높은 지위와 벼슬을 가리키는 말.
- 청운객青雲客 : 청운의 뜻을 품은 사람. 여기서는 미국의 뉴욕New York에 유학하여 대학에 다니는 맏손자 성오城吾 군을 두고 이름.
- 홍지鴻志 : 대지大志. 마음에 품은 큰 뜻.

★ 登七山亭[43] 칠산정에 올라서

萬頃蒼波亭前景 끝없이 너른 바다 정자 앞에 펼쳐진 경치요,
一望千里達水平 일망천리로 보이는 곳 수평선이로다.

---

42) 2007年9月29日 黎旦冀願所懷也 卽梅月洞花開村路上 企待梅花盛開也 未明向 蓋甘山(개금산)下前坪堤(매월방죽)矣 經由花開村 而散策山麓野路之時 間間聞 早朝鷄鳴聲 若聽長孫朴城吾問安聲矣 造次不離孫子近況之際 若接美國留學 中孫子壯志也 亦囑望其雄志洋洋 則2個月前確認學業成績 而尤祈願達成青雲 之心 以詩述素懷矣 參照去7月4日作詩 〈孫子消息〉

43) 2007年10月27日 登七山亭上所懷也 吾等木六回會員觀光靈光郡一帶之時 經由 白岫海岸路之後 登七山亭矣 山下高丘上築亭 地上望無難 而登樓不易 須踏上 一百五十五階段也 登高則前望極豁然 一齊連發感歎聲矣 乃實感天地玄黃 宇 宙洪荒 鱗潛羽翔 故臨作詩而反映之 則此5言句出典是周興嗣千字文中名句也 參考當日所懷詩 〈訪佛甲寺〉

天地玄黃唯驚歎 하늘과 땅의 빛깔 오묘하여 놀랄 뿐인데,
宇宙洪荒尤感銘 우주는 넓고 커서 더더욱 감명되구나.

백수읍 바닷가 칠산정 오르는 계단

- 칠산정七山亭 : 영광군 백수읍白岫邑 백수해안도로 연변에 있는 정자. '건강 365계단' 뒤에 위치하여 멀리 바다의 일곱 섬 칠산도七山島를 바라볼 수 있는 전망대 건물. 정자 바로 아래의 지상에서는 155계단을 올라야 하는 곳이다.
- 망경창파萬頃蒼波 : 끝없이 너른 바다.
- 일망천리一望千里 : 한 눈에 바라보아 천리라는 뜻으로 한없이 아득함을 이름.
- 수평水平 : 수평선의 약칭. 하늘과 바다가 멀리 맞닿아 경계를 이루는 선.
- 천지현황天地玄黃 : 하늘의 검은색과 땅의 누른색. 또는 하늘과 땅 등의 빛깔.
- 우주宇宙 : 하늘과 땅 사이를 말함.
- 홍황洪荒 : 크고 넓다는 뜻.
- 감명感銘 : 깊이 느끼어 마음속에 새겨 두는 것.

難分海上七八山 바다 위의 산 일곱인지 여덟인지 분간키 어렵지만,
漁船開帆作業中 어선은 출범하여 작업하는 중이네.
鱗潛羽翔自然理 물고기 잠수하고 새가 하늘 나는 일 자연의 이치인데,
人間作樓求探勝 인간은 높다란 집 지어놓고 승지 탐승을 추구하구나.

- 칠팔산七八山 : 일곱 또는 여덟으로 보이는 산. 바다 위에 떠있는 칠산도七山島를 멀리서 보았을 때 그 수를 분간하기 어려움을 두고 이름.
- 개범開帆 : 출범出帆. 배가 항구를 떠나는 것.
- 인잠鱗潛 : 물고기가 물속에 잠기는 것.
- 우상羽翔 : 깃 있는 새가 하늘을 나는 것.
- 탐승探勝 : 경치가 좋은 곳을 찾아다니는 것.

★ 七山亭上[44] 칠산정 위에서

島一島二連七山 섬들이 하나인가 둘인가 일곱까지 이었다네.
海上遠嶼浮亭前 바다 멀리 떠있는 섬 정자 앞에 출렁이는 듯.
石魚群聚幾百年 조기가 모여 군취하기를 몇 백 년이던고.
天惠靈光乘潮傳 신령스런 천혜의 빛 물결에 실려 전해오구나.

- 칠산정七山亭 : 영광군 백수읍白岫邑 백수해안도로 연변에 있는 정자. 앞에 든 시 〈등칠산정登七山亭〉의 주 참조.
- 칠산도七山島 : 크기와 모양새가 엇비슷한 7개의 섬. 칠산정 앞 바다 멀리 바라보이는 섬. 주변 바다는 우리나라 최대의 고기어장이며, 천연 기념물 389호로 지정된 노랑부리 백로와 괭이갈매기, 저어새의 번식지이다.
- 석어石魚 : 조기. 우리나라 어물 가운데 명품으로 알려진 영광굴비는 이곳에서 잡는 조기를 말려서 만든 식품을 두고 이른다.
- 군취群聚 : 동물 생태학상의 용어로서, 각 동물은 그 지역적 환경에 따라 서로 유기적 관계를 맺어 혼연일체가 되어 생활하는 것.
- 천혜天惠 : 하늘이 베푼 은혜.
- 영광靈光 : 신령스러운 광채라는 뜻으로, 칠산정이 위치한 고을 이름이 또한 전라남도의 영광군임을 연상케 하는 시구이다.

海波潺潺以輕颺 잔잔한 바다의 파도 가볍게 날리고,
白鷗翩翩而翔空 가볍게 나는 갈매기 하늘을 날아다니네.
所聽天籟無不奇 들리는 천연·자연의 소리 모두가 신기하여
探勝旅人忘塵境 탐승하는 나그네 티끌세상은 잊어버린다오.

- 해파海波 : 바다의 파도.

---

44) 2007年10月27日 登七山亭上所懷也 吾等木六回會員登靈光白岫七山亭 遠海上浮海島 此是七山島也 雖海霧微弱而難測其大小數 周邊海上形成我國最大石漁場以有名矣 又以白鷺白鷗駕犁之棲息 指定天然記念物389號 兼遠近海域甚淸淨 可謂海上名所而靈光郡之名勝海也 參考當日作詩〈登七山亭〉

• 경양輕颺 : 가볍게 오르는 것. 경쾌하게 날리는 것.
• 백구白鷗 : 흰 갈매기.
• 편편翩翩 : 가볍고 날랜 모양. 풍류가 있어 멋스러움.
• 상공翔空 : 공중으로 날아다니는 것.
• 천뢰天籟 : 천연·자연의 소리. 바람 소리·빗소리 따위.
• 탐승探勝 : 경치가 좋은 곳을 찾아다니는 것.
• 진경塵境 : 티끌세상.

★ 訪佛甲寺[45] 불갑사를 찾아서

尊者渡跡自古遺 존자께서 건너온 자취 예로부터 남아있어,
母岳創寺海東頭 모악산에서의 창사 우리 불교의 으뜸이로다.
山下貯水到遠海 산 아래 불갑저수지의 물 먼 바다까지 이르러
天惠佳境湖南首 천혜의 아름다운 경치 호남에선 으뜸이라오.

• 불갑사佛甲寺 : 전라남도 영광군 불갑면의 불갑산 기슭에 있는 절. 백제에 불교를 처음 전래한 인도의 마라난타摩羅難陀가 제일 먼저 지은 도량으로 우리나라 불교의 시작이 되는 고찰이다. 옛 기록에 불사의 으뜸이 되는 곳(佛寺之所宗)이라 함은 이를 두고 이른 말이다. 모악리母岳里에 자리한 이 사찰에는 대웅전大雄殿(보물 제830호)을 비롯하여 소중한 문화재가 적지 않게 보존되고 있어 명찰名刹로 이름나 있다.

모악산 불갑사 입구의 표지비

45) 2007年10月27日 靈光佛甲寺探訪之懷也 吾等木六會員(木浦師範學校第六回卒業生在光同門)一同今日遊覽全南靈光郡勝地一帶矣 豫定經由佛甲寺·內山書院·水邊公園·佛敎最初渡來地·白岫海岸道路等也 搭乘觀光車 而到佛甲面佛甲寺入口 則有標識板云 佛甲山母岳法界·海東第一伽藍·湖南第一佳景矣 吾等乃訪所謂我國最初法棟 參觀佛舍內外景觀 感知古來名刹也

• 존자尊者 : 학문과 덕행이 높은 부처의 제자. 여기서는 인도의 마라난타 존자를 가리키는데, 백제 제15대 침류왕枕流王 원년(384년)에 중국 동진을 통해 이곳에 건너옴으로써 영광 법성포法聖浦는 백제 불교의 최초 도래지로 알려지게 되고, 모악산에는 불갑사가 창사되어 우리나라 불사의 최초로 이름나게 되었다.
• 모악母岳 : 불갑면 모악리에 있는 불갑산의 종래 호칭이었던 모악산을 두고 이름. 앞에 든 '불갑사佛甲寺'의 주 참조.
• 창사創寺 : 절을 창건하는 것.
• 해동海東 : 발해渤海의 동쪽이라는 뜻으로, 옛날에 우리나라를 이르던 이름.
• 저수貯水 : 물을 인공적으로 모아두는 것. 또는, 그 물. 여기서는 불갑산에서 흘러내리는 물줄기를 막아 만든 불갑저수지의 물을 가리킴. 그 곳 공사 안내에 의하면, 1987년의 완공으로 전한다.
• 천혜天惠 : 하늘이 베푼 은혜.
• 호남湖南 : 전라 남북도를 일컫는 말.

勝地伽藍天所贈 명승지의 가람 하느님이 끼쳐준 명소로다.
屋上寶珠含靈光 옥상의 보주도 신령스러운 광채 품고 있네.
佛甲其名眞有意 불갑이라 한 절 이름 진정 깊은 뜻이 있으니,
禱兮願免人無常 비노라, 인생의 무상만은 면케 해주옵소서.

• 승지勝地 : 명승지. 경치가 좋은 이름난 곳.
• 가람伽藍 : 승가람마僧伽藍摩의 준말. 중이 살면서 불도를 닦는 곳.
• 보주寶珠 : 탑이나 석등 따위의 맨 꼭대기에 있는 구슬 모양의 부분. 불가에서는 또 위가 뾰족하고 좌우 양쪽과 위에서 불길이 타오르고 있는 형상의 구슬을 가리킴. 이곳 시에서는 불갑사 대웅전의 용마루 보주를 두고 이름.
• 영광靈光 : 신령스러운 광채. 또는 영묘한 빛.
• 불갑佛甲 : 불갑사佛甲寺의 약칭. 앞에 든 불갑사佛甲寺의 주 참조.
• 무상無常 : 덧없는 것.

★ 感淚不禁[46] 감격의 눈물 금치 못하고

暫時緊要分文事 잠시 푼돈이 긴요하게 필요한 일이 있어,
賢妻問議在京子 아내는 서울에 있는 자식에게 물었다오.
快應直送三百萬 쾌히 응하여 곧바로 300만원을 보내옴에,
天來至情大感我 타고난 지극한 정성 나를 크게 감동케 하구나.

- 감루感淚 : 마음속 깊이 느끼어 흘리는 눈물.
- 분문分文 : 푼돈.
- 현처賢妻 : 어진 아내.
- 재경자在京子 : 서울에 있는 자식. 여기서는 둘째 아들인 윤수倫秀군을 두고 이름.
- 천래天來 : 선천적인 것.

★ 月頭海松[47] 달머리 마을의 해송

巨松藹藹大且壯 소나무 무성하여 크고도 씩씩하여라.
年年綠雲能堪風 해마다 푸르러 해풍도 능히 감당하구나.
自古鶴望辟邪役 예로부터 사귀 물리치기를 간절히 바랬는데,
洞民豊漁亦可想 동민들의 풍어 또한 상상할 수 있도다.

---

46) 2007年11月4日 慈孝無量之懷也 吾之次子與末子在京居住 長子維持交換教授職責 已出國在美矣 今爲長子 而準備第1次銀行預金5百萬圓中 不足百萬圓也 此際賢妻欲問在京子 而電話之 次子快承諾以直送3百萬圓 而感慨無量耳 十餘年以來次子每月送金百萬圓于我預金通帳 末子亦送百萬圓於其母親預金通帳 而發揮慈孝也 尤加如此之情 則不能形言奉親至誠 唯感慨不已矣

47) 2008年3月28日 月頭黑松有感也 同伴妻與妻弟而出行務安郡玄慶面龍井里月頭(달머리)部落 相逢當地居住林長栢妻男矣 其宅在月頭內朝光路 隣接月頭路海岸有大海松 以落落誘惑我一行 接近以判讀案內板 全南道保護樹以指定記念物第176號 樹齡300年 樹高14m 代表的亭子木以壯大可觀也 每陰曆2月1日擧行豊漁豊年祭 神木由來興味津津而連作詩如是矣

현경 달머리의 곰솔

- 월두月頭 : 달머리. 무안군 현경면玄慶面 용정리龍井里에 있는 마을 이름으로서, 그 뜻을 좇아 한자어로 전환한 차자표기임.
- 해송海松 : 곰솔. 흑송黑松. 소나뭇과의 상록 침엽 교목으로 높이는 약 15m, 지름은 1m. 자웅동주雌雄同株로 암꽃과 수꽃이 핀다.
- 애애藹藹 : 초목이 무성한 모양.
- 녹운綠雲 : 푸른 잎이 무성함을 이르는 말.
- 학망鶴望 : 학과 같이 고개를 길게 빼고 바라본다는 뜻으로, 간절히 바라는 일.
- 벽사辟邪 : 사귀邪鬼를 물리치는 것.
- 풍어豊漁 : 물고기가 많이 잡히는 것.

落落喬樹守海岸 가지 축축 뻗은 큰 소나무 해안을 지키면서,
于今常綠幾百秊 지금까지 늘 푸르기는 몇 백 년이던고.
歲歲擧行靈登祭 마을에선 해마다 영등제를 거행한다 하니,
應治海風護漁民 응당 바닷바람 다스리어 어민들을 보호하리라.

- 낙락落落 : 오래된 나뭇가지가 축축 늘어짐.
- 교수喬樹 : 교목喬木. 큰키나무.
- 상록常綠 : 나뭇잎이 일 년 내내 늘 푸름.
- 영등제靈登祭 : 민속상 영등일에 영등신에게 지내는 제사. 어부들의 안전과 생산의 풍요를 비는 제사.
- 영등일靈登日 : 음력 2월 초하룻날. 민속상 이 날 영등할머니가 내려오는데, 비가 오면 풍년, 바람이 불면 흉년이 든다고 전해옴.
- 영등신靈登神 : 영등할머니. 민속상 영등날에 세상에 내려와서 집집마다 돌아다니며 농촌을 살핀 후 20일 만에 하늘로 다시 올라간다는 전설상의 할머니.

★ 馬屹山八角樓上眺覽[48] 마흘산 팔각루 위에서의 전망

四面廣闊達百里 사면이 넓고 넓어 백리는 이르리라.
前後市街遠却邇 앞뒤에 펼쳐진 시가지 멀고도 가깝구나.
尺吳寸楚難可測 높은 데서의 척산척수라 헤아리기 어렵지만,
展望瑞石唯崇美 멀리서 서석산 바라보니 숭고하고도 아름다워라.

- 마흘산馬屹山 : 말미산. 광주시 광산구 신흥동新興洞과 소촌리素村里에 걸쳐있는 산. 높이 120m. 말 형국으로 된 산이라 함. 이는 또 물밑산이라고도 이른다. 이 지역 극락강極樂江의 물이 이곳 산의 밑까지 스며든다는 데서 연유한 것으로 말미산은 이의 변음으로 추정하기도 한다. 산 아래 도로 건너편에는 널따란 광주비행장이 펼쳐 있다.
- 팔각루八角樓 : 여덟모가 지게 지은 누정樓亭. 말미산 정상에 있는 정자를 가리킴.
- 조람眺覽 : 전망展望. 멀리 바라보는 것.
- 광활廣闊 : 매우 넓어서 막힌 데가 없음.
- 시가市街 : 도시의 큰 길거리. 또는 상점이 죽 늘어선 거리. 여기서는 광주시의 시가지市街地 약칭으로 이르되, 무등산 아래로부터 광산구에 이르는 널따란 시가를 두고 이름.
- 원이遠邇 : 원근遠近. 하이遐邇. 먼 곳과 가까운 곳. 또는 그 곳의 사람.
- 척오촌초尺吳寸楚 : 역사상 중국의 오吳 나라나 초楚 나라는 다같이 큰 땅이지만 높은 곳에서 내려다보면 아주 작게 보인다는 것으로 척산척수尺山尺水(높은 곳에서 멀리 볼 때에 산수山水가 작게 보임을 이르는 말)와 같은 뜻으로 쓰인다.
- 전망展望 : 멀리 바라보는 것. 또는 멀리 내다보이는 풍경.
- 서석瑞石 : 서석산의 약칭. 무등산의 이칭. 앞에 든 제1부 하편下篇의 시 〈무등산세無等山勢〉의 주 참조.
- 숭미崇美 : 숭고하고 아름다움.

---

48) 2008年4月4日 馬屹山八角樓上所懷也 登行光州市光山區新村洞馬屹山(말미산)路矣 山上有亭子 便利眺望遠山近家 直下有數十頃沃土 直面光州空港廣闊 若聞飛行機震天聲也 然尺山尺水 遐望市街地 建物識別難其高低矣 然無等山毅然屹立 具顯崇高美 使人遊目騁懷矣

★ 登馬屹山頂[49] 마흘산 꼭대기에 올라서

馬峙馬勒西區治 마재와 마륵은 광주 서구의 고을이요,
馬屹登路光山址 말미산 오르는 길은 광주 광산구의 땅이로다.
白馬霜蹄仰瑞石 백마산의 말굽 마냥 서석산을 우러르고 있어,
光州驥勢將萬里 광주의 천리마 기세는 만 리까지 떨치리라.

- 마흘산馬屹山 : 말미산. 앞에 든 시 〈마흘산팔각루상조람馬屹山八角樓上眺覽〉의 주 참조.
- 마치馬峙 : 광주시 서구의 금호동金湖洞에 있는 마재마을의 한자 표기.
- 마륵馬勒 : 말의 상미霜眉(서리같이 흰 눈썹)라는 뜻으로, 광주시 서구에 있는 동洞의 이름.
- 서구西區 : 광주시의 서구 행정구역을 두고 이름.
- 마흘馬屹 : 마흘산의 약칭. 앞에 든 마흘산馬屹山의 주 참조.
- 광산光山 : 광주광역시 행정구역의 하나인 광산구를 가리킴.
- 백마白馬 : 백마산白馬山의 약칭. 광주시 서구 서창동西倉洞 세동細洞마을 뒤에 있는 산. 앞에 든 제4부 상편上篇의 시 〈교외영춘郊外迎春〉의 주 참조.
- 상제霜蹄 : 굽에 흰털이 난 좋은 말.
- 서석瑞石 : 서석산瑞石山의 약칭. 상서로운 돌, 또는 그러한 돌로 싸인 산이라는 뜻으로, 광주시의 진산인 무등산無等山의 이칭. 앞에 든 제1부 하편下篇의 시 〈무등산세無等山勢〉의 주 참조.
- 광주光州 : 전라남도의 중앙부에 위치한 광주광역시를 두고 이름. 삼국시대에 무진주武珍州라 이르던 곳이 고려시대부터 광주라 하였다. 1986년에 직할시로 승격, 1995년에 광역시로 개칭되었는데, 2005년까지 전라도청 소재지였다. 명승고적으로 무등산無等山·증심사證心寺·원효사元曉寺 등이 유명하다.
- 기세驥勢 : 단숨에 천리를 달릴 수 있다는 처리마千里馬의 기세.

---

49) 2008年4月4日 馬屹山上所懷也 登馬屹山(말미산)上 則可視遠近光州市街地矣 雖難別各域名所 馬名由來地不少 一例示則白馬山馬峙洞馬勒洞等位置於近距離 可攷必有緣也 又各含意象徵性 使吾想像光州氣像之活況 以例擧數處而述懷矣 因此不可避詩中重出字 參考當日所懷詩〈馬屹山八角樓上眺望〉

★ 於馬屹山下[50] 마흘산 아래에서

聖德雲泉占山口 성덕사와 운천사는 산 입구를 차지해 세웠는데,
秀靈金馬嘶麓丘 수령사와 금마사의 독경소리 산기슭 언덕에 들려라.
水底寺基何處遺 말미사의 절터는 지금 어디에 남아있는고.
袈裟師主逝已久 승복차림의 스님 사라진지 이미 오래 되었다네.

- 마흘산馬屹山 : 말미산. 앞에 든 시〈마흘산팔각루상조람馬屹山八角樓上眺覽〉의 주 참조.
- 성덕聖德 · 운천雲泉 · 수령秀靈 · 금마金馬 · 수저水底 : 말미산 아래에 위치한 절들의 현판에 보인 이름들임. 단, 수저사만은 현존하지 않는다. 절들의 대부분이 불교 신자들만의 경영으로서 스님은 볼 수 없다.
- 시嘶 : 말이 운다는 뜻으로, 여기서는 절에서 들리는 독경소리를 비유적으로 이르는 말.
- 수저사水底寺 : 말미산에 있었다는 절의 이름. 말미산의 호칭이 물밑산이라는 지칭에서 말미암았다는 데서, 그 호칭에 담긴 뜻에 의해 한자로 전환하여 표기한 절의 이름임. 앞에 든 시 〈마흘산팔각루상조람 馬屹山八角樓上眺覽〉의 주 참조.
- 시기寺基 : 절터.
- 가사袈裟 : 무구의無垢衣. 중이 장삼 위에, 왼쪽 어깨에서 오른쪽 겨드랑이 밑으로 걸쳐 입는 법의法衣.
- 사주師主 : 스님. 덕사德士. 중을 높여서 이르는 말.

---

50) 2008年4月4日 馬屹山下所懷也 數多庵子集中馬屹山(말미산)麓 如民家而實精舍矣 所視禪門牌則 聖德 · 雲泉 · 秀靈 · 金馬 · 水底寺等如是 而在同一洞內近接也 雖聞念佛聲 無僧侶而菩薩往來 能覺釋門遺地再起佛俗矣 乃取精舍名以起興 輯句語以作詩也 參考當日所懷詩〈馬屹山八角樓上眺覽〉

★ 咸平엑스포公園參觀[51] 함평군의 엑스포 공원을 참관하고

蜻蛉胡蝶四時飛 잠자리와 나비가 사시사철 날고 있다네.
萬花草蘭總展示 온갖 꽃과 난들도 모두 전시되었구나.
人世何處稱仙境 인간 세상 어디를 신선세계라 이르랴,
生態觀光最適地 생태 관광에 가장 알맞은 곳이 여기로다.

• 함평咸平 : 전라남도의 서쪽에 있는 군을 두고 이름. 현재 함평읍·손불孫佛·신광新光·학교鶴橋·엄다嚴多·대동大洞·나산羅山·해보海保·월야月也 등 1읍 8면으로 형성된 고을로서 함평읍은 군청 소재지이다. 용화사龍華寺·약마등躍馬嶝·기산영수箕山潁水·함평자연생태공원 등은 이곳의 명승으로 손꼽는다. 2000년부터 적극적으로 추진해온 함평나비축제는 환경 친화적 지역축제이지만 지구촌의 축제로 발전한 뜻 깊은 연례행사로 알려져 있다.

함평 엑스포 공원 전시관

• 청령蜻蛉 : 잠자리. 청정蜻蜓. 청랑자青娘子.
• 호접胡蝶 : 나비. 접아蝶兒.
• 선경仙境 : 신선이 사는 곳. 선계仙界.
• 생태生態 : 살아가는 모양. 또는, 생물의 생활 상태.
• 관광觀光 : 다른 지방이나 나라의 명승고적과 풍속 등을 돌아다니며 구경하는 것.

---

51) 2008年5月20日 昆蟲生態館參觀所懷也 人文大學長招請停年退任教授一同 吾一行向咸平郡 而到着咸平엑스포公園 而先參觀昆蟲生態館 此卽咸平胡蝶祝祭現場也 行政責任者李郡守發現先進的所信 而擧揚大成果 全國觀光車連日集中於此 終浮上觀光勝地 已評判世界的名所 以連發心中讚辭不已矣 又自此向大洞貯水池上自然生態公園 而觀覽湖中施設矣

★ 咸平大洞堤觀光[52] 함평군의 대동제 관광

玉女峯下大銀河 옥녀봉 아래 대동제에는 맑은 은하수 흐르고,
綠地島上飛天家 녹지도 위에는 하늘을 난다는 비천가로다.
撮影童劇振名聲 어린이 드라마의 촬영으로 명성을 떨쳐,
觀光客衆每喧藉 관광객도 많아서 소문이 매양 왁자하다네.

- 함평咸平 : 앞에 든 시 〈咸平엑스포公園参觀〉의 주 참조.
- 대동제大洞堤 : 함평군의 대동면大洞面과 신광면新光面에 걸쳐있는 저수지. 둑 높이 16m, 길이 325m의 큰 저수지로서 함평평야의 젖줄이 되는 물임, 여기에는 선착장을 비롯하여 관광농원·청소년수련장·체력단련장·야영장 등 각종 시설이 갖추어 있다.
- 옥녀봉玉女峯 : 함평군 대동면에 있는 산봉우리. 높이는 해발 126m. 그 아래에 생태자연공원 중 '반달사슴곰관찰원'이 자리하여 있고, 바로 그 앞에는 널따란 대동제가 펼쳐 보인다.
- 은하銀河 : 은하수. 시에서는 그 곳 옥녀봉 아래에 있는 대동제를 두고 상징적으로 이른 표현이다.
- 녹지도綠地島 : 어린이드라마 촬영장으로서 마련된 대동호 푸른 물결 위에 떠있는 생태녹지 섬을 가리킴.
- 비천가飛天家 : 어린이드라마 촬영을 위해 생태녹지 섬 위에 마련한 후토스(하늘을 나는 집)을 가리킴.
- 동극童劇 : 어린이드라마. 아동극兒童劇. 어린이를 관광객으로 하여, 어린이 스스로 또는 어른이 하는 연극.
- 객중客衆 : 많은 손님. 또는, 손님을 높여 이르는 말.
- 훤자喧藉 : 여러 사람의 입으로 퍼져서 왁자하게 되는 것.

---

52) 2008年5月20日 咸平大洞堤上所懷也 參觀咸平엑스포公園後 移動新光面所在咸平自然生態公園矣 臨玉女峯下大洞貯水池 水中浮生態綠地島 依郡發行案內書 童劇撮影於此島 所謂飛天家撮影所也 以後急浮上觀光名所 今日全國觀光客多數來 我亦爲其中一人而不無有感 尤感知郡積極的推進觀光産業以擧揚大大的效果 不能抑後援之心矣 參考當日作詩〈咸平엑스포公園參觀〉

★ 頌祝省谷齋懸板[53] 성곡재의 현판 경사를 축하하며

三光耀耀省夢仙 삼광은 환하게 비치어 몽선산을 보살펴주고,
景雲英英谷風順 경운은 뭉게뭉게 일어 곡풍이 좇아 날리네.
南極壽星昭齋上 남극의 수성 성곡재 위에 밝게 비추어,
璟彩圭勻永世傳 옥의 광채와 같은 훌륭한 영예 길이 전하리.

- 송축頌祝 : 송도頌禱. 경사를 기리고 축하하는 것.
- 성곡재省谷齋 : 담양군 대전면 행성리杏成里에 있는 성곡省谷 문경규文璟圭 회장의 별장.
- 현판懸板 : 글씨나 그림을 새겨 문 위나 벽에 다는 널조각.
- 삼광三光 : 삼정三精. 해와 달과 별. 위 시에서는 남평문씨南平文氏의 시조 문다성文多省의 호가 삼광이기에 그 조상의 은혜가 장구함을 기리기 위해 취한 조사구措辭句임.
- 요요耀耀 : 환하게 빛나는 모양.
- 몽선夢仙 : 담양군 대전면 행성리杏成里와 수북면 오정리梧亭里 사이에 있는 몽선산夢仙山의 약칭. 높이는 해발 564m. 삼인산三人山, 또는 몽불산夢佛山, 몽성산夢聖山 등의 이칭이 있다.
- 경운景雲 : 경운慶雲. 서운瑞雲. 상서로운 구름.
- 영영英英 : 아름다운 모양. 구름이 아름답고 밝은 모양. (英 : 구름 뭉게뭉게 일 영)
- 곡풍谷風 : 골바람. 골짜기로부터 산 위로 부는 바람. 또는, 동풍東風. 만물을 길러내는 훈풍薰風.
- 남극수성南極壽星 : 남극노인성南極老人星. 수성壽星. 남극 부근의 하늘에 있는 수명壽命을 맡아본다는 별.
- 경채璟彩 : 옥의 광채. 옥의 광채가 뛰어나서 빛나는 모양.

---

53) 2008年10月5日 三人山下省谷齋所懷也 前潭陽郡守文璟圭會長營建別莊於三人山下 山谷處處流飛瀑矣 山下有杏成里 大成祠曾構於此 而奉安鄭夢周神主以教示歷史性也 今日擧行別莊懸板式 臨招待以獻祝詩 措辭反映會長之別莊呼稱(省谷齋)與主人公銜字(璟圭) 冀願省谷齋之長久安寧矣 尤頌瑤林瓊樹之人品 而祝省谷齋懸板也

• 규작圭勺 : 홀笏의 일종인 규옥圭玉으로 만든 술잔. 옛날 중국의 천자天子가 훌륭한 벼슬을 한 사람에게 내리던 영광스런 술잔이라는 데서, 영예榮譽・영달榮達을 뜻하는 말로 비유되기도 함. 이곳 '경채璟彩 규작圭勺'은 축하의 뜻으로, 성곡재의 주인공 문경규文璟圭라 한 이름의 글자를 반영한 시구임. 따라서 성곡(1932~)은 본관이 남평南平이요, 담양군 대전면大田面 병풍리屛風里 출생으로, 담양군수 민선 1・2기(1995~2002)를 역임하였다.

★ 訪光州湖生態園[54] 광주호 생태공원을 찾아서

瑞石山影水中泳 서석산 그림자 호수에 잠겨 어른거리고,
荏雀飛來逐害蟲 박새는 날아와서 해충을 내쫓아 주네.
尋幽遊步湖上園 볼거리를 좇아 호수 위 동산을 산책하노라니,
自然生生亦有情 자연은 싱싱하여 역시 정겹구나.

• 광주호光州湖 : 광주광역시 북구 충효동과 담양군의 고서면, 그리고 남면 사이에 위치한 호수. 앞에 든 제1부 상편上篇의 시 〈광주호상즉음光州湖上卽吟〉의 주 참조.
• 생태원生態園 : 자연의 생태를 유지한 공원.
• 서석산瑞石山 : 무등산無等山의 별칭. 앞에 든 제1부 하편下篇의 시 〈무등산세無等山勢〉의 주 참조.
• 임작荏雀 : 박새. 생김새에 흰 뺨이 특이하여 백협조白頰鳥라고도 이름. 해충을 잡아먹는 익조益鳥로 몸길이는 14cm.

광주호 생태원과 인접한 충효동 왕버들

54) 2008年10月30日 無等山下光州湖生態園所懷也 午前行潭陽郡南面芝谷里所在韓國歌辭文學館 歸路踏査光州市忠孝洞所在光州湖生態公園矣 想起往日四年前光州市文化財委會議 我任委員長而檢討湖水生態園造成提案書 主張詩歌文化圈自然文化景觀助成也 今尤關心之 則不無所未盡自然公園形成案 然無大過而期待將來形成課程 暫點檢生態園周圍歷史遺跡 有感以述懷矣

• 해충害蟲 : 해로운 벌레. 인간의 생활에 해를 끼치는 곤충.
• 심유尋幽 : 이름난 곳을 물어서 찾는 것. 깊은 도리를 구구求究하는 것.
• 유보遊步 : 산책.
• 생생生生 : 시들거나 상하지 않고 무성하다.

園近老柳何時長 공원 가까이의 오랜 왕버들 언제부터 잘았던고.
前望星山息影亭 앞에는 별뫼의 식영정이 바라보이네.
已變古來蒼溪川 예로부터 흘러오던 창계천은 이미 변해버렸지만,
若聞松江別曲詠 마치 송강의 노래 가락이 귀에 들려오는 듯.
桑海無常不可避 자주 변하는 세상일 무상함은 피할 수 없다지만,
湖岸野草依舊迎 호숫가의 들풀은 예와 같이 반겨주는구나.
處處遺塵傳勝致 곳곳에 남겨진 유적들 정다운 흥치 전하고,
生態維持尤助興 자연의 생태를 유지해주어 더더욱 흥겨워라.

• 노류老柳 : 수령이 많은 커다란 왕버들. 여기에서는 노거수老巨樹로 알려진 광주시 충효동의 왕버들을 말함. 1989년에 지정된 기념물 제16호.
• 성산星山 : 별뫼. 전라남도 담양군 남면 지곡리芝谷里에 있는 식영정息影亭 아래의 마을. 또는 그 뒤의 산 이름. 그 아래엔 사선四仙들이 출입하며 놀았다는 선유동이 있다.
• 식영정息影亭 : 앞에 든 별뫼 마을의 산언덕에 있는 정자. 앞에 든 제1부 하편下篇의 시 〈등식영정登息影亭〉의 주 참조.
• 창계천蒼溪川 : 맑은 물이 흐르는 시내라는 뜻으로, 옛날 환벽당環碧堂 아래에서부터 식영정息影亭 앞으로 흐르던 광주호 상류의 시내 이름. 광주호의 조성으로 자취는 변했으나 임억령 등 성산 4선들의 〈식영정20영息影亭二十詠〉에서는 '창계백파滄溪白波'라 하였고, 송강 정철의 가사 〈성산별곡〉에서도 "창계滄溪 흰 물결이 정자 앞에 둘렀으니"라 한 시구가 있어 창계천의 옛 모습을 상상케 한다.
• 송강松江 : 국문학상 대표적인 시가시인으로 손꼽는 정철鄭澈(1536~1593)의 호. 그는 소년시절에 이곳 충효동에 있는 김윤제金允悌(1501~1571)의 환벽당에서 글을 익혔으며, 왕성한 시인활동을 전개할 때는 식영정의 출

입으로 전원가사의 으뜸으로 칭송되는 〈성산별곡星山別曲〉을 제작하였다.

- 별곡別曲 : 우리나라 고전문학의 독특한 시가. 위의 시에서는 정철이 제작한 〈성산별곡〉을 두고 이름.
- 상해桑海 : 상전벽해桑田碧海의 준말. 뽕나무 밭이 변하여 푸른 바다가 된다는 뜻으로, 세상일의 변천이 심함의 비유.
- 야초野草 : 들풀. 들에서 저절로 나는 풀.
- 의구依舊 : 옛날과 같이 변함이 없음.
- 유진遺塵 : 옛 사람이 끼친 자취.
- 흥치勝致 : 좋은 경치나 흥치.
- 조흥助興 : 흥취를 돕는 것.

★ 李君奇才頌[55] 이군의 뛰어난 재주를 기리며

錦湖育英天下秀 금호고는 천하의 수재를 길러냈도다.
萬民稱頌李君優 모든 사람들 이군의 우수함을 칭송한다오.
刻苦精勵得榮光 각고 정려하여 자랑스러운 영광 이루었으니,
異才將期救人類 남다른 재주는 온 인류 구원함을 기약하리라.

- 이군李君 : 광주광역시의 금호고등학교 제3학년에 재학중인 이용준李庸準 군을 두고 이름.
- 기재奇才 : 매우 뛰어난 재주. 또는 그런 재주를 가진 사람.
- 금호錦湖 : 금호고등학교의 약칭. 또는 그 학교 재단의 이름. (광주광역시 북구 운암동 소재)
- 육영育英 : 영재(英才)를 가르쳐 기르는 것. 곧, 교육을 이르는 말.
- 각고 정려刻苦精勵 : 고생을 이겨내며 정성을 들여 힘씀.

---

55) 2008年12月16日 錦湖高學生奇才稱頌也 光州錦湖高等學校在於北區雲岩洞 學校財團與全敎師合心 而專念人材育成 進入湖南名門校以振名聲已久也 今在學生中李庸準君發揮實力 以獲得1等級榮光於地域均衡選拔全敎科銓衡矣 又李君提供本人臟器 而移植於父親以治癒宿患 此美談人口膾炙 則義捐金遝至以免窮困也 連而自身亦寄託殘餘金千萬圓於病院 欲補助胃腸移植患者以出資也 此美談急浮上 近來特報而感動不已 參照今日發行無等日報矣

• 영광榮光 : 훌륭함을 나타내거나 이루어 이름이 빛나고 자랑스럽게 되는 상태. 이용준군이 이번에 지역 균형선발 전형 전 교과 1등을 차지한 영광을 두고 이름.
• 이재異才 : 남다른 재주.

胸肝移植治父病 간을 이식하여 부친의 병을 다스리자,
捐補遝至免困境 도움이 답지하여 곤란한 경지를 면하였다네.
殘餘喜捨又相憐 남은 재물 희사하여 남에게도 동정을 베풀었으니,
學生壯志應永頌 공부하는 학생의 장한 뜻 응당 길이 기려야 하리.

• 흉간胸肝 : 사람 가슴속의 간.
• 이식移植 : 살아 있는 조직이나 장기(臟器)를 생체(生體)에서 떼어 내어, 그 몸의 다른 부분 또는 다른 몸에 옮겨 붙이는 일.
• 연보捐補 : 연조捐助. 자기 재물을 내어 남을 도와주는 것.
• 답지遝至 : 잇달아 들어오는 것.
• 희사喜捨 : 남을 위하여 즐거운 마음으로 재물을 내놓는 것.
• 상련相憐 : 서로 가엾게 여겨 동정하는 것.
• 장지壯志 : 마음속에 품은 장하고 큰 뜻.
• 영송永頌 : 길이 기리며 칭송하는 것.

★ 先兄追福[56] 돌아가신 선형의 명복을 빌며

難堪離恨唐惶中 이별의 한 감당하기 어려워 당황하는 중이로다.
唯祈冥福登天堂 오직 명복만을 비나니 천당에 오르소서.
凍風雪寒空房裏 찬 바람 눈 내리는 때에 쓸쓸한 방안이지만
三更獻呈追念章 깊은 밤 무릅쓰고 추념하는 글을 지어 올리노라.

56) 2009年1月22日 先兄追念之懷也 今日是先兄作故一週年 墓地侍于務安郡清溪面道岱里所在天主教墓地 午後與妻參拜先兄墓 而歸家矣 回憶生存時 則錯雜心情難堪當 切感人生無常 時下大寒節 歲寒不絶矣 書齋空房裡 達曙如此也

- 선형先兄 : 망형亡兄. 죽은 형.
- 추복追福 : 죽은 이의 명복을 비는 것.
- 난감難堪 : 감당하기 어려움.
- 이한離恨 : 별한別恨. 이별의 한탄.
- 명복冥福 : 죽은 뒤의 행복.
- 동풍凍風 : 얼 듯 차가운 바람.
- 설한雪寒 : 눈이 내릴 때나 내리고 난 뒤의 추위.
- 공방空房 : 쓸쓸한 빈방.
- 삼경三更 : 한 밤중. 하룻밤을 다섯으로 나눈 셋째의 시각. 밤 11시부터 새벽 1시까지의 동안.
- 헌정獻呈 : 물품을 올리는 것.
- 추념追念 : 죽은 사람을 생각하는 것.

★ 訪茶園[57] 차밭을 찾아서

弓城山麓數千頃 궁성산 기슭은 수천 경으로 넓기도 한데,
茶旗新綠滿斜嶝 찻잎의 신록이 비탈진 등성이에 가득하여라.
廣丘水繪誰素描 넓은 산언덕에 수채화는 누구의 그림인고.
芳樹茂生振寶名 꽃다운 차나무 무성해 보성의 명예 떨치는구나.

- 다원茶園 : 차밭.
- 궁성산弓城山 : 활성산. 보성읍의 봉산리烽山里와 웅치면의 봉산리鳳山里 및 유산리柳山里에 걸쳐 있는 산. 산위에 옛 성터가 있는데 군사들이 무술을 연마한 곳이라 전함. 높이는 440m. 보성읍 봉산리의 산기슭에는 대형 다원이 형성되어 있고, 그곳 대한다원大韓茶園은 전국 제일의 차밭으로 알려져 있다.
- 천경千頃 : 지면이나 수면이 아주 넓은 것을 이름.

---

57) 2009年5月20日 大韓茶園訪問之懷也 全南大金潤受總長招請諸名譽教授 集合於校內國際會議棟 聽取金總長之人事譚後 搭乘大學버스 而向寶城邑矣 到着大韓茶園 所謂寶城第1茶園之勝地 廣闊茗園中茶旗茶槍生生 而若大形水彩畵則感動不已 乃追求親環境農法 造成有機農綠茶園 感發興致也

보성 녹차밭

- 경頃 : 중국의 지적地積 단위. 100묘畝, 약 100a에 해당함.
- 다기茶旗 : 차의 잎.
- 수회水繪 : 수채화水彩畵. 서양화의 하나. 채료를 물에 풀어서 그린 그림. 여기서는 산언덕에 넓게 형성된 다원을 두고 이름.
- 소묘素描 : 형태 · 명암을 주로 하여 단색單色으로 그려낸 그림.
- 방수芳樹 : 꽃다운 향기가 있는 나무.
- 무생茂生 : 무성하게 성장함.
- 보명寶名 : 보성 명예寶城名譽의 약칭으로 취한 조사구措辭句임.

人間理想眞善美 인간의 이상 추구에는 진·선·미요,
茶品第一色香味 차의 품격으로 으뜸은 색·향·미의 구비라네.
雨前細雀誘人口 우전차와 작설차가 바로 사람들의 입을 유혹하는데,
旗槍綠雲茗園溺 찻잎으로 우거진 녹운 차밭에 가득 넘쳐라.

- 진선미眞善美 : 인간의 이상에 합치된 상태. 즉, 진과 선과 미를 아울러 이르는 말.
- 색향미色香味 : 꽃 따위나 음식 등의 색과 향기와 맛.
- 우전雨前 : 차의 종류 중 우전차. 곡우절穀雨節 전에 겨울의 추위를 이기고 올라온 차의 첫 잎을 채취하여 만든다는 고급차의 일종.
- 세작細雀 : 차의 종류 중 작설차雀舌茶. 갓 눈이 튼 차나무의 새싹을 따서 만든 차. 흔히 차의 색향미色香味를 골고루 즐길 수 있는 것으로 손꼽는데, 그 이름은 채취하는 찻잎의 크기가 참새의 혀와 같다는 데서 연유하였다고 전함.
- 인구人口 : 뭇 사람들의 입.
- 기창旗槍 : 차의 잎과 차의 싹을 뜻하는 다기다창茶旗茶槍의 준말.
- 녹운綠雲 : 푸른 구름. 푸른 잎이 무성함을 이르는 말.
- 명원茗園 : 다원茶園. 차밭.

★ 山茶頌[58)] 동백나무를 기리며

路上紅葉怨天寒 길바닥에 뒹구는 단풍잎 추운 날씨 원망하는데,
園內茶梅修潤身 동산에서 자라는 동백 싱싱한 윤기를 닦는구나.
大雪時風雖無情 대설에 몰아치는 철바람이 비록 무정하다해도
常綠教示使人讚 변함없이 늘 푸른 가르침 사람으로 하여 기리게 하네.

- 산다山茶 : 다매茶梅. 동백나무.
- 홍엽紅葉 : 붉은 잎. 가을에 낙엽이 지기 전에 잎이 붉은 색으로 변하는 현상.
- 천한天寒 : 날씨가 추움.
- 다매茶梅 : 산다山茶. 동백나무.
- 윤신潤身 : 몸에 광채를 붙여서 훌륭하게 함. 여기서는 천주교 교육원 내의 동백나무를 염두하여, 기독교의 가르침으로 윤신함을 비유적으로 취한 조사구措辭句이다.
- 대설大雪 : 24절후의 하나. 양력 12월 7일 경에 듦.
- 시풍時風 : 철을 따라 부는 바람.
- 교시敎示 : 가르쳐서 보이는 것. 길잡이가 되는 가르침. 가르쳐줌.

★ 雪天訪楓巖堤[59)] 눈 오는 날 풍암제를 찾아서

銀花飛散滿天空 공중엔 하얀 눈꽃이 흩날려 하늘에 가득,

58) 2009年12月12日 平生教育院山茶所懷也 午後散策於西區尙武洞所在光州카톨릭大平生教育院林園矣 去7日是節氣上大雪 時方落木寒天之際也 枝上紅葉逐時風飛落 而萬物時時變矣 然茶梅唯靑靑以教諭無常人生 今游步中再發見山茶生生 歎雪泥鴻瓜 而禮讚山茶寒中常綠矣

59) 2009年12月17日 仲冬節楓巖堤遊步所懷也 昨日初雪繼續今日 衝動踏瑞雪以散策近郊矣 楓岩洞所在楓岩堤自家不遠 而野遊時第一次念頭之處也 午後4時到着於此 降雪如前 踏玉塵以步行 興味津津矣 又候鳥數首出現湖上 亦冒雪風而喚水魚 則可觀矣 參照當日作詩〈楓岩堤喜雪〉

湖上漂鳥呼雪風　물위의 겨울 철새들 눈보라를 불러일으키네.
遠近萬象逐時化　원근의 삼라만상은 시시로 변해 가는지라.
堤畔琪樹亦可賞　눈이 쌓인 방죽가의 나무도 기릴만하여라.

- 설천雪天 : 눈이 내리는 날. 또는 그 날씨.
- 풍암제楓巖堤 : 광주시 서구 풍암동 소재 풍암저수지. 중앙공원에 연접되어 산책하는 사람들의 왕래가 많은 곳임. 앞에 든 제4부 상편上篇의 시 〈풍암제산책楓巖堤散策〉의 주 참조.
- 은화銀花 : 눈(설雪)을 형용한 말임.
- 비산飛散 : 날아서 흩어지는 것. 흩날리다.
- 표조漂鳥 : 후조候鳥. 철새.
- 설풍雪風 : 눈보라. 눈과 함께 부는 바람.
- 기수琪樹 : 눈이 많이 쌓인 나무의 모양. 또는 옥처럼 아름다운 나무.

★ 楓巖堤喜雪[60] 풍암제의 반가운 눈

雲裏天花舞　구름 속에선 흰눈이 춤을 추듯 휘날리고,
樹枝爲玉龍　나뭇가지는 눈으로 뒤덮인 용이 되었네.
人跡明滅路　사람 발자취 생겼다 없어졌다 하는 눈길
騷客帶錦囊　시인은 글 주머니를 차고 나섰나보다.

- 풍암제楓巖堤 : 광주시 서구 풍암동 소재 풍암저수지. 앞에 든 제4부 상편上篇의 시 〈풍암제산책楓巖堤散策〉의 주 참조.
- 천화天花 : 하늘에서 내리는 꽃이라는 뜻으로, 눈을 일컫는 말.

---

60) 2009年12月17日　雪天楓巖堤所懷也　午後積雪漸高　全天下變爲銀世界別天地 以爲今年瑞雪 則楓岩堤降雪益佳境也 不能禁歡呼 喜不自勝 以7言先作〈雪天訪楓岩堤〉矣　連卽吟如之　天中白雪飛　林樹玉龍昇　時鳥湖上招　安吝抒詩情 感懷無量中　遠近萬象促開詩囊　則連發5言詩如下矣　參照當日作詩〈雪天訪楓巖堤〉

• 옥룡玉龍 : 눈이 쌓인 나뭇가지.
• 소객騷客 : 소인騷人. 시인과 문사.
• 금낭錦囊 : 비단으로 만든 주머니. 시문詩文의 주머니를 비유한 표현.

풍암동 풍암제 호반의 설경

玉屑紛霏舞 옥가루처럼 고운 눈 어지럽게 춤추듯 날리고,
候鳥水上浮 날아든 겨울 철새는 물위에 떠서 노니네.
楓巖天惠圖 풍암제는 하늘이 베푼 아름다운 그림인가,
輒想湖爲瑠 문득 호수의 물이 맑은 유리로 변할 듯 싶구나.

• 옥설玉屑 : 옥을 바수어 만든 가루. 또는 눈(설雪)의 미칭.
• 분비紛霏 : 어지럽게 날리거나 떨어지는 것.
• 후조候鳥 : 철새. 표조漂鳥.
• 풍암楓巖 : 풍암제楓巖堤의 약칭.
• 천혜天惠 : 하늘이 베푼 은혜.
• 瑠 : 유리琉璃 류.

山野着玉衣 산과 들은 온통 아름다운 눈옷을 입었는지
湖畔素縑途 호수 가에도 흰 비단을 깐 눈길이로다.
仲冬初雪景 중동에 이르러 내린 첫눈의 경치이러니,
懇祈年運昭 올해의 해운 밝게 빛나기를 기원하노라.

• 옥의玉衣 : 아름다운 옷.
• 소겸素縑 : 합사로 짠 흰 비단.
• 중동仲冬 : 겨울의 한창 추울 때. 곧 음력 11월을 이름.
• 초설初雪 : 첫눈. 그 해 겨울에 처음으로 내리는 눈.
• 간기懇祈 : 간절히 비는 일.
• 연운年運 : 해운. 그 해의 운수.

★ 晩冬述懷[61] 늦겨울에 짓는 술회

千山琪樹小寒觀 눈에 덮인 온 산의 나무들 소한절의 볼거리인데,
殘生感氣蟄居閑 쇠잔한 몸 감기에 시달려 한가히 방안의 칩거로다.
窓外玉屑片片舞 창밖에 날리는 눈 편편이 날려 춤을 추건만
蝸廬內室方療身 집안의 아내도 아픈 몸 다스리기에 한창이구나.
萬物形勝自有美 만물의 형승들 몸소 아름다움을 이뤄내는데,
人間無常唯痛恨 덧없는 인생의 삶은 이처럼 통탄뿐인가.
老境衰弱當奈何 늘그막에 쇠약함을 당장 어찌 하리오.
從順天理乃最善 타고난 천리를 좇아 살아감이 곧 최선이로다.

- 술회述懷 : 마음속에 서려 있는 생각을 말하는 것. 또는, 그 말.
- 기수琪樹 : 눈이 많이 쌓인 나무의 모양. 또는 옥처럼 아름다운 나무.
- 소한小寒 : 24절기의 스물 셋째. 약력 1월 6일 경으로 연중 가장 추운 때임.
- 잔생殘生 : 여생. 얼마 남지 않은 쇠잔한 생애.
- 칩거蟄居 : 나가서 활동하지 않고 집 안에만 틀어박혀 있는 것.
- 옥설玉屑 : 눈(雪)의 미칭.
- 편편片片 : 조각조각으로. 또는 조각조각마다.
- 와려蝸廬 : 달팽이의 집이라는 뜻으로 작은 집. 또는 자기 집을 겸손하게 이르는 말.
- 내실內室 : 내당內堂. 부녀자가 거처하는 안방. 여기서는 아내를 지칭하는 말임.
- 요신療身 : 몸의 아픔을 다스리는 것.
- 형승形勝 : 지세나 풍경이 뛰어남.
- 통한痛恨 : 가슴이 아프게 몹시 한탄하는 것.
- 내하奈何 : 어찌함.

---

61) 2010年1月5日 暮冬自嘆之懷也 歲月如流 今日是季冬小寒矣 自昨酷寒降雪甚 山川終爲銀世界 而萬山樹枝亦化玉龍以可觀也 然老身負感氣 又妻治療脚痛中 不能禁老境嘆 自述人生打令耳

• 종순從順 : 순순히 복종하는 것.
• 천리天理 : 자연의 이치.

★ 於龍泉寺行路[62] 용천사 가는 길에

石蒜花笑十里連 붉은 꽃무릇 십리 이어 피었는가.
天生麗容脫黃塵 타고난 그 얼굴 황진 따위는 털어버렸구나.
佛陀施惠無不極 부처님의 은혜 다하지 않음이 없어,
年例成遂秋夕宴 해마다 추석의 꽃 잔치 이룬다네.

• 용천사龍泉寺 : 함평군 해보면海保面 광암리光岩里에 위치한, 신라 때에 창건한 고찰로 알려짐. 이는 전통사찰 제45호로서 법당 옆에 있는 조선시대 석등은 전라남도 유형문화재 제84호로 지정되어 있고, 용천사 꽃무릇공원은 전국 최대의 꽃무릇 군락지로 알려져 있음.
• 석산石蒜 : 여러해살이풀. 9~10월에 붉은 꽃이 비늘줄기에서 나온 30~50cm의 꽃줄기 끝에 산형繖形 꽃차례로 달리며, 꽃이 진 뒤에 잎이 무성하게 남. 석산화石蒜花는 그 꽃을 두고 이름.
• 화소花笑 : 화개花開. 꽃이 핌.
• 여용麗容 : 아름다운 얼굴.
• 황진黃塵 : 누른 흙먼지. 또는 속진俗塵. 곧 속세의 티끌.
• 불타佛陀 : 부처. 불교의 교조인 석가모니.
• 시혜施惠 : 은혜를 베푸는 것. 또는 그 은혜.
• 성수成遂 : 어떤 일을 이루어 내는 것.
• 추석연秋夕宴 : 추석 명절에 갖는 잔치. 여기에서는 함평군이 그 지방의 용천사 꽃무릇

용천사 꽃무릇 꽃밭

62) 2010年9月21日 秋夕節龍泉寺行路所懷也 當秋夕以在京季子修永君歸鄉 家族合議名節旅行 而向咸平郡海保面光岩里所在龍泉寺 此地所以代表的石蒜花(꽃무릇)群落地也 兼聞咸平郡擧行年例的石蒜花祝典 乃近寺域 則紅花堵列于路邊而歡迎 不能抑訪花之懷矣

공원에서 추석잔치로 행하던 꽃무릇 축제를 두고 이름.

★ 石蒜花公園有感[63] 꽃무릇 공원에서의 감회

紅花滿發誘行人 붉게 핀 석산화 만발하여 길가는 사람을 유혹하네.
探勝興致方津津 탐승하는 이 흥치 진진하여 한창 흥겨워라.
自古赤色每辟邪 예로부터 붉은 색은 매양 사악함을 물리친다 하니,
公園進慶必有因 공원이 경사스러움도 반드시 까닭이 있어서로다.

- 석산화石蒜花 : 속칭 꽃무릇. 석산의 꽃. 앞에 든 시〈어용천사행로於龍泉寺行路〉 참조.
- 석산화공원石蒜花公園 : 함평군의 '용천사龍泉寺 꽃무릇공원'을 두고 이름.
- 탐승探勝 : 경치가 좋은 곳을 찾아다니는 것.
- 진진津津 : 풍성하게 많음. 또는 흥미가 매우 깊음.
- 적색赤色 : 붉은 색. 예로부터 사악邪惡함을 물리치는 데에 쓰던 벽사색辟邪色, 곧 붉은빛 색깔을 두고 이름.
- 벽사辟邪 : 사악邪惡한 것을 물리침.
- 진경進慶 : 복됨에 나아가는 것. 『삼국유사三國遺事』에 전하는 신라의 향가 〈처용가處容歌〉 설화에서 이르던 벽사진경辟邪進慶에서의 진경을 뜻함.

想思懇切遂紅顔 임과의 그리움이 간절하여 붉은 얼굴 되었는가.
宿根草中可謂選 여러해살이식물 중에서도 으뜸이라 이르리라.
深山芳園招人波 깊은 산 화원에 꽃구경하는 사람들 불러드렸으되,
咸憐花葉不相見 모두들 꽃과 잎이 서로 보지 못함을 가여워한다네.

- 상사想思 : 서로 그리워하는 것. 이곳 시의 주된 내용이 되고 있는 석산화石蒜花는 꽃이 진 뒤에야 잎이 무성하게 난다는 데서, 꽃과 잎이 서로

---

63) 2010年9月21日 龍泉寺石蒜花公園訪花之懷也 參照當日作〈於龍泉寺行路〉之詩脚註

그리워함을 들어 세칭 상사화라고도 이름.
- 홍안紅顔 : 붉은 얼굴이라는 뜻으로 혈색이 좋아 복숭앗빛을 띤 얼굴. 또는 젊고 아름다운 얼굴.
- 숙근초宿根草 : 여러해살이 풀.
- 방원芳園 : 화원花園. 꽃을 심은 동산. 이곳 용천사龍泉寺의 꽃무릇 공원을 두고 이름.
- 화엽불상견花葉不相見 : 꽃과 잎이 서로 마주하지 못하여 그리워하는 것. 꽃이 진 뒤에야 잎이 나는 석산화를 두고 이름.

★ 登龍泉寺殿閣[64] 용천사 전각에 올라서

閣前仙園天華濤 전각 앞 선원엔 영묘한 천화의 꽃물결이라,
遊客不絶聲聞高 유람객 끊이지 않아 그 명성 높기도 하구나.
寺域勝事皆解脫 용천사 지역의 훌륭한 일들 모두 해탈하였다니,
塵衢煩惱自然消 속세의 이 몸 번뇌도 자연히 씻어지는가보다.

- 용천사龍泉寺 : 함평군 해보면海保面 광암리光岩里에 있는 사찰. 앞에 든 시 〈어용천사행로於龍泉寺行路〉의 주 참조.
- 전각殿閣 : 궁전과 누각. 또는 그런 이름을 붙인 큰 집. 여기서는 석가모니를 모신 용천사 대웅전大雄殿을 두고 이름.
- 선원仙園 : 선인仙人의 화원.
- 천화天華 : 천상계天上界의 꽃에 비길 만한 영묘한 꽃. 이 시에서는 화원에 가득히 핀 붉은 석산화를 두고 이름.

용천사 천불전과 그 앞의 꽃무릇

---

64) 2010年9月21日 龍泉寺殿閣上所懷也 秋夕名節之際 家族一行遊覽于咸平郡龍泉寺矣 乃臨寺域꽃무릇公園 則紅花滿發 遊覽客不絶 乃覺石蒜花名所 可謂龍泉古刹浮屠之所施惠也 又登寺刹殿閣 則後有綠林 直感龍飛鳳舞之氣 前有連峰疊疊 而實感遐景之出衆矣 參照當日作〈於龍泉寺行路〉

• 유객遊客 : 유람하고 다니는 사람.
• 성문聲聞 : 명성名聲. 세상에 널리 퍼져 평판 높은 이름.
• 승사勝事 : 뛰어난 사적事蹟. 또는 훌륭한 일.
• 해탈解脫 : 속세의 속박·번뇌를 벗어나 근심이 없는 편안한 심정에 이르는 것.
• 진구塵衢 : 먼지와 티끌로 더럽혀진 거리. 곧 속세를 두고 이름.
• 번뇌煩惱 : 마음이 시달려서 괴로운 것.

連山重重閣下景 겹겹이 연이은 산들 전각 아래의 훌륭한 경치요,
綠林疊疊浮屠情 첩첩이 둘러있는 푸른 숲 부처님의 뜻이로세.
龍飛昇天世世傳 용이 날아 승천하였다는 전설 대대로 전해옴에
萬歲稱頌佛道場 오랜 세월 칭송할 불도의 도량이로다.

• 연산連山 : 죽 잇대어 있는 산.
• 중중重重 : 겹겹을 이루고 있는 것.
• 부도浮屠 : 부처. 불교의 교조인 석가모니.
• 용비승천龍飛昇天 : 용이 날아 하늘에 오르는 것. 여기서는 옛적부터 용천사에 전해오던 그 절의 연기설緣起說을 두고 이름.
• 세세전世世傳 : 세세상전世世相傳. 대대로 전하여 내려옴.
• 불도佛道 : 부처의 가르침.
• 도량道場 : 불도를 닦는 장소. 또는 불보살이 성도成道를 얻은 곳.

★ 弟子之常情[65] 제자의 변함없는 정

青山有常萬古繡 푸른 청산은 변함없이 만고의 비단인데,
歲如駒隙近傘壽 흐르는 세월은 덧없이 80세가 가까워라.

---

65) 2010年10月28日 白石山行中弟子消息之懷也 午餐後行西區金湖洞白石山 落葉歸根之際矣 萬山紅綠中落葉喬木漸次變 而松柏等如前不變 形成萬古青山也 下山時以携帶電話接受弟子金重光之喉聲 則傳達來11月6日光州第一高等學校

電話一通値千金 반가운 한 통의 전화 천금보다 값지구나.
此世何以毎塵垢 이 세상이 어찌 매양 먼지나 때뿐이랴.

• 상정常情 : 떳떳한 정. 변함없는 정.
• 유상有常 : 떳떳함이 있음. 덧없음을 뜻하는 무상無常과 대조적인 말임.
• 구극駒隙 : 백구과극白駒過隙의 준말. 흰 망아지가 빨리 지나가는 것을 문틈으로 본다는 뜻으로, 세월과 인생이 덧없이 짧음의 비유.
• 산수傘壽 : 사람의 나이 80세를 말함. 한자의 傘을 약자로 쓸 때, '仐'으로 표기한 데서 연유한 말임.
• 진구塵垢 : 먼지와 때.

★ 弟子相逢[66] 제자들과의 만남

含情別離半百年 정을 품고 헤어진 지 50년이라,
相會歡悅如泰山 서로 모여 나누는 기쁨 태산 같도다.
塔身毅然向空祝 교내 기념탑도 의연히 공중을 향해 축하하노니,
千呼萬喚諸君運 그대들의 행운을 천만번 바라며 외치노라.

• 별리別離 : 이별離別.
• 반 백년半百年 : 50년. 광주제일고등학교 제5회 졸업 50주년 기념행사에서의 만남이라는 데서 그 간의 햇수를 헤아린 숫자임.
• 상회相會 : 모여서 서로 만남. 또는 서로 만나는 것.

第5回卒業生同窓相逢於母校之事 而參席要望於恩師招待矣 近來初有之喜消息 想憶50餘年前弟子像 實感慨無量耳 當時皆成績優秀 而囑望國家棟樑才役矣 今想像過去事 則光州一高是養成瑤林瓊樹之學堂 不能禁再感銘也

66) 2010年11月6日 50週年紀念師弟相逢所懷也 光州第一高等學校第5回卒業生同窓紀念卒業半世紀 而會合于北區樓門洞所在母校以相逢 幷招待在學時節恩師也 我亦1959年度勤務於一高 而敎育之 翌年離任而講義於全南大學校 當時此弟子在學第2學年 以大部分成績優秀 而傳受光州學生獨立運動之氣像 故企待國家棟樑才也 今相逢以得聞 則大部分進出各界各層 而已擔當重鎭役 又直面以直感瑤林瓊樹不少 發見風塵表物 感歎不已矣 參照去28日作〈弟子之常情〉

- 환열歡悅 : 환희歡喜. 즐겁고 기쁨.
- 탑신塔身 : 탑의 몸. 광주제일고등학교에 세워있는 광주학생독립운동기념탑을 두고 이름.
- 의연毅然 : 의지가 굳세어서 끄떡없음.
- 천호만환千呼萬喚 : 간절한 소원으로 수없이 여러 번 부름.
- 제군諸君 : 스승이 여러 제자들을 부르거나 가리키는 말.
- 운運 : 운수의 준말. 신운身運. 인간의 능력을 초월하는 천운天運과 기수氣數.

★ 詩情回想[67] 그 동안의 시정을 회상하며

曙景夕照每觀賞 아침 경치와 저녁놀을 볼 때마다 즐겼으되
庚申以來尤感銘 경신년 이래의 시정이 더욱 감명 되구나.
其間尋幽三十載 그 동안 심유하던 일은 30년이러니.
南畊堂裏平生詠 남경당 서재에선 평생을 두고 읊으리라.

- 시정詩情 : 시취詩趣. 시적인 정취.
- 서경曙景 : 동이 틀 때의 경치.
- 석조夕照 : 낙조落照. 저녁놀. 지는 햇빛.
- 관상觀賞 : 보고 즐기는 것.
- 경신庚申 : 간지干支로 이르는 경신년을 말함. 1980년을 두고 이름.
- 감명感銘 : 깊이 느끼어 마음속에 새겨 두는 것.
- 심유尋幽 : 이름난 곳 또는 관심 있는 일을 묻고 찾는 것. 또는 깊은 도리를 찾아 추구하는 것.
- 남경南畊 : 이 시를 제작한 필자의 별호. 앞에 든 제2부 하편下篇의 시 〈남경몽南畊夢〉 참조.

---

67) 2010年11月7日 詩情追憶三十年感懷也 歲月如流而晝夜不息 今陰曆10月2日是我79回生日矣 乃欲作紀念詩而回想過去作詩 則感懷無窮也 又豫定詩集尋幽追憶30年之發刊 此即企劃80歲紀念之作業矣 平素作詩之際 必略記作詩情況 此所以欲圖讀解上便宜 今作品整理之時附隨難題非一非再 然再確認此課題 而述懷其間感慨之詩情如此也

___저자소개

박준규 1932년 10월 전남 무안 출생(음력)
전남대학교 국어국문학과 졸업
전북대학교 대학원(문학박사)
전남대학교 인문과학대학 교수
고려대학교 문과대학 교환교수
전남대학교 호남문화연구소장
전남대학교 도서관장
전남대학교 인문과학대학장
한국언어문학회장
한국고시가문학회장
고산연구회장 …… 등 역임
현재 : 전남대학교 명예교수

저서

고산 윤선도의 생애와 문학(전남대학교출판부)
유배지에서 부르는 노래(중앙M&B)
호남시단의 연구(전남대학교출판부)
시와 그림으로 수놓는 소쇄원 사십팔경(태학사)
한국문학작가론(공저, 형설출판사)
국문학개론(공저, 교학연구사) …… 등 10여 편

논문

〈한국세시가요의 연구〉
〈고산의 산중신곡과 수정동〉
〈고려어부가의 형태론고〉 …… 등 90여 편

漢詩의 製作에 譯註를 겸한 南畊集

尋幽三十年 심유삼십년

인쇄 | 2011년 11월 5일
발행 | 2011년 11월 10일

저 자 | 박준규
발행인 | 김윤수
발행처 | 전남대학교출판부

등록 | 1981. 5. 21. 제53호
주소 | 500-757 광주광역시 북구 용봉로 77
전화 | (062) 530-0571~3
팩스 | (062) 530-0579
홈페이지 | http://altair.chonnam.ac.kr/~cnup

값 23,000원

ISBN 978-89-7598-950-6 (03810)

이 도서의 국립중앙도서관 출판시도서목록(CIP)은 e-CIP홈페이지(http://www.nl.go.kr/ecip)와 국가자료공동목록시스템(http://www.nl.go.kr/kolisnet)에서 이용하실 수 있습니다.
(CIP제어번호 : CIP2011004672)

이사람의 삶

독자와 교감

박 준 규 전남대 명예교수

약 력

1933년 무안 출생
1952년 목포사범학교 졸업
1957년 전남대 문리과대학 국문학과 졸업
1961년 전남대 대학원 석사
1974년 중화민국 문화대학원 박사과정 수료
1983년 전북대 대학원 박사
1982-83년 고려대 문과대학 교환교수
1986- 현재 광주시 문화재 위원회 위원
1989-91년 전남대 인문대학장
1993-97년 한국고시가문학회장
1998-현재 전남대 명예교수
2001-현재 가사문학관 명예관장
2001년-현재 광주시문화재 위원회 위원장

저 서

1986년 국문학개론
1991년 한국문학작가론(공저)
1997년 고산 윤선도의 생애와 문학
1997년 유배지에서 부르는 노래
1998년 호남시단의 연구 (문광부 우수도서 선정)
2000년 시와 그림으로 수놓은 소쇄원 사십팔경
2001년 사미인곡의 산실 송강정

학술논문 - 송강 정철의 자연관 연구 등 80여편

수 상

1987년 교육공로표창장
1988년 무등문화학술상
1997년 제1회 용봉학술상
1998년 국민훈장 모란장

상강만추한기맹(霜降晩秋寒氣猛) 상강절 늦가을 찬기가 심하더니.
고산만목모설빙(高山萬木冒雪氷) 높은 산 나무들 빙설을 덮어썼네
서석대상산화개(瑞石臺上山花開) 서석대 위엔 산화가 만발하니
유원동군막시방(唯願東君莫猜謗) 봄철의 동군이여! 굳이 시기하여 탓하지 마오.
〈한시 '서석초설(瑞石初雪)' -무등산 서석대의 첫눈〉

"참으로 바쁘게 살아온 날들이었습니다. 대학에서 후학을 양성하면서 많은 고전시가들을 올바르게 조명하기 위해 노력 했습니다. 이제 남은 여생을 잊혀져가는 가사문학을 발굴하는데 주력할까 합니다."

담양군 남면 가사문학관 1층에는 박준규(71 · 북구 중흥2동) 전남대 명예교수의 집무실이 있다. 광주호와 무등산의 아름다운 경치가 창가로 맺혀오는 이곳 집무실에서 가사문학을 연구하거나 각종 업무를 처리하는 공간이다.

컴퓨터와 의자, 책상이 가지런히 놓여진 조촐한 집무실은 광주호와 무등산을 바라보는 고즈넉한 시간들을 갖는데 부족함이 없다.

일주일에 네차례 출근해 담양권 가사 18편과 두루마리본 25여편 등의 전시상태와 각종 고귀한 가사문학 자료들을 살펴보는 것으로 하루 일과를 시작한다.

가사문학의 자료들을 보존하고 계승 유지하는데 열과 성을 다하는 것이다.

격조높은 한시 홀대 안타까워

각지에서 기증된 가사문학 자료들이 전시되고 있는 가사문학관의 명예관장을 맡고 있는 박 교수는 바쁜 가운데서도 한시에 대한 구상을 하는 등 쉴 틈이 없다.

현대문학 못지않게 깊이도 있고 문학적 상상력도 높은 한시가 현대인들로부터 홀대받는 점에 대해 안타까워 한다.

한시집을 발간하기 위한 창작여정을 거듭하고 있는 박교수는 한시의 기존 인식에 대한 변화를 바꾸기 위한 노력을 지속하고 있다.

한시만을 위한 한시가 아니라 독자와 교감하는 한시로의 전환을 위한 고심끝에 해석과 주석을 달고 제작동기까지 밝혀 독자들의 쉬운 이해를 이끌어 내겠다는 것이다.

문예적 깊이를 알고 체계적인 한시에 대한 정확한 이해를 위해서는 한시제작법에 대한 충분한 이해가 선결돼야 하고 다른 사람들의 한시 작품을 읽어야 하며 자신이 직접 한시를 지어보면 한시에 대한 편견을 극복할 수 있다는 점도 빠뜨리지 않았다.

또 읽기가 어려운 고문체를 현대적 문체로 바꿔 활자화시켜 새로운 흥미를 가질 수 있도록 문체 개혁도 필요하다고 지적했다.

특히 박교수는 가사나 한시가 관습시적 형식에 현대적 사상과 내용을 근거로 삼는 점을 강조, 결코 남루한 옛 문화의 한 단면으로 해석되는 것을 경계했다.

"단순한 고전이 아니라 현대인의 이념과 미래지향적 주장이 들어가 있는데다 현대적 안목에서 비판이 반영된다"며 "조선시대로 돌아가자는 것이 아니라 미래를 내다보면서 현대인들의 인생사와 시대사의 반영으로 이해해야 할 것"이라고 밝혔다.

또 "관습시이기 때문에 고전을 종래의 유산물로 치부해서는 안된다"며 "현대적 관점에서 재해석하고 문예 · 해석학적, 심미적으로 접근해야 할 것"이라며 "한시나 가사 등을 복원하려는 노력이 지속돼야 한다"고 강조한다.

고전 복원노력 지속돼야

박교수는 "옛것에 대한 생각의 전환을 이끌어내야 한다"며 "전통적인 형식을 유지해가면서 현대적 감각에 맞는 시풍을 만들어가는데 일조하겠다"고 밝혀 남다른 한시 사랑을 엿볼 수 있었다.

최근 부쩍 시력이 나빠져 염려스럽다는 박교수는 지난날 교육자로서의 삶에 대한 보람도 숨기지 않았다.

대학교수로 재임하던 시절 못지않게 고전시가와 한시관련 학위 심사를 하는 등 바쁜 일상을 보내면서 시력이 많이 나빠져 염려하는 가족의 만류를 뿌리친 채 새벽까지 한시 창작에 매달린다.

하는 漢詩 창작 주력

박준규 전남대 명예교수가 담양군 남면 가사문학관 1층 집무실에 보존된 가사문학 관련자료들을 둘러보고 설명을 하고 있다.

낡은 유산 치부 경계 현대적 문체로 활자화

"잊혀져가는 가사문학 발굴에 여생 보낼 터"

특히 고산 윤선도의 '산중신곡' 현장 발굴과 '누정문학' 용어의 최초 사용 등 학계에 뚜렷한 업적을 남겨 비상한 관심을 불러일으켰던 기억을 잊지 못한다.

학술논문 80여편을 저술한 박교수는 '고산의 생애와 문학' '호남시단의 연구' 등을 통해 고전문학의 학술적 가치뿐만 아니라 그 가치의 중요성을 실감한다.

이런 분주한 일상에서도 틈틈이 등산을 통해 건강도 다지고 새로운 창작에 대한 착상들을 다듬는다.

등산 통해 시적 착상 얻어

백두산 등 전국의 유명산을 등반했을 뿐만 아니라 지난 96년 중국의 오악 중 하나인 화산(華山)을 배낭하나 짊어지고 등반했을 정도로 남다른 산사랑을 실천하고 있다.

화산을 다녀와서는 그 감흥을 잊을 수 없어 아예 장편수필 '화산기행'과 한시창작을 집필하기도 했다.

산을 통해 삶의 원리를 찾을 수 있고 새로운 시적 소재의 발굴과 시대상의 비판, 인생의 문제를 성찰해볼 수 있는 점을 등산의 이유로 꼽는다.

오랜 고립된 상황일 수밖에 없는 창작여정을 털어버리고 잠시나마 육신의 휴식과 정신적 여백을 되찾을 수 있는 점에서 등산을 많은 사람들에게 권장하는 것도 잊지 않았다.

심지어 집무실에서 잠시 짬을 내 무등산을 바라보면서 시적 착상을 얻기도 한다.

박교수는 지난 86년 고전문학 연구회와 한국언어문학회 등의 회장을 역임하면서 개최했던 학술대회나 지난 90년 가졌던 국어국문학대회에서의 체험들을 십분 살려 가사문학 학술대회에 힘을 쏟고 있다.

고시가문학회를 창립을 주도해 초대 회장을 맡기도 했다.

가사문학관 명예관장으로 재임하면서 '한국가사의 본질과 미학', 사대부가사의 전통과 미학'이라는 주제로 개최했으며 한국가사문학회 회장 자격으로 지난 9일에는 '규방가사의 전통과 미학'이라는 가사문학학술대회를 무난히 치르기도 했다.

'규방가사의 전통과 학술대회'의 의미를 "규방가사를 전국적 차원에서 조명한 적이 없었다"며 "종합적인 대토론 형식의 발표는 처음이라는 점에서 의미가 있다"고 자평했다.

가사문학관 활성화 노력도

가사문화권을 중심으로 들어선 주변음식점과 상가 등의 난립에 대한 우려도 잊지 않았다.

박교수는 가사의 현장을 디지털 콘텐츠화하고 기행영상을 꾸미는 일에 주력하는데 힘을 보탤 계획이다.

바쁜 현대인들이 현장에 가지 않고도 가사문학관을 방문해 마치 가사문학 현장에 가 있는 듯한 착각에 빠져들만큼의 정교한 영상물을 제공하는 등 다양한 공간으로 연출하는데 일조할 예정이다.

가사문화권의 활성화를 위한 다른 유적지와 연계한 인프라 구축과 실시 가능성이 높은 셔틀버스의 운행 등에 대한 생각도 들려줬다.

/고선주기자